니체: 《차라투스트라는 이렇게 말했다》 해설서

니체: 《차라투스트라는 이렇게 말했다》 해설서

NIETZSCHE

ALSO SPRACH

정동호 지음

ZARA

책세상

THUSTRA

머리말

《차라투스트라는 이렇게 말했다》는 어려운 책이 아니다. 글이 평이한 데다 내용에 일관성이 있어 오히려 쉬워 보이기까지 한다. 그래서 쉽게 생각하게 되는데, 읽다 보면 생각만큼 만만한 작품이 아님을 곧 알게 된다. 글 곳곳에서 만나는 상징, 비유, 패러디와 저자의 독특한 문체 때문이다. 거기에다 이국적 풍광도 한몫한다. 독자에게는 그 하나하나가 넘어야 할 고비다. 우리나라 독자처럼 문화적 전통과 배경이 다를 때 특히 그렇다. 그렇다 보니 그때마다 멈춰 서고, 그런 일이 반복되면서 진도가 나가지 않는다. 끝에 가서는 흥미를 잃어 아예 책을 덮어버린다.《차라투스트라는 이렇게 말했다》가 난해한 책으로 남는 것은 그럴 때다. 실제로 읽기를 시작한 독자는 많아도 다 읽어낸 독자는 많지 않다. 흔히 하는 말대로 웃고 들어갔다가 울고 나오는 격이다. 이럴 때 길잡이가 있어 얼키설키 묶여 있는 매듭들을 푸는 데 도움을 준다면 적지 않은 힘이 될 것이다. 그런 길잡이로 쓰인 것이 여기 내놓는 이 해설서다.

이 해설서는 두 부분으로 되어 있다. 하나는 작품에 대한 것으로서, 니체 철학의 개요와 작품의 집필 과정 등에 대한 개괄로 되어 있다. 역사에 등장하는 차라투스트라의 행적에 대한 소개도 있다. '길잡이의 길잡이'로 쓰인 부분이다. 다른 하나는 내용에 대한 것으로서, 이 해설서의 본론에 해당한다. 이 부분은 차라투스트라의 가르침에 대한 간결한 정리와 해설로 되어 있다.

《차라투스트라는 이렇게 말했다》는 예사롭지 않은 폭발력을 지닌 작품이다. 독자는 차라투스트라의 도발적인 언사에 열광하기도 하고 분노하기도 한다. 대체로 진의를 파악하지 못해 보이는 반응이다. 분별없는 반응이라는 점에서는 하나지만, 분노의 경우 문제가 더 심각하다. 최소한의 교감도 없이 아예 책을 덮어버리게 만드는 또 다른 계기가 되기 때문이다. 이럴 때 필요한 것이 인내심이다. 마음을 다스리며 책을 끝까지 읽어보는 것이다. 다 읽고 나면 독자는 근거 없는 열기와 냉기에서 벗어나 차라투스트라의 가시 돋친 언행 뒤에 숨어 있는 니체의 인간적인 면모와 사상을 접하게 된다. 그러면서 보다 진지하게 그가 전하는 메시지에 귀를 기울이게 된다.

물론 인내심 하나만으로 되지 않을 때도 있다. 도무지 무슨 이야기인지 알 수 없는 경우인데, 그런 부분에서는 뛰어넘는 것도 하나의 방법이다. 일관성이 있다고 했지만 내용에서 그렇다는 이야기일 뿐, 독립된 주제로 되어 있어 장휘나 단락 하나를 뛰어넘는다고 해서 전체 내용 파악에 문제가 되는 것은 아니기 때문이다. 전체를 파악한 뒤에 다시 그 부분으로 돌아오면 된다. 그러면 흔히 전체의 유기적 관계 속에서 난해한 부분을 해석할 길이 열린다.

끝으로 필자가 해설에서 번역 원본으로 삼은 책은 독일 발터 데 그루이터사에서 낸 니체전집 *Nietzsche Werke, Kritische Gesamtausgabe*의 한국어 번역본인 책세상판《차라투스트라는 이렇게 말했다》(니체전집 13)다. 이 해설서를 곁에 두고 함께 읽으면 해석에 도움이 될 것이다.

차례

3부

4부 및 최종부

작품

1

《차라투스트라는 이렇게 말했다Also sprach Zarathustra》(이하《차라투스트라》)는 니체의 사상을 모두 집약하고 있다는 점에서 니체 철학의 전부라고 할 수 있는 작품이다. 내용에 미루어 손색이 없는 철학서지만 구성과 전개, 그리고 구사되는 언어에서 여느 철학서와는 사뭇 다르다. 논증도 없고 논리적 전개도 눈에 띄지 않는 데다 전문 개념도 거의 나오지 않는다. 그래서 철학의 안과 밖에서 남다른 대접을 받아왔다. 우선 표제부터 특이하다. 차라투스트라가 이렇게 말했다는 것인데, 차라투스트라는 누구이며, 왜 니체가 아니고 차라투스트라인가? 이것이 독자에게 다가오는 첫 번째 의문이다. 이 의문과 함께《차라투스트라》읽기는 시작된다.

차라투스트라는 언어와 연대에 따라 달리 불려온 고대 페르시아의 종교 창시자다. 종교 개혁자 정도로 보는 학자들도 있다. 모국어

인 아베스타Avestā어(고대 페르시아어)로는 차라투쉬트라Zarathushtra
였다. 그것이 중세 페르시아어에서 차르두쉬트Zardusht로 바뀌었다.
아람Aram어로는 차라타스Zaratas다. 그를 조로아스터Zoroaster로 부
른 것은 고대 그리스 사람들이다. 그리스어로 전화되면서 그리된 것
인데, 이 소로아스터가 영어 등을 통해 우리에게 알려지면서 우리나
라에서도 조로아스터가 되었다.

"…이렇게 말했다Also sprach"는 표현은 고압적인 어투다. 절대 권
위에서나 할 수 있는 예언자풍의 어투로서, 소크라테스 이전 그리스
철학자들이 글을 쓰며 장식했던 서두인 τάδε 또는 ὧδε λέγει에서
빌려온 말이다.[1] 그런 어투는 산스크리트어에도 있다. "성자는 이렇
게 말했다Iti vutta kam"인데[2] 이를 독일어로 옮기면 Also sprach der
Heilige가 된다. 영역본 《우파니샤드》에도 Thus spoke…라는 말이
나온다.[3] 《차라투스트라》의 영역본 표제는 *Thus spoke Zarathustra*
또는 *Thus spake Zarathustra*다.

앞서 밝혀둘 것은 《차라투스트라》에 나오는 차라투스트라가 역
사에 등장하는 차라투스트라가 아니라는 점이다. 이 책에서 말을
하는 사람은 니체 자신이다. 차라투스트라는 그의 말을 대신해주는
사람으로 등장할 뿐이다. 이때의 차라투스트라는 '니체의 차라투스
트라'다. 왜 그러면 니체는 자신이 나서지 않고 굳이 다른 사람을, 그
것도 역사상 실존했던 인물을 내세웠는가? 이 물음을 다룰 기회가
곧 있을 것이다. 먼저 차라투스트라를 이야기할 때 그것이 니체 대
변인의 역할을 하는 차라투스트라를 가리키는지, 역사상 실존했던
차라투스트라를 가리키는지를 분별할 필요가 있다. 이름이 차라투
스트라인 한 그 이름의 유래인 역사 속 차라투스트라도 함께 이야

기될 수밖에 없기 때문이고 이 두 차라투스트라는 가르침에서 다르다 못해 상반되기까지 하기 때문이다. 이에 해설에서는 두 차라투스트라를 각각 '니체의 차라투스트라'와 '역사 속 차라투스트라'로 나누어 부르되, 문맥에 비추어 어떤 차라투스트라인가가 분명할 때는 그냥 차라투스트라로 하려 한다. 물론 역사 속 차라투스트라가 《차라투스트라》에 나오는 것은 아니다.

니체가 이 작품을 쓴 것은 그가 사상적으로 난숙한 경지에 이른 1883년에서 1884년 사이였다. 그의 나이 사십 전후의 일이었다. 그는 이를 앞뒤로 적지 않은 책을 냈다. 앞서 낸 책이 《비극의 탄생》, 《인간적인 너무나 인간적인》, 《아침놀》, 《즐거운 학문》이고, 뒤에 낸 책이 《선악의 저편》, 《도덕의 계보》, 《우상의 황혼》, 《이 사람을 보라》, 《안티크리스트》 등이다. 이들 작품은 시기적으로나 사상적으로 《차라투스트라》를 매듭으로 앞뒤로 연결되어 있다. 그 가운데는 《차라투스트라》에 이르는 길을 트거나 그것을 풀이해주는 책들도 있다. 《아침놀》과 《즐거운 학문》, 그리고 《선악의 저편》이 각각 그런 책이다.

《차라투스트라》가 니체 철학 안에서 차지하는 위치는 특별하다. 니체 자신도 그 점을 강조해 《이 사람을 보라》〈서문〉 4에서 "나의 글 안에서 《차라투스트라》는 독보적 위치에 있다"고 했다. 주저로서 손색이 없고 실제로도 그렇게 대접을 받아온 작품이지만 니체가 처음부터 이 책을 주저로 생각했던 것은 아니다. 주저로 구상했던 책은 따로 있었다. 1880년대 중반에 니체는 대표 저서 집필을 계획한 일이 있다. 제목을 '힘에의 의지Der Wille zur Macht'로 정하고 목차도 만들었다. 그러나 작업에 진척이 없었다. 1888년 여름에 심기일전해

다시 한번 시도해보았으나 이번에도 그의 집필은 구상으로 끝나고 말았다. 기회는 다시 오지 않았다. 1889년 초에 정신질환으로 더 이상 집필 활동을 할 수 없게 된 탓이다. '힘에의 의지'를 구상할 때만 해도 《차라투스트라》는 독자를 주저로 안내하는 작품이었다. 행랑채의 역할로 쓰였는데 본채인 '힘에의 의지'가 구상에 그치면서 그 자리에 올라 주저가 되었다.[4]

이 작품에 대한 니체의 자부심은 대단했다. 《이 사람을 보라》〈서문〉 4에서는 이 책을 두고 "수천 년을 두고 울릴 음성을 지닌 이 책은 지금까지 존재해온 것 가운데서 최고의 책이며… 더없이 깊은 내면에 자리한 진리의 풍요 속에서 태어난 더없이 심오한 것이자, 두레박을 내리면 황금과 호의가 가득 담겨 올라오는 고갈되지 않는 우물"이라고까지 했다. 이어 그는 이 책으로 인류에 더없이 커다란 선물을 했다고도 했다. 거기에 더해 《차라투스트라》가 새로운 기원이 되기를 바라기까지 했다. 일단 1, 2, 3부로 된 책[5]을 내고 나서 친구인 오버베크에게 쓴 1884년 8월 3일 자 편지에서였다. 그는 서양 역사를 기원전과 후로 나누듯 《차라투스트라》가 인류 역사를 나누는 새로운 기준이 되기를 바랐다. 이 같은 자평과 기대는 자기확신에서 기인한 것이지만 매우 이례적이다. 오만한 데다 불손하게 들리기까지 한다. 플라톤은 물론 칸트도 그런 투로 글을 쓰지는 않았다. 종교 창시자 정도나 할 수 있는 자평이자 기대다. 니체는 과연 그럴 위치에 있었는가?

니체는 《차라투스트라》에서 신의 죽음을 선언함으로써 그동안 인간을 속박해온 초월적 신앙과 이념, 곧 내세신앙과 형이상학적 망상에서 인간을 해방하려 했다. 더불어 생을 학대해온 도덕적 가치를 포함해 지금까지 최고로 여겨온 가치들을 모두 전도시킬 것을, 그러고 나서 생을 있는 그대로 긍정하는 한편, 삶을 비관해온 모든 염세주의와 허무주의를 극복하도록 사람들을 가르쳤다. 하늘나라를 믿지 않은 그는 해탈도 믿지 않았다. 그런 것들은 현실의 탈주에 불과하다고 보았다. 그러고는 종교와 철학과 도덕 이전의 자연으로 돌아가 순수하며 정직한 삶을 살도록 권했다. 이로써 그는 내세신앙을 골자로 한 그리스도교와 해탈을 가르쳐온 불교 등 기존 종교는 물론이고, 저편의 또 다른 세계로서 이데아를 상정한 플라톤 이래의 형이상학과 함께 선과 악 따위를 축으로 한 기존 도덕을 모두 뛰어넘었다고 믿었다. 일찍이 그 어느 철학자도 이루지 못한 위업을 이루어냈다고 믿은 것이다.

다른 한편, 니체는 과학 시대의 총아로서 당시 자연과학의 성과를 적극적으로 수용해 자신의 사상적 토대로 삼았다. 그는 과학 언어를 구사할 줄도 알았다. 그가 차라투스트라를 내세워 펼친 가르침, 곧 인간이 거듭나 새로운 유형의 인간인 위버멘쉬Übermensch가 되어야 한다는 요청과 그 길로 제시한 인간 사육에는 다윈의 진화론과 골턴의 우생학이 전제되어 있다. 그리고 그의 우주론인 영원회귀에는 시간과 공간에 대한 당시 물리학 이론이 깔려 있다. 니체만큼 자연과학을 천착해 그 성과를 자신의 철학 기반으로 삼은 철학자도 드물다. 위버멘쉬에 대해서는 1부 〈차라투스트라의 머리말〉 3에서 지금까지 불러온 명칭인 초인超人이라 하지 않고 그것을 굳이 발음 그대로 쓴 이유와 함께 다시 이야기하겠다. 영원회귀는 작품 후반부에서 집중적으로 다루겠다. 그런가 하면 그가 존재하는 모든 것의 본질로 받아들인 힘에의 의지 또한 당시 역학이론을 전제로 한다. 그는 그러나 자연과학에 머무르지 않았다. 위버멘쉬가 되어야 한다는 요청 뒤에는 오늘의 인간에게는 미래가 없다는 철학적 반성이 있으며, 영원회귀와 힘에의 의지에는 과학 너머의 논리가 개입되어 있다. 여기서 그는 과학도 뛰어넘었다고 믿었다. 철학자로서 그의 면모가 분명해지는 것은 이 부분에서다.

그러나 세상의 반응은 니체의 자평과 기대와는 달랐다. 싸늘하기까지 했다. 출판 당시 《차라투스트라》에 주목한 사람은 많지 않았다. 읽은 사람도 적었지만, 읽었다 해도 좀처럼 니체를 받아들일 수 없었다. 낯선 주제와 도발적인 내용에 어리둥절했을 뿐이다. 달리 길이 없던 그는 세상의 몰이해 속에서 여러 해를 보냈다. 실망이 컸던 니체는 가까운 장래에 그를 이해할 사람이 없으리라 전망하기까지 했다.

전혀 예상하지 못했던 일은 아니다. 뒤에 소개할 부제副題가 보여주듯 오히려 예상했다고 보아야 할 것이다. 니체도 그의 사상을 세상에 전할 때 뒤따를 부담을 잘 알고 있었다. 그 심오한 진리를 세상에 온전히 전할 길이 있을까[6], 그것이 자신의 지혜를 간수하고 사랑하는 길일까 하는 회의에서 오는 부담이었다.[7] 그런 상태에서도 그는 멈추지 않고 글을 썼다. 다른 글을 쓸 때와 달리 대단한 집념과 열의를 보였다. 그러면 무엇이 그에게 그런 글을 쓰도록 했는가? 바로 소명의식이었다. 여기서 우리는, 누가 니르바나의 경지를 알 수 있을까, 알려준다 해도 알아들을 사람이 과연 있을까 하는 생각에서 입을 다물었던 붓다를 떠올린다. 이때 붓다 앞에 나타나 설법으로 사람들을 일깨우도록 간청한 것이 브라흐만(梵天)이었다. 〈범천권청梵天勸請〉에 나오는 이야기다. 그러나 니체의 세계에는 그 같은 천상의 권위가 없었다. 시대의 부름이 있었을 뿐이다.

니체는 《차라투스트라》에 '모든 사람을 위한, 그러면서도 그 어느누구를 위한 것도 아닌 책'이라는 부제를 달았다. 낙담과 실망으로끝날 그의 대중 경험을 반영한 냉소적 표현이다. 그는 4부 〈보다 지체 높은 인간에 대하여〉 1에서 "내가 처음으로 사람들에게 다가갔을 때, 그때 나는 은자들이 저지르는 어리석음, 커다란 어리석음을저지르고 말았다. 시장터로 갔던 것이다. 나 모든 사람을 향해 이야기했지만, 결국 그 어느 누구에게도 이야기하지 않은 꼴이 되고 말았다"고 했다. 3부 〈왜소하게 만드는 덕에 대하여〉 3에서는 "누구 하나 나의 말을 이해할 귀를 갖고 있지 못한 곳에서 내 무슨 말을 하랴! 내게 이곳의 시간은 여전히 한 시간 이르다"고도 했다. 자신의때가 오지 않았다는 것이다.

그러나 이것은 자조적인 표현일 뿐이다. "그 어느 누구를 위한 것도 아닌 책"이란 있을 수 없다. 그런 책이라면 쓸 이유가 없고, 썼다하더라도 출판을 해가며 굳이 세상에 내놓을 이유가 없기 때문이다. 우여곡절을 거쳐 아무튼 《차라투스트라》는 출판되었다. 누가 이 책을 읽고 이해하는가 하는 문제는 그다음 일이었다.

2

《차라투스트라》는 주인공인 니체의 차라투스트라가 해온 편답과가르침을 기록한 작품이다. 그런 기록에서 우리가 떠올리는 것은 저자가 자신의 행적과 사상을 돌이켜보고 쓴 회고록과 성찰록, 그리고 감추었던 사실들을 털어놓으며 쓴 고백록이다. 그러나 《차라투스트라》는 회고록이나 성찰록과는 거리가 멀다. 고백록과는 더욱 멀다. 언행록에 가깝지만, 사실에 바탕을 둔 기록이 아닌 만큼 언행록이라고 할 수도 없다.

형식상 예수의 삶과 가르침을 기록한 《신약성서》(이하 《신약》)의 복음서와 비슷하다. 예수가 그러했듯이 차라투스트라도 만인의 구세주로 나온다. 구원의 길을 제시한 점, 민중을 꾸짖어 개심을 촉구한 점에서도 그렇지만 제자들을 두었고, 길을 오가며 사람들을 가르치고 이야기를 나눈 점에서도 비슷하다. 편답 환경에서도 그렇다. 《차라투스트라》에도 복음서에 나오는 산과 사막(광야), 강과 호수, 낙타와 나귀, 뱀과 비둘기가 나오며 포도나무와 야자나무도 나온다. 아이와 제자도 나오며 최후의 만찬도 나온다. 말투도 같아서, 끝없이 비유가 나온다. 거기에다 복음서를 패러디한 글이 반복해서 나오기도 한다. 물론 내용까지 비슷한 것은 아니다. 내용에서는 오히려 정반대다. 차라투스트라는 복음서에 나오는 예수의 가르침을 철저하게 거부했다. 신의 존재와 함께 구원과 부활을 거부했으며, 예수가 제시한 사랑 따위의 덕목도 거부했다. 그는 역사상 유례가 없는 적그리스도였다.

성서 말고도 《차라투스트라》와 비교되는 작품들이 더러 있다. 니체 학자 바이헬트는 단어의 구성, 운, 유희, 모순어법에 미래에 대한 희망과 생에 대한 사랑 등을 들어 《차라투스트라》와 횔덜린의 서한체 소설 《히페리온》의 유사성에 주목한다.[8] 그런가 하면 에라스뮈스의 《우신예찬》에 주목하는 학자들도 있다. 실제 《차라투스트라》에는 《우신예찬》에 나오는 글투와 유사한 글이 여럿 있으며, 사제, 도덕군자, 고매하다는 자, 학자, 그리고 시인 등에 대한 니체의 신랄한 비판을 읽다 보면《우신예찬》을 읽는 듯하다.

《차라투스트라》가 난해하다는 것이 세평이지만 만만하지 않을 뿐, 읽기 어려운 책은 아니다. 사상 전개에 일관성이 있고 메시지 또한 분명하다. 이야기가 친절하고 조리 있는 편이 아니어서 자못 혼란스러울 뿐이다. 문제는 가닥을 잡는 일이다. 학자들은 그 가닥을 잡으려면 먼저 니체의 다른 저서들을 읽어야 한다고 말한다. 흔히 니체 사상을 다룰 때 가장 잘 알려진 대표작이라는 이유로《차라투스트라》에서 출발하는데, 그 순서가 바뀌었다는 지적이다. 그의 철학을 전체로 이해하지 못한 상태에서는 이 작품을 제대로 이해할 수 없기에 처음이 아니라 끝에 읽어야 할 작품이라는 판단이다.《차라투스트라》독서에서는 그 저작에 이르는 길을 트는 책이든 풀이하는 책이든 앞뒤 전제들에 대한 이해가 선행되어야 하는데, 이는 니체의 다른 책들을 모두 먼저 읽어야 가능하다는 것이다. 그러면 바람직하겠지만, 그의 철학을 전공하지 않은 독자에게는 무리한 요구다. 그런데 그의 철학에 대한 개괄적 이해가 있다면, 그것만으로도《차라투스트라》를 이해하는 데 적지 않은 도움이 된다. 필자는 다른 곳에서 니체 사상을 다루면서 그의 사상을 개괄한 바 있는데, 여기서 다시 한번 그 내용을 정리해보려 한다.[9]

3

니체는 생生의 철학자이며 그의 철학은 생의 철학이다. 생은 이때 생명을 가리키기도 하고 삶을 가리키기도 한다. 생의 철학은 우리가 사는 이 세계와 그 안의 생을 우리에게 주어진 일차적 현실로 받아들여 우리 존재의 근원과 가치의 원천으로 삼자는 철학이다. 그러니까 무엇을 하든 구체적으로 주어진 생의 현실에서 출발하자는 것이다. 생의 철학사들은 생을 초월한 그 어떤 전제도 받아들이지 않는다.

물론 우리는 우리가 사는 이 세계와 생이 전부는 아니라는 생각에서 저편 또 다른 세계의 또 다른 생을 머릿속에 그려본다. 그러나 그런 세계와 생은 검증이 가능하지 않은 가정일 뿐 현실이 아니다. 그런데도 저편에 또 다른 세계가 있다는 믿음이 엄연히 존재해왔다. 피안의 세계가 되겠는데, 니체는 그 같은 세계를 배후세계[10], 그리고 그런 세계가 있다고 믿는 사람들을 배후세계론자라 불렀다. 그런 믿음은 철학에도 있고 종교에도 있다. 철학에서는 플라톤의 두 세계 이론을 예로 들 수 있다. 그에 따르면 우리가 사는 이 세계는 감각에 주어진 불완전한 현상의 세계다. 완전한 세계는 이 현상의 세계 뒤에 있는 본질의 세계다. 이 본질의 세계가 이데아의 세계. 현상과 본질에 대한 그의 구분에 따르면 우리는 지금 그림자와 같은 이 현상의 세계에서 덧없는 삶을 사는 것이 된다. 그런 삶이 목표가 될 수는 없다. 목표는 영원한 본질이다. 여기서 플라톤은 세계를 둘로 나누는 이원론에 그치지 않고 저편의 세계를 이편의 세계 위에 두어 목표로 삼는 목적론의 전통을 확립했다.

종교에서 두 세계 이론의 전형은 천상의 나라(천국)와 지상의 나라로 되어 있는 유대교와 그것을 뿌리로 성장한 그리스도교, 그리고 이슬람교의 세계관이다. 이 구분에 따르면 지상의 나라는 타락한 나라다. 그만큼 불완전하다. 완전한 나라는 신이 계신 하늘나라다. 여기서도 지향해야 할 목표는 분명하다.

철학에서든 종교에서든 두 세계 이론은 저편에 있다는 또 다른 세계를 돌아갈 본향으로 삼으면서 우리가 사는 지상의 세계는 벗어나야 할 세계로 폄훼한다는 점에서 하나다. 그 가운데 그리스도교의 두 세계 이론은 그 같은 폄훼를 넘어 지상의 세계를 적대적인 것으로 여겨 배척해왔다. 지상의 세계가 덧없는 삶에 우리를 잡아두어 저편 완전한 세계를 목표로 삼는 일이 없도록 방해한다는 이유에서다.

이렇게 하여 우리가 살아 숨 쉬는 이 구체적 현실은 덧없는 현상, 참된 현실이 아니라는 의미에서 가상이 되기에 이르렀고, 그 존재를 확인할 수 없는 저편의 가상의 세계가 참된 현실이 되기에 이르렀다. 역전이 일어난 것이다. 사람들은 이후 저편의 가상의 세계에 모든 것을 걸게 되었으며, 이 땅의 삶에서 멀어질수록 저편의 세계가 가까워진다는 믿음에서 주어진 생의 현실을 부인하는 등 자학적인 삶을 살게 되었다. 구체적인 현실을 제물로 가상을 추구해온 것이다. 이쯤 되면 저편의 또 다른 세계란 가상을 넘어 망상이 된다. 돌이켜보면 지난 2500년 역사는 그 같은 망상의 역사였다. 니체는 그 같은 망상을 생과 현실에 대한 도발로서 일종의 질환으로 받아들였다.

인간은 건강을 되찾아야 하며 저주받은 이 세계 또한 복권되어 건강한 생의 터전이 되어야 한다. 누군가가 앞장서야 한다면, 단연 그 같은 시대적 부름에 눈을 뜬 사람이 될 것이다. 여기서는 니체 자신이다. 이에 그는 병든 인간을 치유하고 병들어 죽어가는 세계를 되살리는 일을 자신에게 주어진 소명, 곧 철학적 사명으로 받아들였다.

그런 그가 먼저 해야 했던 일은 저 망상의 뿌리를 잘라내어 인간을 구제하는 일이었다. 그는 가상에 불과한 저편 세계와 그 가상을 토대로 구축된 모든 초월적 이념과 신앙, 그리고 도덕의 허구를 드러내는 일에서 출발했다. 일찍부터 생을 유일한 현실로 받아들이고 있던 그로서는 어려운 일이 아니었다. 어렵지 않게 그 허구를 드러낸 그에게 결론은 하나, 초월적 이념과 신앙, 그리고 도덕 따위를 모두 파기해야 한다는 것이다. 이후 그는 그 같은 이념과 신앙, 그리고 도덕 따위에 대항해 물러설 수 없는 싸움을 벌였다. 적이 분명해진 만큼, 그에게는 그 적을 싸잡아 부를 이름이 필요했다. 그런 이름에는 초월적 이념과 신앙, 그리고 도덕의 화신인 신神 이상이 없었다. 여기서 그는 신의 죽음을 선언하기에 이르렀다.

신의 죽음은 초월적 세계의 죽음과 함께 그것에서 인간이 해방됨을 의미한다. 생의 복권을 의미하기도 한다. 이제부터는 신이 아니라 인간이다. 그리고 생이다. 이후 니체는 인간의 생을 토대로 자신의 철학을 전개했다. 그리고 무엇을 문제 삼든 늘 생으로 돌아왔다. 그런 그에게 자연스레 떠오른 문제는 바로 우리가 살고 있는 생의 주체인 우리 자신이었다. 인간 문제에 다다른 것이다. 인간은 누구인가? 그렇게 하여 그는 인간을 돌아보게 되었다.

철학자들은 인간을 다양하게 규정해왔다. 지배적인 것은 인간은 신체를 타고났지만 여느 동물과 달리 신체 그 이상의 존재라는 점이다. 그 이상의 영역이 정신인데 그것이 인간을 인간이게끔 만든다는 것이다. 이 정신을 바탕으로 인간을 영적 존재로 규정한 철학자도 있었고 이성적 존재로 규정한 철학자도 있었다. 그런 철학자들은 영적이든 이성적이든 정신의 자립성을 강조해왔다. 이렇게 하여 등장한 것이 신체(몸)와 정신(마음)은 별개의 것이라는 심신이원론心身二元論이다. 신체를 연장延長을 가진 실체로, 정신을 연장을 갖지 않은 실체로 본 데카르트가 대표적인 심신이원론자다.

전통적 심신이원론은 정신을 신체 위에 두었다. 인간을 인간답게 해 다른 짐승들 위에 군림하도록 하는 것이니 당연한 귀결이라 하겠다. 그에 따르면 정신과 신체는 지향하는 것부터가 다르다. 정반대라는 표현이 옳다. 정신은 완전을 희구한다. 높은 이상을 향해 끝없는 상승을 꾀한다. 그런 정신은 고매하며 숭고하다. 비물질적인 것으로서 영원하기까지 하다. 온갖 육신의 동물적 욕망에 매여 있는 신체는 반대로 인간을 금수의 수준으로 끌어내린다. 그만큼 비천하고 더럽다. 그리고 물질적인 것으로서 단명한다. 여기서 정신과 신체는 충돌하게 되고 끝내 적대관계에 들게 된다.

자립적인 정신이 살아생전 갖고 있는 문제는 그것이 현실에서 신체 어디엔가 자리할 수밖에 없다는 점이다. 신체 어딘가에 존재하는 한 신체의 영향을 받을 수밖에 없다. 비천하고 더러운 신체에 매여 있을 수밖에 없는 것이다. 여기서 신체는 정신을 가두어 온갖 저열한 충동 따위로 병들게 하는 감옥이 된다. 그러면 정신을 신체로부터 해방할 길은 없는가? 신체를 생의 주체로 보는 생의 철학자들은 없다고 본다. 반대로 또 다른 정신을 실체로 보는 이원론자들은 길이 있을 뿐만 아니라, 그 길로 가야 한다고 말한다. 그러나 생전에는 가능한 일이 아니다. 신체가 소멸해야 한다. 신체의 죽음으로 정신은 감옥에서 벗어나 내세의 새로운 삶을 시작한다.

니체는 그 같은 이원론의 전통에 반발했다. 이는 그리스도교 인간관과 플라톤 이래 형이상학적 인간관 일반에 대한 반발이었다. 그에 따르면 인간은 먼저 신체다. 태어날 때 신체로 태어난다. 신체를 떠나서는 그 누구도 살아남을 수 없다. 그러면 정신은? 정신은 신체의 진화 과정에서 필요에 따라 등장한 부차적 기능이자 도구에 불과하다. 어린아이의 성장 과정에서 볼 수 있는 일이다.

신체의 필요에 따라 등장한 만큼 정신은 신체를 보필해야 했다. 처음에는 그 소임을 다하는 듯했다. 그러다가 서서히 간사한 지혜를 발휘해 신체를 이리저리 파헤치고 그 고유의 능력에 재갈을 물리며 생명력을 고갈시키더니 끝내 자신의 관리 아래 두기에 이르렀다. 그 결과 오히려 신체가 부차적인 것, 그 자체로 존재할 가치가 없는 것으로 격하되고 말았다. 주객이 전도된 것이다.

그런 정신이 자신의 고유 능력으로 내세워온 것이 이치를 분별하고 판단하며 평가하는 능력으로 여겨지는 이성이다. 이때의 이성이 니체가 말하는 정신 이성이다. 이성이라고 하지만 정신 이성은 피상적이다. 기능의 하나이자 도구일 뿐, 내면에 자기 근원을 갖지 못해서 그렇다. 자신의 한계를 보지 못하는 것은 물론 신체를 학대하고 자연을 파괴함으로써 자신의 존재 기반을 위협할 만큼 어리석기까지 하다. 그런 정신 이성은 신체를 숙주로 삼아 기생하는 기생충과 같다. 기생충은 숙주를 공격해 죽음으로 내몬다. 자신이 설 자리를 무너뜨리는 것이다. 이 얼마나 비이성적인 일인가. 그런데도 사람들은 금과옥조라도 되듯 정신 이성을 내세워왔다.

이치를 분별하고 판단하며 평가하는 능력을 이성이라 부른다면, 니체로서도 그런 능력을 마다할 이유가 없다. 실제로 그는 이성을 생에 없어서는 안 될 것으로 높이 평가하기까지 했다. 다만 그가 강조한 것은 이성이 정신이 아니라 신체에 있다는 것이다. 그에 따르면 정작 이성적인 것은 신체다. 신체는 말은 없지만 자기 언어와 논리를 갖고 있다. 신체적 욕구와 외부 자극에 대한 반응과의 유기적 관계

속에서 이루어지는 지체肢體의 역할 등에서 확인할 수 있다. 거기에 더해 신체는 깊다. 생명에 뿌리를 두고 있어 그렇다. 신체는 자신의 한계까지 알고 있다. 그만큼 현명하다. 그리하여 흔들리지 않으며 무리하지 않는다. 이 얼마나 이성적인가.

신체는 거기에다 거짓을 모른다. 그래서 망상과 허구에 휘둘리는 일이 없다. 신체에 있는 이 같은 이성이 신체 이성, 곧 본래의 이성이다. 니체는 이 신체 이성을 '큰 이성'이라 불렀다. 그리고 지금까지 정신의 고유한 능력으로 여겨진 정신 이성을 '작은 이성'으로 불러 하부 이성으로 삼았다. 이렇게 그는 이성주의자들의 주장을 뒤엎었다.

제 푼수를 모르는 작은 이성은 생에 못된 짓을 많이 해왔다. 그것이 자행해온 해악은 무엇보다도 큰 이성인 신체에 대한 적대 행위에 있다. 종교적, 형이상학적, 도덕적 망상으로 신체를 왜곡하고 학대해온 것이다. 신체에 대한 이 적대 행위는 그 자체로 생에 대한 적대 행위가 된다. 지금까지 인간은 그 같은 적대 행위 아래서 힘겨운 삶을 살아왔다. 작은 이성의 그늘에서 생명 에너지인 본능과 충동, 관능 등은 저열한 것으로 매도되면서 통제와 관리 대상으로 전락하고 말았고 그 정도에 따라 생은 피폐해져갔다.

생에 적대적인 작은 이성의 만행은 이제 끝내야 하며 그런 만행으로 얼룩진 지금까지 인간의 역사는 청산되어야 한다. 그렇게 신체와 정신은 본연의 자리로 돌아가야 한다. 신체는 다시 주체가 되어 생을 주관해야 하며, 정신은 도구와 기능으로서 신체를 보필하는 것에 만족해야 한다. 그와 함께 정신 이성에 근원을 둔 도덕적 가치를 포함한 지금까지의 모든 가치는 전도되어야 한다. 이를테면 성과 속, 선과 악, 참과 거짓, 미와 추는 생의 주체인 신체를 기준으로 한 자연적 가치에 따라 재평가되어 제자리를 찾아야 한다. 이것이 니체가 요구한 가치의 전도顚倒다.

가치전도에는 큰 갈등과 혼란이 뒤따른다. 그 가치가 절대 가치로 군림해온 것이라면 그 갈등과 혼란은 더욱 커진다. 지금까지 매달려온 가치체계를 뒤엎는 일이니 그럴 수밖에 없다. 그러나 그 같은 갈등과 혼란도 잠시, 가치의 전도로 지금까지 속되고 나쁘며 추한 것으로 매도되어온 자연적인 것들이 신성하고 참되며 좋고 아름다운 것으로 복권되면서 인간을 속박해온 도덕적 가치 따위에서 벗어나 해방의 기쁨과 함께 생의 희열을 맛보게 된다. 그러나 이것은 가치전도 이후의 일이고 인간에게 먼저 찾아오는 것은 삶의 토대였던 가치 기반이 무너지면서 빠지게 되는 가치의 무정부 상태다. 그 상태가 깊어지면서 인간은 삶의 의미는 물론 추구해야 할 목표와 이상을 잃고 끝내 깊은 실향감에 빠지게 된다. 이때 고향을 상실한 인간을 엄습하는 것이 허무주의다.

그렇다면 가치전도는 허무주의로 끝나는가? 허무주의에 이르기 위해 인간은 기존 가치를 모두 전도시켜야 하는가? 허무주의가 니체 철학의 귀결인가? 그가 자신에게 주어진 시대적 부름으로 받아들인 철학적 소명, 곧 치유의 사명은 그러면 어떻게 되는가? 니체가 요구하는 것은 허무주의가 아니라 가치전도의 완성이다. 새롭게 삶의 목표와 의미가 되어주고 가치의 원천이 되어주는 것, 이를테면 옛 신의 비어 있는 권좌에 오를 새로운 권위를 찾아 허무주의를 극복하는 것이다. 그런 권위는 원래 있었다. 오랫동안 외면을 받아왔을 뿐이다. 우리가 사는 이 세계와 그 안의 생이 바로 그것이다.

니체는 여기서 생이 자신의 생명을 사는 이 세계에 주목했다. 세계에 관심을 기울이게 되었는데, 그에게 세계는 존재하는 것의 총체를 가리킨다. 그것을 확대하면 우주가 된다. 그리고 세계와 우주는 있는 그대로라는 의미에서 자연이 된다. 따라서 니체에게 세계와 우주, 그리고 자연은 하나다. 이 하나를 니체는 상징적으로 '대지大地'라 불렀다. 이제는 대지가 우리 존재의 모태이자 돌아갈 고향이다. 그리고 그 자체로 그것이 존재해야 할 이유이자 설명이다. 이 대지, 곧 자연을 떠나서는 가치를 평가할 수 없다. 가치를 잴 척도가 그것밖에 없기 때문이다. 그런 의미에서 가치의 절대 원천이자 척도는 자연일 수밖에 없다. 신에게 헌신했던 것처럼 인간은 이제 자연에 헌신해야 한다. 천상의 음성이 아니라 지상의 음성, 이 자연, 이 대지의 음성을 경청해야 한다. 여기서 니체는 루소의 말을 빌려 자연으로 돌아가라고 촉구했다.[11]

우리가 돌아가야 할 자연은 어떤 것인가? 무엇으로 되어 있으며, 어떻게 운행되는가? 니체는 일찍부터 그 문제와 실랑이했다. 이는 우주 존재와 운행의 문제인데 그가 오랜 탐색 끝에 얻은 결론은, 이 우주는 힘과 힘의 운동으로 되어 있다는 것이다. 그에 앞서 쇼펜하우어도 세계의 본질을 힘으로 보았다. 그것을 '의지'라 불렀을 뿐이다. 힘은 본성상 더 많은 힘을 추구한다. 그러지 않으면 기반을 잃고 소멸해버린다. 더 많은 힘의 추구는 곧 힘의 끝없는 자기강화를 위한 의욕을 말하는데, 이 의욕을 니체는 '힘에의 의지'라 불렀다. 그리고 그것을 모든 것의 본질로 삼았다. 이때의 힘은 일차적으로 물리학에서 말하는 힘 또는 에너지를 가리킨다. 이 세계가 힘으로 되어 있다는 당시 과학이론을 반영한 것으로서, 니체는 이 힘에 생명현상을 포함한 자연현상과 권력과 같은 사회적 힘도 포함했다. 모든 것이 힘으로 되어 있다는 말은 모든 것은 원자로 되어 있다는 말과 형식상 같다.

이 힘에의 의지가 우주의 운행 방식을 결정한다. 우리는 오랫동안 우주의 운행 방식을 알 수 없었다. 우주 밖에 관점을 두고 그 운동을 관찰한다면 운행 방식을 알 수 있겠지만, 우주 운행의 한복판에 있는 인간으로서는 그것이 가능하지 않다. 그러면 우주 운행의 한복판에서 그 운행 원리를 알아낼 길이 없을까? 실마리는 어느 순간에 풀렸다. 니체가 1880년대 초반 마이어의 에너지 보존 법칙에 눈을 뜬 것이 계기였다. 에너지 보존 법칙의 핵심은 에너지에는 형태의 변화는 있지만 그 총량에는 변화가 없다는 것이다. 그리고 운동을 본성으로 한다는 것이다. 마이어에 따르면 생성 소멸하는 이 세계는 에너지와 그 활동으로 되어 있다. 이 에너지의 활동 영역이 바로 공간이다. 총량이 일정하니 그 영역 또한 일정할 수밖에 없다. 이는 공간이 유한하다는 것을 말한다. 거기에다 운동을 본성으로 하는 만큼 에너지의 활동에는 끝이 있을 수 없다.[12] 운동에서 산출되는 것이 시간이다. 여기서 시간은 끝이 없다는 의미에서 무한한 것이 된다. 유한한 공간과 무한한 시간, 이것이 당시 자연과학이 거두어들인 성과였다. 그러나 당시 자연과학자들로서는 거기까지였다.

유한한 공간에서 에너지가 무한히 활동할 때 어떤 일이 일어날까? 밀폐된 용기에 일정량의 모래를 넣고 끝없이 돌릴 때 어떤 일이 일어나는가를 보면 된다. 안팎으로 닫혀 있으니 새로운 것이 밖에서 들어올 일이 없고, 있는 것이 밖으로 빠져나갈 일 또한 없다. 그 대신 안에 존재하는 것들의 이합집산을 통한 반복운동이 끝없이 일어날 것이다. 마찬가지다. 유한한 공간인 우주에는 소멸하는 것도 새로 생겨나는 것도 있을 수 없다. 존재하는 것들의 끝없는 순환운동이 있을 뿐이다. 이것이 니체의 우주론인 영원회귀의 논리적 근거다.

영원한 회귀운동에서는 처음(알파)과 끝(오메가)을 잇는 시간의 직선운동은 논박된다. 이는 직선운동을 근간으로 한 그리스도교 우주론이 설 자리를 잃게 된다는 것을 뜻한다. 영원회귀는 당시 자연과학적 전제 위에 확립된 우주론이지만, 니체는 그것을 과학적으로 입증하지도 논리적으로 설명하지도 않았다. 그 대신에 동그라미를 그리며 하늘을 나는 독수리와 그의 몸을 동그랗게 감고 있는 뱀, 고리 모양의 반지, 그리고 모래시계 등을 들어 상징적으로 그려냈을 뿐이다. 단순한 과학이론이 아닌 데다 상징으로 더 많은 것을 이야기할 수 있다고 보았기 때문이다. 그 결과, 이 이론은 입증과 설명이 가능하지 않은 형이상학적 사변이나 하늘의 비밀, 그러니까 천기 정도의 취급을 받기에 이르렀다. 그러면서 니체 사상 가운데 가장 난해한 이론이 되고 말았다. 그러나 앞서 살펴본 자연과학적 전제들을 숙지하고 있다면, 그의 철학에서 그만큼 명쾌한 것도 없다.

그 궤적으로 볼 때 둥근 고리 형태를 띠고 있는 회귀운동에는 반복이 있을 뿐, 추구해야 할 목표가 따로 있을 수 없다. 그러니 무엇을 하든 달라질 게 없다. 돌고 돌 뿐이다. 그런 운동에서는 모든 것이 무의미하다. 이 무의미한 반복에서 인간은 극단의 권태를 느끼며 끝내 삶의 의미를 잃고 허무의 감정에 휩싸이게 된다.[13] 이때 인간을 엄습하는 것이 신의 죽음에 뒤따르는 허무주의와는 다른, 또 다른 허무주의다.

이 허무주의도 극복해야 한다. 거역과 타협으로는 되지 않는다. 길은 영원한 회귀를 우리 자신의 존재 방식으로 받아들이는 데 있다. 영원히 회귀할 수밖에 없는 것이 운명이라면 그 운명을 받아들여 사랑하는 것이다. 운명에 대한 사랑이 곧 니체가 말하는 '운명애 amor fati'다. 자연의 이법에 순응하라는 스토아 철학자들의 달관을 떠오르게 하는 권고지만, 순응을 넘어 사랑하라는 점에서 더 적극적이며 주체적이다. 영원회귀라는 우주의 이법을 받아들여 사랑하는 순간 우리는 우주와 하나가 되는 환희를 체험한다. 범아일여梵我一如에서 누리는 희열이 그런 것이 될 것이다. 그리고 우주와 하나가 되는 순간 우리 자신 또한 우주와 함께 영원한 존재라는 사실을 깨닫는다. 그러면서 "이제 그만!" 하고 외치던 우리는 영원에 대한 소망으로 그렇다면 "다시 한번!" 하고 외치게 된다.

이 영원한 회귀운동을 일으키는 것은 무엇인가? 그것은 앞에서 살펴본 힘에의 의지다. 여기서 우리는 다시 힘에의 의지 문제로 돌아온다. 우주 안에 있는 모든 것은 힘을 키워 자신을 주장하려고 다른 것들과 경쟁한다. 힘의 불균형에서 오는 이런 실랑이는 끝이 없다. 우주를 지배하는 것은 절대정신도 아니며 수적數的 질서도 아니다. 신적인 섭리는 더더욱 아니다. 더 많은 힘을 얻고자 하는 의지일 뿐이다.

힘의 세계에서는 힘이 정의다. 힘들 사이의 싸움은 말할 것 없고 그런 싸움을 촉발하는 불균형도 정의로서 신성시되며, 승리는 어떤 것이든 정당한 것이 된다. 하나같이 기존 도덕에 반하는 것들이다. 문제가 있다면 단연 기존 도덕에 있다. 도덕이란 힘이 지배하는 세계에서 자력으로 살아남을 능력이 없는 약자들이 살아남으려고 생각해낸 사회적 합의이자 안전장치에 불과하기 때문이다. 힘이 있는 사람이나 맹수는 그와 같은 도덕이 필요하지 않다. 사랑이니 선이니 하는 따위의 도덕으로 자신을 감싸지 않는다.

힘이 지배하는 자연은 도덕적 현상이 아니다. 자연에 대한 도덕적 해석이 있을 뿐이다. 자연은 도덕을 모른다. 선할 것도 악할 것도 없다. 그런 의미에서 선과 악 저편에 있다. 인간이 이해관계에 따라 자연을 도덕적으로 해석해왔을 뿐이다. 이를테면 단비니 몹쓸 비니 하지만, 비에게는 선의나 악의가 없다. 악천후란 말도 마찬가지다. 어디 그런 것에 도덕적 의도가 있는가? 그런 자연을 도덕화하여 선과 악 따위의 도덕적 가치를 세운 것이 인간이다. 자연에는 '좋은 것'과 '나쁜 것'이 있을 뿐이다.[14] 자연적인 것은 좋은 것이다. 그리고 자연에 반하는 것은 나쁜 것이다.

도덕적 가치를 파기하고 자연적 가치를 회복해야 한다. 거기에 자연으로 돌아갈 길이 있다. 니체는 차라투스트라를 통해 그 모범을 보였다. 그 가운데 하나로서 그는 절제, 순종, 이타심과 같은 도덕적 가치를 파기하고 관능적 쾌락, 지배욕, 이기심과 같은 자연적 가치를 옹호했다. 자연적 가치가 회복되면서 그동안 삶에 어두운 그림자를 드리운 도덕적 자학과 허무의 음습한 먹구름이 걷히고 세상은 밝아진다. 그러면서 우리는 세상과 자신의 삶을 긍정하며 자신의 운명을 사랑하게 된다. 더 이상 또 다른 세계로서 배후세계를 상정해놓고 그곳으로 탈주할 이유도, 도덕의 방패 뒤로 숨어들 까닭도 없다.

그렇다면 인간은 지금 어디쯤 와 있는가? 가치의 전도를 완성하고, 지난날의 허구적 가치에서 자유로운 몸이 되어 해방의 웃음을 웃고 있는가? 자연 속에서 삶을 긍정하고 운명을 사랑할 단계에 와 있는가? 아직은 아니다. 오늘날 거리를 메우는 것은 전통신앙과 도덕의 울타리 안에서 안일한 삶을 추구하는 군상이다. 누구라도 좋은, 바로 그 때문에 어느 누구도 아닌 얼굴 없는 인간들이다. 그런 인간에게는 반성할 과거도 책임져야 할 미래도 없다. 무역사적 존재들이어서 그렇다. 달리 말해 눈이 있어도 보지 못하며 귀가 있어도 듣지 못하는 인간들이다. 그렇게 저들은 낙타처럼 생에 적대적인 짐을 지고, 어디엔가 있을 오아시스를 머릿속에 그리면서 불모의 사막을 달린다. 니체는 그런 인간을 '인간 말종'[15]이라 불렀다.

인간이 달라져야 한다. 초월적 망상과 도덕적 이상으로 얼룩진 과거를 딛고 일어서 새로운 미래를 창조할 수 있을 만큼 성장해야 한다. 그릇된 과거에 '아니다'를, 쇄신할 미래를 향해 '그렇다'고 말할 수 있을 만큼 되어야 한다. 이는 자연 속에서 정직하고 순진무구한 삶을 사는가 하면 자신의 삶을 통해 힘에의 의지를 구현하는 사람, 영원한 회귀를 자신의 운명으로 받아들여 사랑할 줄 아는 사람으로 거듭나야 한다는 것을 말한다. 이렇게 거듭나기를 반복하는 인간이 바로 위버멘쉬, 위를 향해 자신을 극복해가는 인간이다. 그러나 위버멘쉬는 이상일 뿐, 아직은 이 땅에 존재한 일이 없다. 앞으로는 많은 위버멘쉬가 나와야 한다. 가능하다면 인간 모두가 위버멘쉬가 되어야 한다. 이것이 차라투스트라의 꿈이다. 조짐은 나쁘지 않다. 인간 말종으로 살아온 삶에 역겨움을 느껴 새로운 사람으로 거듭나고자 하는 사람들이 하나둘 나오고 있기 때문이다. 반쯤 깨어난 사람들로 아직은 그 수효가 손에 꼽을 정도로 적다. 니체는 그런 인간을 '보다 지체 높은 인간'[16]이라 불렀다. 그러고는 인간 말종 위에, 그러나 위버멘쉬 아래에 두었다. 이들 세 유형의 인간이 《차라투스트라》의 주인공이다.

4

지금까지 이야기한 신의 죽음과 함께 가치전도, 힘에의 의지, 영원회
귀, 허무주의, 자연으로의 복귀, 위버멘쉬는 니체 철학을 떠받치고
있는 주제다. 《차라투스트라》도 이들 이야기를 중심으로 전개된다.
그래서 어느 하나 소홀히 다룰 수 없지만 역점의 차이는 있다. 《차라
투스트라》를 쓸 무렵 니체를 사로잡았던 것은 우주 운행의 방식인
순환운동을 내용으로 한 영원회귀 사상이었다. 그는 이 사상에서
자신의 철학의 완성을 경험했다. 이와 함께 신의 죽음에서 위버멘쉬
에 이르기까지 그가 이제껏 다루어온 주제들이 우주론적 관점에서
유기적으로 조명되고 설명되기에 이르렀다. 《차라투스트라》의 후반
부가 그런 관점의 산물이다. 니체 자신은 영원회귀를 《차라투스트
라》의 토대 개념으로 간주했지만[17], 학자들은 거기에 위버멘쉬를 보
태 또 다른 토대 개념으로 보고 있다.

　차라투스트라는 위의 주제들을 순차적으로 다루지 않고 연관에
따라 자유롭게 다루었다. 여기서 하나하나 순서에 따라 나열해가며
다룰 수도 있지만, 역점에 따라 전체를 개괄하는 것이 그렇게 글을
쓴 니체와 보조를 같이하는 일이 될 것이다. 차라투스트라는 신은
죽었다는 선포와 함께 위버멘쉬가 되어야 한다는 가르침으로 이야
기를 시작했다. 그리고 위버멘쉬가 가까이 오고 있다는 고무적인 조
짐으로 이야기를 끝냈다. 가치전도에 대한 이야기는 주로 1, 2, 3부
에 집중되었다. 힘에의 의지 문제는 2부 〈자기극복에 대하여〉에 처
음 나오지만, 가치전도와 영원회귀에 대한 설명의 근거로서 곳곳에
서 마주하게 된다. 영원회귀가 집중적으로 다루어지는 것은 3부에

서다. 허무주의가 가치전도와 영원회귀의 귀결로서 작품의 밑바탕에 배어 있으며, 자연으로의 복귀 또한 생에 대한 예찬과 함께 어디라 말할 것 없이 전반에 걸쳐 여러 형태로 나온다.

《차라투스트라》는 네 개의 부로 되어 있다. 이들 부 하나하나에 20개 안팎의 작은 제목이 붙은 글이 있고, 맨 앞에는 열 개의 토막으로 되어 있는 긴 머리말이 있다. 이야기를 끌고 가는 것은 차라투스트라지만 그의 말로만 되어 있지는 않다. 적지 않은 인간이 등장해 그의 말 상대가 되기도 하고 시비 상대가 되기도 한다.

앞에서 《차라투스트라》가 형식상 《신약》의 복음서와 비슷하다고 했다. 니체도 《차라투스트라》를 일종의 복음서로 생각했다. 그래서 발병 직전인 1888년 11월에 친구 도이센에게 쓴 편지에서 그것을 일컬어 '미래의 성서'라고까지 했다. 인류를 구원할 복음서라는 이야기인데, 복음서라는 말이 무색하게 그 투가 공격적이며 거칠다. 복음서 특유의 온화함이라든가 감동도 없다. 니체는 그 형식, 곧 문장과 표현에 대해서도 한마디 했다. 일종의 음악으로 간주할 수도 있다는 것이다.[18] 1884년 2월에 동료 교수 오버베크에게 쓴 편지에서는 아예 그것을 심포니로 볼 수 있다고도 했다. 실제 그의 글들은 음률을 띠고 있어 그런 느낌이 들기도 한다. 거기에다 심포니가 네 개의 악장으로 되어 있듯이 이 책 역시 네 개의 부로 되어 있다.

메시지는 말할 것도 없고, 형식과 전개, 그리고 표현 따위에도 남다른 데가 있지만, 더 남다르게 우리에게 다가오는 것은 인간 차라투스트라다. '차라투스트라' 하면 자연스레 떠올리는 것이 '역사 속 차라투스트라'다. 범접하기 어려운 위엄과 권위에 둘러싸인 하얀 머리카락에 긴 수염을 한 신비로운 선지자가 우리가 떠올리게 되는 차라투스트라의 모습이다. 거기에다 구원의 메시지를 전하는 성자의 모습을 보태면 된다. 실제 우리는 역사 속 차라투스트라에게서《구약성서》(이하《구약》)에 나오는 모세나 엘리야 또는 고대 철학자 피타고라스와 엠페도클레스를 떠올린다.

그러면 왜 차라투스트라인가? 역사 속 차라투스트라와 다르다 못해 상반되기까지 한 가르침을 펴는 터에 웬 차라투스트라인가? 니체 자신이 나서야 하지 않았는가? 그러기에는 걸리는 것이 있었다. 기존 종교와 과학을 넘어서 역사상 유례가 없는 복음을 펴게 될 그였지만, 그에 걸맞은 위엄과 권위가 없었다. 누구도 그를 그런 현자로 보지 않았고, 그 사실을 누구보다도 자신이 잘 알고 있었다. 당시 그는 널리 알려지지 않았으며, 알려졌다 하더라도 인류의 스승으로서는 아니었다. 새 복음을 위해서는 모든 사람이 인정하는 권위와 위엄을 지닌 인물이 그 대신 나서야 했다. 그런 인물이라면 소크라테스가 있고 예수가 있으며 붓다와 마호메트가 있다. 그러나 어떻게 생에 적대적인 이론의 토대를 제공한 소크라테스를 내세워 생을 옹호하며, 신의 아들인 예수와 신의 예언자인 마호메트를 내세워 신의 죽음을 선언하겠는가. 그리고 어떻게 제행무상諸行無常을 설파한 붓다를 내세워 허무주의를 거부하고 그 극복을 요구하겠는가. 거기에다 이들은 이미 그 사상이 세상에 널리 알려져 니체로서도 파고들 여지가 없는 성인 반열의 위인들이 아닌가.

'역사 속 차라투스트라'라면 어떤가? 그에게는 종교의 개조로서 누구 못지않은 권위와 위엄이 있었다. 그는 당시 서방세계 일반에게는 거의 알려지지 않은 인물이었다. 그나마 동방의 현자 정도로 알려졌을 뿐, 그의 가르침은 여전히 베일에 가려 있었다. 차라투스트라는 그만큼 신비에 싸여 있는 존재였다. 거기에다 그에게는 니체 사상과 만날 접점도 있었다. 위엄과 권위와 신비, 그리고 두 사람 사이에 사상적 접점까지 있었으니, 무엇을 더 바라겠는가? 물론 곳곳에서 니체는 그 접점을 넘어 그와 충돌했지만, 그렇다 하더라도 그를 자신의 대변인으로 내세워 이야기의 실마리로 삼는 것이 덜 부담스러웠을 것이다.

그렇게 하여 역사 속 차라투스트라가 니체의 작품에서 주인공으로 등장하게 되었지만, 그의 등장은 또 다른 논란의 여지를 남겼다. 니체가 역사 속 차라투스트라와 사상에서 하나라면 이미 그 사상이 기록으로 남아 있는 만큼 니체가 새삼 나설 이유가 없으며, 하나가 아니라면 그 이름을 도용함으로써 역사 속 차라투스트라의 가르침에 심대한 왜곡을 가져올 것이기 때문이다. 니체의 경우는 두 번째에 해당한다.

역사 속 차라투스트라는 자신의 말을 했다. 그가 한 말은 부분적으로나마 글로 전해지고 있다. 이와 달리 니체의 차라투스트라는 철저하게 니체의 말을 했다. 일련의 접점이 있었음에도 니체는 역사 속 차라투스트라의 가르침 가운데 상당 부분을 거부했다. 이를 어떻게 받아들여야 하나? 그 같은 거부에도 역사 속 차라투스트라를 자신의 대변인으로 내세웠다면, 무엇보다 그 거부를 상쇄하고도 남을 이유가 있어야 했다. 니체는 자전적 기록인 《이 사람을 보라》에서 그 나름의 이유를 댔다. 뒤에서 이 문제를 자세하게 다루겠다. 그에 앞서 우리는 역사 속 차라투스트라는 누구였으며, 그가 펼친 사상은 어떤 것이었고, 어떻게 그 사상이 서구세계에 수용되었는가를 살펴볼 필요가 있다.

5

앞에서 보았듯이 역사 속 차라투스트라는 종교 창시자이거나 개혁자다. 그가 우리에게 조로아스터교로 더 알려진 차라투스트라교를 창시했다고 보는 학자들이 있는가 하면, 그가 한 것은 기존 마즈다교를 개혁한 일이었을 뿐이라고 보는 학자들도 있다. 이름은 차라투스트라 스피타마였다. 차라투스트라는 '낙타를 다수 소유한 자', 스피타마는 '신속하고 위풍당당하게 공격하는'이라는 뜻의 씨족 이름이다. 실존했던 인물로 보지만, 그가 언제 어디서 태어났는지는 이론이 분분하다. 그의 생존 연대를 기원전 1500년 정도로 올려 잡는 학자들[19]이 있는가 하면, 기원전 600년 정도로 내려 잡는 학자들도 있다. 또 기원전 1000년 이전 정도로 잡는 학자들도 있다.[20] 출생 장소에도 정설이 없다. 다만 활동 무대로 미루어 지금의 이란 동북부 아프가니스탄 접경이나 아프가니스탄 북부의 옛 박트리아 지역에서 활약했던 것으로 추정될 뿐이다.

차라투스트라는 일찍부터 우주 질서와 선과 악의 문제에 깊은 관심이 있었다고 한다. 그러다가 나이 서른에 유일신 창조주의 부름을 받아 예언자가 되었다고 전한다. 이 신이 바로 알파이자 오메가인 아후라 마즈다다. 아후라는 '주님', 마즈다는 '모든 것을 아는'이라는 뜻이니 결국 '전지全知한 주님'이라는 뜻이 된다. 이 주님에게는 선과 생명의 화신인 스펜타 마이뉴와 악과 죽음의 화신인 앙그라 마이뉴라는 쌍둥이 자식이 있었다. 앙그라 마이뉴의 팔리Pali어 이름은 아리만이다. 샤이틴(사탄)으로도 불렸다. 이들이 처음부터 선과 악의 화신이었던 것은 아니다. 선택의 결과로 그리되었을 뿐이다. 이후 이 세상에 선과 악이 존재하게 되었다.[21] 《구약》 〈창세기〉에 나오는 아벨과 카인을 연상케 하는 이야기다.

아후라 마즈다는 당시 최고신으로서 신앙의 대상이 되었으나 일반에서 더 널리 숭배되던 것은 잡신들이었다. 차라투스트라가 한 일은 이들 잡신에 맞서 아후라 마즈다를 최고신으로 신앙하도록 했을 뿐이라는 것이 그를 종교 개혁자 정도로 보는 사람들의 주장이다. 그러나 그를 종교 창시자로 보는 사람들은 그가 아후라 마즈다 신학을 정립해 새로운 종교체계로 발전시켰다는 점을 강조한다.

차라투스트라는 자신을 '사오시안트Saoshyant'라 불렀다. 구세주를 뜻하는데 이 구세주 사상을 수용한 것이 히브리인들이었다. 그들은 사오시안트를 '메시아maschiach'라 불렀으며, 훗날 《신약》 집필자들이 그리스어로 성서를 쓰면서 그것을 '그리스도christos'로 표기했다.

차라투스트라에 따르면 인류 역사는 선과 악의 투쟁을 통해 전개된다. 인간은 언젠가 때가 되면 죽지만 그것으로 모든 것이 끝나지 않는다. 죽는 것은 신체이고, 영혼은 살아남아 생전에 어떤 삶을 살았는가에 따라 심판을 받는다. 그 결과에 따라 천국으로 올라가기도 하고 지옥으로 떨어지기도 한다. 그러나 선과 악의 투쟁은 종말에 구세주 사오시안트의 등장으로 선이 승리하면서 끝난다. 그와 함께 영혼은 모두 부활해 악이 완전히 소멸한 세계에서 영생을 누린다.

차라투스트라의 가르침은 전지한 유일신, 천지창조, 선과 악, 천국과 지옥, 사탄, 메시아, 부활, 심판, 구원, 종말 등으로 요약된다. 그런데 이것들은 유대교와 그에 뿌리를 둔 그리스도교, 그리고 이슬람교가 가르쳐온 핵심 교의가 아닌가? 이를 어떻게 설명할 것인가? 우연의 결과라면 놀라운 일치일 것이다. 그렇지 않고 한쪽에서 다른 쪽 가르침을 수용한 결과라면 그리 놀랄 일도 아니다. 그렇다면 유대교가 차라투스트라교의 핵심 교의를 받아들인 것이 된다. 시기적으로 보아 그렇다. 실제 학자들은 그렇게 본다. 차라투스트라교가 유대교의 교의 형성에[22], 나아가 그리스도교와 이슬람교의 교의 형성에 결정적인 영향을 끼친 것으로 받아들이고 있다. 심지어는 차라투스트라의 가르침을 유대교와 그리스도교, 그리고 이슬람교를 떠받치고 있는 토대로까지 보는 학자들도 있다. 그런 수용과 관점을 뒷받침할 역사적 근거는 일찍부터 그리고 다양하게 확인되었다.

이야기는 기원전 586년 신바빌로니아왕 네부카드네자르 2세가 예루살렘을 정복하면서부터 시작된다. 정복 후 그곳에서 반란이 일어나자 그는 반란을 진압하고 나서 그곳 왕을 포함해 신하, 장인 등 핵심 유대인 만여 명을 바빌론으로 잡아갔다. 그곳에서 유대인은 50년 가까이 포로생활을 했다. 그러다가 기원전 539년에 페르시아왕 키루스가 신바빌로니아를 정복하면서 해방을 맞이했다. 영토 안에 포로로 잡혀 있는 민족들을 제 나라로 돌려보내서 저마다의 종교를 갖고 살도록 하는 것이 제국 통치에 좋겠다고 판단한 키루스가 첫해에 칙령을 내려 포로들을 돌려보냈기 때문이다. 그러나 모두가 고향으로 돌아간 것이 아니어서 적지 않은 사람들이 그곳에 남았다.

유대인이 신바빌로니아에서 포로생활을 하던 당시 그 지역에는 차라투스트라교가 국가 종교가 되어 널리 그리고 뿌리 깊게 퍼져 있었다. 유대인들은 그곳에서 이론적으로 더욱 체계화되고 세련된 언어에 논리까지 갖춘 차라투스트라교와 접촉하게 되었다. 놀라운 체험이었다. 그와 더불어 좀처럼 헤아릴 수 없던 신의 섭리를 명확하게 이해할 수 있는 지평이 열렸다. 거기에다 지금까지는 설명하기 어려웠던 자신들의 비극적 운명과 그 귀결을 해명하고 앞날을 전망할 수 있는 근거를 찾아내게 되었다.

먼저 선의 세력과 악의 세력이 분명해졌다. 선의 세력은 아무 죄 없이 핍박을 받는 저들이고, 악의 세력은 저들을 핍박해온 신바빌로니아 제국이었다. 악이 선을 지배하게 된 경위도 드러났다. 악의 지배는 선의 승리를 위한 것, 그러니 그 지배가 오래가지는 않을 것이다. 머지않은 종말에 메시아가 나타나 심판을 하고 저 선한 영혼들은 부활해 천국에서 복락을 누릴 것이며, 저들을 핍박해온 악한 영혼들은 지옥의 나락으로 떨어져 고통을 받게 될 것이다. 노예로서 힘겨운 삶을 살던 유대인에게 이 이상의 복음은 없었다.

학자들의 지적은 이들 선과 악의 투쟁, 세상의 종말, 구세주, 심판, 부활, 천국과 지옥 등이 유대교에 그대로 수용되어 유대교 교의의 핵심이 되었다는 것이다. 학자들은 유대인의 묵시문학도 차라투스트라교와 접촉한 결과로 본다. 그러면서 차라투스트라교의 수용을 전후해서 《구약》의 메시지가 확연하게 달라진 점을 환기시킨다.

《구약》은 기원전 12세기에서 2세기에 이르는 시기에 쓰였다. 이 시기는 신바빌로니아 포로생활 이전과 이후로 나뉘는데, 앞서 이야기한 차라투스트라교의 수용이 확인되는 것은 이 이후의 《구약》에서다. 그러나 수용 정도에 대한 학자들의 판단은 일치하지 않는다. 차라투스트라교의 영향을 강조하는 학자들은, 차라투스트라의 영향을 논외로 한다면 무엇이 유대교와 그리스도교, 나아가 이슬람교의 교리에 남을지 묻는다. 이에 맞서 그 영향은 인정하지만, 그 정도는 아니라는 반론을 펴는 학자들도 있다. 더 강력한 유대교의 전통이 그 밑바닥에 있었다는 것이다. 실제 유대인 중에는 차라투스트라의 교의를 거부한 사람들도 있었다. 그 예의 하나가 외래의 부활 사상을 받아들일 수 없다는 사두개파[23] 사람들이다. 《신약》에도 나오는 예수 당시의 사람들, 바빌로니아 포로 이전의 전통에 충실했던 사람들이다.

그 영향의 정도를 떠나 차라투스트라의 가르침은 이후 유대교와 그리스도교, 이슬람교를 넘어 다양한 형태로 서양 지성사에 자취를 남겼다. 철학의 경우 차라투스트라는 이미 소크라테스 이전에 부분적으로나마 그리스에 알려져 있었다. 서방과 동방의 문화적 교섭이 활발했던 시기였다. 차라투스트라가 고대 그리스 철학에 끼친 영향으로 이야기되는 것들이 여럿 있다. 그 가운데 하나가 피타고라스 이후 철학자들에게서 볼 수 있는 이원론이다. 피타고라스가 차라투스트라를 직접 만나 가르침을 받았다는 전언도 있다. 만나서 빛과 어둠으로 되어 있는 세계의 이원구조에 대한 설명을 들었다는 이야기다. 헤라클레이토스가 만물의 근원으로 본 불을 차라투스트라와 연결 짓는 학자들도 있다. 차라투스트라교의 의식에서 불은 매우 중요하다. 불은 질서와 정의, 정화와 생명을 상징하는데, 교도들은 불의 사원에 있는 불 앞에서 의식을 치렀다. 그렇게 불을 앞에 두고 아후라 마즈다에게 기도했다. 흔히 알려진 대로 불을 신앙의 대상으로 숭배한 것은 아니다.

아낙시만드로스와 차라투스트라의 영향관계에 주목하는 학자들도 있다. 아낙시만드로스에 따르면 지구는 원통형으로 되어 있다. 그 지구 맨 가까이에 별들이, 그다음에 달이, 그리고 맨 끝에 태양이 돌고 있다. 별들과 달, 그리고 태양 순으로 되어 있는 우주의 구조는 차라투스트라가 일찍이 가르쳐온 것이다. 그렇기는 하나 위의 그리스 철학자들과 차라투스트라 사이에 있었던 것으로 논의되는 영향 관계는 문헌학적 검증이 더 필요하다.

　이후 차라투스트라가 더 구체적으로 논의되기에 이르는데, 바로 기원전 5세기 리니아의 역사가 크산토스에 의해서다. 그러나 그리스 세계의 차라투스트라 수용과 연관해서 더 주목하는 것은 플라톤과 아리스토텔레스 제자들이 동방 철학을 다루면서 차라투스트라의 가르침도 함께 논의했다는 문헌 기록이다. 다만 차라투스트라의 가르침이 이 시기에 체계적으로 연구되고 수용되었다는 기록은 없다. 이후 차라투스트라가 쓴 것으로 되어 있는 〈가타Gathas〉가 역사가 테오폼푸스 등의 글에 널리 인용되었다는 문헌자료들이 남아 있을 뿐이다. 차라투스트라는 이 시대에 마구스magus, 즉 마법사나 강신술사 정도로 여겨졌다. 차라투스트라가 아니라 그의 제자나 추종자를 마구스로 보는 학자들도 있고, 차라투스트라교를 타락시킨 토착 주술사나 강신술사로 보는 학자들도 있다.[24]

　중세에 들어 그리스도교가 서방의 주도적 종교가 되면서 차라투스트라를 둘러싼 논의는 더 이상 활발하게 진행되지 않았다. 그리스도교 신학자들은 차라투스트라를 알려 하지 않거나 안다 해도 언급하는 것이 불편했을 터이다. 그렇다고 차라투스트라교가 역사 무대에서 완전히 사라진 것은 아니었다. 잠시 잠복해 있었을 뿐이다. 수면 아래에서였지만 차라투스트라의 가르침은 몇 개의 분파 종교를 출현시킬 만큼 왕성한 생명력을 지니고 있었다. 이를테면 고대 로마 종교와 결합해 미트라교를, 그리스도교와 결합해 마니교를, 그리고 보고밀파를 출현시켰다. 다만 이들 분파는 상대적으로 장수하지 못했다. 서방세계에서 그리스도교가 정교가 되면서 이단으로 몰려 그 활력을 잃은 탓이다.

차라투스트라가 되살아난 것은 르네상스 시대에 이르러서였다. 중세의 그리스도교 전통에서 벗어나 보다 자유롭게 고전을 다루게 되면서 그가 재발견된 것이다. 그의 귀환을 세상에 알리기라도 하듯 라파엘로는 프레스코화 〈아테네학당〉에서 그에게 한자리 내주기까지 했다. 그런가 하면 철학자 파트리치는 차라투스트라에 주목했으며, 독일의 시인 오피츠는 차라투스트라에 대한 언급을 남기기까지 했다.[25] 당시 피렌체의 휴머니스트들도 차라투스트라에 주목했다. 그 가운데 한 사람이 플라톤 아카데미에서 몇몇 다른 사람과 함께 주도적 역할을 했던 피치노였다. 그는 차라투스트라 관련 문헌을 탐독했다. 차라투스트라는 이렇게 재발견되었지만 당시 그에 대한 관심이 학문적 연구로까지 이어지지는 않았다. 무엇보다도 문헌자료 부족에 텍스트를 직접 읽을 수 없는 언어적 한계 때문이었을 것이다. 우선은 그를 일깨운 것 하나로 만족해야 했다.

두 세기 가까이 더 기다려야 했다. 1700년 옥스퍼드대학 교수 하이드는 그때까지 다양한 언어로 쓰인 차라투스트라 관련 글들을 수집했다. 연구 토대는 그렇게 마련되었다. 1771년에 이르러 드디어 차라투스트라교의 기본 텍스트인 《아베스타Avestā》[26]가 프랑스어로 번역 출판되었다. 세 권으로 된 이 책의 역자는 뒤페롱이었다. 마침 동방학이 자리를 잡아가던 시기여서 이 역서는 학계에서 뜨거운 반응을 받았다.[27] 비판도 뒤따랐다. 몽테뉴, 볼테르, 디드로가 차라투스트라 논의에 가세하면서 차라투스트라는 더욱 많은 사람에게 주목을 받았다. 급기야 음악에도 등장했는데, 모차르트의 오페라 〈마술

피리〉에 나오는 고위 사제 자라스트로가 바로 그다. 그러다가 차라투스트라 신화는 마침내 괴테의 《파우스트》에서 절정에 이르렀다.[28] 계기는 이렇게 마련되었지만, 철학에서는 차라투스트라가 문제가 되지 않았다. 초기에는 관심을 끌었지만, 철학적 문제를 다룬 철학자가 아니었기 때문이다. 그 대신 종교를 연구하는 사람들에게 집중 조명을 받았다.

유대교든, 그리스도교든, 이슬람교든 그 안을 들여다보면 이렇듯 차라투스트라의 그림자가 눈에 들어오고 그것이 서양 지성사에 끼친 영향 또한 무시할 수 없다. 하지만 이슬람교가 등장하면서 차라투스트라교는 정작 본고장이라 할 수 있는 서남아시아에서 그 입지를 대부분 잃고 말았다. 7세기에 출현한 이슬람교도 처음에는 유일신을 믿는 종교라는 점에서 유대교와 그리스도교에 그러했듯이 차라투스트라교에도 관대했다. 그러다가 세계화를 기치로 세력을 키워가면서 이슬람교는 다른 종교들을 배척하기 시작했다. 특히 활동 영역이 겹치는 차라투스트라교가 박멸 대상이 되어 모진 박해를 받았다. 박해 속에서도 일부 차라투스트라교도는 활로를 찾아 안전한 사막으로, 그리고 비이슬람권으로 자리를 옮겼다.

사막으로 간 교도들은 이란 중심부에 있는 사막도시 야즈드에 '불의 사원'을 지어놓고 해마다 그곳에서 축제를 열었다. 순례자들이 찾아오지만, 가까스로 명맥을 이어가는 정도다. 비이슬람 지역으로 자리를 옮긴 사람들은 주로 지리적으로 멀지 않고 종교 갈등이 상대적으로 적은 인도로 갔다.[29] 오늘날 파르시교(페르시아인의 종교)로 알려진 신앙집단이 그때 인도로 옮긴 신자들의 후예다. 야즈드와 인도를 중심으로 전 세계에 50만 명 정도의 신도들이 신앙생활을 한다고 알려져 있다.

　차라투스트라교는 이렇게 이슬람교에 의해 자신의 고향에서 밀려났지만, 그곳 이슬람교에도 다른 지역에서 볼 수 없는 흔적을 남겼다. 차라투스트라교 특유의 이원론의 흔적이 그곳 시아파 이슬람교도에게서 보이는 성과 속의 이원론에서 확인된다. 선과 악 따위의 이원론을 넘어 성과 속의 문제까지 대립관계 속에서 받아들이고 있는데, 이 점이 시아파가 수니파 이슬람교도와 다른 점이다.

6

니체는 그리스도교를 그 뿌리부터 거부했다. 그는 그리스도교의 핵심 교의라 할 수 있는 선과 악, 세상의 종말, 부활, 천국과 지옥, 메시아의 존재를 거부했다. 이 거부는 그와 같은 교의의 토대를 제공한 차라투스트라교의 거부를 의미한다. 이는 니체 철학에 역사 속 차라투스트라의 가르침이 자리할 여지가 처음부터 없었음을 의미한다.

　그러나 삶에서는 그렇지 않았다. 니체는 인간 차라투스트라의 삶에 남다른 흥미를 느낀 듯하다. 그에게서 자신의 모습을 보았을 수도 있다. 역사 속 차라투스트라도 시대의 환영을 받지 못했다. 잡신 전통과 관습에 맞서 유일신 종교를 세우려 했던 그는 반시대적 인물이 되어 모진 박해를 받았다. 이리저리 쫓겨 다니면서 생명의 위협까지 느꼈다. 심지어는 미친 사람 취급까지 받았다. 시대의 몰이해와 박해 속에서 그는 탄식했다. "나 어느 나라로 달아나야 하나? 나 어디로 가야 하나? 가족과 부족에게도 버림받았으니." 그런 그 또한 몇 몇 반려 짐승들을 벗 삼아 고독을 즐겼다. 다만 니체와 달리 뱀만은 멀리한 것으로 전한다.

니체 역시 반시대적 인물이었다. 반동의 철학자이기까지 했다. 그에게도 거센 비판이 뒤따랐다. 그 또한 그의 나라(그리스도교 세계)와 부족(신앙공동체)에게 버림받았으며, 어디에서나 사람들의 따가운 시선을 느꼈다. 그는 끝내 미친 사람 꼴이 되었다. 그는 《차라투스트라》 1부를 내놓으면서 쓴 1881년 2월 1일 자 편지에서 친구인 페터 가스트에게 "나 독일에서 미치광이로 취급될 것"이라고 토로했다. 그가 신의 죽음을 대신 선언하도록 《즐거운 학문》 3부 125에 등장시킨 미친 사나이 또한 대중의 눈에 그렇게 비칠 자신의 모습이다. 시대의 몰이해는 그를 압박했다. 자신의 고독 말고는 갈 곳이 없었다. 그 역시 〈차라투스트라의 머리말〉에서 거듭 사람들의 몰이해를 한탄했다.

이 같은 세상의 몰이해 말고도 그의 차라투스트라에는 역사 속 차라투스트라를 떠오르게 하는 대목이 적지 않게 나온다. 역사 속 차라투스트라는 웃으면서 태어났으며, 파란 하늘과 황금을 기렸다고 한다. 웃음은 니체의 차라투스트라가 생의 예찬으로 기려온 것이고, 파란 하늘은 그가 더없이 심오하고 티 없이 깨끗한 인식으로, 태양과 황금은 아낌없이 베푸는 것들로 감탄하며 칭찬해온 것이다. 니체의 차라투스트라가 나이 서른에 고향 호수를 떠나 산속으로 들어갔다는 것에서도, 그리고 짐승 떼를 모는 목자, 태양, 꿀 봉납, 밝아오는 동녘에 대한 고대와 희망에서도 우리는 역사 속 차라투스트라를 만난다.

7

니체는 역사 속 차라투스트라의 가르침을 거부했다고 했다. 그런데도 그를 자신의 대변인으로 내세웠다면 이들 두 사람 사이의 대립을 상쇄하고도 남을 이유가 있어야 할 것이라고 했다. 니체는 그 이유를 댔다. 니체가 일찍부터 관심을 두었던 것이 바로 선과 악의 정체와 유래였다. 그런 그에게 처음으로 선과 악의 출현과 그 전말을 두고 고심한 차라투스트라는 예사롭지 않은 인물로 다가왔다. 선과 악의 문제가 이들을 잇는 접점이 된 것인데, 이 접점을 가운데 두고 두 사람은 상반된 길을 갔다.

역사 속 차라투스트라는 선과 악에서 출발해 죄, 부활, 심판, 구원, 세계의 종말로 이어지는 방대한 가르침을 폈다. 그리고 그 가르침으로부터 도덕체계를 세우고, 도덕을 힘, 원인, 목적 등 형이상학적 개념으로 발전시켰다. 니체는 끝에 가서 선과 악의 존재를 거부했다. 사람들이 지어낸 허구로 보아 그와 함께 도덕 자체의 파기를 주장하기에 이르렀다. 그런 그에게 죄, 부활, 심판, 구원 따위는 아예 이야깃거리가 되지 않았다. 세계 종말도 마찬가지였다. 영원히 회귀하는 세계에 시작이 어디 있으며 종말이 어디 있는가? 그는 나아가 예의 형이상학적 사변까지 거부했다.

그러나 역사 속 차라투스트라와 니체는 허구든 선택이든 선과 악이 처음부터 있었던 것은 아니라는 데서는 하나다. 그렇다면 선과 악의 출현 이전 상태를 두 사람은 알았을 것이다. 이 이전의 상태가 니체가 돌아가야 할 고향으로 제시한 선악의 저편, 곧 선악의 피안이자 역사 속 차라투스트라가 제시한 종말 이후의 세계다. 이렇듯

간 길은 상반되었지만, 크게 보아 목표는 다르지 않다. 니체가 역사 속 차라투스트라를 자신의 대변인으로 세운 데는 또 다른 이유가 있다. 성실성이다. 정직성으로서 세계를 거짓 없이 보고 지키려는 사람들에게 꼭 필요한 소양이자 덕목이다. 힘에의 의지, 위버멘쉬, 가치 전도 등은 그다음 문제다.

앞에서 언급한《이 사람을 보라》에 나오는 〈왜 나는 하나의 운명인지〉 3에서 니체가 한 말을 들어보자.

왜냐하면 저 페르시아인을 역사상 유례를 찾아볼 수 없을 만큼 유일무이하게 만든 것은 바로 그 정반대이기 때문이다. 차라투스트라는 선과 악의 투쟁에서 사물의 움직임에 내재해 있는 본연의 바퀴를 처음으로 본 사람이며—도덕을 형이상학적인 것으로, 즉 힘, 원인, 목적 그 자체로 옮긴 것이 **그의** 작품이다. … 차라투스트라는 더없이 숙명적인 액운인 도덕이라는 오류를 **창조해냈으며**; 따라서 그 오류를 **인식한** 최초의 사람임에 틀림없다. … 그보다 중요한 것은 차라투스트라가 어떤 사상가보다 진실했다는 점이다. 그의 가르침, 그 가르침만이 진실성을 최고의 덕으로 삼았다. … 진실성에서 비롯되는 도덕의 자기극복—**내 안으로의 자기극복**—이것이 내 입에서 나온 차라투스트라라는 이름이 의미하는 바다.

이 정도 이유로 니체와 역사 속 차라투스트라 사이의 사상적 대립이 충분히 상쇄되었다고 볼 수 있는지는 의문이다. 니체에게서는 더 이상의 설명이 없다.

르네상스와 함께 되살아난 차라투스트라는 19세기에 이르러 학계의 주목을 받기 시작했다. 문헌학계도 예외가 아니어서 1860년을 전후로 차라투스트라 관계 문헌에 대한 논의가 활발해졌다.[30] 이 시기에 니체는 김나지움에 다니고 있었다. 이후 그는 본대학을 거쳐 라이프치히대학에서 문헌학을 전공했다. 그러다가 1869년 바젤대학에 문헌학 교수로 부임하면서 본격적으로 문헌학자의 길을 가게 되었다. 문헌학 연구의 일환이기는 했지만 그는 이 시기에 고대 철학도 광범위하게 다루었다. 물론 차라투스트라도 알고 있었다. 그런데 그가 어떤 경로로 차라투스트라의 사상을 접했는지는 분명하지 않다. 세 개의 경로를 생각해볼 수 있다.

첫 번째 경로는 철학사가 디오게네스 라에르티오스를 통한 것이다. 니체는 대학 강단에 선 다음 해인 1870년 전후로 디오게네스 라에르티오스의 저작을 깊이 있게 연구했다. 이 저작에서 저자는 철학의 시원을 찾아 페르시아, 바빌로니아, 아시리아, 인도 등의 사상가들까지 거슬러 올라갔는데, 이것이 니체에게 차라투스트라와 학문적 수준에서 만날 수 있는 기회가 되었으리라 짐작된다. 그는 같은 시기에 같은 대학의 부르크하르트 교수가 개설한 강의 〈역사 연구에 대하여Über Studium der Geschichte〉를 청강한 일이 있다. 사후에 《세계사적 관찰Weltgeschichtliche Betrachtungen》이란 이름으로 출판된 이 강의에서는 차라투스트라가 차르두쉬트Zardusch라는 이름으로 다루어졌다. 종교와 국가의 관계를 문제 삼는 곳에서였는데, 이것도 니체가 차라투스트라에 주목하는 계기가 되었을 것으로 보인다.

두 번째 경로는 크로이처의 저작을 통한 것이다. 니체는 1870년대 중반에 고대 그리스의 종교와 문화유산을 천착했다. 이때 그 토대가 되었던 것이 바로 크로이처의 《고대 민족들의 신화와 상징Symbolik und Mythologie der alten Völker》이었다.[31] 차라투스트라가 자세하게 소개된 이 책(3판 4권)은 바이마르의 니체도서관에 아직 소장되어 있다.

　이 두 경로로 볼 때 니체는 역사 속 차라투스트라가 편 사상의 줄거리를 파악하고 있었던 것으로 보인다. 그러나 그 이상은 아니었던 것으로 판단된다. 그렇게 니체는 여러 해를 보냈다. 그러다가 세 번째 경로인 차라투스트라를 새롭게 경험할 순간을 맞이했는데, 그것은 《차라투스트라》 집필 전인 1881년에 에머슨 독서를 통해서였다. 《차라투스트라》가 오랜 구상 끝에 쓰인 책이 아닌 만큼, 니체의 차라투스트라가 등장한 것도 오랜 숙고의 결과는 아니다. 니체는 1881년에 에머슨 책의 번역본인 《시도Versuche》를 줄을 쳐가며 열심히 읽었다. 그리고 깊은 인상을 받은 것으로 보인다. 그때의 느낌을 같은 해 가을 유고[32]에서 니체는 이렇게 토로했다. "에머슨. 지금까지 나는 그 어느 책에서도… 더 친근하게 느낀 적이 없다.—내게 그토록 가까이 있으니, 나 감히 그 책을 찬양하지 못하겠다." 바로 이 책에 차라투스트라에 대한 이야기가 나온다. 페르시아에서 전해오는 이야기로서, 당시 박트리아 왕 구스타스프[33]가 차라투스트라의 공적을 확인하고자 날을 잡아 현자 하나를 불렀는데, 왕과 각 지방에서 온 제관(모베드)들 앞에 차라투스트라가 나서자, 현자가 그 어른을 알아보고는 "이 용모, 이 걸음걸이와 거동은 거짓일 수가 없고, 그것들에서 진리 말고는 그 어떤 것도 나올 수 없다"고 말했다는 것이다.

니체는 이 대목 가장자리에 "바로 이것이다Das ist es"라고 써넣었다. 예사롭지 않은 반응이다. 학자들은 이 반응에 주목한다. 이때 니체가 받은 깊은 인상이 훗날 차라투스트라를 자신의 대변인으로 내세우는 결정적인 계기가 아니었을까.

아무튼 니체는 《차라투스트라》 집필에 앞서 몇 차례 차라투스트라를 언급한 일이 있다. 그 가운데는 이름을 대는 정도 이상의 언급도 있다. 하나의 예로 헤라클레이토스의 스승으로 이야기되는 차라투스트라에 관한 부분이 있다. 1870년대 초에 쓴 《그리스 비극 시대의 철학Die Philosophie im tragishen Zeitalter der Griechen》 1에서였다. 같은 시기의 유고[34]에서 그리스가 다리우스를 물리치지 못했다면 그리스는 조로아스터교의 지배 아래 들었을 것이라고도 했다.[35] 흥미로운 것은 니체가 이때 차라투스트라 대신 조로아스터라는 이름을 썼다는 점이다. 조로아스터로도 알려져 있던 터여서 특별한 의미는 없어 보인다. 더 관심을 끄는 것은 뒤따르는 다음과 같은 유고의 글이다. "차라투스트라교도는 기도드릴 신의 존재를 믿으며, 생각과 말과 행위의 순수성이라는 그의 도덕을 믿는다. 차라투스트라교도는 악의 징벌과 선의 보상을 믿으며, 신의 은총에 힘입은 죄 사함을 기대한다."

인간 차라투스트라에 대한 그의 관심을 반영하는 글도 있다. 바로 1881년 유고에 나오는 "우르미 호숫가에서 태어난 차라투스트라는 나이 서른에 그의 고향을 떠나 아리아 지방으로 가 10년간 고독 속에서 《첸트-아베스타Zend-Avestā》를 썼다"[36]는 글이다. 더 자세한 것은 《즐거운 학문》에 나온다. 한 쪽 분량의 글이다. "비극이 시작되다Incipit tragoedia"는 말로 시작되는 이 글은 우르미라는 호수 이름을 뺐을 뿐 다음 작품인《차라투스트라》의 서두를 그대로 장식하게 된다. 같은 책 부록인 〈포겔프라이 왕자의 노래Lieder des Prinzen Vogelfrei〉에는 "나 무無를 기다리고 기다리며 여기 앉아 있다. … 선악의 저편에서, 빛을 즐기고 또 그림자를 즐겨가며, 온통 유희일 뿐, 온통 바다이고 정오이며 목표 없는 시간일 뿐. 그때 갑자기, 나의 여인이여, 하나가 둘이 되었다.—그리고 차라투스트라가 내 곁을 지나갔다"[37]는 시詩도 나온다. 그러다가《차라투스트라》의 대미를 앞둔 1884년 초의 유고[38]에서 그는 역사를 전체 속에서 사유한 페르시아인의 한 사람인 차라투스트라를 존경할 수밖에 없다고 말하기까지 했다. 페르시아인 차라투스트라에게 경의를 표하지 않을 수 없다는 것이다. 페르시아 사람들이 처음으로 역사를 전체 속에서 사유했으며, 발전의 연속, 모두가 예언자 역할을 했고, 모든 예언자가 자신의 하자르Hazar, 곧 천년 왕국을 가졌다는 것이다.

9

다음은 니체와 '그의' 차라투스트라 이야기다. 두 사람의 관계는 일정하게 유지되지 않았다. 니체가 자신과의 관계 속에서 차라투스트라의 역할을 그때그때 설정해왔기 때문이다.《차라투스트라》에서 차라투스트라는 영원회귀를 가르치는 교사로 나온다.[39] 그러나 다른 곳에서 니체는 자신이 영원회귀의 교사라고 했다.[40] 여기서 니체와 차라투스트라는 하나가 된다. 친지에게 보낸 편지에서는 거듭하여 차라투스트라를 자기 아들로 불렀다.[41] 아버지와 아들은 하나가 아니다. 아들이 아버지 이야기만을 하는 것도 아니다. 이에 니체는 차라투스트라가 그의 아들이기는 하지만, 그의 견해를 그대로 진술하고 있다고 생각하지 말라고 충고하기까지 했다. 아버지와 아들 관계도 오래가지 않았다. 니체가 앞으로는 차라투스트라가 아니라 자신이 직접 나서겠다고 선언한 것이다.[42] 이 같은 변화는 니체와 차라투스트라의 관계가 관점에 따라 그때그때 새롭게 설정해야 할 만큼 다면적이었음을 말해준다. 미묘한 관계 변화다. 그러나《차라투스트라》에 나오는 차라투스트라가 그의 사상을 대변하는 대변인으로 등장한다는 점에서는 변함이 없다.

10

《차라투스트라》는 이렇게 쓰였지만, 니체의 전후 사정과 그 과정은 평탄하지 않았다. 그는 24세에 학계의 주목과 기대 속에서 바젤대학에 문헌학 교수로 부임했다. 당시 그는 라이프치히대학 학생이었다. 시작은 이렇듯 화려했다. 그러나 이후 문헌학자로서 그가 걷게 된 길은 험난했다. 첫 작품인《비극의 탄생Die Geburt der Tragödie》이 학계에서 혹평을 받은 데다 건강조차 여의치 않아 자주 병에 걸렸다. 두통과 안질, 소화장애가 늘 그를 괴롭혔다. 그런 내우외환 중에도 그는 강의를 열심히 했다. 그러나 그것도 건강 악화로 10년을 넘기지 못했다. 그는 끝내 대학에서 물러났다. 이후 정신질환으로 모든 사회활동을 마감하는 1889년 초까지 그는 주로 알프스를 넘나들고 지중해 연안을 오가며 불안정한 삶을 살았다. 그래도 저술 활동만은 왕성해서 그는 쉬지 않고 작품을 썼다.《차라투스트라》도 이때 쓴 책이다.

니체가《차라투스트라》를 쓴 것은 1883년에서 1884년 사이에 이탈리아에서 프랑스로 이어진 지중해 연안과 스위스 알프스의 산속에서였다. 온화한 날씨를 찾아 지중해 연안까지 갔던 그는 1883년 2월 제노바에서 멀지 않은 라팔로에 머물렀다. 비가 많이 내려 차갑고 습한 데다 몸도 좋지 않았다. 이 음산한 늦겨울을 그는 주로 산책을 하며 보냈다. 그러던 어느 날《차라투스트라》가 홀연히 떠올랐다. 그는 빠른 속도로 글을 써서 그해에 출간했다. 니체는 원래 22개의 주제로 작품을 구상했는데, 그 가운데 대부분은《차라투스트라》1부에 그대로 반영되었다.[43]

그 후 몇 주를 그는 제노바에서 몸져누운 채로 보냈다. 로마로 갔으나 안정을 찾지는 못했다. 여름이 되자 그는 다시 알프스 산속 실스마리아로 가서 후속《차라투스트라》를 쓴 뒤 따로 출간했다. 이렇게 하여 앞에 낸《차라투스트라》는 자연스레 1부가, 뒤에 낸《차라투스트라》는 2부가 되었다. 작업은 계속되어 다음 해 초 니스에서 3부를 완성해 같은 해에 출간했다. 니체는 3부를 끝으로《차라투스트라》를 마칠 생각이었다. 그러나 차라투스트라는 그를 놓아주지 않았다. 망통과 니스에서 4부를 탈고했다. 4부를 끝낸 그는 내친김에 5부와 6부까지 쓸 구상을 했다. 그러나 그것은 구상에 그치고 말았다.

집필을 모두 마쳤지만 니체는 출판사를 찾지 못해 애를 먹었다. 이에 그는 4부를 1부로 한 새 작품을 구상하게 되었는데, 이때 그가 생각해둔 제목이 '정오와 영원Mittag und Ewigkeit'이었다. 그는 거기에 '차라투스트라의 유혹Die Versuchung Zrathustras'이라는 부제를 달 예정이었다. 그러나 이 생각도 구상으로 그치고 말았다. 일이 이렇게 되자 그는 자비로 4부를 40부 출간했다. 그러다가 이미 따로따로 나온 1, 2, 3부를 묶어 내게 되었는데 1886년의 일이었다. 거기에 4부를 보태《차라투스트라》가 온전한 모습으로 출간된 것은 1891년이었다. 이때 니체는 이미 발병으로 정신이 혼미한 상태였기 때문에 그 과정을 함께하지는 못했다.

이렇듯 우여곡절 끝에 《차라투스트라》가 나왔지만 눈에 두드러진 반응은 곧바로 나오지 않았다. 그 책을 읽은 사람은 많지 않았는데, 그나마 읽은 사람들도 어리둥절한 반응이었다. 도발적인 내용과 가시 돋친 표현에 어떻게 반응해야 할지 몰랐던 것이다. 그나마 고무적인 소식이 있어 니체로서는 실망이 적었을 것이다. 1883년에 베를린과 빈의 지식인 사이에서 자신이 이야기되고 있다는 소식과 함께 덴마크 학자 브란데스가 그의 철학을 연구하고 있다는 소식이 들려왔다. 그의 글이 튀빙겐 등에서 은밀하게 읽히고 있다는 소식도 들려왔다. 이렇게 《차라투스트라》는 조금씩 주목받기 시작했다. 시간이 흐르면서 《차라투스트라》는 더 많이 읽혔고, 그만큼 자주 사람들의 입에 오르내렸다. 그러나 니체에게는 시간이 많이 남아 있지 않았다. 책이 나오고 5년이 되지 않은 1889년 초에 온전한 의식을 잃었기 때문이다. 학계에서도 그의 철학에 관심을 보이기 시작했다. 1888년에 니체 강의가 코펜하겐대학에 최초로 개설되었다. 앞에서 이름을 댄 브란데스가 개설한 것이다.

그러다가 그 도발적인 내용이 하나둘 세상에 알려지면서 상황이 급변했다. 주로 니체의 발병과 사후의 일이었지만 예상대로 격한 반응이 뒤따랐다. 성토와 열광에 우려와 기대 따위가 뒤섞인 어수선한 반응이었다. 폭풍이 덮쳐온 듯했다. 교회는 신은 죽었다는 그의 선언에 격분했다. 도덕을 실천적 삶의 지침으로 삼아온 사람들은 그가 주장한 기존 가치의 전도를 망발로 성토했다. 대중은 대중문화를 천민문화로 폄훼한 그에게 모욕감을 느꼈으며, 민수주의를 신봉하던 사람들은 민주주의를 파기하고 귀족주의를 복원해야 한다는 그의 반역사적 책동에 심한 반발을 느꼈다. 우생학 원리에 따라 인간을 개량하자는 그의 제의도 사람들을 경악하게 했다. 거기에다 그의 전쟁 예찬은 평화로운 삶을 꿈꾸어온 사람들에게 반인간적 만행으로 비쳤으며, 반여성적으로 들릴 수도 있는 그의 언사에 여성들은 모멸감을 느꼈다. 어디 하나 성한 데가 없었다. 여기에 사회주의자들까지 가세해 그의 사회주의 매도를 반동으로 규탄하면서 분란은 일파만파 커져갔다.

　그러나 그는 살아생전이나 사후에 겪게 될 반발에 아랑곳하지 않았다. 오히려 다이너마이트가 되어 그릇된 전통 이념과 신앙, 그리고 도덕체계를 남김없이 폭파해버리겠다는 기세였다. 시간이 흐르면서 다이너마이트는 점점 그 위력을 발휘했다. 일파만파 커져간 분란이 그 위력을 말해주었다. 그러나 성토 일색은 아니어서 그의 철학에 열광한 사람도 많았다. 신의 존재를 받아들이지 않거나 교회에 반감을 느끼던 사람들, 도덕을 위선으로 거부하던 사람들, 대중문화를 경멸하던 사람들, 민주주의를 퇴행의 길로 여겨 배척하던 사람들, 선택을 통한 인간의 고급화를 꿈꾸던 사람들, 사회주의를 증오하던 사람들이 그에 대한 열광의 대열에 합류했다. 그러면서 그는 새로운 우상이 되기에 이르렀다. 다분히 무분별한 열광이 낳은 어처구니없는 반응이었다. 무분별했다는 점에서는 그의 사상을 성토해온 사람들도 마찬가지다.

곧 폐해가 뒤따랐다. 특히 열광하는 사람들 쪽에서 일으킨 폐해가 컸다. 우수한 인간이 세계를 지배해야 한다는 차라투스트라의 가르침에 자신들이야말로 우수한 민족이며, 그런 자신들에게 세계 지배와 함께 인간 개량의 과제가 주어져 있다고 믿는 한편, 그 과제를 수행하려면 인간 청소를 포함한 전쟁도 불사해야 한다고 믿은 일부 독일인, 이를테면 몇 세대 뒤에 등장한 국가사회주의자(나치)들이 그런 사람들이었다. 니체를 이념적 대부로까지 삼은 사람들이었다.

아무튼 무분별한 것이었을망정 니체는 성토와 열광 속에서 유명해졌고, 《차라투스트라》 또한 그만큼 많이 읽혔다. 정신질환으로 그 사실을 인지하지 못했지만, 죽기 전에 전집도 나왔으며 영어나 덴마크어, 그리고 프랑스어권 등에서도 그의 철학에 반응하기 시작했다. 그러면서 그의 철학에 대한 글이 쏟아져 나왔다. 이렇듯 초기에 니체 철학의 수용을 주도한 것이 바로 《차라투스트라》다. 시간이 흐르면서 《차라투스트라》는 '모든 사람을 위한, 그러면서도 그 어느 누구를 위한 것도 아닌 책'이라는 부제가 무색할 정도로 많이 읽혔다.

철학 밖에서도 화답이 뒤따랐다. 1896년에 《차라투스트라》를 주제로 리하르트 슈트라우스는 교향시를 작곡했으며, 블라이브트로이는 다음 해에 나폴레옹 드라마 《위버멘쉬》를 무대에 올렸다. 이때 니체는 정신이 온전하지 못했지만 살아 있었다. 그런가 하면 뭉크는 니체의 초상화를 그리기도 했다. 니체 사후 5년쯤의 일이었다. 여기에 버나드 쇼까지 가세하면서 니체는 더욱 유명해졌다. 1903년에 버나드 쇼는 《인간과 초인Man and Superman》이란 책을 냈다. 이 책에서 니체는 미치광이의 모습으로 등장한다.

작품에 매료된 사람도 늘어 한때 독일 젊은이들에게 《차라투스트라》가 필독서가 되었다. 제1차 세계대전에 참전한 많은 독일 병사의 배낭에 《차라투스트라》가 들어 있었으며, 심지어 여자가 남자에게 주는 약혼 선물로도 쓰였다고 한다. 독일 민족지상주의가 맞물린 데다 배타적 인종정책으로 유대인과 집시 등 이른바 열등한 피의 박멸에 나선 국가사회주의에 이르러 그 열광이 극에 달했다. 반국가사회주의 성향의 사람들은 니체를 그만큼 적대시했다.

이렇게 하여 니체는 독일 민족지상주의에 편승한 국가사회주의와 영욕을 같이했다. 그로서는 재앙이 아닐 수 없었다. 실제 니체는 인류의 과거와 미래를 시야에 두고 인류 구원의 길을 모색한 철학자였다. 그에게 독일 민족지상주의란 근거 없는 이야기다. 오히려 그는 독일 민족의 후진성을 꼬집는 한편, 반유대주의 등 배타적 인종주의를 혐오하기까지 했다. 그의 반민주적 귀족주의 또한 인류의 고급화라는 원대한 구상에서 이해되어야 하며, 가치의 전도도 도덕적 강박에 깊은 병이 든 인간의 치유라는 방향에서 읽혀야 한다. 여성을 폄훼하는 듯한 글 역시 해당 문맥 속에서 다시 읽혀야 한다.

니체는 이렇듯 그의 진의와 상관없이 반동 철학자라는 이미지를 벗지 못한 채 환영받기도 하고 배척되기도 하면서 오늘에 이르렀다. 그렇다고 모두가 《차라투스트라》를 읽은 것은 아니다. 거리의 풍문이 더 위력을 발휘했다. 그 위력과 함께 《차라투스트라》 오독의 역사는 시작되었다. 니체의 글 가운데 이 책만큼 오독으로 얼룩진 것이 없다. 물론 오독의 책임은 글을 그렇게 쓴 니체에게도 얼마간 돌아갈 것이다.

《차라투스트라》를 읽다 보면 심란할 때가 많다. 마음의 상처를 입을 때도 많다. 반감을 느낄 때도 많고 분개할 때도 많다. 물론 후련할 때도 많다. 차라투스트라의 언사 곳곳에 비수가 번뜩여서 그렇다. 글투 역시 안하무인이어서 불손해 보이기까지 한다. 그러나 읽다 보면, 그 뒤에 있는 니체의 진면목이 눈에 들어오면서 생각이 달라진다. 그의 인간 모독적이며 반역사적인 언사 뒤에는 인간의 미래에 대한 우려와 희망, 그리고 인간에 대한 남다른 사랑이 있음을 확인할 수 있기 때문이다. 예수도 안타까운 마음에서 사람들을 꾸짖으며 '독사의 자식'이라 하지 않았던가. 이것은《신약》〈마태오의 복음서〉 3장 7절에 나오는 이야기다. 마찬가지로 니체의 속 깊은 인간 사랑을 읽은 사람들은 그를 진정한 휴머니스트로 다시 발견하게 된다. 그 대표적인 사람이 토마스 만이다.

11

《차라투스트라》는 일찍부터 뛰어난 문체와 화려한 어휘로도 주목을 받았다. 크게 보아 산문체지만 시도 나오고 노래도 나온다. 대화도 많이 나온다. 표현이 다분히 시각적인 데다 문장 또한 부분적으로 음조를 띠어 유려하기까지 하다. 이 같은 문체와 어휘는 글의 내용과 그것을 전하는 방법에서 기인한다. 앞의 〈작품〉 4에서 보았듯이 주제 가운데 중심이 되어《차라투스트라》를 전개하는 것은 단연 위버멘쉬와 영원회귀다. 위버멘쉬의 바탕에는 진화에 대한 믿음이 있었지만 그 구상이 순수 생물학적인 것은 아니었다. 영원회귀도 마찬가지여서 과학적 전제 위에 논리를 개입한 결과지만 역시 당시의 물리학을 넘어서 있었다. 따라서 니체로서도 그것들을 순수 과학 언어로 서술할 길이 없었다. 그가 할 수 있었던 것은 위버멘쉬가 되어야 할 당위를 설명하고 천기를 누설하듯 영원회귀를 드러내는 일이었다. 단순한 서술이 아니라, 다그침과 호소, 그리고 설득이었다. 이로 미루어《차라투스트라》의 독특한 문체와 어휘는 언어를 구사하는 그의 노련함의 표현일 수도 있으나, 그보다는 언어 일반에 대한 깊이 있는 통찰과 비판적 숙고의 산물로서 최선의 선택이었던 것으로 보인다.

문헌학자의 삶을 산 니체는 글을 통한 표현과 글투, 곧 문체에 남다른 관심이 있었다. 주 관심사는 글이 대상을 제대로 전달해주는가 하는 것이었다. 글은 표현을 위한 양식의 하나인데, 이상적인 것은 그것이 드러내는 대상과 하나가 되어 그 대상을 정확하게 표현하는 것이다. 우리가 쓰는 글에 그런 능력이 있는가? 니체는 없다고 보았다. 글에 그 같은 능력이 없다는 것은 언어 일반에 그런 능력이 없다는 것을 뜻한다.

언어가 대상으로 하는 것은 잠시도 쉬지 않고 움직이는 역동적인 세계다. 그런 세계의 역동성을 언어로는 생생하게 담아낼 수 없다. 언어가 할 수 있는 일은 그런 세계를 추상으로 단순화해 고정 상태에서 드러내는 것이 전부다. 따라서 어떤 것이든 그런 언어의 대상이 되는 순간 대상이 지닌 역동성은 경직되고 형해形骸만 남는다. 이 점에서 언어의 역사는 추상을 통한 단순화의 역사라 하겠다. 그러니 언어와 그것이 표현하는 대상 사이에는 간극이 있을 수밖에 없다. 이는 언어가 사물이나 사태의 본질, 곧 생성에서 유래하지 않는 데서 기인한 태생적 한계다.[44] 결론은, 언어는 실재에 대한 온전한 표현 수단이 될 수 없다는 것이다.[45] 누구보다도 창조적인 인간이 느끼는 것이 그 같은 한계다.[46]

물론 어떻게 표현하는가, 그 표현 방식에 따라 언어의 경직성은 상당 부분 완화될 수 있다. 글에서는 양식Stil이 되겠는데, 양식은 이때 그 나름으로 글을 쓴 자의 정서나 기분 또는 생각 따위를 독자에게 전해주는 표현 방식이 된다.[47] 양식은 유연하여 표현하고자 하는 것에 따라 얼마든지 바뀔 수 있다. 실제 우리는 생각을 다듬듯이 양식을 다듬는다. 양식을 이용해 생각을 다듬기도 한다. 여기서 양식을 다듬는 것은 생각을 다듬는 것이 된다.[48]

그렇다 하더라도 실제로 언어로 표현할 수 있는 것은 제한되어 있다. 이는 역으로 언어로 표현할 수 없는 것들이 그만큼 많다는 것을 의미한다. 그런 것들에는 내면의 정서와 같은 감정은 말할 것도 없고, 종교적 오의奧義나 철학적 통찰, 그리고 신비 체험 따위가 있다. 글자보다는 말이 그나마 낫다. 화자의 감정과 정서가 표정과 주변 분위기와 함께 전달되기 때문이다. 그러나 말도 언어의 근본적 한계를 넘어서지는 못한다. 염화미소의 일화가 있다. 붓다가 연꽃을 들어 말로 표현할 수 없는 경지를 암시하자 깟사빠만이 그 뜻을 알아차리고 미소로 화답했다는 일화 말이다. 불립문자라는 것도 있다. 예수도 글을 쓰지 않았다. 마호메트는 아예 문맹이었다고 한다.

다그침과 호소, 그리고 설득이라고 했지만, 글을 통하지 않고서는 자신의 가르침을 널리 펼 수 없었던 니체도 어쩔 수 없이 글을 썼다. 물론 그는 모국어인 독일어로 생각하고 글을 썼다. 독일어에 대한 신뢰때문은 아니었다. 오히려 그는 독일어를 언어로서 탐탁지 않게 여겼다.

독일어의 문제는 생동감이 부족하다는 데 있다. 그런 언어로 그는 생기발랄한 내면의 세계를 마음껏 그려낼 수 없었다. 그런 그에게 독일어를 과학적 언어라고도 말하지만 너무 경직되어 있는 데다 투박하기까지 하다. 거기에다 산문에서 볼 수 있듯이 무르익지도 세련되지도 못해 볼썽사납기까지 하다.[49] 어디 그뿐인가? 아무 데나 논리를 들이대는가 하면[50] 울림 등 청각에 둔감한 탓에 눈으로 읽는 글에 그치면서 생동감, 곧 팽창과 굴절, 전환과 템포의 변화, 그리고 억양과 음조까지 모두 잃고 만다.[51] 《차라투스트라》를 쓰면서 니체에게 절실했던 것은 과학 언어가 아니라 살아 움직이는 예술 언어였다.

니체는 독일어로 쓰인 글 가운데 특히 산문을 낮게 평가했다. 재기 발랄한 프랑스인들이 독일에는 산문이 없다고 흉을 볼지라도 할 말이 없다고까지 했다.[52] 그가 상대적 의미에서 긍정적으로 평가한 것은 프랑스어였다. 그러나 지난 100년을 돌이켜보면, 프랑스어에도 독일어화 경향이 확인되고 있어 우려를 자아낸다. 프랑스 문학이 되겠는데, 프랑스 사람들이 인제 와서 독일 사람들이 겪어온 불운을 겪고 있다는 우려였다. 불운은, 독일 사람들은 너무 일찍 프랑스 학교에서 빠져나왔고, 프랑스 사람들은 뒤늦게 독일 학교에 들어왔다는 것이다.[53]

남다른 언어 감각에 구사 능력을 지닌 니체라고 하지만, 그도 독일어로 글을 쓰면서 무딘 연장으로 나무를 다듬는 목수처럼 힘들어했을 것이다. 문체를 다듬고 현란하게 어휘를 구사해보았지만 만족할 수 없었던 니체는 《차라투스트라》를 독일어가 아닌 다른 언어로 썼더라면 어땠을까 생각해보기까지 했다.[54] 끝내 그 소중한 보물을 독일어로 써서 독일인에게 던져준 것을 자탄하듯 아쉬워하기도 했다.[55]

이 같은 언어의 한계에 직면한 니체는 종교적 오의나 철학적 통찰과 같은 자기 내면의 생각과 느낌을 표현할 길을 모색했다. 문자 언어가 지닌 경직성에 생동감을 불어넣을 수 있는 길을 모색한 것인데, 이때 그에게 빛을 비춰준 것이 바로 비유 언어였다. 언어의 역사에서 볼 때 더욱 근원적인 것은 비유 언어였다. 문자 언어가 등장한 것은 그다음 일이었다. 비유는 실로 많은 것을 이야기해준다. 말이 닿지 않는 구석까지 파고들며, 대상을 더 잘 이해할 수 있도록 해당 상황 자체를 일깨워주기도 한다. 진리에 이르는 길이 있다면 바로 그런 비유에 있을 것이다.[56] 니체는 비유 언어가 지닌 깊이와 넓이에 눈을 떴다. 거기에다 그에게는 비유 언어를 구사할 수 있는 남다른 능력이 있었다. 그는 어려서부터 시를 써온 시인이었으며, 작곡가이기도 했다. 그런 그는 남다른 시적 표현에 음악적 효과를 보탤 줄도 알았다. 그뿐만이 아니어서 대를 이어 목사 가정에서 태어나 종교적 분위기에서 자란 그는 종교적 위엄과 신비로 자신의 내면세계를 그려낼 줄도 알았다. 그리스도교 성서와 고전에 대한 풍부한 지식도 한몫했다. 예사롭지 않은 능력이었는데 니체는 《차라투스트라》에서 그 능력을 한껏 발휘했다. 은유와 환유를 넘나들고 다양한 비유를 들어가며 자신의 가르침을 편 것이다. 앞서 그 길을 간 사람은 예수였다. 그는 아예 비유가 아니면 말을 하지 않았다고 한다.[57] 비유라면 붓다도 빼놓을 수 없다. 물론 비유 언어도 언어인 이상 언어의 태생적 한계를 뛰어넘을 수는 없다.

그래서 니체는 비유를 쓰면서도 거기에 질책, 명령, 간청, 호소, 과장, 반어, 반복을 더해 현란한 수사를 폈다. 그 덕에 그의 글은 리듬을 타고 다양한 곡절을 연출하면서 살아 움직이게 되었다. 그런 글에 그는 시각적 효과를 더해 별이 반짝이는 밤길, 밝아오는 동녘 등을 보탰다. 청각 효과와 후각 효과도 보탰다. 종소리, 개 짖는 소리, 부르짖는 소리에 솔방울 타는 냄새 등을 더한 것이다.

그렇게 4부로 되어 있는 글을 읽다 보면 마치 4막으로 구성된 연극을 보는 듯하다. 거기에다 눈에 펼쳐지는 경치는 수시로 바뀌는 배경 화면과 같다. 이 같은 연출은《차라투스트라》의 성격에서 기인하는데, 니체는 이후 같은 투의 글을 쓰지 않았다. 저서를 기준으로 할 때 그렇다. 연출자는 물론 니체 자신이었다. 그리고 배우는 그의 분신이자 대변인이라고 할 수 있는 차라투스트라였다. 차라투스트라 또한 대중을 움직이려면 자기 자신을 연기하는 배우가 되어야 한다. 이는 니체가《차라투스트라》를 집필하기 전인 1881년 가을 유고에 남긴 말이다.[58]

12

다음으로는《차라투스트라》읽기에 관한 것이다. 건강 문제로 대학에서 물러나 긴 편력 생활을 하게 된 니체는 모양새나 격에 구애받지 않고 자유롭게 글을 썼다. 서재와 같은 작업 공간도 따로 없었다. 그는 깊은 알프스 산속에서, 그리고 따뜻한 지중해 연안에서 글을 쓰며 10년 가까이 보냈다. 그의 일과에서 빼놓을 수 없었던 것이 걷기였다. 그의 걷기는 산책의 수준을 넘어서는 것으로서 숲과 호숫가를 가리지 않았다. 힘겹게 산을 오르기도 했다. 반나절 걷기는 일상이고, 한나절 걸을 때도 자주 있었다.

니체는 걸으면서 생각을 하고 생각을 하면서 걸었다. 그러다가 생각이 여물면 지체하지 않고 그것을 글로 옮겼다. 이렇게 쓰인 짤막한 글들을 토대로 그는 저술을 했다. 《차라투스트라》도 그렇게 쓰였다. 《차라투스트라》의 토대가 된 글들과 권수가 늘어나면서 추가된 구상들이 아직 남아 있다. 유고집 형태로 공개되기도 했는데, 독일 발터 데 그루이터판 KGW VII 1과 VII 2(니체전집 16)에 수록된 글들과 구상이 그것이다. 곁에 두고 참고하면 도움이 된다. 니체의 자전적 기록인 《이 사람을 보라》도 도움이 된다. 거기에 《차라투스트라》의 집필 배경과 과정이 나온다.

《차라투스트라》가 주로 산책 중에 태어난 책인 만큼 산책을 하듯 읽는 것이 정석이다. 저자의 생각 속도에 독서 속도를 맞추는 것이다. 호흡을 같이하고자 함이다. 천천히 읽되 걷듯 쉬어가며, 필요하다면 둘러가며 읽는 것이 좋다. 그렇다고 여유롭게 대충대충 읽어도 된다는 이야기는 아니다. 1부 〈읽기와 쓰기에 대하여〉에서 차라투스트라는 빈둥빈둥대며 책장이나 넘기는 독자를 싫어한다고 했다. 그는 같은 곳에서 글을 쓰려면 "피로 써라"고 충고하기도 했다. 넋으로 쓰라는 충고였다. 나쁜 책에 대해서도 한마디 했다. 잉크와 펜이 있고 책상이 있어 쓰게 된 책이 그런 책이다.[59] 잉크와 펜에는 혼이 깃들어 있지 않다. 손끝으로 쓴, 시간이 있고 재주가 있으면 누구나 쓸 수 있는 책을 두고 한 말이다. 피로 쓴 글은 그러나 독자들에게 부담이 된다. 소화를 제대로 하기가 힘들다. 이를 잘 알았던 니체는 특별히 《차라투스트라》 독자에게 충고와 격려 삼아 한마디 했다. 《도덕의 계보》 〈서문〉 8에서였다.

예를 들어 나의 '차라투스트라'에 관해 말하자면, 그가 한 말 한마디 한마디에 깊이 상처를 받거나 황홀해본 적이 없는 사람이라면 그가 누구든 이 책에 통달한 자라고 나는 인정할 수가 없다: 그 같은 경험을 한 다음에야 이 작품이 태어난 평온한 경지에, 그 태양빛과 같은 밝음, 아득함, 느넓음, 확실함에 존경하는 마음으로 함께하는 특권을 누릴 수 있을 것이다. … 물론 그와 같이 읽기 **기술**을 익히려면 무엇보다도 오늘날 가장 철저하게 잊힌 것 하나가 필요하다. — 그리고 그 하나 때문에 내 저서들을 '읽을 수 있게 되기'까지는 시간이 필요하다. — 그러려면 사람들은 거의 소가 되다시피 해야 하며, 어떤 경우에도 '현대인'이 되어서는 **안된다: 되새김질하는 것**〔反芻〕 말이다.

13

어떤 책을 읽든 최선은 독자가 저자와 직접 대면해 이야기를 나누듯 읽는 것이다. 대화하듯 읽어가는 것인데, 저자의 깊은 사상과 인격을 담고 있는 《차라투스트라》의 경우가 특히 그렇다. 그러나 《차라투스트라》를 읽다 보면 내용이 손에 잡히지 않아 저자와 대면은커녕 접근조차 어려울 때가 많다. 이럴 때 필요한 것이 주석이요, 해설이다. 특히 번역서가 그렇다. 우리나라 번역서 중에는 1000개 안팎의 주석을 단 것도 있다. 그리고 대부분의 번역서에는 간략하나마 해설이 붙어 있다. 주석은 그러나 자의적일 때가 많아 저자와 독자 사이에 불필요한 간섭이 될 수 있고, 해설 또한 해설자의 관점에 따라 달라질 수 있어 독자를 잘못 이끌 위험이 있다. 여기 필자가 내놓는 해설서도 예외는 아니다. 다만 검증된 것을 중심으로 전체 속에서 이해하기 힘든 글 하나하나를 풀어 해설한다면, 독자를 잘못 이끌 위험은 그만큼 적어질 것이다. 필자가 해설하면서 잠시도 잊지 않은 것이 그 점이었다. 뜻대로 되었다면 다행이지만, 그렇다 해도 해설서는 해설서 이상이 아니다. 길잡이 이상이 아니다.

그동안 실로 많은 《차라투스트라》 판본이 나왔다. 그리고 판본만큼이나 많은 번역본이 우리나라에서 나왔다. 원어 판본이 거듭 나오는 과정에서 오류가 생겼고, 그것이 굳어져 우리말 번역서에 그대로 나온 경우가 많았다. 그 가운데 하나가 차라투스트라의 산중 거처인 오두막이다. 휘테Hütte(오두막)로 되어 있는 독일어 판본이 많지만 횔레Höhle(동굴)가 맞다. 니체가 동굴로 쓴 것이 어느새 오두막으로 둔갑하고 만 것이다. 아예 장章 제목이 바뀐 번역서도 있다. 마지막 부에 나오는 〈몽중 보행자의 노래〉가 그것이다. Das Nachtwandler-Lied를 그렇게 옮긴 것인데, 웬일인지 여러 판본에 Das trunkene Lied로 나온다. 그것을 우리나라에서는 〈취가〉 등으로 옮겨왔다. 이 같은 오류를 발견해 바로잡은 것은 제2차 세계대전 후 원본을 비판적으로 검토해 고증한 두 이탈리아 학자 콜리와 몬티나리였다. 그들이 검토한 것은 유고를 포함한 니체의 글 전부였다. 변조도 많이 발견되었고 임의의 첨가나 삭제도 적지 않게 발견되었다. 두 학자는 이런 오류와 변조 등을 바로잡아 새로 '니체전집'을 펴냈다. 이것이 바로 오늘날 국제적 정본으로 읽히는 *Nietzsche Werke, Kritische Gesamtausgabe*(KGW)다. 정본이란 이때 문헌 고증을 거친 판본을 의미한다. 우리나라에서도 그 전집을 우리말로 옮겼다. 10년에 걸친 작업을 통해 책세상에서 낸 '니체전집'이 그것이다. 필자가 해설에서 원

본으로 삼은 것은 바로 KGW다. 그리고 책세상판 '니체전집'이다.[60]

우리말 해설에서 문제는 그리스도교 성서를 출전으로 할 때 그 속에 나오는 책이름 등을 어떻게 옮길 것인가 하는 점이다. 우리나라 천주교와 개신교가 같은 성서를 달리 옮겨 쓰기 때문이다. 신에 대한 호칭부터가 다르다. 이를테면 신을 천주교에서는 하느님으로, 개신교에서는 하나님으로 부른다. 이 경우는 신이란 말이 있는 데다 니체가 말하는 신이 그리스도교 신에 한정된 것이 아니어서 고심할 필요가 없지만, 《신약》과 《구약》에 나오는 책이름을 언급할 때는 다르다. 천주교 성서에 나오는 〈로마 신자들에게 보내는 서간〉이 개신교 성서에는 〈로마서〉로 나온다. 어느 성서에 따라 글을 인용해야 하나? 다행히 우리나라에는 두 교회가 공동으로 번역한 성서가 있다. 1977년에 나온 《공동번역 성서》가 그것이다. 거기에는 〈로마인들에게 보낸 편지〉로 되어 있다. 필자는 이 《공동번역 성서》에 따라 성서에 나오는 책이름 등을 댈 것이다. 다만 구절은 독일어 성서[61]를 참조해 우리말로 옮기고자 한다. 니체가 독일어로 책을 썼고 그때 그가 인용하고 패러디한 것이 독일어 성서여서 의미 전달이 그만큼 잘 될 것이라는 판단에서다.

작품 해설

1부

차라투스트라의
머리말

1

이야기는 나이 서른에 자신의 고향과 고향 호수를 떠나 산속으로 들어가 10년 세월을 명상으로 보낸 차라투스트라가 산속에서 깨달은 지혜를 세상에 전하고자 인간세계로 내려오는 것으로 시작된다. 이는 고향과 고향의 호수 우르미를 떠나 산속에 은거해 10년 세월을 경전인 《아베스타》의 용어를 풀이하고 주석을 다는 일로 보냈다는 역사 속 차라투스트라를 빗댄 대목이다. 나이 서른에 자신의 고향 나사렛과 고향의 호수 갈릴리를 떠나 사막에서 40일을 고행으로 보낸 예수를 빗댄 대목이기도 하다. 생명으로 충만한 산속과 아무 생명이 없는 사막, 그리고 10년과 40일, 이 차이를 통해 니체가 무엇을 말하려 했는지는 분명하다.

차라투스트라가 산속에서 깨달은 지혜는 다음과 같다. 신은 죽어 더 이상 존재하지 않는다. 따라서 존재하지도 않는 신에 뿌리를 두고 인간의 삶을 채찍질해온 지금까지의 신앙과 형이상학, 그리고 도덕은 파기되어야 한다. 우주를 지배하는 것은 신의 섭리가 아니라 힘(에너지)과 힘의 운동이고, 이 운동으로 모든 것은 영원히 회귀하게 되어 있다. 끝으로 신이 없는 세상에서 본래의 삶을 살되 먼저 인간이 달라져야 한다는 것, 그러니까 오늘의 인간을 뛰어넘어 새로운 인간, 곧 위버멘쉬가 되어야 한다는 것이다. 실로 세상을 뒤엎을 충격적인 지혜였다.

동이 트자 차라투스트라는 막 떠오르는 태양을 향해 나아가, 매일 아침 너의 넘치는 빛을 받고 고마워할 자들이 있기에 망정이지, 그렇지 않다면 너 무엇으로 행복을 누리겠냐고 물었다. 그러고는 자신과 자신의 뱀과 독수리가 아침마다 태양의 풍요를 받고는 감사해왔다고 말했다. 태양은 빛의 근원으로서, 세상을 밝히는 진리를 가리킨다. 차라투스트라교에서도 태양은 눈으로 볼 수 있는 신의 형상[1]으로서 경배의 대상이다. 그리고 뱀과 독수리는 차라투스트라의 반려 짐승으로서 각각 지혜와 긍지를 상징한다.

차라투스트라는 산속에서 터득한 막중한 지혜로 힘겨워했다. 혼자서 감당하기 힘들 만큼 충격적인 내용도 그러했지만, 그것이 무럭무럭 자라나 주체할 수 없는 지경에 이르렀기 때문이다. 끝내 지혜는 부풀어 올라 그에게 터질 듯한 통증까지 주었다. 이럴 때 함께 지혜를 나눌 사람이 있다면 얼마나 좋으랴! 누군가 그 진리를 갈구해 손을 내민다면, 넘쳐흐르는 그의 지혜를 받아 함께 나눈다면, 차라투스트라는 그 지혜의 짐을 그만큼 덜고 통증 또한 완화될 터이다.

언제까지 그 누군가를 기다릴 것인가! 마냥 기다릴 수만은 없는 일. 그래서 그는 자신이 나서서 넘치는 지혜를 만방에 나누어줄 채비를 했다. 태양처럼 빛이 되어 온 누리를 밝히려는 것이다. 지금까지 지혜롭다고 자부해온 사람들이 이 새로운 지혜 앞에서 자신들이 얼마나 무지한가를 깨달을 때까지, 그리고 그동안 지혜에 굶주려 있던 사람들이 그와 함께 나누게 된 이 새로운 지혜로 얼마나 풍요로운가를 깨달을 때까지. 차라투스트라 자신이 그렇게 지혜의 잔을 비워 여는 사람으로 돌아가려는 것이다. 《신약》 어디엔가 나오는 듯한 이야기다.[2]

그렇다고 높은 산정의 초탈한 경지에서 하늘에 떠 있는 태양이 그리하듯 고고하게 아래 세상을 비출 생각은 아니었다. 태양이 아니니 그럴 수도 없었다. 그래서 산 아래 인간세계로 내려가 직접 자신의 지혜를 나누어줄 수밖에. 내려가서라도 자신의 지혜를 나누어주어야 할 만큼 내면의 요구는 절박했다. 그래서 하강Untergang을 하게 되는데, 하강에는 산을 내려오는 것 이상의 의미가 있다. 몰락의 의미도 있다. 산속의 고고한 삶을 버리고 터득한 지혜를 세상 사람들에게 모두 나누어주고 나면 무엇이 남겠는가? 아무것도 남지 않으리라. 더 이상 지금까지의 그로 남을 수가 없다. 이는 지금의 자신을 버리는 것으로서, 이때의 하강은 곧 몰락이 될 것이다.

이렇듯 운터강Untergang은 맥락에 따라 하강이 되기도 하고 몰락이 되기도 한다. 이 두 의미를 아우르는 우리말이 '내리막'이다. 그러나 그것으로 끝은 아니다. 저녁이 되어 하강하는 해는 새로운 일출을 예고한다. 새로운 상승을 예고하는 것이다. 차라투스트라도 새로운 아침을 위해 지는 해처럼 하강할 터였다.[3] 새날을 밝히기 위해 하루를 끝내는 태양처럼 한 알의 밀알이 되어 자신을 인류 미래의 제단에 바치고자 하는 것이다. 한 알의 밀알이 땅에 떨어져 썩지 않으면, 어떻게 거기서 새싹이 터 백배 천배의 알곡을 틔울 것인가? 땅에 떨어져 썩는다는 것은 그 밀알에게는 죽음, 곧 몰락을 의미할 것이다. 문맥을 따라 읽으면 차라투스트라에 있어 내리막의 의미가 분명해진다.

2

산을 내려오던 차라투스트라는 한 노인을 만났다.[4] 신이 죽었다는 사실을 모르는지, 아직 숲속에서 신을 모시고 경건한 삶을 살고 있는 성자였다. 성자는 차라투스트라를 알아보았다. 일찍이 산을 오르던 차라투스트라를 본 일이 있어서다. 성자가 차라투스트라에게, 언젠가 타고 남은 재를 산으로 나르더니 이제는 불덩이를 골짜기 아래로 나르는 것이냐고 물었다. 젊은 시절 그토록 열광했던 사상과 이상을 다 태워버리고 남은 재를 지고 허탈해하며 산을 오르더니, 이제 그 재에서 새로운 불길을 만들어 온 세상을 불태워버리려 하느냐는 물음이었다. 이때 재란 니체가 그의 젊음을 불태웠던, 그러나 다 타버리고 만 쇼펜하우어의 철학과 바그너의 음악 따위를, 그리고 새로운 불길은 그의 차라투스트라가 산속에서 터득한 새로운 지혜를 두고 한 말이다.

갈피를 잡지 못하던 젊은 시절, 니체에게 쇼펜하우어의 염세주의는 안개를 가르는 햇살과도 같이 다가왔다. 그는 쇼펜하우어의 현실 혐오와 함께 이성주의 비판과 도덕 비판에 열광했으며, 그리스도교에 대한 냉소에 매료되었다. 쇼펜하우어는 그에게 우상이었다. 바그너는 또 다른 우상이었다. 니체는 아이스킬로스를 정수리로 한 소크라테스 이전의 그리스 비극작품과 그 세계에도 열광했다. 거기서 생의 무한한 환희와 긍정을 보았던 것이다. 그러나 그는 이 비극의 정신이 소크라테스와 함께 등장한 주지주의와 초월적 신앙 따위로 끝을 보게 되면서 인간의 역사는 동력을 잃은 채 몰락의 길에 들어서고 말았다고 보았다. 그러면 역사의 물꼬를 되돌려 비극 시대로 돌아갈 길은 없는 것일까? 그러려면 새로운 아이스킬로스가 등장해 생의 의미를 일깨워야 한다. 그 같은 소망으로 부풀어 있던 젊은 니체에게 새로운 아이스킬로스로 다가온 것이 바로 바그너였다.

그러나 이들 두 우상에 대한 니체의 매료와 열광은 오래가지 않았다. 생을 긍정하게 되면서 그는 생의 가치를 부정한 쇼펜하우어의 현실 혐오에 환멸을 느꼈다. 그리고 그리스도교 신을 거부하게 되면서, 끝에 가서 그리스도교로 귀환하고 만 바그너의 변신에도 환멸을 느꼈다. 그렇게 한때 그를 불태운 불길은 싸늘하게 식은 재만 남긴 채 다 타버리고 말았다. 그는 그 재를 지고 산에 올랐다. 물론 쇼펜하우어와 바그너뿐만이 아니었다. 재로 남은 것에는 한때 그가 꿈꾸었던 형이상학과 도덕적 이상 따위도 있었다. 그렇게 산에 오른 그의 차라투스트라가 10년 명상 끝에 산속에서 그 재로부터 새로운 불덩이를 만들어내고는 티 없이 맑은 아이처럼 가벼운 몸으로 춤을 추듯 산에서 내려오고 있었다. 생을 부인하고 구원에 매달려온 기존 철학과 신앙을 다 태워버리고 이 땅의 생을 긍정하고 예찬하는 불길을 만들어내 환한 모습으로 인간세계로 내려오고 있었던 것이다.

숲속 성자는 그런 차라투스트라에게 불을 지르며 다니는 자들에게 내려지는 형벌이 무섭지도 않은지 물었다. 성자는 이어 차라투스트라가 아이가 되었다고 했다. 모든 것을 처음부터 다시 시작할 새 사람으로 거듭났다는 뜻에서였다. 1부 〈세 변화에 대하여〉에서 아이는 인간 정신이 이를 수 있는 최고 단계로 나온다. 성자는 덧붙여 차라투스트라를 불러 '잠에서 깨어난 자Erwachter'라 했다. 그러면서 염려스럽다는 듯이 그에게 전통신앙과 도덕 속에서 편히 잠자고 있는 사람들에게 다가가 무슨 몹쓸 짓을 하려는지 물었다. 깨어난 자는 붓다를 가리키는 말이기도 하다.

성자의 물음에 차라투스트라는 저 아래 인간들에게 그가 산속에서 깨달은 진리를 선물로 가져가고 있다고 대답했다. 그러자 성자는 지금 지고 있는 삶의 짐 하나를 견뎌내지 못해 힘들어하는 인간들에게 선물이랍시고 짐을 보태어 더 힘들게 할 생각이냐고 나무라듯 말하고는, 오히려 저 아래 인간들이 지고 있는 짐을 조금이라도 빼앗아 덜어주는 것이 좋을 거라고 충고해주었다. 저들은 차라투스트라가 주려는 보물을 받아들일 만큼 여유롭지 못하다는 것이다. 사상적으로 성숙하지 못해 그의 가르침을 담을 그릇이 되지 못한다는 것이다.[5] 성자는 덧붙여 더 좋은 것은 저들에게 마음 쓰는 대신 숲속으로 돌아가 은자의 삶을 사는 거라고 일러주고는, 그런데도 굳이 저들에게 뭔가를 베풀 생각이라면 적선 말고는 따로 할 것이 없다고 했다.

차라투스트라는 적선이란 말이 마음에 들지 않았다. 적선이라면 가진 것에서 얼마간을 떼어내어 베푸는 것으로서, 옹색한 사람이나 하는 짓거리가 아닌가. 푼돈 정도로도 충분한 것이 아닌가. 넘치는 지혜를 주체하지 못해 속을 태우던 그에게는 당치도 않은 이야기였다. 니체가 이 시기에 쓴 유고 가운데 "나는 저들에게 새로운 사랑과 새로운 경멸을—위버멘쉬와 인간 말종을 가져다준다"는 글이 있다.[6] 변변치 않은 적선 대신에 오늘을 사는 인간에게 지금까지의 삶을 뉘우쳐 경멸하도록 하는 동시에 새로 등장할 인간 위버멘쉬를 사랑하게 하겠다는 다짐이다.

적선 운운하는 성자에게 무엇을 더 바라겠는가? 차라투스트라는 이쯤에서 성자와 작별했다. 그러고는 성자를 두고, 아직 신을 믿다니, 숲속에 묻혀 있어 신이 죽었다는 소식을 듣지 못한 모양이라고 내뱉었다. 이 작품에서는 여기서 처음으로 신의 죽음이 나온다. 그러나 니체는 이미 《즐거운 학문》에서 신의 죽음을 몇 차례 선언했다. 그러나 그 뿌리는 더욱 깊어 1870년대 초까지 거슬러 올라간다. 그 무렵 니체는 원시 게르만족이 남긴 신에 대한 저주의 의미를 소개하며 "모든 신은 죽어야 한다'는 원시 독일적 표상이 지금까지 최고의 힘이 되어 학문을 이끌었다"[7], "나는 모든 신은 죽어야 한다는 원시 게르만인의 말을 믿는다"[8]는 글을 남겼다. 북유럽 원시 게르만인의 신들은 즐거움과 슬픔을 인간과 함께 나눈 남녀의 올림포스 신들과 달리 온갖 죽음과 파괴, 그리고 위협 따위로 인간을 괴롭혀온 공포의 대상들이었다. 그런 신들을 원시 게르만인들은 두려워했으며 증오하여 저들의 죽음을 소망하기까지 했다. 니체에게는 이처럼 두려움에 떨게 하는 인간 적대적인 신의 하나가 그리스도교의 신이었다. 대를 이은 목사 가문 출신인 그는 이 무렵 이미 교회와 등을 지고 있었다.

3

산에서 내려와 첫 도시에 들어선 차라투스트라는 시장터로 갔다. 더 많은 사람에게 자신의 지혜를 나누어줄 생각에서였다. 마침 줄타기 광대의 곡예가 있다는 소문에 많은 사람이 모여 있었다. 차라투스트라에게는 절호의 기회였다. 줄타기 곡예를 실마리로 새로운 인간 유형인 위버멘쉬에 대한 자신의 가르침을 더욱 생생하게 펼 수 있을 거라고 보았기 때문이다. 그의 가르침은, 인간은 미완의 존재로서 온갖 위험을 감내하면서 완성을 목표로 자신을 만들어가도록 되어 있다는 것이다. 이를 설명하는 데 아슬아슬하게 목표를 향해 줄을 타는 광대의 곡예 이상 좋은 것이 없다고 본 것이다.

그는 인간은 벌레에서 원숭이를 거쳐 오늘에 이르는 길을 걸어왔다는 이야기로 말문을 열었다. 만물의 영장이니 신의 모습에 따라 창조된 특별한 존재니 하지만 인간은 오랜 진화의 산물이라는 것이다. 그리고 그 진화가 인간과 함께 끝나는 것이 아니라고 했다. 인간이 창조의 정점이 아니라는 것은 말할 것도 없다. 인간은 이 사실을 겸허하게 받아들여 오늘의 인간 이상으로 진화하도록 노력해야 한다. 주의 깊은 독자라면 여기서 다윈의 진화론을 떠올릴 것이다. 실제 니체는 다윈에게서 많은 것을 받아들였다. 뒷날 그의 진화론을 비판하면서 반다윈주의를 표방하게 되지만 진화라는 대전제는 그대로 수용했다. 그가 한 다윈 비판도 어디까지나 다윈의 진화론 안에서의 일이었다.[9]

다윈은 인간이 원숭이에게서 진화했다고 말하지 않았다. 인간과 원숭이가 같은 조상을 갖고 있을 가능성을 열어두었을 뿐이다. 그런데도 사람들은 그가 원숭이를 인간의 조상으로 여긴 것으로 받아들였다. 통속 다윈주의는 이렇게 시작되었다. 물론 대학 안에서는 달랐다. 거기서는 전문 학자들을 중심으로 진화론 일반에 대한 과학적인 논의가 진지하게 전개되고 있었다.

다윈의 《종의 기원》이 나온 1859년, 그때 니체는 열다섯 살 난 김나지움 학생이었다. 소년 니체도 이 세기적인 사건에 무관심하지 않았다. 깊이 있게 그것을 추적할 기회를 갖지 못했을 뿐이다. 그러다가 1869년에 바젤대학 교수가 되면서 기회가 왔다. 그 무렵 유럽의 다른 대학 도시처럼 바젤에서도 다윈의 진화론을 둘러싼 논쟁이 한창이었다. 새내기 교수 니체도 이 논쟁에 뛰어들었다. 니체의 진화론 이해는 단연 통속 다윈주의를 뛰어넘는 것이었다. 그런데도 원숭이에서 인간 진화라는 도식을 끌어들인 것은 수사적 효과를 염두에 둔 것으로 보아야 한다.

그러면 차라투스트라가 인간 진화의 목표로 제시한 위버멘쉬는 어떤 인간인가? 위버멘쉬에 대해서는 개략적으로나마 이미 〈작품〉 3의 끝부분에서 이야기했다. 위버멘쉬를 우리나라에서는 그동안 '초인'으로 옮겨왔다. 여기서 초인이라는 말 대신 굳이 위버멘쉬라는 원어를 발음 그대로 쓰는 데는 까닭이 있다. 초인이라 하면 그것이 초월적 인격으로 읽혀 그 의미가 왜곡될 수 있기 때문이다. 그리되면 신이 저편의 초월적 존재라는 이유로 그 죽음을 선언한 니체가 되레 초월적 인격을 끌어들여 그 자리에 세운 것이 된다. 이 문제가 불거지는 것은 단연 번역에서다. 해당 언어에 독일어 위버멘쉬에 대응하는 말이 있다면 문제가 없다. 그러나 지금까지 니체 번역자들은 그런 말을 찾아내지 못했다. 위버멘쉬에 함축된 여러 의미를 그대로 담고 있는 자국 말을 찾아내지 못했기 때문이다. 그래서 일찍부터 영어나 프랑스어 번역자들도 위버멘쉬를 어떻게 옮길지 고심해왔다. 우리나라에서도 이미 1980년대 초에 이 문제가 제기되었다.

번역의 문제에서 해법을 찾아냈다 해서 곧바로 끝나는 것도 아니다. 내용의 문제가 남아 있기 때문이다. 이 문제는 니체 자신이 위버멘쉬가 어떤 인간인지 뚜렷하게 설명해주지 않은 데서 기인한다. 맥락에 따라 의미를 달리 볼 수 있어 그것을 한정적으로 규정하지 않으려 했던 것으로 보인다. 그 점은 독일어라고 해도 마찬가지다. 니체 자신이 한 말이 있다. 위버멘쉬라는 말을 알고 있으며 그 징표들도 알고 있지만 그것을 보여주지 않겠다는, 자신에게조차 보여주지 않겠다는 내용이다.[10]

위버멘쉬Übermensch는 독일어 위버über와 멘쉬Mensch의 합성어다. 위버는 '위' 또는 '위로'를, 멘쉬는 사람을 가리킨다. 이 말을 일부 영역자들은 슈퍼맨Superman[11] 또는 오버맨Overman[12]으로 옮겨왔다. 그러나 슈퍼맨은 초월적 존재로, 오버맨은 신분상 우월한 지위에 있는 인간으로, 즉 확정된 계층으로 읽힐 수 있다는 비판이 뒤따랐다. 그러자 뉴맨Newman을 대안으로 내놓은 사람이 나왔다. 그 가운데 한 사람이 인도 철학자 라즈니시다. 의미 있는 시도라 하겠으나 이 표현 역시 거듭난 '상태', 즉 확정된 인간 유형으로 의미가 한정될 수 있다는 한계가 있다. 이 같은 어려움에서 일찍부터 위버멘쉬를 영어식으로 표기해 Uebermensch로 한 사람도 있었다.[13] 이후에도 사정은 달라지지 않았다. 영어 번역자들 가운데 홀링데일은 여전히 위버멘쉬를 Superman으로, 카우프만은 Overmen으로 옮기고 있다. 그런가 하면 단토는 독일어 Übermensch 그대로 쓰고 있다.

니체의 위버멘쉬가 새로운 인간 유형이기는 하지만, 그 말에는 '극복한다überwinden'는 이행의 의미가 있다. 한번 성취하면 그만인 상태가 아니다. 진화의 과정에는 그런 단계가 있을 수 없다. 어떤 상태든 확정되어 정지 상태에 드는 순간 진화의 대열에서 이탈해 퇴화하기 때문이다. 위버멘쉬는 자신을 극복한, 그러면서 계속 극복해가는 인간이다. 따라서 이때 über는 라틴어 supra보다는 trans, 곧 '넘어서hinüber'를 의미한다고 보아야 할 것이다.[14]

피퍼도 이와 연관해서 의미 있는 해석을 내놓았다. 그는 "나 너희에게 위버멘쉬를 가르치노라. 사람은 극복되어야überwinden 할 그 무엇"이라는 차라투스트라의 말에서 위버멘쉬 해석의 실마리를 찾는다. 그에 따르면 '위버'라는 말에는 수직적 의미와 수평적 의미가 있다. 이 구분에 따르면 수직적 의미의 위버는 '위'를 가리킨다. 위버-멘쉬의 경우로서, 극복하여 상대적 의미에서 이미 올라와 있는 상태를 가리킨다. 수평적 의미의 위버는 한 장소에서 다른 장소로의 단순한 이행, 곧 '넘어서서'를 가리킨다. 극복한다고 할 때의 경우다. 피퍼는 이에 〈차라투스트라의 머리말〉에 나오는 위버멘쉬에는 이들 두 방향이 함께 제시되고 있다고 덧붙인다. 상승을 한, 그리하여 아직 상승하지 못한 사람들이나 자신의 과거를 딛고 우뚝 서 있는 인간, 그러면서도 여전히 상승 과정에 있는 인간이라는 두 방향이 위버멘쉬 개념에 제시되고 있다는 것이다.[15]

이 위버멘쉬를 군이 우리말로 옮기면 '자신을 극복해온, 극복해가는 자' 정도가 된다. 그러나 그러면 말이 너무 늘어져 단일 개념으로 적합하지 않다는 문제가 있다. 앞으로도 길을 찾아야 하겠지만, 지금 단계에서 생각해볼 수 있는 것은 발음 그대로 '위버멘쉬'로 하는 것이다. Logos를 '로고스'로, Sophist를 '소피스트'로 하듯이. 그러고 나서 그 개념이 포함하는 뜻을 연관성에 따라 설명해주는 것이다. 지금으로 봐서는 그것이 최선의 선택이 되리라는 판단이다. 이 책의 필자가 선택한 것도 그것이다.

이상적인 인간 유형으로서 위버멘쉬를 제시한 차라투스트라는 이야기를 계속해갔다. 그는 군중을 향해 진화라는 거대한 밀물을 맞아 도리어 썰물이 되어 퇴화의 길을 가려 하냐고 질책하듯 물었다. 밀물과 썰물을 사이에 있는 인간은 그 점에서 줄을 타는 광대와 다를 바가 없다. 신의 시대는 갔고 그와 함께 천상의 세계도 사라졌다. 그런 것들은 처음부터 망상에 불과할 뿐, 존재한 일이 없다. 우리는 이제 그 같은 망상의 재에서 위버멘쉬와 우리가 신체로 사는 지상세계라는 불꽃을 만들어내야 한다. 차라투스트라는 이 지상세계를 하나밖에 없는 삶의 현실인 자연 또는 대지로 불렀다.[16] 이제 대지의 뜻에 따라 자연적인 삶을 사는 인간이 곧 위버멘쉬다. 천상의 음성이 아니라 이 지상의 음성에, 신이나 유령처럼 알 길 없는 것의 오장육부가 아니라 대지 깊은 데서 울려오는 자연의 음성에 귀 기울일 때가 되었다.

지난날 사람들은 이 대지를 등지고 저 알 길 없는 것, 바로 그 존재를 알 수 없는 신의 세계를 동경해왔다. 그때만 해도 신의 세계에 이르는 길이 영혼에 있다고 믿어 영혼에 매달리는 한편, 신체가 육신의 즐거움으로 그 길을 가로막고 있다고 믿어 멀리했다. 그때만 해도 대지를 경멸하고 신체를 경멸하는 것이 더없이 가치 있는 일이라고 여겼다. 이 얼마나 어처구니없는 일인가. 신체 없이 영혼이 어찌 있을 수 있는가. 그리고 그때만 해도 신에 대한 불경 이상의 불경은 없었다. 신이 죽어 없는 오늘날, 이제는 이 대지와 신체에 대한 불경 이상의 불경은 없다.

인간 가운데 더없이 지혜로운 자라 할지라도 식물과 유령의 분열이자 튀기에 불과하다. 식물은 이때 비주체적인 생명을, 유령은 아직은 살과 피를 갖지 못한 이상을 가리킨다. 즉 이상으로 남아 있을 뿐 형체를 띠지 못해 유령으로 보일 위버멘쉬를 가리킨다. 인간은 식물에서 원숭이를 거쳐 오늘에 이르렀다. 남은 일은 전진하여 위버멘쉬가 되는 것이다. 그러니까 유령처럼 형체가 없는 위버멘쉬에 형체를 부여하는 것, 뼈를 세우고 살을 채워주는 일이다. 이는 더없이 어려운 과업이다. 그래서 차라리 안락한 상태에 있는 식물을, 아니면 이미 꿈을 성취한 위버멘쉬 단계를 시샘하지만[17], 자기극복은 인간이 식물과 유령 사이에 존재한다는 자각에서 시작된다. 그러니 그 사실을 그대로 받아들여야 한다.[18]

먼저 온전한 인간이 되어야 한다. 터무니없이 신체를 경멸해온 영혼부터 정화해야 한다. 얼마나 궁핍하고 가엾은 영혼인가? 자기만족으로 얼마나 더럽혀진 영혼인가? 그런 영혼을 지닌 사람은 더러운 강물과 같다. 그 더러운 물을 모두 받아들여 깨끗하게 정화하려면 인간은 드넓은 바다가 되어야 한다. 위버멘쉬가 되어야 한다. 위버멘쉬야말로 모든 경멸을 풀어 없앨 바다이기 때문이다.

경멸스러운 것은 경멸해야 한다. 세상 사람들이 일상의 행복과 함께 가치 있다고 상찬해온 것들, 이를테면 이성과 덕, 정의, 연민의 정 따위가 그런 것이다. 차라투스트라는 그런 것에 대한 경멸을 더없이 위대한 것으로 기렸다. 그리고 그런 경멸의 시간을 '위대한 경멸의 시간'이라 불렀다.

위대한 경멸의 시간을 위해서는 냉혹할 필요가 있다. 경멸의 시간은 거저 찾아오지 않는다. 싸워야 한다. 줄을 타는 광대처럼 몸을 사리지 않고 앞으로 나아가야 한다. 그만큼 단단해야 하며 가차 없어야 한다. 진화 과정에 있는 인간은 모두 줄을 타는 광대가 아닌가. 하늘(신성)에 항거 한번 제대로 하지 못한 채, 고작 지금 누리는 덕과 행복에 겨워 겸허하게 응석을 부리듯 하늘을 향해 간간이 외쳐대는 것으로는 아무것도 이룰 수 없다. 무엇을 하겠다는 외침인가? 하늘을 향한 부르짖음은 《구약》〈창세기〉 4장 10절에 나오는 이야기다. 카인에게 살해된 동생 아벨의 피가 억울함을 호소하며 땅에서 하늘(신)에 외쳐댔다는 이야기다. 인간은 모진 벼락(번개)에 단련되어야 한다. 여기서는 위버멘쉬가 번개다. 이 위버멘쉬에 대한 동경과 함께 새로운 사랑의 길이 열린다.

차라투스트라 이야기가 이쯤에 이르자, 어떤 사내가 나서서 줄타기 광대 이야기는 이제 그만하고 광대 모습을 보여달라고 소리쳤다. 그러자 군중은 군중대로 인간은 줄타기 광대와 같다느니 뭐니 해가며 곡예를 지체시키는 차라투스트라를 조롱했다. 광대를 보여달라는 사내의 말에 광대는 줄 위로 걸어 나왔다. 그러고는 상승과 하강의 기로에서 모험을 하듯 한 걸음 한 걸음 곡예를 시작했다.

4

차라투스트라는 군중의 냉소적인 반응에 의아해했다. 의아해하면서도 그는 이야기를 이어갔다. 인간은 짐승과 위버멘쉬를 잇는 심연 위의 밧줄이자 교량이라는 이야기였다. 이는 앞뒤로 열려 있는 가능성을 뜻하며 인간이 확정되지 않은 존재임을 의미한다. 도정道程의 존재라는 뜻인데 이를 상징적으로 보여주는 것이 바로 두 탑 사이에 걸쳐 있는 밧줄이다. 생물학적으로 확정된 길을 가게 되어 있는 다른 동물들에게는 없는 가능성이다.

차라투스트라는 신이 인간을 완성된 상태로 창조했다는 그리스도교의 인간관을 거부했다. 인간은 스스로 자신과 자신의 세계를 만들어감으로써 주어진 가능성을 현실화한다. 그런 인간에게는 지나온 과거가 있고 다가올 미래가 있다. 이 점에서 인간은 자연의 산물이라는 점에서는 창조물(피조물)이지만, 자신을 창조해간다는 점에서는 창조주(조물주)다.[19] 여기서 인간은 두 얼굴을 가진 야누스가 된다.

가능성으로 존재한다는 것은 일종의 모험이다. 늘 성공하는 것이 아니기 때문이다. 일을 그르쳐 원숭이로 돌아갈 수도 있고, 발을 잘못 디뎌 아예 진화의 대열에서 이탈할 수도 있다. 우리는 가는 줄에 모든 것을 거는 줄타기 광대에게서 모험하는 인간의 모습을 본다. 차라투스트라가 사랑하는 것은 그런 인간이다. 현실에 안주하는 사람은 모험을 하지 않는다. 자신의 현실을 경멸할 줄도 모른다. 그런 사람에게는 미래가 없다. 미래는 자신의 왜소한 현실에 대한 경멸에서 위대한 것을 찾아 모험하는 사람에게 있다.

자신을 가능성으로 받아들여 그 실현을 위해 애쓰는 사람은 그렇게 이 대지에 헌신한다. 그 같은 사람이야말로 몰락을 통해 높이 오르려는 동경의 화살이라 하겠다. 그런 사람은 상승의 덕 하나만을 추구한다. 그 덕으로써 지난 세대를 구제하고 미래 세대를 준비한다. 더

불어 사랑하는 마음에서 자신의 신을 엄하게 다스리며 끝내 그 신의 노여움을 사 파멸한다. 파멸하지 않고 어떻게 새사람이 되겠는가.

사랑하는 마음에서 자신의 신을 엄하게 다스린다는 것은 자식을 사랑하는 어버이가 자식의 허물을 용서하지 않듯이, 지금까지 신을 모셔온 자가 이제 그 신을 가차 없이 꾸짖어 바로잡아야 한다는 것이다. 이는 《신약》 〈히브리인들에게 보낸 편지〉 12장 6절에 나오는 "주께서는 사랑하는 자를 엄하게 가르치며, 자신의 자식으로 받아들이는 자에게는 매를 댄다"는 말을 그 대상을 바꾸어 흉내 낸 것이다.

그러면 여기서 말하는 자신의 신은 어떤 신을 가리키는가? 그것은 인간 한 사람 한 사람이 신처럼 소중하게 모셔온 꿈과 이상, 즉 자기 자신을 가리킨다. 니체는 유고에서 "나는 나를 나의 신과 같이 사랑한다. … 나는 내가 나의 신에게 저지른 죄를 알 뿐이다. 그런데 누가 나의 신을 알 것인가?"라고 물었다.[20]

차라투스트라가 사랑하는 사람은 교량 저편에 이르려고 자신을 희생하는 사람, 주어진 과업 하나만을 위해 죽고 사는 사람, 넘치는 영혼을 지닌 사람, 해방된 정신에 목표를 향한 뜨거운 심장을 지닌 사람, 머지않아 위버멘쉬라는 번갯불이 내리쳐 새로운 세상을 열게 될 것을 예고해주는 먹구름 같은 사람이다. 그런 사람에게는 번갯불을 맞아 파멸하는 것이 구원의 길이자 소생의 길이 되리라.

5

위버멘쉬가 되어야 한다는 차라투스트라의 호소는 간곡했다. 절박하기도 했다. 그러나 그 호소를 받아들인 사람은 없었다. 이에 차라투스트라는 "나 저와 같은 자들의 귀를 위한 입이 아닌가 보다" 하고 자탄하듯 내뱉었다. 예수도 설교 끝에 무지한 청중을 향해 "귀 있는 자 들을 지어다"라고 하지 않았던가? 붓다 또한 누가 자신이 깨달은 니르바나의 경지를 받아들일까 하는 의구심에서 "귀가 있는 자는 와서 듣도록 하라"고 하지 않았던가?

실망한 차라투스트라는 방향을 바꾸어보았다. 위버멘쉬 반대 방향에 또 다른 극단의 인간 유형을 내세워 이야기의 단서를 잡아보려는 것이다. 이 또 다른 극단이 갈 데까지 간 인간이다. 이 인간이 바로 〈작품〉 3에서 소개한 '인간 말종'[21]이다. 한마디로 상승의 모험을 거부한 채 주저앉은, 상대적 의미에서 퇴화의 길을 가는 자를 가리킨다.

인간 말종들이 최고 가치로 추구하는 것은 근심과 걱정이 없는 안일한 삶이다. 거기에다 장수와 건강한 삶이라면 더 바랄 것이 없다. 저들이 세상과 화평을 도모하고 건강을 끔찍하게 돌보는 것도 그 때문이다. 그런 저들이 이상적 사회로 받아들이는 것은 평등한 사회다. 모두가 평등한 사회에는 사람과 사람, 계층과 계층 사이에서 오는 갈등과 마찰이 없기 때문이다. 그 누구도 피지배자가 되어 고통받거나 열등감에 괴로워할 일이 없으며, 재산에 불이익을 받을 일도 없다. 공적公敵은 평균 이상이 되어 평등을 깨는 사람, 곧 위버멘쉬가 되고자 하는 사람들이다.

인간 말종은 자기반성을 모른다. 그러니 자기경멸 역시 알 리가 없다. 저들은 되레 교양인으로서 부족한 것이 없다는 자부심으로 우쭐대기까지 한다. 비천하기 짝이 없는 삶을 살면서도 그런 삶을 사는 자신들을 경멸할 줄 모르는, 그래서 더욱 경멸스러운 자들이다. 차라투스트라가 뒤에 잡것, 천민 무리, 존재할 가치가 없는 자 따위로 불러 경멸하는 자들이 바로 인간 말종이다. 그런 인간 말종에게는 지금의 자신을 극복해 새로운 인간이 되어야 한다는 차라투스트라의 말이 듣기 좋을 리 없다.

이 인간 말종은 20세기 들어 실존에 대한 자각이 살아나면서 여러 형태로 새롭게 등장해 퇴락한 인간의 전형이 되었다. 하이데거는 본래 모습을 잃은 채 익명의 삶을 살아가는 사람, 누구라도 좋을 얼굴 없는 인간을 '세상 사람das Man'이라고 불렀다. 마르셀은 비실존적 삶을 사는 거리의 사람을 그렇게le-on 불렀으며, 야스퍼스와 베르댜에프는 그런 사람을 '대중Masse'이라 불렀다.

인간 말종은 편안한 삶을 살기 위해 모든 일에 몸을 사린다. 그러면서도 조촐한 환락만은 놓치지 않으려 안간힘을 쓴다. 그래서 즐길 거리를 찾아 분주히 움직인다. 그렇게 바쁜 하루를 보내고 밤에 단잠에 빠진다면 그야말로 금상첨화다. 저들이 잠자리에 들기 전에 얼마간의 독을 즐기는 것은 그 때문이다. 알코올과 니코틴 따위 말이다. 그리되면 낮은 낮대로 밤은 밤대로 즐겁다.

오늘날에는 어딜 가나 인간 말종들이다. 목자는 없고 가축 무리만 있는 꼴이다. 근대 대중혁명이 성공하고 대중문화가 득세하면서 맞게 된 현실이다. 그 결과 세상은 상승의 기운이 꺾인 채 점점 깊은 수렁으로 빠져들고 있다. 차라투스트라는 그 같은 세태를 개탄했다. 그러나 절망하지는 않았다. 지금이라도 목표를 세우고 최고 희망의 싹을 틔우면 된다고 보았기 때문이다. 토양은 아직 그러기에 모자람이 없을 만큼 비옥하다. 그러나 언젠가는 토양이 척박해지면서 불모의 상태가 될 것이다. 그와 함께 경멸스러운 시대가 올 것이다.

이 인간 말종 이야기는 그곳 군중 들으라고 한 것이다. 그러나 정작 군중은 그 이야기를 알아듣지 못했다. 그런 인간이 따로 있다고 믿어, 저들은 차라투스트라에게 인간 말종이 있으면 좀 보여달라고 외쳐댔다. 보여만 주면, 네가 그리도 열심히 이야기하는 위버멘쉬를 선물로 주겠다고 외쳐대기까지 했다. 이번에도 차라투스트라에게 돌아온 것은 차디찬 웃음뿐이었다.

6

마침내 광대는 곡예를 시작했다. 그가 밧줄 중간쯤에 이르렀을 때였다. 작은 문에서 익살꾼 차림을 한 사내가 나오더니 잰걸음으로 다가와 그를 뛰어넘는 것이 아닌가. 놀란 광대는 순간 장대를 놓치고 바닥으로 곤두박질치고 말았다. 그 광경에 모여 있던 사람들은 기겁하고 뿔뿔이 달아났다. 광대는 크게 다쳐 몰골이 말이 아니었다. 그래도 가까스로 숨만은 붙어 있었다. 끔찍한 일이었다. 차라투스트라는 자리를 뜨지 않고 그의 곁에 무릎을 꿇은 채 앉았다. 광대는 그를 올려다보았다. 그러고는 저 악마가 자신의 영혼을 지옥으로 끌고 갈 터이니 그런 일이 없도록 막아달라고 간청했다. 광대의 간청에 차라투스트라는 영혼은 신체에 깃든 유기적 기능의 하나일 뿐인 만큼 신체보다 더 빨리 죽어갈 것이고, 따라서 인간이 사후 영적 존재로서 체험한다는 지옥도 있을 수 없다고 말해주었다. 안심하라는 것이다. 영혼과 신체 이야기는 1부 〈신체를 경멸하는 자들에 대하여〉에

다시 나온다.

그러면 여기서 줄타기 광대는 누구이고, 익살꾼 차림의 사내는 누구인가? 줄타기 광대는 곡예를 하듯 전전긍긍하며 주어진 삶을 살아가는 인간이다. 그러니 그 걸음이 빠를 리가 없다. 광대가 저 인간 발종과 다른 점은 모험을 하며, 힘겹게 그 나름의 목표를 향해 나아간다는 점이다. 아직 완전한 깨달음의 단계에 이르지 못해 육신의 죽음 다음에 온다는 영적 삶에 대한 믿음을 버리지 못했을 뿐이다.

익살꾼 차림의 사내는 인간이 긴 진화의 과정에 있다는 사실을 외면하고 도약, 즉 신앙의 비약 따위로 어느 순간 삶의 목표에 이를 수 있다고 믿는 사람이다. 곧 신앙을 통해 영적으로 구원받을 수 있다는 확신에서 존재하지도 않는 목표를 향해 도약하듯 달려가는 사람이다. 말 그대로 익살꾼이다. 그런 그 앞에서 길을 막는 광대는 성가신 존재다. 딱하고 한심한 존재로서 뛰어넘어야 할 장애물이기도 하다. 오늘날 영적 구원에 매달리는 그리스도교 신앙인들이 그런 익살꾼이다. 차라투스트라가 보기에는 한심한 인간들이다. 광대는 그래도 인간적이다.

니체는 같은 시기에 쓴 유고에서 자신이 바로 저 가련한 줄타기 광대를 뛰어넘은 익살꾼이라고 했다.[22] 물론 다른 의미에서다. 광대와 같이 진화와 퇴화의 갈림길에서 이러지도 저러지도 못하는 사람들을 잘못 들어서게 해 영적 망상에서 벗어나 신체적 삶에 충실케 한다는 의미에서 그렇다. 익살꾼이라고 해서 예외는 아니다. 그런 자에게는 더욱 가혹한 것이 차라투스트라다. 그러니 그야말로 광대는 물론 저 익살꾼까지 파멸로 몰 또 다른 익살꾼이 아닐 수 없다.

비록 추락해 죽음의 문턱에 와 있지만 광대야말로 그 나름의 목표와 용기를 지닌 자였다. 물론 훈련된 곡예사로서 자율적 삶을 살아왔다고 말할 수는 없지만, 모험을 받아들인 것만으로도 대견하다 하겠다. 이에 차라투스트라는 죽어가는 광대에게 위험한 일을 천직으로 삼은 탓에 파멸하게 되었으니 결코 경멸할 일이 아니라고 위로해주었다. 그러고는 그를 손수 묻어주겠다고 약속했다.

<h1 style="text-align:center">7</h1>

군중을 깨우쳐 거듭나도록 하는 데는 실패했지만 송장 하나는 건졌으니 차라투스트라로서도 소득이 전혀 없는 것이 아니었다. 그래서 그는 사람은 낚지 못했지만, 그런대로 멋진 고기잡이를 했다고 자위했다.[23] 각오를 새롭게 하기도 했다. 시작은 실망스러웠지만, 그는 아직 아무 의미가 없는 사람들에게 위버멘쉬를 존재의 의미로 터득시키겠다는 꿈을 버리지 않았다. 이런 각오와 함께 그는 죽은 길동무를 등에 지고 묻을 땅을 찾아 길을 나섰다. 길은 어두웠다. 《구약》〈잠언〉 4장 19절에서 신을 믿지 않는 악인의 길은 어둡다고 했다.

<h1 style="text-align:center">8</h1>

길을 나선 차라투스트라에게 어떤 사내가 다가왔다. 광대를 실족하게 한 바로 그 고약한 익살꾼이었다. 행색으로 보아 군중의 박수갈채에 모든 것을 걸어온 자였다. 그는 느닷없이 시장터에 나타나 군중

앞에 선 차라투스트라가 마음에 들지 않았다. 그를 강력한 경쟁자로 본 것이다. 어떻게든 그를 쫓아내야 했다. 군중이 자신을 제치고 그에게 열광하는 일이 없도록 손을 써야 했던 익살꾼은 그런 속셈을 감추고 차라투스트라에게 충고랍시고 한마디 했다. 아무도 그대를 사랑하지 않으니 이 도시를 떠나는 게 좋겠다는 것이다.

성문에 이르렀을 때였다. 이번에는 땅을 파 송장을 묻는 자들과 마주쳤다. 모든 것을 지난 역사 속으로 묻어버리는 자들이다. 그런 자들에게는 과거만 있을 뿐 미래는 없다. 그러니 모험이 있을 수 없다. 지나간 일에 집착하는 역사학자들이 그런 자들이다. 저들에게 죽은 광대는 관심사가 되지 못했다. 너무나도 하찮은 존재이기 때문이다. 어디 제왕과 영웅뿐인가! 묻어야 할 위인이 그토록 많은 터에 하찮은 송장 하나로 손이나 더럽히다니. 그래서 한다는 이야기가 광대를 묻어주기에는 저들의 손이 너무 깨끗하다는 것이다. 차라투스트라는 아무 대꾸도 하지 않고 가던 길을 갔다. 숲과 늪을 지나 한참 가니 외딴집 하나가 눈에 들어왔다. 허기에 갈증까지 나던 차에 잘되었다 싶어 문을 두드리자 한 노인이 나왔다. 노인은 느닷없이 나타난 손님에게 빵과 포도주를 내놓았다. 빵과 포도주는 예수가 최후의 만찬에서 제자들에게 내놓았던 것으로 각각 예수의 몸과 피를 상징한다. 부질없는 짓이었지만 노인은 송장에게도 먹고 마시도록 권했다.

노인의 대접을 받아 기력을 되찾은 차라투스트라는 길과 별빛에 의지해 두 시간쯤 더 걸어갔다. 그는 밤길에 익숙한 데다 잠든 사람의 얼굴을 들여다보기 좋아하던 터였다. 잠이 들면 몸에 긴장이 풀리고 긴장이 풀린 얼굴에서 허세와 위선 뒤에 있는 인간 본래의 모습을 볼 수 있기 때문이다.[24] 동이 틀 무렵 그는 깊은 숲속에 와 있었다. 길은 더 이상 보이지 않았다. 마침 속이 텅 빈 나무 한 그루가 있었다. 그는 송장을 그 속에 누이고는 이끼 깔린 바닥에 누웠다. 눕자마자 그는 잠에 빠졌다. 피곤한 하루였다. 그러나 영혼만은 마냥 평온했다.

9

차라투스트라는 한낮이 되어서야 잠에서 깨어났다. 그는 환호했다. 한 가닥의 빛이 떠오르면서 분명해진 것이다. 죽어 있는 길동무가 아니라 함께 길을 갈 살아 있는 동반자가 있어야겠다는 것이다. 저 시장터의 군상도 죽은 광대도 더 이상 아니다. 이제는 함께 창조할 자들, 함께 추수하고 축제를 벌일 자들을 길동무로 삼아야 한다. 때가 되어 온 들판이 수확을 기다리기 때문이다. 추수 이야기 또한 《신약》 〈마태오의 복음서〉 9장 37절에 나오는 것이다. 여기서 차라투스트라는 짐승 떼와 같은 시장터 군상 따위를 돌보는 목자는 되지 않겠다고 마음을 먹었다. 그러고는 저 가축 떼를 돌보는 대신에 저들에게서 더 많은 자를 꾀어내어 살아 있는 길동무로 삼겠다고 다짐했다.

10

순간 그는 웬일인가 싶어 하늘을 올려다보았다. 머리 위에서 새의 날카로운 울음소리가 들렸던 것이다. 올려다보니 독수리 한 마리가 원을 그리며 날고 있고, 그 목을 뱀 한 마리가 다정하게 감고 있는 것이 아닌가. 뜨는 해를 보며 함께 환호했던 그 독수리와 뱀이었다. 태양 아래 저들보다 긍지 있고 영리한 짐승들이 있던가? 긍지와 영리함이야말로 새로운 인간으로 거듭나려면 겸비해야 할 최상의 덕목이다. 니체의 유고에 나오는 글이다. "뱀이여, 차라투스트라는 말했다. 너는 태양 아래 더없이 영리한 동물이다.[25] 너 무엇이 심장을─나의 심장을─강하게 만드는지 알고 있을 것이다. 나는 그것을 모른다. 그리고 너 독수리여, 너야말로 태양 아래 더없이 긍지가 있는 동물이다. 심장을, 저 긍지에 찬 심장을 끄집어내어 그것이 있어야 할 곳으로 나르도록 하라."[26] 유고에는 다음과 같은 글도 나온다. "인식의 태양이 다시금 중천에 떠 있다. 그 빛 속에서 영원의 뱀이 몸을 감고 있고─정오의 형제들이여, 너희의 시간이다."[27] 뱀 이야기는 1부 마지막 장인 〈베푸는 덕에 대하여〉 1에 다시 나온다.

뱀의 모양에서 우리는 서유럽과 라틴아메리카, 그리고 인도 신화 등에 나오는 자신의 꼬리를 물고 있는 뱀인 우로보로스Uroboros를 떠올린다. 그 가운데 독수리의 목을 감고 있는 뱀의 이미지에 가까운 것은 북유럽 신화에 나오는 요르문간드Jormungandr다. 요르문간드는 바닷속에서 신들이 인간을 위해 만들어놓은 세계인 미르가르드를 한 바퀴 휘감은 채 자신의 꼬리를 물고 있는 위협적인 뱀이다.

독수리의 목을 감고 있는 뱀 이야기는 니체의 독창적인 것이 아니다. 영국 시인 셸리의 작품인 《이슬람의 반란》에 있는 이야기다. 거기에 "나는 공중에 한 마리의 뱀이 독수리의 몸을 감고 있는 것을 보았다"[28]는 시구가 있다. 독수리와 뱀의 짝은 헤르메스의 지팡이 카두케우스에서도 볼 수 있다.

뱀은 허물벗기를 한다. 재생, 곧 회귀를 뜻하는데 그런 뱀에 커다란 원을 그리며 나는 독수리를 더하면 회귀의 의미는 배가된다. 예로부터 원은 완전과 충만함, 그리고 영원한 순환을 상징해왔다. 그런 운동에는 과거가 미래의 꼬리를 물고 있어 지나간 것과 올 것이 따로 없다.[29] 이들 원을 그리며 나는 독수리와 그 목을 휘감고 있는 뱀은 차라투스트라에게 그의 우주론인 영원회귀를 설명할 실마리를 제공한다. 여기서 영리함과 긍지, 어느 하나만으로는 안 된다. 이들은 동행해야 한다. 어느 날 그토록 영리한 뱀이 차라투스트라를 떠난다면 긍지에 찬 독수리 또한 떠날 것이다. 비슷한 이야기가 2부 〈춤에 부친 노래〉에 나온다. 영리함과 긍지가 지혜와 생명으로 바뀔 뿐이다.

차라투스트라는 돌이켜보았다. 들을 귀를 갖지 못한 군중 앞에 서다니, 얼마나 어리석은 일인가. 그는 다시는 그 같은 일을 하지 않겠다고 다짐했다. 또 다른 내리막의 시작이었다. 그의 긴 머리말도 여기서 끝을 맺는다. 그러나 그 대상이 달라졌을 뿐, 그는 다시 말문을 열게 된다.

차라투스트라의
가르침

세 변화에 대하여

죽어 있는 길동무를 뒤로하고 살아 있는 길동무를 찾아 나선 차라
투스트라는 마침내 얼마간의 선택된 자들을 만나 가르침을 펴게 되
었다. 제자들이 되겠는데, 그 가르침은 어떻게 인간은 위버멘쉬가 되
는가였다. 이때 그가 제시한 길이 낙타 단계의 정신에서 사자 단계의
정신을 거쳐 아이 단계의 정신에 이르는 정신의 세 단계 변화다.

낙타는 순종을 미덕으로 하는 온순한 짐승이다. 낙타는 주인의
명에 따라 무거운 짐을 지고 하루하루를 힘겹게 산다. 그에게는 "나
는 해야 한다"는 체념 어린 복종이 있을 뿐이다. 주인은 그의 삶을
지배해온 절대자 신神이다. 여기서는 사악하고 역겨운 용龍으로 나
온다. 주인이 기척이라도 하면 낙타는 겁에 질린 채 달려가 그 앞에
무릎을 꿇는다. 자신은 영혼의 굶주림으로 고뇌하면서도 스스로를
끝없이 낮추고, 변변치 못한 부류와 벗하며 진리라면 가리지 않고
모두 받아들인다. 그러다가 주인이 마음에 들어 하지 않기라도 하
면 곧바로 손을 내밀어 용서를 구한다. 그렇게 무거운 짐을 진 채 낙

타는 주인이 휘두르는 채찍 소리에 맞추어 아무 생명이 없는 열사의 사막을 달린다.

　낙타의 위안은, 자신에게 무거운 짐을 지고 달릴 수 있을 만큼 힘이 있으며 저 멀리서 보상이 기다린다는 사실이다. 보상으로 약속된 것은 서늘한 그늘과 맑은 물이 솟아오르는 오아시스다. 그리스도교식으로 말하면 천상의 낙원이다. 낙타는 타율적 삶을 살 뿐, 자신의 삶을 살지 못하는 미숙한 단계의 정신을 상징한다. 그러면 어떤 인간이 낙타인가? 신과 같은 절대 권위 앞에서 내세의 보상을 머릿속에 그려가며 고난의 십자가를 지고 살아가는 자들과 도덕 등 온갖 외부 권위와 명령에 복종해 자신의 것이 아닌 삶을 사는 의존적 인간이 낙타다.

　낙타가 낙타로만 머문다면 미래가 없다. 변화해야 한다. 변화는 달리던 낙타가 자신은 왜 자신의 것도 아닌 무거운 짐을 지고 사막을 달리는지, 짐 속에 있는 것은 무엇이며, 뒤에서 채찍을 휘두르며 다그치는 주인은 누구인지 그 정체를 궁금해하면서 일어난다. 무엇보다도 궁금한 것은 지금까지 한 번도 본 일이 없는 주인이다. 그래서 낙타는 달리던 길을 잠시 멈추고 뒤를 돌아본다. 실로 놀랄 일이다. 아무도 없는 것이 아닌가. 허깨비에 쫓기듯 주인이 뒤에서 명을 내리고 있다는 망상에 쫓겨온 것이다. 배신감을 느낀 낙타는 지고 있던 짐을 팽개친다. 그러고 나서 짐을 열어보니 신앙 등 무거운 망상과 허구 따위가 가득 들어 있는 것이 아닌가. 속아온 것이다. 신은 존재하지 않고 그의 명령 또한 모두 거짓임을 깨닫는 순간이다. 그 순간 낙타의 정신은 거짓 주인의 손아귀에서 벗어나 주인의 죽음, 곧 신의 죽음을 선언한다. 그러고는 이제 "나는 하고자 한다"고 포효한다.

주체적인 삶을 살겠다는 것이다. 그런 다짐과 함께 낙타는 사자가 되어 자신의 세계와 삶을 되찾는다. 초월적 신앙과 형이상학적 이념 따위에 매여 있는 사람이 낙타라면 사자는 그런 짐에서 벗어난 사람이다. 그런 사자로는 무신론자와 종래 도덕의 굴레를 벗어던진 자들을 생각해볼 수 있다.

사자가 된 정신에게는 할 일이 남아 있다. 저 거대한 용과 마지막 일전을 벌여 자신의 승리를 확실히 해두는 것이다. 신과 신의 그림자를 모두 쓸어내는 것이다. 사자는 끝내 성공한다. 이때 사자는 자유로운 정신을 상징한다. 그래서 낙타와 달리 "나는 하고자 한다"는 의지를 불태운다. 사자는 맹수로서 낙타와는 식성부터 다르다. 낙타가 초식을 하는 데 반해 사자는 육식을 한다. 무겁고 어두운 사상을 모두 소화해낼 능력이 있는 것이다. 뒤에 차라투스트라가 육식의 즐거움을 모르고 부드러운 풀만 찾는 자들을 비웃고[30], 찾아온 손님들에게 빵 대신 어린 양고기를 내놓는 장면이 나오는데[31] 같은 맥락의 이야기다. 손님들이 아직 사자의 위장을 갖고 있지 못하나 부드러운 양고기 정도는 소화해낼 만큼 성장했다고 보았던 것이다.

사자는 자유롭다. 거칠 것이 없다. 그러나 이때의 자유는 예속으로부터의 해방이라는 소극적 자유다. 그런 사자에게 아직 없는 것이 자신의 의지를 구현할 수 있는 적극적인 자유다. "나는 하고자 한다"고 말하지만 무엇을 해야 하는지를 아직 모르고 있다. 그래서 어렵게 쟁취한 자유에 대한 환호도 잠시일 뿐, 이내 삶의 의미와 방향을 잃고 만다. 그동안 삶의 의미와 목표였던 주인의 죽음으로 무엇을 위해 어떻게 살아야 하는지, 삶의 의미와 목표를 잃고 만 탓이다. 사자는 이내 갈피를 잡지 못하고 방황하다 끝내 탈진한다. 이때 고개를 드는 것이 차라리 낙타로 돌아가 옛 주인을 모시며 안정된 삶을 살았으면 하는 소망이다. 자유를 감당하지 못해 다시 예속 상태로 돌아갔으면 하는 것이다.

그러니 사자의 정신이 되는 것만으로는 부족하다. 소극적 자유를 적극적 자유로 전환해 자신의 삶과 세계를 만들어가야 한다. 그럴 때 인간은 비로소 참 자유를 누리며 진정한 자신이 된다. 어떤 길이 있을까? 예속과 방황으로 점철된 과거를 뒤로하고 새로 시작하면 된다. 아이의 정신으로 돌아가 삶을 새로 시작하는 것이다. 물론 그 과정이 자연스러운 것은 아니다. 사자조차 극복하려는 적극적 의지와 결단이 있어야 한다. 다행히 우리 마음속에는 아직 아이가 있다. 아이에게는 사자를 제압할 힘이 있다. 그 아이를 내세워 사자를 제압하면 된다.[32]

아이는 순수하며 정직하다. 거짓 신앙이나 이념은 물론 복종해야 할 그 어떤 권위도 외부에 두지 않는다. 첫걸음으로서 자신의 힘으로 자신의 삶을 시작할 뿐이다. 그 점에서 아이는 외부의 힘이 아니라 자신의 힘으로 돌아가는 바퀴라 하겠다. 거기에다 아이는 당위를 모른다. 모든 맹목적 욕망에서 벗어나 있기도 하다. 그래서 있는 그대로를 긍정할 뿐 부정을 하지 않는다. 더 이상 나는 해야 한다거나 하고자 한다고도 말하지 않는다. "나는 있다"고 말할 뿐이다. 사자를 이겨낼 힘은 그와 같은 자기긍정에서 나온다. 이 아이가 인간 정신이 변화를 통해 올라야 할 최고 경지이자 마지막 단계다. 노자도 《도덕경》 55장에서 도덕 등 인간적 규정(작위) 이전 무위자연의 삶을 사는 어린아이를 생명의 극치로서 지혜의 최고 단계로 보았다. 그에 따르면 어린아이는 깨끗하고 순박하며 꾸밈이 없다.

이 정신의 세 단계 변화는 니체 자신이 걸어온 길이기도 하다. 어려서 그는 낙타였다. 신을 신앙했고 도덕 등 세상의 가치를 그대로 받아들였다. 젊어서는 사자였다. 그런 신앙과 가치에 반기를 들고 새로운 삶을 추구했다. 지금은 아이의 단계를 앞에 두고 있다. 이들 낙타와 사자, 그리고 아이에 대응하는 인간 유형이 앞에 나온 인간 말종과 4부에서 집중적으로 소개될 '보다 지체 높은 인간', 그리고 위버멘쉬다. 낙타는 헤아릴 수 없을 만큼 많다. 사자도 없는 것은 아니지만 찾아보기 힘들 만큼 적다. 아이는 아직 없다. 가까이 와 있을 뿐이다. 차라투스트라는 뒤에 얼마간의 사자들에 둘러싸여 아이들을 기다리는 것으로 그의 긴 편력을 끝낸다.

차라투스트라가 이 가르침을 편 것은 '얼룩소die bunte Kuh'라는 도시에서였다. 그 무렵 그는 '얼룩소'에 머물고 있었다. '얼룩소'라는 이름은 붓다가 그의 편력 과정에서 들렀던 도시 칼마자달미야에서 유래한다.[33] '얼룩소'는 뒤에 나오는 〈산허리에 있는 나무에 대하여〉에서 산으로 둘러싸인 도시로 묘사되는데, 주변 환경과 여건에 비추어 제노바나 바젤일 거라고 보는 학자도 있고, 니스일 거라고 보는 학자도 있다. 온갖 것이 내적 필연 없이 다채롭게 섞여 있는 근대 도시 일반을 가리킨다고 보는 학자들도 있다. 아무튼 '얼룩소'는 1부 마지막 장인 〈베푸는 덕에 대하여〉에서 그가 마음에 들어 했던 도시로 나온다. 사람들의 싸늘한 반응으로 실망은 컸지만 그 나름으로 흥미로운 도시인 데다 가르침을 펼 수 있어 차라투스트라가 마음에 들어 했던 것으로 보인다. 차라투스트라는 그의 첫 가르침(1부)을 이 '얼룩소'에서 일단락 짓는다.

덕의 강좌들에 대하여

어쩔 수 없이 지고 사는 짐이지만, 낙타가 바라는 것은 짐이 좀 가벼웠으면 하는 것이다. 그나마 참고 견디는 것은 약속된 사후 보상에 대한 기대 때문이지만, 그러나 그것은 나중 일이고, 우선은 근심과 걱정이 없는 삶이라면 더 바랄 것이 없다. 누가 그런 삶을 사는지는 잠자는 모습에서 알 수 있다. 근심과 걱정이 없는 사람은 홀가분한 마음으로 단잠을 잔다. 역으로 단잠을 잔다는 것은 할 일을 다해 후회 없는 하루를 보냈음을 말해준다.

마침 잠에 대한 지혜로 명성이 자자한 현자가 있어 차라투스트라도 그의 가르침을 경청하게 되었다. 잠을 실마리로 안일한 삶을 가르쳐온 현자였다. 그의 가르침은 먼저 잠에 겸허해야 한다는 것이다. 잠을 우습게 봐서는 안 된다는 것, 그러니까 잠에 경외심을 가져야 한다는 것이다. 잠이 그만큼 우리의 삶에서 중요하다는 이야기다. 다음으로, 잠을 잘 자려면 낮 동안에 해야 할 일을 다 해놓아야 한다는 것이다. 일에서 오는 적당한 피로와 성취감에서 오는 마음의 평화가 잠을 재촉하는 양귀비가 되기 때문이다.[34] 거기에다 마음의 갈등이 없다면 더 바랄 것이 없다.[35] 그다음으로 자신과 화해해두어 야 하며, 찾아야 할 진리가 있다면, 미리미리 찾아두어야 한다는 것이다. 끝으로 신과 이웃을 노엽게 해서는 안 되며, 관헌[36]과도 마찰을 빚어서는 안 된다는 것이다. 한마디로 교회와 이웃, 그리고 국가와 마찰 없이 잘 지내야 한다는 것이다. 그리되면 세상일로 불화를 겪고 가책을 받을 일이 그만큼 적어지고, 이런저런 번민과 자책으로 밤잠을 설치는 일 또한 적어질 것이기 때문이다.

현자는 자신의 이야기도 들려주었다. 자신은 명예도 재물도[37] 탐하지 않기에 번거롭지 않은 조촐한 모임[38]과 마음이 가난한 자, 낙타와 같이 온순하고 평화를 사랑하는 자[39]와 양 떼를 푸른 초원으로 인도하는 선한 목자[40]를 좋아한다고 했다. 덧붙여 잠자리에 들어서는 낮에 한 일과 생각을 하나하나 암소처럼 되새김질하곤 하는데 그러다 보면 자신도 모르게 잠에 빠진다는 것이다. 진정 그 현자에게는 꿈 한 번 꾸지 않는 깊은 잠이 지혜렸다.

'꿈 한 번 꾸지 않는 잠'은 셰익스피어의 《햄릿》 3막 1장 중간쯤에 나오는 햄릿의 말이다. "살 것인가, 죽을 것인가―그것이 문제구나. … 죽는다는 것은 잠든다는 것―그뿐이다. 잠이 들면 마음의 고뇌와 몸을 괴롭히는 수천 가지 걱정거리도 그친다고들 하지. 그게 절실히 바라는 결말이야. 죽는 것은 잠드는 것―잠들면―꿈을 꾸겠지. 아, 그것이 문제로다." 꿈 한 번 꾸지 않는 잠, 염세적인 종교나 철학에서도 그런 잠을 신성시해 기려왔다.[41] 잠 이상의 감미로운 휴식과 위안이 없기 때문이다.

현자의 이야기를 다 듣고 난 차라투스트라는 그의 이야기에 어떤 마력이 깃들어 있기는 하지만 이제 그의 시대도 끝이라고 말했다. 현자가 지혜랍시고 가르치고 있는 것은 안일을 추구하는 낙타의 일상적 지혜에 불과하다고 본 것이다. 그런 지혜를 사자의 정신을 지닌 자는 경멸한다. 꿈 한 번 꾸지 않는 잠이라니. 어떻게 꿈 없이 살아갈 것인가. 그런 잠은 죽음이 아닌가. 그런 잠이야말로 전사에게는 최악일 것이다.[42]

인식의 전사인 사자는 그같이 안일한 삶을 바라지 않는다. 전사에게 필요한 것은 끝없는 자기극복이다. 이에 전사는 갈등과 불화를 마다하지 않는다. 오히려 그런 것들을 자기극복의 계기로 삼는다. 그리하여 전사는 자신과 싸우며 신과 싸운다. 나아가 세상과도 싸운다. 타협은 금물이다. 밤잠을 설친다 해도 문제가 없다. 아이의 단계를 향한 멀고 험난한 길을 앞에 둔 터에 고작 잠 타령이나 하다니.

배후세계를 신봉하는 사람들에 대하여

앞의 〈작품〉 3에서 니체는 우리가 사는 이 세계 뒤에 또 다른 세계가 있다고 믿는 사람을 배후세계론자라 불렀으며, 그 또 다른 세계를 배후세계라 불렀다고 했다. 그리고 그 전형으로 그리스도교에서 말하는 하늘나라와 플라톤이 내세운 이데아의 세계를 들었다. 니체는 일찍부터 이들 두 세계 이론에 밝았다. 그리스도교의 두 세계 이론은 목사 가정에서 태어난 그가 어려서부터 접해온 것이고, 플라톤의 두 세계 이론은 이후 철학 학습을 통해 알게 된 것이다. 이 이후의 과정에서 쇼펜하우어의 영향도 컸다.

쇼펜하우어에 따르면 세계는 우리에게 표상과 의지로 주어진다. 표상의 세계는 우리 감각에 주어지는 현상의 세계를, 의지의 세계는 현상을 산출하고 움직이는 본질의 세계를 가리킨다. 그렇다고 별개의 두 세계가 있다는 것은 아니다. 세계는 하나이되, 현상을 탐구하는 과학자에게는 그것이 표상으로, 세계의 본질을 탐구하는 철학자에게는 의지로 주어진다는 것이다. 니체는 쇼펜하우어를 통해 현상과 본질에 눈을 뜨면서 칸트를 넘어 플라톤의 두 세계 이론에 다가섰다.

두 세계 이론에서 참된 현실은 저편의 세계다. 반대로 우리가 살고 있는 이편의 세계는 낮은 수준의 현실이거나 그 그림자에 불과하다. 그 결과, 우리에게 주어진 구체적 현실인 이 세계의 삶은 그 자체로는 의미가 없는 껍네기로 폄훼된다. 니체는 세계에 대한 그 같은 해석과 평가를 논박했다. 그에 따르면, 우리는 이 세계 뒤에 있다는 세계에 대해 아는 것이 없다. 그 세계를 경험한 사람이 우리 가운데는 없다. 물론 머릿속에 그려볼 수 있다. 논리를 앞세워 그런 세계가 존재해야 할 당위를 생각해볼 수도 있다. 그러나 그렇게 주어진 저편의 세계는 현실이 아니다.

신이 이 세계를 창조했다고 믿는 사람들이 있다. 이때 창조물은 창조주의 분신이다. 우리는 분신을 통해 원래의 존재를 추론할 수 있다. 이는 이 세계를 통해 그것을 창조한 신의 면면을 알아볼 수 있다는 이야기다. 그러면 우리가 사는 이 세계는 어떤 세계인가? 질병과 가난에 전쟁과 같은 고통이 일상인 세계가 아닌가. 그리고 그 끝은 언제나 죽음이 아닌가. 이 얼마나 불완전한 세계인가. 이 세계가 그토록 불완전하다면, 그 탓이 누구에게 있는가? 세계를 그렇게 창조한 신에게 있지 않겠는가? 창조자 자신이 불완전한 존재여서 세계를 그렇게 창조할 수밖에 없었던 것은 아닐까?

차라투스트라는 여기서 창조주인 신 자신이 고뇌에 찬 불완전한 삶을 살아왔으며, 그 고뇌에서 벗어나고자 자신의 모든 고뇌를 쏟아부을 수 있는 세계, 곧 불완전하며 모순에 찬 세계를 만들어냈다고 비아냥댔다. 그렇게 해서라도 자신의 고뇌를 모두 뱉어낼 수 있었으니 그에게는 세계 창조가 도취적 즐거움이었을 것이다. 차라투스트라도 한때나마 그런 창조주를 신앙했으며 저편 하늘나라에 대한 망상을 갖고 있었다. 그때만 해도 그에게 이 세계는 고뇌에 찬 세계였다. 그래서 고뇌가 없는 저편의 세계를 머릿속에 그려보았던 것인데, 이후 저편 세계가 가상에 불과하다는 사실을 깨달으면서 그에 대한 망상에서 벗어났다. 그는 끝내 그 망상을 모두 태우고 남은 재에서 생명의 불꽃을 만들어냈다. 이 새로운 불길이 솟아오르자 저 고뇌에 찬 유령[43], 창조주 신은 서둘러 달아나지 않았던가.

생각해보면, 신이란 삶의 절망 끝에서 죽음의 도약으로 모든 것을 끝내려는 자들이 만들어낸 유령이자 자아의 불완전한 부분일 뿐이다. 그러니까 인간 자아가 투사한 꿈의 총화로서, 피로감이 만들어낸 행복에 대한 덧없는 광기일 뿐이다. 일찍이 포이어바흐는 인식에서 대상은 인간 자의식의 산물이라고 했다. 대상은 객관화된 자아라는 것이다.[44] 신도 마찬가지여서 영원하며 전선全善하고 전지전능한 신은 영원하지도 전선하지도 전지전능하지도 못한 인간 자아가 자신의 한계에 눈을 뜨면서 투사하게 된 꿈, 곧 이미지에 불과하다는 것이다. 인간이 영원하고 전선하며 전지전능하다면 그런 신을 머릿속에 그려가며 경배하지 않을 것이다. 여기서 우리는 어떤 존재를 신으로 신앙하는가를 통해 신을 신앙하는 그 개인이 어떤 존재인가를 알 수 있다.

같은 이야기다. 인간이 무슨 꿈을 꾸고 무엇을 이상으로 하는가를 통해 우리는 그 인간이 처한 상황을 미루어 알 수 있다. 이를테면 건강한 사람은 그것으로 만족한다. 더 이상 바랄 것이 없다. 건강하기를 소망하는 것은 병든 사람이다. 오아시스에 살고 있는 사람 또한 그것으로 만족한다. 오아시스를 찾아 헤매는 사람은 황량한 사막에서 낮의 열기와 밤의 냉기로 고통을 받는, 거기에다 갈증으로 힘겨워하는 사람이다. 마찬가지로 지금의 현실을 삶의 현실로 긍정해 받아들이는 사람들은 그것으로 만족한다. 그런 사람들에게는 이편의 세계가 전부다. 배후세계를 상정해 도피처로 삼지 않는다.

배후세계란 이렇듯 이 땅의 삶의 현실에 대한 불만으로 불행한 삶을 사는 불운한 사람들이 그런 삶에 대한 보상으로 꿈꾸는 이상향에 불과하다. 또 다른 세계에서 받게 될 보상에 대한 희망 없이는 삶을 감당하지 못하는 사람들이 매달리는 신기루일 뿐이다. 따라서 배후세계란 고뇌와 무능력, 피로감과 행복에 대한 망상의 산물로서, 탈인간화된 천상의 무無에 불과하다. 그런 허구로는 실제 존재하는 것들에 대해 그 어떤 것도 말할 수 없다.

존재를 증명하는 것은 매우 어려운 일이다. 증명은 의식을 담당한 자아의 몫이다. 그러니 자아가 나서야 하지만, 자아라고 해서 모두 존재에 대해 정직하게 증언해주는 것은 아니다. 자아는 오히려 망상의 근원이 될 수도 있다. 자아 가운데 사물의 척도로서 가치를 산출할 뿐만 아니라 창조하며 의욕을 하는 정직한 자아가 나서야 한다. 정직한 자아는 모순과 혼란 속에서도 존재에 대해 정직하게 말해준다. 망상을 일으켜 존재를 왜곡하지 않는다. 이 정직한 자아는 신체적 삶을 원한다. 그리고 정직해지는 정도에 따라 신체를 삶의 주체로 높이 평가해 동경한다.

정직한 자아는 사람들의 긍지에 호소해 더 이상 천상의 사물이라는 모래에 머리를 파묻지 말고 지상의 머리를 들도록 가르친다. 겁에 질려 사막의 모래 속에 머리를 파묻는 타조처럼 배후세계라는 망상 속에 머리를 파묻는 대신 당당히 이 땅에 굳게 서라는 것이다. 나아가 지금까지 이것저것 생각하지 않고 걸어온 자연스러운 길을 그대로, "맹목적"으로 걸어가도록 가르친다. 가증스러운 자는 병든 자와 죽어가는 자들이다. 천상의 존재와 구원의 핏방울 같은 것을 생각해낸 자들[45] 말이다. 저들에게는 이 병든 신체와 대지가 저편의 배후세계로 탈주하도록 도운 도약의 발판이 되어준 셈이니 감사할 일이다.

배후세계에 대한 망상으로 병이 든 자와 죽어가는 자들이 헤아릴 수 없을 만큼 많다. 차라투스트라는 그런 사람들에게도 관대하다. 저들이 건강을 되찾기를 바랄 뿐이다. 물론 건강을 되찾는 것은 어려운 일이다. 건강을 되찾더라도 끝까지 견뎌내지 못하고 옛 망상으로 돌아가는 자들이 적지 않은 데서 알 수 있다. 확신이 서지 않는 데다 현실을 있는 그대로 받아들이지 못해 그렇다. 그래서 깊은 밤에 죽은 신의 무덤을 배회하는 것이다. 배후세계니 구원의 핏방울이니 뭐니 하면서도 저들은 신체를 버리지 못한다. 신체가 더 미덥고 확실하기 때문이다. 그렇다. 우리에게 확실한 것은 삶의 주체인 신체다. 확실한 만큼 그 이상으로 소중한 것도 없다.

천상의 무가 아니라 건강한 신체와 이 대지에 귀를 기울여야 한다. 안타까운 것은 신체의 병에서 헤어나지 못하는 사람들이다. 그런 사람들은 즐거웠던 옛 시절을 돌아본다. 망상과 믿음이 별개의 것이었던 시절, 신체의 도구이자 기능에 불과한 이성의 광란이 오히려 신적인 취급을 받던 시절, 신에 대한 불신앙이 죄가 되던 시절이 그리워서다. 차라투스트라로서는 안쓰러울 뿐이다. 실제 그런 일은 4부 〈되살아남〉에 나온다. 차라투스트라의 가르침은 단호하다. 앞으로는 배후세계에 대한 환상을 버리고 더 정직하며 순결한 신체로 돌아와 이 대지, 이편의 세계에서 삶에 충실해야 한다는 것이다.

신체를 경멸하는 자들에 대하여

배후세계론자들에 따르면 배후세계가 주어지는 것은 정신에게다. 시간과 공간에 묶여 있는 신체는 그것 저편의 영원하며 완전한 세계를 지각하지 못한다. 그럴 능력이 없다. 신체는 그에 그치지 않고 온갖 동물적 욕구와 충동으로 정신의 눈을 혼탁하게 하여 이 세계 저편의 영원하며 완전한 세계를 제대로 볼 수 없게 만든다. 배후세계론자들이 신체를 경멸하고 외면하는 것도 그 때문이다. 영원하며 완전한 배후세계를 관조하려면 신체의 욕구와 충동부터 무력화해야 한다.

배후세계론자들에 따르면 정신은 자립적 존재다. 정신은 신체로부터 독립된 실체로서, 신체와는 존재 방식은 물론 지향하는 목표 또한 다르다는 것이다. 심신이원론의 전형인데, 이에 따르면 영혼은 신체 조건과 성격에서 자유롭다. 그만큼 순수하며 영원하다. 그런 정신은 절대를 지향한다. 여기서 신체는 혼란스럽고 저열한 것, 정신은 순수하고 고상한 것이 된다. 물론 모든 심신이원론자가 신체를 동물적인 것으로 보아 매도한 것은 아니다. 그리고 모든 심신이원론자가 배후세계론자였던 것도 아니다. 그러나 배후세계론자들은 모두 심신이원론자였다.

자연 상태의 순진무구하며 자유로운 인간은 그렇게 보지 않는다. 아이들을 보면 알 수 있다. 아이들은 그래서 "나는 신체이자 정신"이라고 말하는 대신 "나는 신체이자 영혼"이라고 말한다. 여기서 영혼과 정신의 문제가 대두된다. 정신과 영혼에 대한 사전적 규정은 어렵다. 같은 의미로 쓰일 때도 있고 반대 의미로 쓰일 때도 있어 그렇다. 심신이원론자들은 신체에 대한 논의에서 이 둘을 혼용하기도 한다.

원래 영혼Psyche은 생명에 근거한 체험의 총화라는 의미로 쓰였다. 이후 생명 자체를 가리키는 말로 쓰이기도 했다. 생명체는 모두 영혼을 타고난다. 이는 모든 생명체에 영혼이 깃들어 있음을 뜻한다. "나는 신체이자 영혼"이라 말하는 것은 이때다. 신체를 떠나서는 영혼을 생각할 수 없다.[46] 신체가 죽으면 영혼도 죽는다. 영혼이 죽어야 신체가 죽게 되니 먼저 죽는다고 볼 수도 있다. 차라투스트라가 앞의 〈차라투스트라의 머리말〉 3에서, 실족해 죽음을 눈앞에 둔 줄타기 광대를 위로하며 "영혼이 신체보다 빨리 죽을 것"이니 겁먹을 필요가 없다고 한 것도 그 같은 이유에서다. 죽은 뒤에 너를 잡아갈 악마도 지옥도 없으니 걱정할 것이 없다는 이야기였다.

영혼을 넓게 정신의 의미로 받아들여 그 자립성을 주장해온 전통이 서면서 이야기는 달라졌다. 영혼이 신체와 대립관계에 든 것이다. 니체에 따르면 이것은 영혼에 대한 치명적인 오해다. 이에 그는 "비물체적인 영혼과 신체 사이에 있는 것으로 주장되어온 대립은 거의 제거되었다"고 했다.[47] 저들을 대립관계에서 보았던 때가 있었지만 과학적으로 더 계몽된 오늘날 그런 이원론적 시각은 설득력을 잃었다는 이야기다. 그는 나아가 영혼은 영원하다는 주장에 비웃듯이 "누가 아직 영혼의 불멸을 믿는가?" 묻기까지 했다.[48]

넓은 의미의 영혼 불멸에 대한 믿음의 뿌리는 깊다. 철학에서 그 전통은 소크라테스까지 거슬러 올라가는 긴 역사를 갖고 있다. 신체를 영혼을 가두는 감옥으로까지 본 그는 신체로부터 영혼이 해방되는 것을 이상으로 추구했다. 그는 그 길을 신체의 죽음에서 찾았다. 살아생전 떠날 수 없는 것이 신체이기 때문이다. 그가 처형을 마다하지 않은 것도 그 죽음이 영혼의 해방과 함께 신체의 병을 치유해줄 거라고 믿어서였다. 처형을 앞두고 한 제자에게 치유의 신 아스클레피오스에게 닭 한 마리를 대신 바쳐달라고 당부한 것도 그 때문이었다.[49]

예수도 《신약》〈마태오의 복음서〉 5장 29절 이하에서 "오른 눈이 너를 유혹하거든 그 눈을 빼어버려라. 오른손이 너를 유혹하거든 잘라버려라. 눈 하나, 손 하나 없는 것이 온전한 몸으로 지옥에 떨어지는 것보다 낫다"고 했다. 이후 많은 사람이 예수의 분부를 따랐다. 영혼이 내세에서 누릴 영원한 삶에 대한 희망으로 육신을 버린 순교자도 많았고, 고매한 영혼을 지키려고 신체를 가혹하게 다스려온 고행자도 많았다. 여기 신체를 경멸하는 사람도 그런 사람이다.

심신이원론자의 농간에서 벗어나 인식의 절정에 이른 사람들은 "나는 전적으로 신체일 뿐"이라고 말한다. 영혼을 실체로 인정하지 않는 것이다. 신체와 영혼 이야기는 여기서 끝이 아니다. 그것은 자아Ich와 자기Selbst 문제로 이어진다. 오늘날 널리 알려진 구분이지만, 그 구분에서 니체는 단연 선구적이었다. 자아는 이때 정신을 관장하는 의식 활동의 중심을 가리킨다. 그러나 인간의 활동이 전적으로 의식 활동으로만 되어 있는 것은 아니다. 그것은 빙산의 일각이다. 의식을 떠받치고 있을 뿐만 아니라 방향을 잡아 움직이게 하는 것은 따로 있다. 수면 아래에 있는 엄청난 크기의 얼음덩이가 그것이다. 이 얼음덩이가 바로 무의식의 세계, 더 근원적이며 포괄적인 능산적 영역이다. 이 의식과 무의식의 영역 모두를 관장하는 것이 자기다. 인간을 온전한 인간으로 만드는 것은 바로 이 자기다.

수면 위로 드러난 얼음덩이가 그렇듯이 자아가 독자적으로 할 수 있는 일은 제한되어 있다. 수면 위아래의 얼음덩이 전체를 관장하는 것은 자기다. 자아는 이 자기의 명을 따르도록 되어 있다. 생각과 감정도 마찬가지다. 그런 것들은 자신의 목표를 갖고 있지 않으며 목표에 이를 추진력도 없다. 이에 니체는 말한다. "너의 생각과 감정의 배후에는 신체Leib가 있고 그 신체 속에 너의 자기가 있다. 미지의 땅. 무엇을 위해 너는 생각과 감정을 갖고 있는 것이지? 신체 속 너의 자기가 뭔가를 하길 원해서다."[50] 이 자기를 통하지 않고는 아무것도 할 수 없다. 자아니 뭐니 하지만 그것은 자기가 추구하는 목적에 이르는 에움길에 불과하다. 그것도 자아가 자신의 역할과 능력과 한계를 받아들일 때의 이야기다. 어떤 경우라도 영혼은 정신과 함께 작은 이성에 불과하다. 큰 이성은 단연 신체다.[51]

신체가 복권되어야 한다. 그와 함께 감각이 제자리를 찾아야 한다. 신체가 복권되면 감각기관도 함께 복권된다. 앞으로는 감각이 미적 판단의 근거가 되어야 한다. 이를테면 감각, 곧 느끼기에 좋은 것이 아름다운 것이어야 한다. 실제 좋은 것이 우리의 감각에 자신을 드러낼 때, 우리가 느끼는 것이 아름다움이다.[52] 그러니까 눈에 보기에 좋은 것, 맛이 있어 먹기에 좋은 것 따위가 아름다운 것들이다.

여기서 니체는 "이해관계를 떠난 아름다움"이라든가 "아름다움 그 자체"를 운운한 칸트를 비판했다.

작은 이성의 사주로 큰 이성인 신체를 경멸하면서도 저 배후세계 론자들로서도 어쩔 수 없는 것이 그 경멸 속에 도사리는 신체의 위 력에 대한 존경과 시샘이다. 저들이 인정하려 들지 않을 뿐이다. 이 얼마나 가증스러운 일인가. 자아가 자기를 경멸하는 꼴이다. 신체로 서는 역겨운 일이지만 어찌하겠는가. 이미 작은 이성이 대세이지 않 은가? 신체의 즐거움을 추구하면서도 그런 추구를 부끄럽게 생각하 고 있지 않은가? 이쯤 되면 신체도 지치고 끝내 창조 의욕까지 잃게 된다. 신체는 그럴 바에야 차라리 자신에 대한 경멸 속에서 몰락하 려 한다. 큰 이성이 몰락하면 그것으로 작은 이성도 끝이다. 그런데 도 주변에는 온통 신체를 경멸하는 사람들이다. 어떻게 그런 자들과 창조의 길을 동행하겠는가.

학자들은 자아와 자기에 대한 니체의 구분에 주목해왔다. 그것 이 후대 정신분석학에 깊은 영향을 끼쳤다고 보기 때문이다. 구체적 으로 프로이트가 그로덱을 통해 니체 자아 개념의 영향을 받았다고 보는 학자들도 있다.[53]

환희와 열정에 대하여

정신의 보편성과 그로 인해 확립된 진리와 덕의 보편성을 강조해온 사람들은 덕의 객관성과 절대성을 주장해왔다. 이때 보편성이란 때와 장소, 그리고 인식주관에 구애받지 않고 누구에게나 그리고 언제나 통용되는 성질을 가리킨다. 덕이 보편적이라는 것은 인류 공통의 것으로서 영원한 가치가 있음을 뜻한다. 반대로 신체적 삶의 특수성과 개별성을 강조해온 사람들은 그 같은 보편성을 거부하고 그 주관성과 상대성을 강조해왔다. 덕은 때와 장소, 그리고 인식주관에 따라 달라질 수밖에 없다는 것이다. 사람을 해치는 행위도 상황에 따라 악한 것이 되기도 하고 의로운 것이 되기도 한다. 따라서 '지금', '여기', 그리고 '나의' 것이라는 특수하고 개별적인 덕이 있을 뿐이라는 것이다.

자연과 그 속의 생을 역동적인 것으로 받아들인 니체에게는 때와 장소, 그리고 환경에 따른 변화가 있을 뿐이다. 그런 생에 비추어 볼 때 보편 진리라는 것은 정신의 추상작용으로 정형화된 논리적 신

넘에 불과하다. 생성 소멸하는 이 자연과 생의 참모습을 드러내주지 못하니 진리라고 부를 것도 없다. 진리라면 현실을 그대로 드러내 보여주어야 한다. 즉 자연과 생의 특수성을 생성과 소멸 속에서 파악해야 한다. 이에 차라투스트라가 주장하는 것은 진리의 상대성과 주관성, 그와 함께 덕의 상대성과 주관성이다.

차라투스트라에 따르면 특정한 때와 장소에서 주체적 삶을 사는 개개 인간에게는 '나의' 덕이 있을 뿐, '우리의' 덕은 있을 수 없다. 이 나의 덕을 나는 그 누구와도 공유하지 못한다. 공유하는 순간 그것은 나의 덕이기를 그치며, 나 또한 만인의 하나가 되어 익명의 집단 속에 매몰되고 만다. 따라서 개개 인간이 추구하는 덕은 누구나 그리고 언제나 따라야 할 신의 율법이나 인간 규약이 될 수 없다.

나의 덕은 이 땅의 덕이자 신체의 덕으로서 정직할망정 거칠고 투박하다. 특히 다른 사람들과의 관계에서 그렇다. 때에 따라서는 위협적이기까지 하다. 그런 덕의 하나가 생리적 자극으로 촉발되어 신체를 통해 표출되는 감정인 열정이다. 니체는 열정을 발현의 길을 모색하는 신체기관의 상태이자 그것이 뇌에 미치는 반응으로 받아들였다.[54] 열정은 주관적인 감정으로서 그 표출 방법과 강도가 때와 환경에 따라 다르기 마련이다. 매우 격하여 한번 휩쓸리면 분별력을 잃을 수도 있다. 절대 불변의 가치를 추구해온 배후세계론자들로서는 경계해야만 할 치명적인 감정이다. 그리하여 저들은 열정을 도덕적으로 열등한 것, 심지어는 악의 근원으로까지 간주해왔다. 일찍이 스토아 철학자들도 열정을 반이성적인 것으로 보아 경계했다. 저들은 열정을 온갖 마음의 동요와 흥분으로 사람들의 눈을 혼탁하게 하여 올바른 판단을 내리지 못하도록 하는 도덕적인 병으로까지 보았다. 저들이 이상으로 생각했던 것은 그 어떤 감정에도 휘둘리지 않는 마음 상태, 곧 평정이었다.

열정 없이 어떻게 삶을 살 것인가? 이것은 희로애락과 같은 감정 없이 어떻게 삶을 살 것인가 하는 물음과 같다. 감정은 생명현상의 하나로서 생명체에게는 근원적이며 자연스러운 것이다. 생명이 없는 박제는 열정도 없다. 우리는 열정과 같은 감정을 통해 생명의 참모습에 이를 수 있다. 참이 곧 진리라면, 열정이야말로 진리에 이르는 통로다. 그리고 그런 진리를 추구하는 것이 바로 덕이다.

이제 우리는 자연으로 돌아가 열정을 이 땅의 덕으로 삼아야 한다. 그런 열정을 최고 목표로 삼아야 한다. 그러면 열정은 덕이 되어 기쁨을 가져올 것이다. 그와 함께 지금까지 악마로 간주해온 것, 자연적인 것들은 모두 천사가 되며, 욕망과 욕구와 같은 내면의 사나운 들개들 또한 모두 새가 되고 사랑스러운 가희가 될 것이다. 그리고 비애의 젖은 감미로운 젖이 되어 마시는 사람에게 말할 수 없는 희열을 주고, 그와 함께 신체로 사는 이 세계는 생명의 화원이 될 것이다.

앞으로 사랑이든 미움이든 열정을 덕으로 삼는 사람은 저 진부한 도덕을 뛰어넘어 선과 악의 저편에 서게 되리라. 그런 사람에게는 그 어떤 악도 더 이상 자라나지 않을 것이다. 도덕적 의미에서 악 자체가 존재하지 않게 되기 때문이다. 여러 덕 사이의 갈등에서 자라나는 악이 아니라면 말이다. 그러니 하나의 덕만을 갖고 있을 일이다. 그래야 그 하나에 집중할 수 있는 데다 그만큼 가볍게 목표를 향해 상승할 수 있기 때문이다. 물론 여러 개의 덕을 겸비한다는 것은 돋보이는 일이지만 가혹한 운명이기도 하다. 서로를 향한 질투와 불신, 그리고 중상으로 조용할 날이 없을 테고, 질투의 불길에 휩싸인다면 덕이라도 별도리 없이 파멸할 것이기 때문이다. 이미 여러 덕을 갖고 있다고 하자. 생각해보면 나쁠 것도 없다. 덕들은 최고의 자리에 오르려고 격한 싸움을 마다하지 않을 테고 끝내 그로 인해 모두 파멸할 것이기 때문이다. 파멸하지 않고 어떻게 거듭나겠는가? 죽지 않고 어떻게 부활하겠는가.

창백한 범죄자에 대하여

위버멘쉬에 이르는 길을 가려면 누구든 온전한 인간, 곧 '자기'가 되어야 한다. 그러려면 먼저 의식 활동의 거점에 불과한 '자아'부터 극복해야 한다. 여기 자신의 자아를 극복하지 못한 자가 있다. 그는 지금 자신에게 주어진 소임, 자기가 되어야 한다는 소임을 다하지 못했다는 자책감과, 그래서 인간 진화에 걸림돌이 되고 있다는 죄책감으로 고뇌한다. 심지어 자신을 역사의 흐름을 거역한 범죄자로까지 받아들이고 있다. 그의 얼굴이 창백한 것은 그 때문이다. 이제 그는 스스로 인간 진화의 대열에서 물러나고자 한다. 죽어서 다른 사람에게 길이라도 터주려는 것이다. 그렇게 죽어주는 것이 그에게도 구원의 길이 될 것이며, 그나마 인류 미래에 기여하는 길이 될 것이다. 자신을 범죄자로 심판할 만큼 깨어 있으니 그것만으로도 가상하며 고매한 일이라 하겠다.

이제 판관이 나서서 그 고매한 뜻을 받들어 그를 심판해 죽여주어야 하며, 제관이 나서서 그 주검을 인류의 미래라는 제단에 제물로 바쳐야 한다. 이때 판관과 제관이 갖추어야 할 것이 있다. 저 창백한 범죄자와 고뇌를 나누려는 뜻과 인류 진보라는 대의를 위해 주어진 몫을 다하겠다는 자세가 바로 그것이다. 그를 죽여 제물로 바치는 행위가 실패한 자에 대한 응징이나 저주가 되어서는 안 된다. 복수심의 발로여서도 안 된다. 서로의 역할을 인정해 이해하고 화해를 해야겠지만 그것만으로는 부족하다. 판관과 제관은 저 창백한 범죄자를 죽여 제물로 바치면서 느끼게 될 처연한 심사를 위버멘쉬가 되도록 분발케 하는 계기로 삼아야 한다. 그렇게 하는 것이 자신들이, 곧 판관과 제관이 존재하는 이유를 정당화하는 것이다.

판관과 제관이 명심할 것이 있다. 저들이라고 해서 특별한 인간은 아니라는 점이다. 생각을 들여다보면 알 수 있다. 저 창백한 범죄자와 무슨 차이가 있는가. 주어진 소임이 다를 뿐이다. 그러니 제 역할을 다 하면 된다. 명심할 것은 또 있다. 저 창백한 범죄자는 망상에 사로잡힌 어리석은 자요, 진화의 적이자 자아에 갇혀 신음하는 병자일 뿐, 죄인이나 비열한 인간이 아니며 악한 인간 또한 아니라는 사실이다.

그러면 무엇이 저 범죄자를 자책감과 죄책감에 빠져 핏기 가신 얼굴을 하도록 만들었는가? 그것은 망상이다. 여기서는 어떤 행위를 할 때 자신을 행위자, 곧 행위의 주체로 간주해 그 책임이 자신에게 돌아온다고 믿는 망상이다. 우리는 '생각'을 하고 '행위'를 하며 행위 후에 그 일을 돌이켜본다. 곧 '표상'을 한다. 그리고 그 사이에 인과관계가 있다고 믿는다. 그러나 생각과 행위와 표상 사이에는 인과의 필연성이 없다. 그 사이에는 인과의 바퀴가 돌지 않는다. 생각을 한다고 그것을 다 행위로 옮기는 것도 아니며, 그 표상이 필연적으로 행위에 묶여 있는 것도 아니다. 생각과 행위와 표상은 별개의 것이다. 따라서 행위는 필연적이 아니라는 의미에서 우연적이며 예외적이다. 그러니까 본질적인 것이 아니다. 문제는 이 우연적이며 예외적인 것이 본질이 되어 행위자를 규정한다는 점이다. 한 번의 사기로 사기꾼이 되고 한 번의 거짓말로 거짓말쟁이가 되는 것이다. 행위가 예외적일수록 그것이 본질이 되어 행위자를 규정하고 속박하는 경향이 있다.

니체에 따르면 변화 속에는 이것은 원인, 저것은 결과라고 나누어 볼 수 있는 계기들이 따로 존재하지 않는다. 지속이 있을 뿐이다. 행위의 경우, 행위가 있을 뿐이다. 그런데도 우리가 인과 관념에 익숙한 것은 오랜 습관과 주어와 술어로 되어 있는 언어 사용 때문이다. 여기서 그는 인과법칙을 인정하지 않은 흄과 견해를 같이한다.

자신을 어떤 행위의 행위자로 간주하는 망상에 갇힌 사람은 스스로 그은 금으로 자신을 가두는 것과 같다. 17세기 독일 예수회의 수도자 키르허를 통해 널리 알려진 슈반더의 실험이 있다. 둥근 선을 그어 그 안에 닭을 가두어보는 실험이었다. 그랬더니 닭은 자신이 선에 갇혀 있다는 망상에 사로잡혀 한동안 죽은 듯 꼼짝하지 않았다. 그러다가 얼마 후 손짓을 하자 닭은 그때서야 부스스 깨어나 그 자리를 떴다. 일종의 최면 효과로, 도덕의 세계에 흔히 있는 일이다.[55] 이처럼 행위 이후에 스스로를 가두는 망상, 곧 행위 이후 행위에 대한 표상에서 갖는 망상이 행위 이후의 망상이다.

망상에는 다른 유형도 있다. 바로 행위 이전의 동기에 대한 그릇된 해석에서 생겨나는, 행위 이전의 망상이다. 살인을 예로 들어보자. 살인자 내면의 '영혼'이 불태우는 것은 피와 비수의 행복이다. 큰 이성인 신체는 이를 잘 알고 있다. 그러나 작은 이성인 정신은 피와 비수의 행복을 이해하지 못한다. 이해할 능력이 없다. 그런데도 작은 이성은 어떻게 해서라도 그 행복을 이해해야 한다. 그러지 않고는 그 행위를 설명할 길이 없기 때문이다. 그래서 살인자는 자신의 행위를 설명할 동기를 다른 데서 찾는다. 그런 것에 강탈이 있고 복수가 있다. 강탈과 복수를 끌어들이면 살인 행위는 더 이해할 만한 것이 된다. 이에 작은 이성은 살인자를 설득해 그가 대는 동기들을 받아들이도록 다그친다. 그 다그침에 살인자는 살인에 강탈과 복수를 보탠다. 자신의 망상 때문에 얼굴을 붉히고 싶지 않아서다.

생각해보면 이 살인자는 정신의 사주를 받아 그것을 앞세워 이 세계에 손을 뻗치는 질병 더미, 그러니까 병적 망상이자, 온갖 갈등과 불화 속에서 얼키설키 꼬인 채 먹이를 찾아 나선 뱀의 무리에 불과하다. 오늘날 그와 같은 질병에 노출된 자들을 사악한 존재로 몰아붙이는 도덕이 덮쳐오고 있다. 질병이 무슨 악이라고. 그러나 악과 선을 판별하는 척도가 오늘날과 달랐던 시대가 있었다. 그때는 신을 믿지 못하고 그 존재를 의심하는 것과 이기적인, 즉 자기 지향적인 의지 정도는 되어야 악으로 여겼다. 병든 자는 이단이나 마녀로 몰려 고뇌했을 뿐이다. 이런 말을 하면 선하다는 자들은 발끈할 것이다.

선하다는 자들은 실로 많은 점에서 역겹다. 저 선한 사람들이 여기 이 창백한 범죄자처럼 자신을 범죄자로 심판이라도 한다면, 자신을 파멸로 몰 망상이라도 지닌다면 얼마나 좋을까. 망상을 진리, 성실, 정의로 받아들여 파멸을 자초한다면 얼마나 좋을까. 그러는 대신 파멸하지 않고 오래오래 살아남으려고 몸부림을 치고들 있으니 어찌하겠는가. 여기서 차라투스트라는 말한다. 지팡이는 되어줄 수 없으나 잡고 몸을 지탱할 난간만은 되어줄 수 있으니 잡을 능력이 있는 사람은 그를 잡아도 좋다고.

읽기와 쓰기에 대하여

판관이 나서고 제관이 나서야 할 만큼 엄중한 시대를 맞은 오늘날 시대를 비웃듯이 인간을 끌어내려 천민화하려는 세력이 곳곳에서 날뛰고 있다. 그 선봉에 있는 것이 문화의 대중화를 선도하는 자들, 누구보다도 글쟁이들이다. 어디 글쟁이들뿐인가? 세상에는 저 글쟁이들이 쓴 하찮은 글들을 읽어 받아줌으로써 스스로 천민의 길을 가는 천박한 독자도 많다. 오늘날 좀처럼 찾아볼 수 없는 것이 글에 대한 경외심이다. 모두가 읽고 쓸 수 있게 되면서 일어난 일이다.

니체는 그 같은 세태를 개탄했다. 그래서 차라투스트라를 내세워 글쓰기에 대해 따가운 충고를 했다. 글을 쓰려면 피로, 그것도 잠언 풍으로 짧고 간결하게 쓰라는 것이다. 넋으로 쓰되 중언부언해가며 길게 늘여 쓰지 말라는 충고다.[56] 피로 쓴 글은 감미롭지도 평온하지도 않다. 거칠고 격하며 간절하기까지 하다. 사색의 동기를 제공해 인간을 일으켜 세우는 것은 바로 그런 글이다.

절박함에서 글을 써야 한다. 글을 써야만 하는 절박함이 그 수단으로써 펜과 잉크(먹물)와 책상을 요구해야지, 반대로 펜과 잉크와 책상이 글을 쓰도록 해서는 안 된다. 펜과 잉크와 책상이 있고 재주와 여유가 있다는 이유만으로 덤벼들어 글을 쓰려 해서는 안 된다는 이야기다. 앞의 〈작품〉 12에서 했던 이야기다. 다른 말로, 쓰기 위한 쓰기가 되어서는 안 된다는 것이다. 이는 함부로 글을 써대는 오늘날의 천박한 글쟁이들을 향한 질책이자 충고다. 니체는 같은 시기의 유고에서 오늘날 '독자'를 아는 사람은 더 이상 독자를 염두에 두고 글을 쓰는 대신 자기 자신을 위해 글을 쓸 거라고 했다.[57]

산줄기에서 가장 짧은 길은 봉우리와 봉우리를 잇는 길이다. 글에서는 잠언이 그 같은 봉우리다. 진리는 중언부언하지 않는다. 잠언은 그 경지가 드높고 힘차다. 그것을 제대로 들으려면 먼저 그 높이까지 자라야 한다. 그만큼 성숙해야 한다. 산봉우리에 오르면 대기는 엷고 깨끗하다. 그런 대기와 신변의 위험과 유쾌한 악의로 가득 찬 넋은 잘 어울린다. 차라투스트라는 지금 산봉우리에 올라와 있다. 그는 유쾌한 악의에서 요마를 만들어낸다. 신과 같이 실체가 없는 존재, 곧 유령을 남김없이 쫓아내버릴 용기를 갖고 있기 때문이다. 용기는 웃고 싶은 것이다. 높이 오르는 자는 위를 올려다본다. 반대로 이미 높이 올라와 있는 자는 아래를 내려다본다.

웃음을 잃지 않은 채 높이 오르기는 쉽지 않다. 진정 높이 오르려면 세상의 모든 비극과 비극의 엄숙성까지 웃어넘길 줄 알아야 한다. 이것이 오르는 자의 지혜다. 지혜는 우리가 그처럼 용기 있고 의연하며 가차 없기를 바란다. 지혜는 여인이고 전사만을 사랑하기 때문이다.

저 아래에서는 삶이 견디기 힘들다고 야단들이다. 삶을 짓누르는 짐들을 너무 많이 지고 있으니 그럴 수밖에 없다. 아침나절에 가졌던 긍지는 다 어디 갔기에 뒤늦게 체념들인가? 우리 모두는 짐을 꽤나 질 수 있는 나귀가 아닌가. 우리 가운데 그나마 행복이 무엇인지를 아는 자는 나비와 비눗방울같이 아무 짐도 지지 않고 자유롭게 날아다니는 경쾌한 자들이다. 그처럼 경쾌한 영혼들이 춤추듯 날아다니는 모습은 보기에도 좋다. 춤[58]은 신성한 것이다. 신들도 마찬가지여서 믿어 사랑할 만한 신은 춤출 줄 아는 신뿐이다. 그리스도교 신은 너무 근엄하다. 거기에다 몸까지 무거워 춤을 추지 못한다.

올림포스 신들은 춤을 출 줄 안다. 올림포스 신들뿐만이 아니다. 춤을 출 줄 아는 신에는 비슈누와 함께 힌두교에서 중요한 신인 시바[59]도 있다. 선과 악을 넘어서 있는 시바는 주기적으로 세계를 재창조하는 신으로서, 춤과 음악을 즐기며 생식을 관장한다. 선과 악을 넘어선다는 점에서는 아후라 마즈다와 같고,[60] 춤과 음악을 즐기며 생식을 관장한다는 점과 세계의 창조와 파괴를 통한 주기적 창조라는 점에서는 디오니소스와 같다. 니체는 불교를 포함해 고대 인도의 사상에 정통하지는 못했지만, 일반 지식인이 가진 것 이상의 지식은 갖고 있었던 것으로 보인다. 그가 읽은 문헌에 비추어볼 때 그렇다. 그는 시바도 알고 있었을 것이다. 그런데도 시바를 논하지 않은 것은 그의 관심이 주로 유럽 철학과 그리스도교적 전통에 있었거나 굳이 시바를 끌어들여 디오니소스 대 그리스도교 신이라는 단순하고 명쾌한 구도를 깨지 않으려 했기 때문으로 보인다.

아무튼 차라투스트라가 여기서 문제 삼는 것은 상승하려는 자를 아래로 끌어내리는 무겁디무거운 사상과 이념이다. 그런 것에 배후세계에 대한 신앙과 같은 형이상학적 꿈이 있고, 선과 악 따위의 도덕적 강박이 있다. 낙타가 지고 힘겨워하는 것들로, 상승하려는 자나 생명에게는 적이 아닐 수 없다. 차라투스트라는 그런 것들을 '중력의 정령'이라 불렀다. 악마라고도 불렀다. 여기서 처음으로 선보이는 중력의 정령은 3부에서 본격적으로 등장한다.

중력의 정령은 어둡고 심각하며 무엇보다도 무겁다. 거기에다 당당하기까지 하다. 이 악마를 어떻게 할 것인가? 생의 고양과 비상을 원하여 높이 오르려면 그것부터 없애야 한다. 그렇다고 사투를 벌일 것까지는 없다. 사투를 벌인다는 것은 상대 존재가 대등하다고 인정해주는 것이기 때문이다. 그 정도의 악마라면 유쾌한 악의에서 나오는 웃음 하나면 된다.

차라투스트라는 중력의 정령을 일찍이 이겨냈다. 경쾌한 몸이 된 그는 이후 걷는 법에서 시작해 달리는 법, 나는 법을 배웠다. 그는 지금 자신을 내려다볼 높은 경지에 올라와 있다. 그런 그의 내면에 어떤 신이 있어 지금 경쾌하게 춤을 추고 있다. 신 디오니소스다. 동시에 디오니소스는 포도주의 신으로 풍요와 도취를, 그리고 해방을 상징한다. 반복되는 파괴와 생성을 통해 영원한 회귀를 대변하기도 한다. 니체가 즐겨 그 죽음을 선언한 그리스도교 신에 맞세우고[61] 스스로 그 사도임을[62] 자처하기까지 한 신이다.

산허리에 있는 나무에 대하여

어느 날 저녁, 차라투스트라는 '얼룩소'를 둘러싼 산을 가로질러 가고 있었다. 얼마쯤 가서였다. 나무에 기대앉아 피곤한 눈으로 골짜기를 내려다보는 청년 하나가 눈에 들어왔다. 정상을 앞에 두고 힘에 부쳐 주저앉고 만 청년이었다. 가까이 가보니 언젠가 정상에 이미 올라와 있는 자에 대한 시샘으로 차라투스트라를 피해 달아났던 청년이었다. 물론 이때의 정상은 인식의 정상을 가리킨다.

차라투스트라는 청년이 기대앉은 나무를 잡고 그에게 격려 삼아 말해주었다. 사람의 힘으로는 나무를 흔들어 괴롭히거나 원하는 방향으로 구부릴 수 없지만 눈에 보이지 않는 바람은 능히 그런 일을 해낼 수 있다는 이야기였다. 마찬가지로 인간 또한 눈에 보이지 않는 손길로 더없이 모질게 구부러지고 시달림을 받는다는 것이었다. 《신약》 〈요한의 복음서〉 3장 8절에 바람은 원하는 방향으로 분다고 되어 있다.

차라투스트라는 이야기를 이어갔다. 나무가 위로 쑥쑥 성장하려면 그만큼 땅속 깊이 뿌리를 내려야 하는 것처럼 인간 또한 인식의 정상을 향해 오르려면 그만큼 어두운 땅속 깊은 곳에 뿌리를 내려야 한다는 것이다. 생명의 어두운 근원에 뿌리를 내려야 하며, 견고한 뿌리 없이는 그 어떤 나무도 자신을 지탱하며 성장할 수 없다는 이야기였다.

이때 어두운 땅속은 신체를 경멸하는 자들이 만 악의 근원으로 경계해온 본능과 충동 따위의 세계를 가리킨다. 그러나 본능과 충동 따위야말로 생명의 원천이자 인식의 근원이 아닌가. 그런 세계 없이 어디서 우리는 생명의 물을 퍼 올릴 것인가? 무엇을 체험하여 알 수 있으며, 어떻게 우리 자신을 지탱할 수 있을까? 그런 세계에 깊게 뿌리를 내리지 않으면 우리는 뿌리가 잘려나간 나무 꼴이 되어 말라죽고 말 것이다. 따라서 정상에 오르려면 먼저 지하의 뿌리부터 돌보아야 한다. 다른 말로 하면, 방향을 바꾸어 먼저 신체 내면으로 내려가 그 세계를 삶과 앎의 기반으로 삼아야 한다. 이 지하세계가 바로 눈에 보이지 않는 바람, 곧 손길이다.

청년이 간과한 것이 바로 그 손길이었다. 본능과 충동 같은 뿌리를 돌보는 대신 그것들을 떨쳐버려야 할 것들로 내치고, 정신과 이성 따위를 길잡이로 하여 위로 자라려고만 해온 것이다. 그 결과, 그는 뿌리를 잃어 생명력이 모두 소진되면서 끝내 탈진하고 말았던 것이다. 청년은 차라투스트라의 격려 어린 충고를 수긍했다. 그러면서도 힘겹게 오르다가 주저앉고 만 자신을 두고 괴로워하며 넋두리하듯 내뱉었다. 산을 오르면 그는 서두르게 되고 그때마다 실족해 좌절하게 되며, 무거운 몸으로 가쁘게 숨을 몰아쉬면서 힘겹게 오르는 자신의 모습을 경멸하게 된다는 넋두리였다.

청년의 이야기를 들은 차라투스트라는 또다시 산허리에 외롭게 서 있는 나무를 들어 청년을 위로했다. 뿌리 덕분이기는 하지만 여기 산허리 높은 곳에 외롭게 서 있는 이 나무는 이렇게 높이 자라 마침내 번개를 맞기에 족할 만큼 되지 않았는가. 하늘 높이 자란 나무가 지금 기다리는 것은 번개다. 차라투스트라, 그리고 경천동지할 그의 '지혜'가 바로 번개다. 차라투스트라의 말에 청년은 비통해하며 말했다. 산에 오르면서 그는 번개에 맞아 파멸하기를, 그렇게 새롭게 태어나기를 소망했지만 정작 기다리던 번개가 눈앞에 나타나자 자신의 신세가 가련해 견딜 수 없었다는 것이다. 청년의 말에 차라투스트라는 마음이 아팠다.

차라투스트라는 청년에게 아직 자유롭지 못해 그런 거라고 일러주었다. 그렇다. 청년은 지금까지 세상의 지혜 등 온갖 짐을 지고 힘겹게 살아왔다. 세상사에 갇혀 있었던 것이다. 그러나 그는 자유를 꿈꾸어왔다. 모든 것을 털고 확 트인 인식의 산정에 오르기를 소망해온 것이다. 지금 그의 영혼은 별을 갈망하고, 내면의 들개들 또한 자유를 갈망한다. 이럴 때는 '분별력 있는 정신'이 나서서 그와 내면의 짐승들이 갇힌 감옥 문을 활짝 열어젖혀야 한다. 마침 때가 되어 정신이 감옥 문을 열어젖히려 하자 낌새를 알아챈 내면의 들개들이 벌써 기쁨에 넘쳐 아우성친다. 정신에 의한 정신의 해방은 그렇게 이루어진다. 그렇게 해방을 성취한 자는 이제 해산을 한 산모처럼 자신을 정화해야 한다. 감옥의 잔재를 모두 쓸어버려야 한다.

비록 망가진 몸으로 괴로워하지만, 청년이 걸어온 길만은 그래도 고결했다. 그 길을 계속 가되, 그런 자를 실족하게 하는 자들이 있다는 사실 또한 잊지 말아야 한다. 저 선하다는 자들 말이다. 저들은 새로운 덕을 창조하려는 사람들을 증오한다. 덕은 이미 확립되어 더이상 재론할 필요가 없다는 것이다. 저들의 눈길은 싸늘하다. 적대감까지 서려 있다. 그 같은 눈길 속에서 자신의 고결함을 지키는 것은 쉬운 일이 아니다.

고결한 자들을 실족하게 하는 것은 또 있다. 지친 끝에 끝내 뻔뻔스럽게 되는 것, 세계를 바로 보지 못하고 모든 일에 냉소적으로 되는 것, 그리고 마음에 들지 않는다고 해서 마구 파괴하는 절멸자가 되는 것 따위가 그것이다. 한때 고결했던, 그러나 지금은 모든 희망을 잃은 자들이 있다. 자신과의 실랑이에 지친 나머지 상승에 대한 희망을 잃은 채 덧없는 환락(관능적 쾌락)[63]에 빠진 자, 그리하여 지금까지 추구해온 이상을 비방하는 자들을 두고 하는 이야기다. 그런 자들은 날개가 부러진 정신으로 여기저기 기어 다니면서 주변과 자신의 몸을 더럽힌다. 영웅이 되려다 탕아가 되고 만 것이다. 여기서 차라투스트라는 청년에게 세상과 타협하지 말고 어렵겠지만 정상을 향한 숭고한 꿈을 잃지 말라고 다시 한번 당부하면서 말을 마쳤다.

죽음의 설교자들에 대하여

살아 움직이는 것들은 약동하는 생명의 숨결에서 희열을 느낀다. 그런 생명체에게는 생명이 전부다. 따라서 생명체에게 생명을 긍정하고 예찬하는 것은 자기 자신의 존재를 긍정하고 예찬하는 것이 된다. 이는 지금까지 차라투스트라가 가르쳐온 것이다. 생명을 설교해온 것인데, 그런 설교를 조롱이라도 하듯 대놓고 죽음을 설교해온 자들이 있다. 모든 것이 고통스럽고 헛되어 무의미하다는 비관에서 죽음을 동경해온 염세주의자와 허무주의자가 그런 자들이다. 영원한 생명에 대한 망상에서 비롯되었지만 죽음을 새로운 삶의 관문으로 가르쳐온 배후세계론자들도 죽음의 설교자라는 점에서는 하나다.

　사람들은 죽음을 설교하는 자들을 '노란 사람' 또는 '검은 사람'이라 부른다. 황달에 걸리기라도 한 듯 핏기를 잃고 노랗게 뜬 얼굴로 피곤해하며 생은 고뇌일 뿐이라고 읊조리거나 죽음의 사자처럼 검은 모습으로 사람들에게 달려들어 죽음을 사주하기 때문이다. 그런 사람들에게 최선은 태어나지 않는 것이고, 차선은 빨리 죽는 것이다. 실레노스의 넋두리 그대로다.

죽음을 설교하는 자들뿐이 아니다. 세상에는 죽음의 설교를 들어 마땅한 자들도 많다. 그것도 아주 많다. 차라투스트라는 그런 사람들을 '존재할 가치가 없는 자' 또는 '많은—너무나도—많은 자'라고 불렀다. 그 가운데는 눈먼 환락에 빠져 자신의 몸을 갈기갈기 찢는 사람들도 있고, 영혼이 결핵에 걸려 기력을 잃고 절망에 빠진 사람들도 있다. 그런 자들이 병든 자와 백발노인, 그리고 송장과 마주치기라도 하면 "생은 반박되었다"고 주저하지 않고 말한다. 그러나 반박된 것은 생의 한 면, 어두운 면밖에 보지 못하는 저들의 편협한 안목이다. 병든 자, 백발노인, 그리고 송장은 붓다의 〈사문유관四門遊觀〉에 나오는 이야기다.

생을 비관하면서도 저들은 지푸라기 같은 생을 버리지 못한다. 세상에 대한 미련 때문이다. 자신의 그런 모습을 한심하게 생각하면서도 할 말은 있어, '생은 고뇌'일 뿐이라고 내뱉는다. 저들의 말대로 생이 고뇌일 뿐이라면 이쯤에서 스스로 생을 마감하면 된다. 이리저리 말을 둘러댈 필요는 없다.

죽음을 설교하면서 관능적 쾌락을 죄로 여기는 사람들이 있다. 그런 사람들은 죄의 열매인 아이는 낳지 말자고 다짐한다. 죄와 함께 고뇌를 대물림하지 말자는 다짐이다. 그런가 하면 이기적 욕심으로 상처받은 마음을 달래고 자신을 옥죄는 생의 속박을 느슨하게 하려고 이웃 간 연대를 강조하는 사람들도 있다. 쇼펜하우어도 연민을 강조하는 사람 가운데 하나다. 혼자서는 자신을 감당하지 못하는 사람들이다. 진정 연민의 정을 베풀려면 차라리 죽음을 가르쳐야 한다. 저들 말대로 죽음에 고뇌로부터 자신을 해방할 수 있는 궁극적인 길이 있다면 말이다.

　오늘날 죽음을 설교하는 자들의 설교가 곳곳에 울려 퍼지고 있다. 세상에는 그런 설교를 들어야 할 자들도 많다. 뭘 그리 우물쭈물하는가? 무슨 미련이 있어 죽지 못하는가? 이 저주의 땅을 떠나면 될 일이 아닌가? 떠날 사람은 떠나야 한다. 그것이 이 땅에서 죽음의 세력을 몰아내는 길이다.

전쟁과 군대에 대하여

생명은 싸움을 통해 자신을 전개해간다. 이때 싸움을 일으키는 것이 생명을 포함한 모든 것의 본질인 '힘에의 의지', 더 많은 힘을 확보해 자신을 주장하려는 의지다. 그런 의지들은 서로 경쟁하기 마련이고 그런 경쟁 속에서 생사를 건 싸움을 벌인다. 이렇듯 싸움은 생성·소멸하는 자연이 존재하는 방식이다.[64] 생명현상의 하나로서 생명체가 존재하는 방식이기도 하다. 그것은 자연적이어서 도덕적 판단이 개입할 여지가 없다.

돌이켜보면 인류 역사에서 위대한 일을 해온 것은 평화가 아니라 전쟁이었다. 이웃에 대한 사랑이 아니라 이웃과 벌이는 투쟁이었다. 싸움을 통해 선택Selektion이 일어나고, 선택으로 인간의 고급화가 이루어지기 때문이다. 인류는 그렇게 진보해왔다. 물론 평화가 좋을 때도 있다. 그러나 그것도 새로운 전쟁을 위한 방편이 될 때다.

전쟁을 할 때 사람들은 명분을 찾는다. 구실을 찾는 것인데, 명분이 있을 때 전쟁은 정당하며 신성하다는 믿음에서다. 그러나 그것은 틀린 믿음이다. 오히려 전쟁이 명분을 만든다. 전쟁이 자신을 정당한 것으로 신성시하기 때문이다. 따라서 전쟁에서 명분을 찾아서는 안 된다. 전쟁은 수단이 아니다. 그 자체가 목적이다.[65]

전쟁(싸움)을 수단으로 삼는 사람들이 있다. 그것도 살아남기 위한 방편으로 보는 사람들이 있다. 그런 사람들에게 전쟁은 살아남기 위한 투쟁의 하나다. 그 같은 투쟁에서 목적은 살아남는 것이고 투쟁은 그 수단에 불과하다. 다윈의 진화론에 나오는 생존 투쟁이 그 것이다. 고작 생존을 목표로 분투하다니, 얼마나 한심한 일인가. 힘은 생존 이상을 추구한다.

전쟁에는 전사가 있고 군졸이 있다. 전사는 전쟁을 수행하는 주체다. 전사는 적에 대한 증오와 시샘을 불태운다. 인식의 성자라면 그런 감정을 뛰어넘어 초탈한 경지에 있겠지만, 아직 전사는 그렇지 못하다. 그렇다고 해서 부끄러워할 것은 없다. 누구든 인식의 전사가 되어 언젠가 그 경지에 오를 수 있기 때문이다. 전사와 달리 군졸은 전쟁에 동원되는 졸개들이다. 전쟁의 동기가 없는 익명의 무리로서 모든 일에 타율적이다. 저들은 모두 같은 모습이다. 유니폼[66]을 입고 있어 더 그렇게 보이지만 행동에서도 같다. 규격화되어 있어 그렇다. 그래도 내면의 마음만은 유니폼하지 않았으면 좋겠다.

되려면 격에 맞는 적을 상대하는 전사가 되어야 한다. 막강하고 경외할 만한 최강의 적을 상대해야 한다. 그런 적을 상대한다는 것만으로도 승패와 상관없이 전사에게는 명예가 되며, 거기에 적과 전사 자신이 동반 상승할 수 있는 길이 있기 때문이다. 적이 막강하면 막강할수록 돌아오는 영예도 크다. 이때 적의 성공은 나의 성공이 되며, 적의 실패는 곧 나의 실패가 된다. 따라서 적을 자랑스럽게 생각해야 한다. 경멸스러운 자를 대적하는 것은 경멸스러운 일이다. 증오할 만한 적과 겨루어야 한다. 그런 전사의 마음은 무정할망정 순수하다. 추악하게 보일지라도 문제가 될 것은 없다. 고매함이라는 외투가 있지 않은가.

전사에게는 군령이 있다. 군령에 복종하는 것이 전사에게는 덕목이다. 이때 군령은 전사에게 목표를 제시하고 전의를 불태우도록 한다. 이는 그러나 낙타에게 내려지는 것과 같은 외부의 타율적 강제가 아니다. 전사라면 나아가 자기 자신에게도 명령을 내릴 줄 알아야 한다. 그 명령에 복종하는 순간 명령과 복종은 하나가 된다. 사자라면 그런 명령을 안다. 그런 전사에게 "나는 해야 한다"는 명은 오욕이 아니라 최고의 덕목이다. 낙타와 같은 군졸은 그 같은 군령을 이해하지 못한다. 그래서 노예처럼 소극적으로 따르거나 반항할 뿐이다. 전사가 되어 생을 사랑하되 그 사랑을 최고의 희망을 노래하는 사랑으로 받아들여야 한다. 그와 함께 사람은 극복해가야 할 존재라는 사실을 최고 이념으로 삼아야 한다.

새로운 우상에 대하여

지금까지 많은 우상이 존재해왔다. 그리고 군졸과 다름없는 무리들이 그 많은 우상을 숭배해왔다. 마침 신의 죽음으로 지금까지 인간을 속박해온 마지막 우상이 사라졌다. 그러나 해방의 기쁨도 잠시, 어느새 새로운 우상이 등장해 인간 위에 군림하고 있지 않은가! 이 새로운 우상이 홉스가 '리바이어던'이라 부른 국가다. 오늘날 이 괴물이 마침 닥쳐온 국가주의의 광풍 속에서 무소불위의 힘을 행사하고 있다.

국가는 지난날 우상들이 그리했듯이 모든 것을 자신의 지배 아래 두어 통제하고 관리한다. 효과적인 통제와 관리를 위해 먼저 모든 것을 획일적 이념과 목표 아래 묶어둔다. 목표는 전체, 곧 국가다. 국가는 자신의 존재를 주장함으로써 이 전체의 질서를 흔드는 개인들을 철저하게 배척한다. 그러나 그런 개인들은 상대적으로 많지 않다. 그래서 국가에 큰 위협이 되지는 못한다. 문제는 민족Volk이다. 폴크Volk라면 차라투스트라가 군중 또는 민중으로 불러 매도한 익명의 인간 무리가 아닌가? 그렇다. 차라투스트라는 대부분 폴크를 그런 의미로 썼다. 그러나 폴크는 민족이라는 혈연집단을 의미하기도 한다. 여기서는 그렇다.

민족은 일정 지역에 뿌리를 두고 긴 역사에 걸쳐 삶의 현실을 극복하며 성장해온 혈연공동체이자 언어와 양속, 그리고 가치를 공유해온 문화집단이다. 삶의 현실이 다른 만큼 저마다 민족은 특수한 기질과 환경 속에서 창조적 전통을 이어가며 자신만의 색깔을 분명히 해왔다. 고대 페르시아 민족과 로마 민족, 이후 바이킹 민족 등에서 그 예를 볼 수 있다. 민족 고유의 이 같은 창조적 전통이 창조적 개인에게 요람이 되어왔다. 물론 모든 민족 구성원이 직접 창조의 대열에 나서는 것은 아니다. 그 요람이 되어주는 것만으로도 충분하다. 즉 얼마간의 위대한 사람을 출현시키는 것만으로도 민족은 제역할을 다한다. 그런 의미에서 민족은 많지 않은 위대한 사람들을 출현시키려고 자연이 선택한 우회로가 된다.[67]

국가는 이와 반대로 개인을 포함하는 민족을 주어진 방향과 획일적 원칙에 따라 지배하는 주권조직이자 통치조직이다. 한 민족이 여러 국가를 이룰 때도 있지만, 더 흔한 것은 여러 민족을 하나로 묶어 지배하는 국가다. 그러나 어떤 경우든 민족과 국가의 배타적 관계는 달라지지 않는다. 전체를 지향하면서 국가는 천재적 개인의 요람인 민족 고유의 전통과 문화를 말살한다. 국가에 민족은 없다.

국가는 그런 의미에서 민족의 무덤이자 창조적 개인의 무덤이기도 하다. 오늘날 곳곳에서 국가주의가 발호하고 있다. 민족을 말살해가면서도 국가는 국가와 민족은 하나이고, 민족은 국가의 보호 아래 있다고 말한다. 그러나 그것은 궤변으로서 민족을 달래기 위한 거짓말에 불과하다. 거짓말에 능한 국가는 언어 조작도 마다하지 않는다. 자신을 도덕의 척도로 삼아 보상과 응징의 칼을 휘두르기까지 한다. 국가에 기여하는 것은 선이고, 반항하는 것은 악이라는 식이다. 국가의 궤변, 이 또한 죽음의 설교가 아닐 수 없다.

그러면 어떻게 국가라는 괴물이 등장했는가? 모실 우상 없이는 삶을 견뎌내지 못하는, 존재할 가치가 없는, '많은—너무나도—많은 자'들에 의해서다. 다른 말로 자신에게 명령을 내릴 줄 모르는 자, 누군가에게 명령을 받아야 살아갈 수 있는 낙타와 같은 자들에게는 국가가 필요했다. 명령을 내려 자신들을 다스려줄 우상에 대한 갈구, 존재할 가치가 없는 자들의 갈구로 결국 국가라는 괴물이 등장한 것이다. 사자와 같은 강자에게는 국가가 필요하지 않다.

그렇게 등장한 국가는 국민에게 많은 약속을 한다. 복종만 하면 무엇이든지 주겠다는 것이다. 이는 광야에서 고행하는 예수를 유혹하며 악마가 했던 말이다.[68] 국가를 섬기는 사람들에게는 그 같은 감언이설이 솔깃하다. 그래서 트로이 주민처럼 국가라는 괴물이 보낸 죽음의 목마를 위해 성문을 연다. 미끼를 덥석 무는 것이다. 존재할 가치가 없는, '많은—너무나도—많은 사람'뿐만이 아니다. 신이라는 낡은 우상을 극복하느라 지칠 대로 지친 빈사 상태의 사자들도 그런 유혹에 노출되어 있다. 〈산허리에 있는 나무에 대하여〉에 나오는 청년이 바로 그런 사자다. 그러니 옛 우상을 극복했다고 자만할 일이 아니다. 새로운 우상 곧 국가의 먹이가 되지 않도록 경계를 해야 한다.

국가는 국가대로 효율적 국가 운용을 위해 자신의 위용을 드높여 나간다. 자신을 요란하게 치장해 힘을 과시하는데, 이럴 때 내세우는 것이 영웅과 같은 세상의 위인들이다. 그런 자들의 위업으로 자신을 화려하게 꾸미는 한편, 그런 자들의 광채를 미끼로 더 많은 사람을 낚아 올리려는 속셈에서다. 없으면 만들어서라도 무대 위에 올려야 한다. 그러나 그것만으로는 충분하지 않다. 그래서 국가는 훈장과 포상을 남발한다. 사람들이 국가를 위해 더욱 분발하도록 당근을 내놓는 것이다. 그러다가도 일이 여의치 않으면 곧바로 응징의 매(채찍)를 든다. 국가의 권위에 도전하는 자는 가차 없이 처벌하는 것이다. 이를 위해 국가는 국익을 수호할 판관과 국민을 감시할 경찰과 같은 하수인을 둔다. 천국과 지옥을 만들어놓고 사제계급(교회)을 내세워 사람들을 감독했던 옛 우상과 다를 바 없다.[69]

국가는 자신에게 생명에 이르는 길이 있다고 사람들을 설득한다. 옛 우상이 했던 말 그대로다. 자신에게 살길이 있다는 말이지만, 이 새로운 우상에 무릎을 꿇는 순간 누구든 고유의 '자기'를 잃고 익명의 무리 속에 매몰되어 목숨을 다한다. 국가야말로 지옥의 곡예이자 죽음의 말(馬)이 아닐 수 없다. 니체는 그런 국가와 국가권력을 혐오했다. 그런 그가 훗날 독일인의 세계 지배를 위해 나치가 추구했던 국가지상주의의 이념적 대부로 추앙된 것은 어처구니없는 일이다.

지옥의 곡예인들 어떠랴! 국가는 무대만 만들어주면 된다. 그러면 존재할 가치가 없는 곡예사들이 몰려들어 온갖 재주를 다 부린다. 영달 하나만을 위해 현란한 곡예로 국가권력에 봉사하는 것이다. 내놓을 만한 것이 별로 없는 허섭스레기 같은 자들이지만 문제는 없다. 창조자의 업적과 현자의 보물을 훔쳐내어 제 것으로 만들면 되니 말이다. 그런 곡예사들은 훔쳐낸 보물들을 그럴싸하게 포장해 장마당에 내놓고는 그것을 일컬어 교양이니 교육이니 해가며 우쭐댄다. 거기에다 저들은 담즙을 토해내어 신문이란 것을 만들어내고는 사방팔방으로 요란하게 나팔을 불어대기까지 한다. 국가에게는 그런 교양과 교육, 그리고 대중매체 이상으로 요긴한 것이 없다. 교양과 교육이란 것으로 국민을 바보로 만들어 집단화하고, 신문 따위를 나팔수로 내세워 자신의 힘을 과시할 수 있으니 말이다.

문제는 국가가 제공하는 무대가 곡예사 모두를 올릴 만큼 넓지 않다는 데 있다. 그러니 곡예사들로서도 더 많은 권력과 그 지렛대인 금력, 그리고 관객을 선점하려면 서로 치고받고 할 수밖에 없다. 내가 오르려면 다른 경쟁자들을 끌어내려야 한다. 그 같은 싸움에서 적지 않은 자들이 경쟁의 대열에서 밀려난다. 추락하는 것인데, 그 꼴이 서로를 타고 넘어 기어오르다가 나락으로 떨어지는 원숭이들과 같다. 식식대면서 내뿜고 있는 냄새는 또 어떻고.

이제 저들 곡예사가 아니라 창조적 개인들이 나와서 세상을 이끌어야 한다. 그렇다고 저들과 싸울 필요는 없다. 이긴다 해도 힘만 들고 시간만 잃을 뿐, 얻는 것이 별로 없기 때문이다. 저들과의 싸움이 명예로운 것도 아니다. 위대한 과업을 앞에 두고 저들에게 발목이 잡혀서야 되겠는가. 우선은 저 존재할 가치가 없는 자들의 역겨운 입김과 저들이 벌이고 있는 새로운 우상숭배에서 벗어날 일이다. 창을 깨고 밖으로 뛰쳐나가면 된다. 밖의 대기는 상큼하며, 창조적 개인에게 대지는 활짝 열려 있다. 국가가 끝나는 곳에서 존재할 가치가 있는 영혼들의 자유로운 삶이 시작된다. 곧 하늘은 갤 것이고, 우리는 맑은 하늘을 예고하는 무지개와 함께 위버멘쉬에 이르는 다리를 보게 될 것이다. 신은 이미 죽어 없다. 이제는 국가가 죽어야 한다.

시장터의 파리들에 대하여

국가라는 새로운 우상을 파괴하고 민족을 다시 세워야 한다. 그리고 민족이 위버멘쉬에 이르는 길을 열어주도록 해야 한다. 위버멘쉬에 이르는 길은 누구도 대신해줄 수 없는 고독한 길이다. 고독이 끝나면 모든 것이 끝이다. 난장亂場이 열리고, 때를 만난 형형색색의 배우들이 소리를 마구 질러대기 때문이다. 민중에게는 저 연출자들이 위대한 사람이다. 민중은 진정 위대한 것이 무엇인지를 알지 못한다. 연출자에 대한 감각을 갖고 있을 뿐이다.

장마당에는 배우들만 있는 것이 아니다. 가시 돋친 소인배들도 있다. 그것도 떼를 지어 윙윙대며 날아다니는 파리처럼 아주 많다. 인간 독파리들이다. 인간 독파리들은 이것저것 가리지 않고 마구 쏘아댄다. 오늘날 얼마나 많은 사람이 저 위대하다는 배우들의 고함에 귀가 먹먹하고 독파리 같은 소인배들의 가시에 찔려 만신창이가 되었는가.

배우는 민중의 취향에 맞추어 세상일을 연출할 뿐 자신의 삶을 살지 않는다. 그리고 위대하다는 세평이 무색하게도 재기 발랄한 정신은 갖고 있을지언정 양심은 조금밖에 없다. 그러니 자기확신이 있을 리가 없다. 그래서 늘 불안하다. 그런 저들은 자신을 믿게 만드는 것을 찾아 분주하게 나다닌다. 자신에게 자기확신을 갖도록 하는 일이라면 못 할 일이 없다. 변신도 하고 배신도 한다. 증명을 한답시고 사실을 뒤집고 설득을 한답시고 사람들의 광기에 불을 붙이기도 한다. 참 진리를 거짓으로 몰아 내치기도 한다. 저들에게는 피가 최상의 논거다. 근거를 차분히 대지 못해 그렇다. 이때의 피는 〈읽기와 쓰기에 대하여〉에 나오는 넋으로서의 피가 아니라 말 그대로의 피다. 저들은 거기에다 막무가내여서 다그치기까지 한다. 그래서 모든 일에 '그렇다' 아니면 '아니다'다. 시대의 익살꾼들이 아닐 수 없다.

그러면 오늘날 누가 그 같은 배우들인가? 민중에게 아부해가며 변변치 못한 재능을 파는 대중작가와 저널리스트, 학문의 탈로 창백한 얼굴을 가린 채 세상의 권력 앞에 무릎을 꿇어가며 세속적인 명성과 부를 추구하는 학자, 온갖 현란한 말로 민중을 선동하는 정치가 따위의 이른바 민중의 대변자들이 그런 배우들이다.

배우들이 거두어들이는 세상의 평판과 부를 부러워해서는 안 된다. 흡혈귀 같은 자들이 아닌가. 천박하고 무분별한 민중에게서 박수갈채를 받는 것 또한 명예가 되지 않는다. 오히려 부끄러워할 일이다. 저 흡혈귀들의 영혼에는 핏기가 별로 없다. 그러니 수혈하지 않고는 살아남을 수가 없다. 저들 모두가 피를 넉넉히 지닌 자들을 찾아 물어뜯는 것은 그 때문이다. 그런 저들을 두둔해 살려고 그러는 것일 뿐, 무슨 악의가 있어 그러는 것은 아니라고 말하는 사람들이 있다. 순진한 사람들이다. 저들이 감추고 있는 뛰어난 사람들에 대한 시샘과 복수심을 꿰뚫어보지 못한 탓이다. 저들은 도무지 염치가 없다. 간교하여 아첨도 잘하고 읍소도 잘한다. 피를 빨 수만 있다면 못할 일이 없다. 가증스러운 자들이다.

가증스럽기는 독파리들도 마찬가지다. 제힘으로 자신의 삶을 사는 대신 창조하는 자의 피와 땀에 기생해 연명하는 왜소한 인간들 말이다. 그래도 자존심은 있어서 누군가가 저들을 너그럽게 받아주면 저들은 마음의 상처를 받아 너그러움을 베푸는 자에게 되레 해코지를 해댄다. 물론 저들은 저들대로 저들을 먹여 살리는 사람들에게 다가가 입에 발린 소리를 해댄다. 환심을 사려고 그 주변을 맴돌며 찬사와 아첨을 늘어놓는 것인데, 그러면서도 그런 사람들이 겸비한 고매한 미덕만은 용서하지 않는다. 실수와 허영만을 용서할 뿐이다. 피를 빨 제물이 필요하지만 그 제물의 고고함만은 인정하고 싶지 않은 것이다.

그러면서도 저들은 제물이 고고하면 고고할수록, 부유하면 부유할수록 더욱 분발한다. 더 많은 피를 빨 수 있어 돌아오는 몫이 그만큼 더 많아서 그렇다. 물론 저들이 고매한 사람들의 피를 빨아내는 일에 늘 성공하는 것은 아니다. 너그러울망정 뛰어난 사람들의 인내에도 한계가 있기 때문이다. 그래서 저 독파리들에게 다가가기라도 하면 저들은 곧 겁에 질려 타오르는 연기처럼 기력을 잃고 만다.

얼마나 많은 독파리가 우리 주변에서 윙윙대고 있는가. 그러나 소리만 요란할 뿐 그 때문에 세상이 달라지는 것은 아니다. 세상이 저들의 뜻대로 움직이는 것은 아니기 때문이다. 그 점에서는 저 위대하다는 배우들도 마찬가지다. 세상을 움직이는 것은 예나 지금이나 말없이 새로운 가치를 창출하는 창조자들이다. 그러면 저 독파리들을 어찌할 것인가? 모조리 잡아 없애야 하나? 그러기에는 너무 많다. 거기에다 창조자의 길을 앞에 두고 파리채가 되어 저들을 잡겠다고 지체할 수는 없는 일이다. 차라리 사나운 바람이 부는 고독 속으로 서둘러 물러갈 일이다. 그러면 사나운 바람이 일거에 독파리들을 날려 보내고 고독이라는 울타리가 너를 보호할 것이다. 독파리 이야기는 3부 〈귀향〉에 다시 나온다. 거기에서는 선하다고 자부하는 사람들이 더없이 독성이 강한 독파리로 나온다.

순결에 대하여

숲이 좋다. 도시에는 욕정에 눈먼 사람들이 너무 많다. 욕정에 눈먼 사람들을 두고 짐승과 다를 바 없다고 말하지만, 짐승에게는 순진무구함이 있으니 그만도 못한 자들이다. 저들이 짐승으로서나마 완전하다면 좋을 것이다. 그리되면 적어도 순진무구하고 순결하지 않겠는가. 순결해야 한다. 그러나 이때의 순결은 관능Sinne으로부터의 순결이 아니라 관능의 순결이다. 관능은 그 자체로 순결하다. 물론 관능의 순결을 지키는 것은 쉬운 일이 아니다. 순결이 미덕이 되는 사람들도 있지만 악덕이 되는 사람들도 있으니 말이다. 누구보다도 음욕이라는 암캐를 내면에 품고 시샘의 눈을 번뜩이는 사람들에게 순결은 악덕이 된다.

생명은 즐거움의 샘이다.[70] 생명이 주는 즐거움은 관능적 쾌락으로서, 숲속의 샘물이 그렇듯이 순수하고 티 없이 맑다. 순수하고 티 없이 맑은 만큼 그 쾌락에는 쉽게 더럽혀져 순수함과 정직함을 잃게 된다는 문제가 있다. 뒤에 차라투스트라는 3부 〈악 셋에 대하여〉에

152

서 그런 일이 없도록 경고하게 된다.

관능적 쾌락이 더럽혀지면 음욕이 된다. 음욕은 돼지 같은 즐거움으로 퇴폐적이며 자기 소모적이다. 맹목적이며 충동적인 데다 끝을 모르기까지 한다. 그리하여 음욕이 충족되면 곧 차갑게 식어 허탈감과 함께 불쾌감이 남고, 그 같은 허탈감과 불쾌감을 견뎌내려면 다시 음욕을 불태울 수밖에 없다. 그렇게 하다 보면 생명 에너지를 모두 소진하고 끝에 가서는 생 자체가 파괴되어 그 잔해만 남을 뿐이다.

음욕에 눈이 먼 사람은 욕정 앞에서 잔인하기도 하고 비굴하기도 하다. 간교하기도 하다. 연민의 정이란 허울 뒤에 숨어 음탕한 눈으로 고뇌하는 사람들에게 유혹의 눈길을 보내기도 한다. 관능적 쾌락의 음욕에 쉽게 더럽혀질 위험이 있다면, 그런 쾌락의 원천인 관능 자체를 뿌리 뽑으면 되지 않을까? 아예 감각 자체를 죽여버리면 되지 않을까?[71] 고행을 하는 수도자라면 그리할 것이다. 그러나 그것은 생의 뿌리를 뽑는 일로서, 생에게는 돌이킬 수 없는 해악이 된다.

관능 자체에는 문제가 없다. 그 순결함을 지키기만 하면 된다. 내면의 악마, 곧 관능을 쫓아내려다 오히려 음욕에 불타는 암퇘지 속으로 빠져든 자들이 적지 않다. 니체의 유고에 키르케의 돼지들[72]에 대한 글이 있다. 키르케의 마법으로 돼지로 변해버린 오디세우스의 뱃사람들을 두고 쓴 글이다.

순결을 지키기가 어렵다면 차라리 단념하는 것이 좋다. 그런 자에게는 순결이 영혼의 진흙과 욕정에 이르는 지옥의 길이 될 수 있기 때문이다. 진흙이니 욕정이니 하는 말을 입에 담는 것 자체를 추잡한 일이라고 생각하는 사람들도 있다. 그러나 그 정도는 감내해야 한다. 온갖 고뇌와 사투 끝에 얻는 것이 진리이니만큼, 진리가 더러워 보일 때도 있다. 어느 때보다 진리가 심오할 때 그렇다. 진리를 얻으려면 온갖 더러운 것들을 뚫고 그 바닥까지 내려가보아야 한다. 깨달음에 이른 자가 진리를 추구하면서도 뛰어들기를 꺼리는 것은 진리의 물이 깊고 더러울 때가 아니라 얕아서 속이 훤히 들여다보일 때다.

바탕부터 순결한 사람은 순결을 웃어넘긴다. 타고난 것이어서 아예 이야깃거리가 되지 않기 때문이다. 그런 사람의 순결은 순수할망정 약삭빠르지도 영악하지도 않다. 그래서 순결한 삶을 사는 것이 어리석은 일처럼 보일 수도 있다. 즉 순결이 바보짓처럼 보일 수도 있다. 그래서 어떻다는 이야기인가? 순결이 그런 사람들에게 찾아온 것이지 그것을 잡겠다고 발을 벗고 나선 것은 아니지 않는가. 그런 사람들에게 순결은 자연적 삶의 귀결일 뿐이다. 찾아온 귀한 손님이니 반겨 맞이하여 오래오래 머물도록 자리를 내주면 된다.

벗에 대하여

세상의 소란에서 벗어나 고독 속으로 물러나도록 촉구해온 차라투스트라였지만, 그도 고독 속에 도사리는 위험만은 잘 알고 있었다. 위험은, 누구든 너무 오래 홀로 있다 보면 자기 자신과의 대화에 빠지고 그 대화 속에서 '나'가 말을 하는 나(제1의 인물)와 듣는 나(제2의 인물), 곧 주격 나Ich와 목적격 나Mich로 나누어진다는 것이다. 이 둘은 별개의 인격이다.[73] 일단 '나'가 둘로 나누어지고 그 둘의 대화가 깊어지면 그 정도에 따라 나는 헤어나기 힘들 만큼 심연으로 가라앉는다. 은자들에게 아주 많은 것이 그 같은 심연이다. 심연으로 가라앉을 때 그 같은 일이 없도록 막아주는 것이 없다면 어떻게 될까? 나는 나 자신에게 돌아오지 못하며 그와 함께 고독도 끝나버릴 것이다. 그런 일이 일어나지 않도록 막아주는 것이 있어 다행이다. 제3의 인물인 벗이 그것이다. 벗은 이럴 때 코르크와 같은 존재다. 이는 역설적으로 은자도 그때그때 벗이 필요하다는 것을 의미한다.

우리는 벗을 동경한다. 우리를 심연에서 끌어올려줄 벗의 높은 경지를 동경하는 것이다. 벗에 대한 우리의 동경은 우리 자신이 어떤 존재인지를 드러내준다. 이를테면 성격이 모진 사람은 온화한 사람을 동경해 벗이 되어주기를 바란다. 그런 의미에서 벗에 대한 우리의 동경은 우리 자신이 어떤 인간인가를 드러내주는 누설자다.

사람들은 흔히 시샘을 사랑으로 뛰어넘으려 한다. 시샘은 고통스러운 감정, 거짓 포용으로나마 그런 감정에서 벗어나려는 것이다. 사람들은 또 공격당할 허점을 감추려고 먼저 공격해서 상대를 적으로 만든다. 앉아서 위험을 감수하는 것보다는 적개심을 불태우는 것이 낫기 때문이다. 하나같이 우정을 감히 청하지 못하는 사람들이다.

벗을 원한다면 적이 되어 그와 일전을 벌일 각오를 해야 한다. 도전과 응전이 동반 상승의 기회가 되기 때문이다. 물론 그것은 상대가 격에 맞는 적일 때의 이야기다. 격에 맞는 적은 때로는 천사가 되어 격려를 해주고, 때로는 마귀가 되어 채찍을 휘두를 동반자가 되어준다.[74] 벗이라면 이렇듯 서로에게 딛고 일어설 수 있는 발판이 되어주어야 한다. 그러려면 먼저 벗 속에 있는 최상의 적을 찾아내야 한다.

너는 너대로 벗에게 너의 당당하고 의연하며 아름다운 모습을 보여주어야 한다. 그것이 너의 적을 영예롭게 하는 일이다. 너의 당당한 모습은 적을 자극해 전의를 불태우게 할 것이다. 그와 동시에 적은 네게 외경심을 갖게 될 것이다. 허약하고 추한 모습을 보여서는 안 된다. 그런 모습은 벗을 낙담케 한다. 하찮은 자를 적으로 상대해야 하는가 하는 자탄에 빠져 수치심을 느끼고 끝내 전의를 잃게 된다. 잠자고 있는 벗의 모습을 본 일이 있는가?[75] 가식이 없어서 좋기는 하지만 긴장을 풀고 늘어져 있는 모습이 얼마나 추한가?[76] 벗의 얼굴, 그것은 면이 고르지 못한 거울에 비친 네 자신의 얼굴이다. 그러니 적을 전투로 불러내리려면 적이 그럴 만한 가치가 있다고 믿게끔 너 자신을 꾸며야 한다.

벗에게는 좋은 것과 나쁜 것이 있고, 아름다운 것과 추한 것이 있다. 그 모두를 속속들이 들여다보려고 해서는 안 된다. 모른 체할 줄 알아야 하며 때에 따라서는 아예 눈길을 돌릴 줄도 알아야 한다. 침묵 속에서 짐작하는 것으로 족하다. 벗에게 연민의 정을 느낄 때가 있다. 그럴 때도 드러나지 않도록 연민의 정을 딱딱한 껍질 속에 감추어야 한다. 연민의 정이 그를 한층 나약하고 부끄럽게 만들기 때문이다. 연민의 정에 대한 이야기는 2부 〈연민의 정이 깊은 자들에 대하여〉에 자세하게 나온다.

벗이 있다면 너 그에게 자유롭게 숨 쉴 수 있는 맑은 대기가 되어주어야 하며, 고독과 기력을 되찾아 전의를 가다듬을 수 있도록 영혼의 양식(빵)과 힘(영약)이 되어주어야 한다. 너 그렇게 또 다른 날개가 되어 위버멘쉬를 향한 그의 비상을 도울 수 있다.[77] 날개 하나로는 날 수 없지 않은가. 그렇게 너는 벗에게 구세주가 되어줄 수 있다. 최상의 벗은 적이다. 따라서 사자에게는 사자만이 벗이 될 수 있다. 적의 성공을 너 자신의 성공으로, 적의 실패를 너 자신의 실패로 받아들여야 한다. 이미 앞의 〈전쟁과 군대에 대하여〉에서 했던 말이다. 전사에게는 적 이상의 벗이 없다.

벗이 되어줄 수 없는 자들이 있다. 노예 기질이나 폭군 기질을 가진 자들이다. 노예 기질의 인간은 비굴하여 상대방이 벗이 되어주기를 감히 바라지 못하며, 폭군 기질의 인간은 벗이 필요하지 않다. 사귈 줄도 모른다. 이 두 기질 모두를 가지고 있는 것이 여인이다. 그래서 여인들은 우정을 모른다. 사랑을 알 뿐이다. 여인은 여전히 고양이며 새다. 최선의 경우 암소다.

고양이는 자신에 대한 확신과 집착이 강해 뭔가 주는 일도 갖는 일도 없다.[78] 새는 하늘 높이서 볼 것과 보아서는 안 될 것을 가리지 않고 모든 것을 내려다본다.[79] 그리고 되새김질하는 암소는 있었던 일들을 잊지 않고 곱씹는다. 하나같이 앞에서 언급한 우정의 조건들과는 거리가 멀다. 줄 줄 아는 관대함, 때에 따라서는 눈을 감아주는 아량, 그리고 잊을 것은 잊어주는 너그러움 없이 어떻게 우정을 바라겠는가. 여인은 그렇다 치고, 그러면 사내는? 구차하며 인색한 영혼을 갖고서 어떻게 우정을 알겠는가? 고작 동료애를 알 뿐이다. 이제 진정한 우정이 있어야 하겠다.

천 개 그리고 하나의 목표에 대하여

《천일야화》의 천일(1001)에서 따온 제목이다. 여기서는 1000개와 하나, 곧 1000개의 목표와 하나의 목표다. 오늘날 국가라는 것이 새로운 우상이 되어 민족의 존립을 위협하고 있지만, 이 땅에는 여전히 적지 않은 민족이 있다. 이들 민족은 저마다 생존과 번영을 위해 다른 민족과 치열하게 경쟁한다. 이 경쟁에서 해당 민족에 결정적인 힘이 되는 것은 그 민족에게 더없이 가치 있는 일이며, 그에 반하는 것은 더없이 위험한 일이다. 따라서 그것을 최고선으로 추구하기도 하고 최고 악으로 배척하기도 한다. 저마다 민족이 처한 상황이 다르고 생존 조건이 다른 만큼 추구하는 선도 다르고 배척하는 악도 다르다. 거기에다 선과 악은 상황과 조건의 변천에 따라 달라지기도 한다. 이를테면 한 민족의 선이 적대 민족에게는 악이 되며, 어제 선으로 여겨졌던 것이 오늘은 악으로 여겨지기도 한다.

민족은 이렇듯 자신들만의 선과 악을 무기로 하여 다른 민족과의 싸움에서 자신들을 지켜왔다. 따라서 한 민족이 추구하고 배척하는 선과 악에는 해당 민족의 역사가 고스란히 담겨 있다. 우리는 그런 가치체계를 통해 해당 민족이 어떤 난관을 어떻게 극복해왔으며, 무엇을 목표로 삼아왔는지, 그 투쟁의 발자취를 볼 수 있다.

모든 일에서 으뜸이 되는 것을 최고 가치로 삼은 민족도 있었고, 진실을 말하고 활을 능하게 다루며 말을 탈 줄 아는 것을 최고 가치로 삼은 민족도 있었다.[80] 어버이에 대한 공경을 최고 가치로 삼은 민족이 있었는가 하면, 충성을 최고 가치로 삼은 민족도 있었다. 그리스인, 페르시아인, 이스라엘인, 독일인이 각각 그런 민족이다. 이를테면 그리스인들은 자신이 다른 사람들보다 뛰어나다고 느낄 때만 행복해했다. 그래서 온갖 경기와 경연을 열어 힘겨루기를 했다. 올림픽 경기도 마찬가지였다. 이렇듯 민족에 따라 추구하는 최고선은 다르다. 그러나 그 아래에 놓여 있는 기본 욕구만은 하나다. 힘을 길러 자신을 주장하는 한편, 가능하다면 다른 민족 위에 군림하려는 것이다. 힘에 대한 이 같은 욕구를 니체는 '힘에의 의지'라 불렀다.《차라투스트라》에서는 이 대목에서 처음으로 힘에의 의지가 등장한다.

선과 악 따위의 가치는 이렇듯 인간이 생존의 필요에서 만들어낸 것일 뿐, 하늘에서 떨어진 것도 세상 밖의 어떤 권위로부터 주어진 것도 아니다. 인간이 대상에 부여한 것일 뿐이다. 이 부여에 앞서 하는 것이 대상에 대한 평가다. 평가를 받기 전에는 그 어떤 대상도 대상으로서 가치를 갖지 못한다. 인간은 그런 평가를 늘 해왔다. 선택의 연속으로 되어 있는 삶을 살면서 그때그때 해야 하는 것이 선과 악, 미와 추, 참과 거짓에 대한, 그리고 유불리에 대한 평가다. 여기서 인간은 평가하는 존재가 된다.

역사적으로 볼 때 가치를 창조하는 창조 주체는 민족이었다. 혈연과 문화의 공동체인 민족이 이해관계에 따라 대상을 평가하고 공동의 가치를 부여해온 것이다. 그 과정에서 민족이라는 집단의 이해가 구성원 개인의 이기적 이해, 곧 자아에 우선했다. 민족이 천재적 개인의 요람이 되기도 했지만, 그렇다고 해서 개인적인 취향이 민족공동체의 이해에 우선했던 것은 아니다. 상대적으로 '개인'이 존재하지 않았던 시대의 이야기다. 개인에 대한 의식이 깨어난 것은 휴머니즘이 고개를 든 근대 이후의 일이다. 이후 천재적 개인이 등장하면서 개인의 의미는 강화되었지만, 개인이 본격적으로 출현한 것은 최근의 일이다.

민족들이 추구하는 목표들은 저마다 배타적이다. 이들 목표는 괴물과 같아서 다른 민족이 세운 목표들을 그냥 두지 않는다. 오늘날 가치 충돌로 세상이 얼마나 어수선한가. 민족들이 있을 뿐, 인간 전체를 단위로 한 인류는 아직 존재하지 않아 그렇다. 그래서 제각각이다. 가는 길은 달라도 목표는 하나여야 한다. 우리의 미래는 선택된 민족이 아니라 인류 전체에 있어야 한다. 따라서 우리는 민족을 뛰어넘어 전 인류를 시야에 두고 미래를 구상해야 한다. 모두가 함께 사는 세상, 민족을 단위로 가치를 평가할 때는 지났다. 1000개나 되는 목표가 있다. 1000개나 되는 민족이 있기 때문이다. 이 괴물들을 그대로 둘 수는 없다. 저들의 목을 묶을 하나의 사슬이 있어야 한다. 이 하나의 사슬이 모든 인간이 목표로 삼아야 하는 위버멘쉬다. 1000개의 목표에 이 하나를 더하면 1001개, 즉 천 개 그리고 하나의 목표가 된다.

이웃 사랑에 대하여

위버멘쉬가 인류 공통의 목표이기는 하지만 그 길을 가는 것은 어디까지나 개개 인간으로서 자신의 존재를 소중하게 생각하고 삶에 책임을 느끼는 사람이 아니라면 감내하기 힘들 만큼 외롭고 고통스러운 여정이다. 해탈이라는 하나의 목표를 향해 자신과 싸우며 정진할 수밖에 없는 불자의 여정과 같다. 그런 길을 갈 수 있는 사람은 적다. 대부분은 자신의 존재 하나를 감당하지 못하는 사람들이다. 그런 사람들은 삶의 무게 하나만으로도 힘들어 혼자 있는 것부터가 두렵다. 그래서 방향을 바꾸어 이웃에게 달려간다.

어떤 사람은 자신을 찾으려고 이웃에게 달려간다. 자기 밖에서 자신의 존재 의미와 자신에 대한 믿음을 찾겠다는 것이다. 또 다른 어떤 사람은 자신을 잃고자 이웃에게 달려간다. 고독한 나머지 자신에게서 벗어났으면 하는 소망에서다. 동기가 어디에 있든 저들은 가는 정 오는 정이니, 슬픔을 나누면 반이 되지만 기쁨을 나누면 배가된다느니 해가며 그럴싸한 탈주의 구실을 댄다. 심지어는 그런 행위를 미화해 이웃 사랑이라 부르고는 자신들이야말로 인간 사랑을 실천하고 있다고 자부하기까지 한다. 그런 사람들에게 이웃은 이렇듯 안식처가 되기도 하고 피난처가 되기도 한다.

예로부터 사람들은 이웃 사랑을 도덕 감정의 핵심으로 예찬해왔다. 일부 종교에서는 율법적 권위를 누리기까지 했다. 예수도《신약》〈마르코의 복음서〉12장 31절에서 신을 사랑하고 이웃을 사랑하는 것보다 큰 계명은 없다고 했다. 〈루가의 복음서〉10장 27절과 28절에서는 네 이웃을 네 몸같이 사랑하라고 가르쳤다. 그가 그런 사랑의 모범으로 제시한 것이 착한 사마리아인의 선행이다.

이웃에 대한 사랑에서는 '너'가 '나'에 우선한다. 그러면서 나는 외면되고, 그 외면이 깊어지면서 끝내 나의 상실로 이어진다. 여기서 이웃에 대한 사랑은 나에 대한 나쁜 사랑이 된다. 이웃 사랑에는 불순한 동기도 있다. 그 바탕에 베푼 만큼 받는다는 은밀한 계산이 깔려 있는 것이다. 이웃에게 베푼 사랑을 되받을 길이 없을 때는 하늘이 대신 갚아준다고 믿기까지 한다. 그런 사랑은 호혜적인 것으로서 거래, 일종의 교제에 불과하다. 그리스 철학자 티몬은 "사람들과 나누는 교제는 성격을 망가트린다. 아무런 성격을 갖고 있지 않을 때 특히 그렇다"고 했다.[81] 그것이 거래라면, 성격을 망가뜨리는 것은 시간문제다.

사랑은 순수할 때가 좋다. 누구에게든 되받을 길이 없는 사람에 대한 사랑이 그렇다. 이를테면 이해관계가 없는 사람들, 가까운 이웃이 아니라 나와 주고받을 것이 없고 얼굴도 이름도 모르는 더없이 먼 데 사람들에 대한 사랑이 순수한 사랑이다. 이때 먼 데는 공간적 의미에서 먼 곳을 가리키기도 하지만 시간적 의미에서 먼 미래를 가리키기도 한다. 더없이 먼 데 사람에 대한 사랑이야말로 인류에 대한 진정한 사랑이다.

그러면 어떻게 먼 데 있는 사람들을 사랑할까? 멀리 있지만, 함께 새사람이 되어 창조의 길을 갔으면 하는 소망에서 질책과 격려가 되어주는 것이다. 그리고 다음 세대가 더 건강하며 건전한 삶을 살아서 위버멘쉬에 한 걸음 더 다가서도록 그 길을 예비해주는 것, 그렇게 선대로서 주어진 책임을 다하는 것이다. 먼 데 사람에 대한 그 같은 사랑이 인류에 대한 숭고한 사랑이다. 인간을 사랑하려면 그렇게 해야 하지만, 거기서 그쳐서는 안 된다. 즉 사람에 대한 사랑에 그쳐서는 안 된다. 더 숭고한 사랑이 있기 때문이다. 주어진 과업과 유령에 대한 사랑이 그것이다. 이때 과업은 소명을, 그리고 유령은 1부 〈차라투스트라의 머리말〉 3에 나오는, 아직은 이상에 불과해 살과 뼈를 구비하고 있지 못한 위버멘쉬를 가리킨다. 그 유령에게 살과 뼈를 주어 온전한 인간이 되게 하는 것이 우리에게 주어진 과업이다.

나에 대한 나쁜 사랑은 창조의 모태인 고독을 몹쓸 감옥으로 만들어버린다. 벗어나야 할 대상으로 만드는 것이다. 자신에 대한 그같이 나쁜 사랑의 대가를 치러주는 것은 먼 데 사람들이다. 먼 데 사람에 대한 사랑을 희생시키는 사랑이기 때문이다. 그리고 이웃이니 뭐니 하지만 다섯 사람이 모이면 그곳에 없는 여섯 번째 사람이 매장되기 일쑤다. 그렇고 그런 사람들이 모여 벌이는 축제도 역겹다.[82] 진지하지 못하다. 그러니 이웃 사랑을 경계해야 한다. 지금까지 이웃에 대한 사랑은 해악을 끼쳐왔을 뿐이다. 사자가 되어야 할 인간을 심약하게 만들어 낙타가 되게 해온 것이다. 오늘날 인간에게 필요한 것은 이웃의 온정 어린 눈길이 아니라 동반자, 곧 먼 데 사람들의 따가운 눈초리다. 그러니 앞으로는 이웃이 아니라 길동무다.

같은 길을 가는 벗은 서로의 내면에 내장된 가능성, 곧 위버멘쉬가 될 수 있는 소양을 일깨워 함께 그것을 목표로 정진하도록 격려한다. 인간은 누구나 여래장如來藏처럼 위버멘쉬가 될 가능성을 간직하고 있다. 그것을 찾아내어 실현하기만 하면 된다. 그러면 어떤 사람이 벗이 되어 함께 길을 갈 것인가? 완성된 세계를 지니고 있는 사람이라면 그런 벗이 되어줄 수 있다. 세계를 책 펴놓듯이 제대로 펼쳐놓고 속속들이 읽어낸 사람, 다양성을 지닌 그 세계가 둥근 고리를 이루며 감겨 하나의 전체에 수렴됨으로써 자신의 세계를 구축한 사람 말이다. 그 과정에서 악하다고 여겨진 것들은 선한 것으로 복권되며, 아무 존재 의미가 없는 우연한 것들은 존재 이유, 곧 목적을 갖게 된다. 벗은 그렇게 완성한 자신의 세계를 즐겨 벗들에게 선물한다. 차라투스트라와 같은 사람이 그런 벗이다. 완성된 세계라고 해서 더 이상 창조할 것이 없는 완결된 세계라는 뜻은 아니다. 창조적 정신을 지닌 자라면 창조된 것을 거듭 창조해 자신의 세계를 완성해가야 한다.[83]

앞으로는 미래가 오늘이 존재하는 이유여야 하며, 벗 속에 있는 위버멘쉬가 또한 오늘 우리가 존재하는 이유여야 한다. 그러니 이웃이 아니라 먼 곳, 먼 미래에 있을 사람들을 사랑할 일이다.

창조하는 자의 길에 대하여

창조자가 되어 창조의 길을 가려면 무리에서 벗어나 너 자신에 이르는 길을 가야 한다. 무리는 그런 너를 용서하지 않을 것이다. 너의 선택이 저들의 존재를 인정하지 않는 것이 되기 때문이다. 너 또한 마음이 편치 않을 것이다. 온갖 기쁨과 슬픔을 함께해온 사람들이 아닌가? 인제 와서 나는 더 이상 저 무리와 같지 않다거나 저들과 양심을 나누고 있지 않다고 말한다면, 그것은 즐겁고 의연한 고백이 아니라 탄식 어린 고백이며 고통이 될 것이다.

　너 그런데도 너 자신을 찾아 고독 속으로 물러서려는가? 탄식 어린 비애의 길을 가려는가? 그렇다면 먼저 네게 그럴 권리와 힘이 있는지를 보여주어야 한다. 창조의 길에 나설 만큼 자유로운 존재인지, 제힘으로 돌아가는 바퀴인지, 모든 것을 다시 시작할 최초의 운동인지를 너 보여주어야 한다. 세상에는 높은 곳을 향한 열망으로 야심을 불태우는 사람들이 많다. 위대하다는 사상도 많다. 바람을 불어넣으면 넣을수록 그 속은 더욱 비어가는 풍선과 다를 바 없는 사상이기는 하지만. 너는 네가 그런 사람들과 다르며 그런 사상에서도 자유롭다고 믿는다. 너 그렇게 세상의 무리에서 벗어나 있다고 하겠지만 멍에에서 벗어난다는 것만으로는 부족하다. 그렇게 얻은 자유는 소극적 자유에 불과하기 때문이다. 진정한 자유는 적극적 자유다. 곧 창조적 자유다. 적극적 자유를 쟁취해야 한다. 제힘으로 돌아가는 바퀴와 적극적 창조의 자유 등은 이미 앞의 〈세 변화에 대하여〉에서 나온 이야기다. 중요한 것은 너를 지배해 움직이는 생각이다. 창조의지가 너를 지배하는 지배의지여야 한다. 너 자신에게 입법자가 되고 판관이 되며 너의 법을 지키는 수호자가 되어야 한다.

고독 속에서 너만의 길을 가는 네게 온갖 시련이 닥칠 것이다. 주변에서 곱지 않은 시선과 구박은 물론 온갖 훼방이 있을 것이다. 아직은 네게 용기가 있어 그런 것들을 견뎌내고 있지만, 때가 되면 너도 지쳐 희망을 잃고 주저앉게 될 것이다. 그러면 너 모든 용기와 꿈을 잃고 낙담 끝에 "나 혼자구나" 하고 내뱉으며, 너 자신의 비참함에 절망하고 끝내 모든 것은 거짓, 부질없는 일이라고 내뱉게 될 것이다.

고독한 자를 죽이려는 감정이 있다. 그런 감정부터 죽여야 한다. 너 살해자가 될 준비가 되었는가? 그리고 경멸이라는 말을 알고 있는가? 너를 경멸하는 사람들에게조차 정의롭고자 애써왔던 너, 그같은 정의의 번민을 알고 있는가? 너는 사람들에게 지금까지 걸어온 익숙한 길을 버리고 고난에 찬 새로운 길을 가도록 강요해왔다. 길을 바꾸도록 한 것인데, 그런 네게 사람들은 싸늘하게 등을 돌리고 말았다. 너를 꾸짖기까지 했다. 결국 너 저들에게 가까이 가기는 했지만 끝내 지나쳐버린 셈이 되고 말았다. 그에 그치지 않고 너 저들 머리 위로 날아오르기까지 했으니, 저들로서는 수모가 아닐 수 없다. 이에 저들은 네게 온갖 불의와 오물을 내던졌겠다. 앙심에서였다. 그런다고 너 흔들려서는 안 된다. 너를 미워한다고 해서 저들을 미워해서도 안 된다. 너 별이 되어 온 인류를 비추어야 하지 않겠는가.

조심해야 할 것들이 있다. 누구보다도 선하다는 자와 정의롭다는 자들을 조심해야 한다. 저들은 전통적 가치를 따르는 대신 자신만의 덕과 선을 창안하고 새로운 정의를 창안해내는 자들을 증오한다. 십자가에 못 박아 처단하기까지 한다. 예수를 처단한 것도 그런 자들이었다. 신성한 외곬도 조심해야 한다. 신앙심이 깊지만 단순한 사람들 말이다. 그런 자들은 즐겨 불장난을 한다. '신성한 외곬santa simplicitas'이란 교회로부터 이단으로 몰려 콘스탄츠에서 화형을 당하게 된 후스가 아무 생각 없이 화형장으로 장작을 나르는 농부들을 바라보며 했다는 말이다. 조심할 것은 또 있다. 이번에는 너의 내면에 있는 사랑의 발작이다. 고독한 사람은 외로운 나머지 누구든 다가오기만 하면 너무 빨리 손을 내민다. 손을 내미는 순간 너의 고독도 끝이다. 고독한 자를 위협하는 최대의 적은 뭐니 뭐니 해도 너 자신이다.

너는 지금 너의 일곱 악마에게로 향하는 길을 간다. 교회에서 말하는 일곱 개의 죄종罪宗(peccata capitalia)을 형상화한 일곱 악마로서 교만, 인색, 질투, 분노, 음욕, 탐욕, 나태 따위를 가리킨다. 차라투스트라는 이를 빗대어 이단자, 마녀, 예언자, 바보, 의심하는 자, 신성하지 못한 자, 악한을 일곱 악마로 꼽았다. 교회는 이들 정통 신앙에 반하여 자신의 길을 가는 자를 이단이나 마녀로, 새로운 미래를 예고하는 자를 거짓 예언자로, 그런 예언자를 따르는 자들을 '바보', 그러니까 참 진리를 외면하는 자로, 거기에다 천상의 권위를 의심하는 자를 불경한 자로, 악한을 사악한 자로 정죄定罪해왔다.

그러나 그런 자들이야말로 창조의 길을 가는 사람들에게는 천사가 아닌가. 거짓 신의 속박에서 벗어나 해방을 구가하는 자, 생에 적대적인 권위와 가치에 맞서 새로운 권위와 가치를 세우는 자, 인간을 해방해 자연스러운 삶을 살도록 하는 자들이 아닌가. 그런 자들을 불러 악마라 해도 좋다. 그런 악마가 되지 않고 어떻게 고독 속에서 창조자의 길을 가겠는가. 먼저 너 자신의 화염으로 너를 불살라야 한다. 재가 되지 않고 어떻게 거듭날 것인가. 그러고 나서 타고 남은 재로부터, 저 일곱 악마로부터 너의 신, 곧 위버멘쉬를 창조해야 한다.

창조자의 길을 가는 사람은 자신을 사랑한다. 그리고 자신을 사랑하는 사람은 자신을 경멸할 줄 안다. 그래서 창조를 하지 않을 수 없다. 자신을 경멸하지 않는 사람은 자기 자신을 뛰어넘어야 할 이유도, 새로운 세계를 창조해야 할 필요도 느끼지 않는다. 그런 사람은 진정한 자기사랑을 모른다. 왜 자신을 사랑해야 하는지조차 모른다. 사랑했던 것을 경멸해보지 않은 자가 사랑에 대해 무엇을 알겠는가. 그러니 사랑과 더불어, 그리고 창조와 더불어 고독 속으로 물러날 일이다. 자신에 대한 사랑으로 자신을 뛰어넘어 창조해야 하며, 그렇게 자신의 파멸을 제물로 하여 다시 창조해야 한다.

늙은 여인네들과 젊은 여인네들에 대하여

어느 날 저녁, 차라투스트라는 외투 속에 뭔가를 감춘 채 조심스레 길을 가고 있었다. 늙은 여인 하나가 그에게 건네준 작은 진리였다. 여인은 진리를 건네주면서 여인들에게 가려면 채찍을 잊지 말라고 당부했다. 이 당부가 여인은 채찍으로 다스려야 한다는 차라투스트라의 당부로 잘못 알려지면서 곧 커다란 분란이 일어났다. 마침 여권 의식이 고개를 들던 터여서 파장이 컸다. 그와 함께 니체는 역사상 유례없는 반여성주의자가 되어 성토의 대상이 되었다. 일의 전말과 진의를 제대로 파악하지 못한 데서 온 어처구니없는 오독의 결과다.

일의 전말은 이랬다. 해 질 녘 길을 가던 차라투스트라에게 늙은 여인 하나가 다가와 여인 이야기를 들려달라고 간청했다. 먼 미래의 인간을 사랑하라고 하면서도 정작 어떻게 미래의 인간을 낳아 양육해야 하는지에 대해서는 말이 없던 차라투스트라였다. 늙은 여인은 그런 차라투스트라에게 여인의 존재 의미와 역할에 관한 이야기를 듣고 싶어 했다. 차라투스트라는 여인의 청을 들어주었다. 다음은 차라투스트라가 여인에게 들려준 이야기다.

여인은 모든 일에서 불가사의하다. 그러나 무슨 일을 하든 해결책 하나가 있으니 임신이 바로 그것이다. 임신 하나로 모든 문제가 귀결된다. 그러면 사내는? 그 수단일 뿐이다. 목적은 아이다. 여인과 사내 가운데 아이를 더 잘 이해하는 것은 여인이지만 더 아이다운 것은 사내다. 사내가 모험과 놀이를 좋아하는 것도 그 때문이다. 그러니 여인은 사내 내면에 있는 아이를 찾아내어 모험과 놀이의 상대가 되어주되, 그러려면 쓴맛(모험)을 낼 줄 알아야 하며 즐거움(놀이)을 줄 줄도 알아야 한다. 그렇게 사내와 여인은 함께 미래 세대를 준비해야 한다.

사내는 인류 미래의 구축을 위한 투쟁에 합당한 전사로 양육되어야 하며, 여인은 그런 전사에게 휴식과 위로가 되어줄 수 있도록 양육되어야 한다. 여인이 미워하는 것은 자석처럼 잡아당기면서도 잡은 것을 놓지 않을 만큼 강하지는 못한 사내다. 여인이 원하는 것은 온 마음으로 사랑하고 기꺼이 복종할 만큼 강한 사내다. 여인이 무기력하고 유약한 사내를 멀리하는 대신 두려움에 떨게 만드는, 거칠망정 전사다운 사내를 향해 돌진하는 것도 그 때문이다.[84] 여인에게는 사랑이라는 무기가 있다.

이때 여인이 명심할 것이 있다. 사내는 너무 달콤한 열매를 좋아하지 않는다는 것이다. 사내에게도 명심할 것이 있다. 여인이 사랑하거나 미워할 때 두려워해야 한다는 것이다. 여인은 사랑할 때 사랑 하나에 모든 것을 걸고, 미워할 때는 여인의 영혼이 사나워져 사악한 사내의 영혼과 달리 시샘과 미움 등으로 가득해 고약(열악)해지기 때문이다. 여인의 정서가 요동치는 수면의 물길이라면, 사내의 심정은 지하동굴에서 격렬하게 요동치는 심해의 물길이다. 그런 의미에서 여인의 정서는 표면이다. 여인은 사내의 깊은 심정을 이해하지 못한다. 이제 표면의 물결에 깊이를 더하면 된다. 온 사랑을 기울여 과업을 향한 사내의 명령에 복종해 받아들이면 된다. 여기서 여인은 "그는 원한다"고 말하며, 그럴 때 여인에게 세계는 완성된다.

차라투스트라의 여인 이야기는 여기까지였다. 늙은 여인이 듣기에도 실로 놀라운 지혜였다. 여인들에게는 불가능한 것들이 없기 때문이 아닐까?《신약》〈루가의 복음서〉1장 37절에 신에게는 불가능한 것이 없다는 말이 나오는데 그 말을 패러디한 물음이었다. 차라투스트라의 여인 이야기에 탄복한 늙은 여인은 그에게 감사의 표시로 진리 하나를 선물로 주었다. 선물은, 그가 준 진리가 요란한 녀석이니 천으로 잘 감싸 입을 막아야 한다는 충고와 함께 여인들에게 가려면 채찍을 잊지 말라는 당부였다.

그러면 여인에게 가려면 채찍을 잊지 말라는 늙은 여인의 당부를 어떻게 받아들여야 하나? 해석에 논란의 여지가 있는 당부다. 실제 여러 해석이 있다. 해석은 무엇보다도 이때의 여인이 무엇을 가리키는가에 따라 달라진다. 문맥으로 보아 진리를 가리킨다고 보는 해석이 유력하다. 진리를 건네주면서 한 당부인 데다 그 진리가 갓 세상에 나와 어린아이처럼 버릇이 없어 너무 요란하게 소리를 질러대니 입을 막아야 한다는 충고와 함께 채찍을 주었으므로 설득력이 있다. 독일어에서 여인Frau과 진리Wahrheit는 모두 여성명사다. 문맥에서만이 아니다. 니체는 다른 곳에서도 진리를 여성으로 형상화한 일이 있다.《즐거운 학문》부록에 나오는 시 〈남녘〉에서였다. "망설이며 고백하건대, 나—북녘에서—끔찍하게도 여인 하나를 사랑했노

라. … '진리'라 불리는 늙은 여인을…."[85]

생명과 지혜를 가리킨다고 볼 수도 있다. 차라투스트라는 2부 〈춤에 부친 노래〉에서 생명을 변덕스럽고 사나운 여인으로, 지혜를 버릇없고 불성실한 여인으로 묘사하게 된다.

채찍Peitsche의 의미도 생각해보아야 한다. 채찍이 사람이나 가축을 호되게 다룰 때도 쓰이지만, 더 흔하게는 소나 말에게 길을 잡아주고 서두르도록 촉구하거나 겁을 주어 길에서 벗어나지 못하게 할 때 쓰인다. 응징이 아니라 다스리는 데 쓰이는 것이 채찍이다. 그 점이 주로 응징의 목적에서 손에 드는 회초리Rute와 다른 점이다.

그다음으로 생각해볼 것은 진리다. 갓 세상에 나왔다고는 하지만 어린아이처럼 버릇이 없는 진리도 있는가? 늙은 여인이 차라투스트라에게 전해준 진리는 남녀의 역할에 관한 것으로서, 같은 생각을 하던 니체에게는 새로울 것이 없었다. 그러나 그 바닥에 있는 것은 약자의 인위적 도태를 내용으로 한 우생학적 고려로서 당시로서는 새롭고 충격적인 것이었다. 그 무렵 세상에 갓 나온 우생학은 격하게 진행되던 진화 논쟁의 불길에 기름을 부었다. 인류에 반하는 것으로 비치면서 곳곳에서 파문을 일으켰다. 철이 들지 않은 아이처럼 온 세상을 헤집고 다니면서 분란을 일으켰다. 버릇이 없었던 것이다. 우생학에서 보면, 시대가 그것을 수용할 만큼 성숙하지 못했다. 늙은 여인의 충고는 그러니 서둘지 말고 때를 기다리고, 채찍으로 그 진리를 다스려 그때까지 함부로 소리를 지르지 못하게 하라는 것이었다.

여인과 채찍을 말 그대로 여인 그리고 채찍으로 보는 해석도 있다. 바로 바이헬트의 해석이다. 그는 여인은 자신을 사로잡아 명을 내릴 만큼 거칠망정 전사다운 사내를 좋아한다는 점, 그의 말로 하면, 여인은 잡은 것을 놓지 않을 만큼 굳고 단호한, 그리고 난폭하기까지 한 사내의 의지를 보고자 한다는 점을 환기시킨다. 여기서 채찍은 그런 사내의 의지를 드러내주는 상징적인 도구로 해석된다.[86] 미래 인간의 산출을 위해 수단이 되어 헌신하겠다는 사내의 의지를 드리내는 도구인 것이다.

여인과 채찍은 여전히 쟁점이 되고 있지만, 그 의미를 되새겨보도록 하는 의미심장한 자료가 하나 있다. 니체가 남긴 사진 한 장이다. 이 글을 쓰기 열 달 전쯤 니체는 친구 레와 자신이 마음에 두었던 여성 살로메와 함께 사진관에 가서 사진을 찍은 일이 있다. 그가 연출한 것으로서, 그와 레가 앞에서 수레를 끌 채비를 하고 살로메가 뒤편 모서리 가까이서 몸을 굽힌 채 꽃으로 장식한 채찍을 들고 있는 사진이다.[87] 이 사진이 말해주는 것은 무엇인가? 미래를 향해 세상을 끌고 가는 것은 사내들이지만, 그 사내들에게 목표를 제시하고 그 목표를 향해 가도록 다그치는 것은 여인들이라는 것이 아닌가?

사회사적 관점의 해석도 있다. 민주화의 흐름 속에서 왜곡된 평등사상이 불러온 남녀의 중성화, 그에 따라 불투명해진 인류 미래에 대한 우려에서 니체가 새삼 차라투스트라를 통해 남녀 역할을 분명히 하고자 했다는 해석이다. 바로 루도비치의 해석이다.[88] 여성은 더욱 여성다워지고 남성은 더욱 남성다워져 주어진 역사적 소명을 다하라는 해석이다. 실제 니체는 남성의 여성화에 따른 여성의 남성화를 문제 삼기도 했다.[89]

앞으로도 이 부분의 해석을 둘러싼 논란은 계속될 것이다. 다만 분별 있는 독자의 세계에서는 늙은 여인의 당부가 여성을 채찍으로 다스리라는 반여성적 망언으로 해석되는 일은 없을 것이다.

174

살무사의 기습에 대하여

어느 무더운 날이었다. 차라투스트라는 무화과나무 그늘에서 낮잠을 자고 있었다. 한참 자고 있을 때였다. 살무사 한 마리가 다가와 그의 목덜미를 물었다. 차라투스트라는 놀라 소리를 지르며 벌떡 일어났다. 아팠다. 뱀은 뱀대로 그 소리에 놀라 서둘러 도망치려 했다. 그런데 이게 웬일인가. 도망을 치려는 뱀에게 차라투스트라가 고맙다고 인사를 하는 것이 아닌가. 갈 길이 먼 그를 제때 깨워주어 고맙다는 것이다. 거기에다 뱀에 물려 죽은 용이 없거니와 가진 독 또한 넉넉지 못할 터이니 독을 다시 거두어들이라고 말해주는 것이 아닌가. 독을 아끼라는 말이었다. 그 말에 살무사는 차라투스트라의 목덜미에 난 상처를 핥아 독을 거두어들였다. 이는 차라투스트라가 제자들에게 들려준 이야기였다. 이야기를 듣고 난 제자들은 이 이야기로 차라투스트라가 무엇을 말하려는지가 궁금했다. 이에 차라투스트라는 제자들에게 이렇게 말해주었다.

　악행은 악행으로 응수해야 한다. 그것이 정의다. 악행을 선행으로 갚는 것은 악행을 저지른 사람을 부끄럽게 만드는 일이다. 진정한 전사는 적에게 온정이나 포용을 베풀지 않으며 그런 것들을 바라지도 않는다. 싸움을 걸어오는 자에게는 싸움으로 응수해주는 것이 전사의 예의다. 거기에다 적의 악행에는 좋은 것도 있다. 살무사가 차라투스트라에게 그리했듯이 사람을 제때 깨워 갈 길을 가도록 하기도 하기 때문이다.

악을 선으로 갚아 상대를 부끄럽게 만드는 자들이 있다. 수치심을 모르는 뻔뻔한 자들이다. 예수는 《신약》〈마태오의 복음서〉 5장에서 "누군가가 네 오른뺨을 때리면 왼뺨을 대주라. … 원수를 사랑하고 너를 핍박하는 사람을 위해 기도하라"고 가르쳤다. 바울도 《신약》〈로마인들에게 보낸 편지〉 12장에서 "너를 핍박하는 자를 축복하라. 축복하고 저주하지 마라. … 아무에게도 악을 악으로 갚지 말고 모든 사람 앞에서 선을 행하라"고 했다. 화를 내는 사람을 웃음으로 맞이하고 해코지하는 사람을 너그럽게 포용하라는 것인데, 이 얼마나 상대를 능멸하는 행위인가. 이것이야말로 적을 겨냥한 한층 더 교활한 복수가 아닌가.

불의는 불의로, 앙갚음은 앙갚음으로 갚아주어야 하며 저주는 저주로 맞서야 한다. 그렇게 하는 것은 인간다운 일이다. 부족함이 없는, 넉넉한 사람만이 할 수 있는 고상한 일이기도 하다. 나누어진 불의는 절반의 의라는 것을 명심해야 한다. 이는 슬픔은 나누면 반이 된다는 말을 빗대어 한 말이다. 오늘날 무엇을 정의로 여기는지 생각해볼 일이다. 정의를 구현한다는 사람들을 보면 알 수 있다. 판관을 예로 들어보자. 판관들은 무엇보다도 공평무사를 다짐한다. 그래서 두 눈을 가린 채 저울을 들고 있는 정의의 여신을 앞세운다. 이 얼마나 가소로운 일인가. 공평무사라는 것이 어디 있는가. 우리가 사는 이 세상에서는 상황에 따라 선이 악이 되고 의가 불의가 되는 역설적인 일이 끝없이 일어난다. 그런 세상 어디에도 없는 것이 절대 선과 악, 그리고 절대 의와 불의다. 그런 세상에서 공평무사라니 가당치도 않은 이야기다. 거기에다 눈까지 가리고 있으니 눈뜬장님이 아닌가.

진정 정의로워지려면 눈을 똑바로 뜨고 달라지는 상황에 주목해야 한다. 눈먼 정의는 정의가 아니다. 정의를 추구하되 그 위에 사랑이 있다는 것을 명심하라. 진정한 사랑은 징벌과 죄책까지 맡아 짊어질 수 있는 원대한 것으로서 징벌과 죄책을 뛰어넘는다. 그 앞에서는 판관들을 제외한 모든 사람이 무죄다.

그러면 살무사에게 베푼 차라투스트라의 선행을 어떻게 이해해야 하나? 그를 살려두었을 뿐만 아니라 독까지 거두어들이도록 했으니, 차라투스트라의 말대로라면 정의롭지 못한 일이 아닌가. 오히려 살무사를 물어 악행으로 응수해야 하지 않는가? 불의까지도 정의로 받아들이는 눈멀지 않은 사랑 때문인가? 그렇지 않다. 살무사는 차라투스트라에게 처음부터 맞수가 되지 않았다. 어찌 그가 살무사를 상대로 새삼 정의니 불의니 운운하겠는가. 그는 살무사에게는 용과 같은 존재였다. 하찮은 뱀에게 이빨을 드러내는 것은 용의 품격에 맞는 일이 아니다. 거기에다 갈 길이 먼 그를 제때에 깨워주지 않았던가. 그 하나만으로도 고마운 일이다. 용을 물었으니 망정이지 아직 용이 되지 못한 은자를 물었다면 어찌 되었을까? 은자는 달려들어 철저하게 앙갚음을 했을 것이다. 어쩔 수 없이 물었다면, 은자를 아예 죽여버리는 것이 좋다.

아이와 혼인에 대하여

정의의 문제에 앞서 사내와 여인에게 주어진 소임을 일깨워준 차라투스트라는 혼인과 아이 이야기로 돌아와 이야기를 이어갔다. 인간의 희망은 단연 미래에 있다. 이것이 인간이 대를 이어가야 할 이유다. 그러나 대를 잇는 것 하나만으로는 의미가 없다. 더 나은 미래를 위해 인간을 개량해가야 한다. 우리는 이 부분에서 진화론 일반과 다윈이 진화 메커니즘의 하나로 제시한 선택이론, 그리고 골턴의 우생학을 다시 만난다.

생명체는 자연선택을 통해 지금까지 진화해왔다. 그래서 '선택' 하면 우리는 먼저 자연선택을 생각하는데 거기에는 문제가 있다. 문제는, 인간 진화를 자연에 맡겨두면 위버멘쉬라는 구체적 목표에서 빗나갈 수 있고, 빗나가지 않더라도 너무 많은 시간이 요구된다는 점이다. 10만 년이 부족할 수도 있다. 그러면 그 기간을 앞당겨 주어진 시간 안에 주어진 목표에 이를 수는 없을까? 이때 니체가 생각한 것이 자연이 해온 선택을 인간이 떠맡아 목표를 분명히 하는 한편 시간을 단축하는 길이었다. 앞의 〈늙은 여인네들과 젊은 여인네들에 대하여〉에서 소개한 우생학적 고려로서, 이 글을 쓸 무렵 니체는 골턴의 우생학을 알고 있었다. 이후 골턴에 대한 글들이 나오는데, 그것은 한 해 뒤인 1884년의 일이었다.[90] 골턴이 주장한 우생학의 골자는 바람직한 형질을 타고난 남녀에게 생식의 기회를 주고, 그렇지 못한 남녀에게는 그 기회를 제한하거나 박탈함으로써 인간을 개량해가자는 것이었다.

인간은 지금까지 앞을 향해 생식을 해왔다. 대를 잇는 것이 전부였기 때문이다. 생식이 수평으로 진행된 것이다. 그러나 생명의 세계에는 진화와 퇴화가 있을 뿐, 수평으로 진행되는 대 잇기는 있을 수 없다. 그런 대 잇기는 단순한 종의 보존을 염두에 둔 것으로서 진화의 세계에서는 퇴화를 의미할 뿐이다. 인간이 퇴화하지 않으려면 위를 향해 생식해야 한다. 그러니까 더 우수한 자녀를 선택적으로 낳아 양육함으로써 인간 상승의 길을 터야 한다. 이때 결정적인 것이 남녀의 결합이다. 여기서 우리는 혼인의 의미와 함께 남녀에게 주어진 역할을 되새겨보게 된다.

혼인에서 매개가 되는 것은 남녀 간의 사랑이다. 왜곡된 혼인도 더러 있지만, 정상적인 것이 아니기 때문에 여기서는 논외다. 사랑은 감미롭다. 그리고 그 힘은 뿌리치기 어려울 만큼 강하다. 그러나 그것은 황홀한 비유일 뿐, 진화와 퇴화의 갈림길에 서 있는 우리에게는 사치다. 위를 향해 생식해야 한다는 엄중한 사명을 앞에 두고 있는 우리에게는 그럴 여유가 없다. 우리는 먼저 어버이가 될 자격이 있는지, 그렇게 인류의 진화에 기여할 준비가 되어 있는지 자문해보아야 한다. 자기극복을 위한 우리 자신과의 싸움에서 승리를 거두었는지, 삶의 주체로서 자신을 스스로의 지배 아래 두고 있는지, 저열한 욕정에 빠지는 일이 없을 만큼 관능을 다스릴 줄 아는지, 추구하는 덕(목표)을 가졌는지를 스스로에게 물어보아야 한다.

그런 자격과 준비가 되어 있지 않은 상태에서 사랑이니 뭐니 해가며 서둘러 혼인을 하는 사람들이 우리 주변에는 많다. 사랑이란 그러나 구실일 뿐이다. 그런 혼인은 내면의 저열한 동물적 욕망을 이겨내지 못했거나 너무 외로워서, 그것도 아니면 자신과의 불화를 견뎌내지 못해서 하는 단순한 결합일 뿐이다. 그러면서 하늘이 맺어주었다거나[91] 천생연분이니 뭐니 해가며 떠들어대니, 이 얼마나 구차한 영혼들인가. 그처럼 이것저것 생각하지 않고 맺는 혼인은 반역사적 결합에 불과하다. 그런 자들에 비한다면 인간 진화에 걸림돌이 된다는 판단으로 진화의 대열에서 물러나려 한 저 창백한 범죄자의 결단은 얼마나 가상하며, 그의 품격은 또 얼마나 고매한가?

혼인은 당사자들보다 뛰어난 사람 하나를 낳으려는 남녀의 의지에서 맺어져야 한다. 최초의 운동, 제힘으로 돌아가는 바퀴로서 더욱 숭고한 신체를 산출해내려는 의지에서 말이다. 달리 말해 창조자의 길을 갈 아이들을 창조해야 한다. 그리되면 아이들은 그 같은 어버이의 위업을 기리는 살아 있는 기념비가 될 것이다. 오늘날 얼마나 많은 사람이 그 엄중한 의미를 새겨보고 혼인을 하는가? 대체로 눈이 멀어 앞뒤를 생각해보지 않은 채 암수 짐승들이 서로에게 달려들듯 덤벼들고 있지 않은가. 그런 사람들에게는 고뇌하는 신, 앞으로 태어날 아이들은 안중에도 없다. 혼인을 어떻게 미화하든, 그와 같은 혼인은 바보짓이다. 한때의 어리석음으로 인류대사를 그르치고 있다는 것을 혼인 당사자들은 모른다.

황홀한 비유에 불과하지만 남녀 간의 사랑은 매우 격렬해 물불을 가리지 않는다. 그렇다 보니 사랑에 눈먼 사람들은 주도면밀하지 못하다. 물건을 살 때 상인들은 자루를 열고 살 물건을 요모조모 살펴본다. 득실을 계산하며 저울질해보는 것이다. 혼인도 그래야 한다. 그흔한 사랑에 눈이 멀어 됨됨이를 확인하지 않고 아내를 맞이하는 것은 열어보지도 않고 물건을 자루째 사는 것과 같다.

사랑 자체를 문제 삼는 것은 아니다. 진정한 것이라면 사랑은 좋기도 하고 바람직하기도 하다. 그러나 그것은 자신을 넘어 인류의 미래를 사랑할 때, 자신의 목표를 동경해 사모할 때, 그것을 위해 희생의 제물이 될 각오가 있을 때의 이야기다. 그런 사랑은 감미롭지 않다. 황홀하지도 않다. 결단과 투쟁, 그리고 책임을 함께하는 것으로서 오히려 그 맛이 쓰다. 위버멘쉬가 되려면 사랑의 쓴잔도 마셔야 한다. 앞으로는 더 밝은 미래를 구축하려는 창조적 갈망과 위버멘쉬를 향한 동경이, 그리고 후대에게 그런 목표를 향한 화살이 되어주겠다는 의지가 혼인의 이유여야 한다. 그럴 때 혼인은 인류 미래를 위한 화원으로서 신성한 것이 된다.

자유로운 죽음에 대하여

추구하는 목표가 있는 데다 그 목표를 상속할 자까지 두고 있는 사람은 곧 죽는다 해도 여한이 없다. 그런 사람은 상속자에게 길을 터주고 그렇게 자신의 생을 완성하고자 오히려 죽음을 기다리기까지 한다. 그렇다고 서두르지는 않는다. 다만 때를 놓치지 않으려 애쓸 뿐이다. 그런 사람은 죽음과 죽음의 두려움에서 자유롭다. 그 같은 죽음이 자유로운 죽음이다.

생의 정상에 이른 사람이 맞이하는 자유로운 죽음은 그 자체가 축제다.[92] 그런 축제가 죽음에 대한 두려움으로 삶에 매달리는 사람들에게는 가책이 된다. 가시가 되어 마구 찔러댈 것이다. 다른 한편, 나도 그렇게 죽으리라는 언약이 되기도 한다. 자유로운 죽음이 최선의 죽음이다. 차선은 정상을 향한 투쟁에서 전사로서 죽는 것, 그렇게 위대한 영혼을 남김없이 써버리는 것이다.

제때에 죽도록 하라는 가르침이 있지만 그런 가르침은 존재할 가치가 없는, '많은—너무나도—많은 자들'에게는 낯설게 들린다. 그런 자들은 철이 지났는데도 마지막 순간까지 나뭇가지에 매달린 채 썩어가는 과일과 같다. 지푸라기와 다를 바 없는 삶을 놓지 못해 끝까지 버티는 것이다. 썩어가는 과일에는 늦가을의 차고 거센 바람이 약이다. 발 빠른 죽음을 설교하는 자들이 바로 그런 바람이다. 죽음을 재촉하는 자들, 이를테면 염세주의자와 허무주의자들 말이다. 그런데 들려오는 것은 느릿느릿 찾아오는 죽음, 곧 삶을 참고 견뎌내라는 설교뿐이니 어찌하겠는가.

너무 일찍 죽는 사람들도 있다. 익기 전에 떨어지는 과일처럼 삶을 제대로 살아보지 못한 채 죽어가는 사람들이다. 그런 사람 가운데 하나가 역설적으로 느릿느릿 찾아오는 죽음을 설교하는 자들이 숭배하는 예수다. 예수는 미숙했다. 그가 히브리인들의 눈물과 우울, 그리고 증오를 이겨내고 끝내 성숙한 삶의 단계에 이르렀다면 그는 죽음을 동경하는 대신 자신의 설익은 복음을 모두 거두어들였을 것이다. 그는 그럴 만큼 고결한 인품을 지녔다. 그러나 그는 너무 일찍 죽어갔고, 그의 때 이른 죽음은 후대에 씻지 못할 화가 되었다.

죽음이 생과 대지에 대한 모독이 되어서는 안 된다. 그것은 축제여야 한다. 차라투스트라는 이제 그런 죽음을 보여주려 한다. 몸소 생을 완성하는 명예로운 죽음을 맞이하려는 것이다. 그에게는 위버멘쉬라는 목표가 있었다. 이제 그 목표를 상속할 제자까지 두었으니 무엇을 더 바라겠는가. 그는 이제 자신을 낳아준 대지의 품속으로 돌아가 승리를 확신하며 안식하고자 한다. 그의 죽음은 축제가 될 것이다. 그런 그도 눈을 감기 전에 보고 싶은 것이 하나 있다. 그의 제자들이 그가 제시한 목표, 곧 황금 공을 받아 뒤따르는 세대에

던져주는 모습을 직접 보고 싶은 것이다. 그래서 그는 그때까지 잠시
세상에 머물 생각을 하고는 제자들에게 용서를 구했다.

베푸는 덕에 대하여

1

세상에 조금 더 머물기로 한 차라투스트라는 자유로운 죽음에 대한 가르침을 끝으로 그가 마음에 들어 했던 도시 '얼룩소'를 떠났다. 떠나기에 앞서 제자들이 그에게 작별 선물로 지팡이 하나를 건넸다. 금으로 된 손잡이에 태양을 휘감고 있는 뱀이 새겨진 지팡이였다.[93] 그 모양으로 보아 전령의 신 헤르메스와 의술의 신 아스클레피오스의 지팡이, 그리고 모세가 들었던 치유의 장대를 떠오르게 하는 지팡이였다.[94] 생에 적대적인 질환으로부터 인류를 치유하고자 힘써온 차라투스트라였으니 더할 나위 없이 좋은 선물이었다. 그는 마지막으로 지팡이에 몸을 의지한 채 금에 비유해 최고의 덕에 관한 이야기를 들려주었다.

사물 가운데 금 이상으로 가치가 있는 것은 없다. 흔치 않은 데다 도구로서 그 쓰임새를 따로 갖고 있지 않기 때문이다. 사물의 가치는 그 쓰임새에 따라 평가된다. 칼은 뭔가를 자르고 찌르는 데 그 쓰임새가 있다. 날이 무뎌져 그 쓰임새를 잃으면 그것은 더 이상 칼이 아니다. 쇠붙이에 불과하다. 그러나 금은 그렇지 않다. 금이 유용하게 쓰일 때도 있지만 드문 경우이고, 그 때문에 금이 가치를 띠는 것은 아니다. 금의 가치는 내제적이어서 가치의 근원이자 척도가 될 뿐, 다른 것으로부터 그 가치를 부여받거나 평가되지 않는다. 즉 금의 가치는 부가적인 것이 아니라 본질적인 것이다. 그래서 금은 어떤 경우에도 금이다.

금은 빛을 무한히 선물한다. 대가는 바라지 않는다. 달과 해 사이에 평화를 가져오는 것도 금의 광채다. 해는 빛을 선물하고 달은 그 빛을 받아 평화롭게 되비추어준다. 우리가 추구해야 할 최고의 덕도 이와 같다. 베풀 뿐이다. 그와 같은 덕이 바로 베푸는 덕이다. 덕에는 반대로 그것을 수단으로 삼아 뭔가를 얻어내려는 도둑 같은 것도 있다. 명성 등 사회적 승인이나 사후 보상 따위를 얻기 위한 세상의 덕이 그런 것이다. 그런 덕 뒤에는 도둑고양이나 늑대 같은 이기적 욕심이 있다.[95] 도덕군자연하는 사람들이 내세우는 것으로서 진정한 덕이 아니다.

진정한 덕은 빛을 쏟아내는 태양처럼 베풀 뿐이다. 그렇게 자신의 잔을 비운다. 그러고는 다시 그 잔을 채운다. 또다시 베풀기 위해서다. 베풀려면 먼저 베풀 것을 갖고 있어야 하기 때문이다. 이때 보석과 보물들을 자신의 영혼 속에 넉넉히 확보해두어야 한다. 필요하다면 강탈을 해서라도 그렇게 해야 한다. 이때의 강탈은 베풀기 위한 것으로서, 단지 제 것으로 만들려는 탐욕스러운 이기심에서 하는 것이 아니다. 탐욕스러운 이기심은 자신의 욕심을 채울 뿐 베풀 줄을 모른다. 영혼이 굶주려 있거나 병들어 있는 자들이 불태우는 혐오스러운 이기심이 그런 것이다. 차라투스트라는 앞의 이기심을 건전하며 신성한 이기심으로 부르는 한편, 뒤의 이기심은 병든 이기심으로 불렀다. 건강한 이기심과 병든 이기심에 관한 이야기는 3부 〈악 셋에 대하여〉에 다시 나온다.

병든 이기심은 퇴화의 징후다. 그 속에 도사리는 도둑 같은 탐욕은 이미 신체가 병들어 있음을 말해준다. 병든 신체로 무엇을 하겠는가. 생명체는 신체로 산다. 그만큼 중요한 것이 신체다. 우리가 가는 길은 인간이라는 종種을 넘어 더 높은 종을 향해 나 있다. 우리의 심성은 위를 향해 날아간다. 그것이 신체의 비유요, 상승의 비유로서 곧 우리가 추구해야 할 덕이다. 우리의 신체는 생성과 투쟁으로 되어 있다. 그렇게 신체는 역사를 가로질러 앞으로 나아간다.

그러면 정신은 무엇이지? 여기서 차라투스트라는 다시 신체와 정신의 문제로 돌아온다. 앞의 〈신체를 경멸하는 자들에 대하여〉에서 그는 정신을 신체의 도구이자 놀잇감 정도로 받아들였다. 신체를 큰 이성, 정신을 작은 이성으로 부르기까지 했다. 정신이 문제가 될 때는 그것이 제 푼수를 모르고 신체를 지배하려 들 때다. 정신이 제자리로 돌아가 소임대로 신체를 보필한다면, 그것은 신체 나아가 생의 고양에 크게 기여할 것이다. 즉 신체가 벌이는 싸움에서 전우가 되고, 신체의 승리를 전하는 전령사가 되는가 하면, 신체를 되비추는 메아리가 되고 주체가 되어 생을 사는 신체에게 큰 도움을 줄 것이다. 그런 정신에게도 들려줄 말이 있다. 직접 말해주는 것이 아니라 때때로 비유로 뭔가를 말해주는데, 흘려듣지 말 일이다. 그 안에 덕의 근원이 있고, 그와 함께 신체는 고양되고 소생하기 때문이다. 신체는 신체대로 그 같은 고양과 소생을 경험하면서 맛보는 환희를 느끼며 그 환희로써 정신을 매료시켜 정신으로 하여금 창조하는 자, 평가하는 자, 사랑하는 자, 은혜를 베푸는 자가 되도록 한다.

덕의 근원은 또 있다. 너의 심정이 주변 사람들에게 축복이자 위협이 될 만큼 흘러넘칠 때, 세평에 초연해 있고, 억압이 아니라 사랑하는 마음으로 사물들을 대할 때, 일상의 안일에서 멀리 벗어날 때, 그리고 하나의 목표만을 추구함으로써, 온갖 곤궁에서 벗어나 그 하나로 전환할 때(곤궁의 전환), 그 전환을 필연으로 받아들일 때, 거기에도 덕의 근원은 있다. 그와 같은 것들이 새로운 덕이 되고 힘이 되며 모든 생각을 지배하는 주도적인 생각이 되어야 한다. 앞으로는 신앙이나 금권이 아니라 이 새로운 덕이 세상을 지배해야 한다. 깨달음의 뱀이 황금빛 태양을 둘러싸고 있듯 벌써 총명한 사람들이 그 덕을 옹위하고 있지 않은가.

2

잠시 숨을 고른 차라투스트라는 이야기를 계속해갔다. 작별하는 자리였던 만큼 지금까지 가르쳐온 것들을 떠올려가며 제자들에게 이 것저것 당부했다. 온 힘을 기울여 대지에 충실하되 저편에 또 다른 세계가 있다는 망상 따위에 현혹되는 일이 없도록 하라는 것이다. 지금까지 얼마나 많은 덕과 정신이 천상의 세계로 오르려다 망상의 벽에 부딪혀 추락하고 말았던가. 아예 길을 잃은 채 어디론가 날아가버리지 않았던가. 아직도 신체에 그 같은 망상이 자리 잡고 있으니 조심할 일이다. 당부는 이어져, 추락하거나 날아가버린 덕이 있고 정신이 있다면 더 늦기 전에 저들이 이 대지와 신체로 돌아오도록 하라는, 그렇게 이 대지에 인간적인 의미를 부여하라는 것이다.

이야기는 계속되었다. 신체는 진정한 앎을 통해 정화되며 그렇게 자신을 드높여간다는 것, 진정한 인식에는 치유의 힘이 있어 무지와 실수로 얼룩진 병든 신체를 건강하게 만든다는 것, 그와 함께 신체와 그에 뿌리를 둔 모든 충동은 신성한 것으로 거듭난다는 것이다. 신체는 그렇게 정화된다. 그러니 먼저 신체부터 돌보아야 한다. 여기서 차라투스트라는 충고를 잊지 않았다. 신체의 병으로 고통받는 사람이 있으면 도와주되, 그런 사람에게 의사가 되어주려면 먼저 자신의 건강을 돌보는 것이 순서라는 충고였다. 병들어 신음하는 의사의 말을 누가 믿겠는가. 《신약》 〈루가의 복음서〉 4장 23절에도 같은 말이 나온다.

아직 건강에 이르는 길은 있다. 그것도 천 개나 된다. 발견되지 않았을망정 생명의 섬도 많다. 거기에다 미래도 밝아오고 있다. 이제 이 대지는 치유의 장소가 되어야 한다. 처방은 대지, 곧 자연으로 돌아와 그 뜻에 합당한 삶을 사는 것이다. 고독 속에서 치유의 길을 가는 사람들이 하나둘 나오고 있으니 고무적이 아닐 수 없다. 앞으로는 더욱 많은 사람이 그 대열에 합류해야 한다. 그리하여 민족을, '선택된 민족(선민)'을 이루어야 하며 그 민족에게서 많은 위버멘쉬가 나와야 한다.

3

여기까지 말하고 나서 차라투스트라는 입을 다물었다. 그러나 그것도 잠시, 그는 다시 입을 열었다. 이번에는 스승과 제자의 관계에 관한 이야기였다. 누구는 영원히 제자로 머문다면 그것은 스승을 욕되게 하는 일로서, 스승에 대한 도리가 아니다. 제자라면 정진하여 스승을 뛰어넘어야 한다. 스승의 보람은 거기에 있다. 그리고 그것이 제자가 스승에게 해야 할 보답이다. 물론 스승의 권위는 인정해야 한다. 다만 그 권위가 제자들에게 걸림돌이 될 수도 있다는 점만은 잊지 말아야 한다. 그러니 스승의 권위로부터 자신을 지킬 줄도 알아야 한다.

차라투스트라는 이쯤에서 뒤에 남겨둘 그의 제자들을 생각해보았다. 아직은 그를 추종하는 일이 전부인 자들이 아닌가. 그의 가르침에 귀의한 것 하나만으로도 가상한 일이지만, 언제까지 제자로 머물 것인가? 차라투스트라는 그런 제자들이 안쓰러웠다. 그리하여 제자들에게 이제 스승인 그를 버리고 한 사람 한 사람 자신의 길을 찾아 나설 때라고 말해주었다.[96] 덧붙여 제자들 모두가 스승인 그를 뛰어넘어 자신들만의 길을 갈 때, 벗으로서 다시 저들에게 돌아오겠다고 약속했다. 동반자로 돌아와 저들과 함께 깨달음의 태양이 중천에 떠 있을 위대한 정오를 기리겠다는 것이다. 진정한 스승만이 할 수 있는 약속이다. '청출어람靑出於藍'을 일깨우고 촉구하는 이 약속은 《이 사람을 보라》〈서문〉 4에 마지막 소절을 제외하고 다시 나온다.

칸트는 평소에 그의 가르침을 받아들이는 일에 열심인 제자들에게 그로부터 철학이 아니라 철학을 하는 방식을 배우도록 권하고,

남의 사상에 기대는 대신 제 발로 서라고 충고했다고 한다. 제자들에게 그의 철학이 아니라 그가 어떻게 철학을 하는지 그 방법과 자세를 배우도록 일깨운 것이다. 칸트와 같은 스승에는 소크라테스도 있었다. 그는 자신의 사상을 강요한 독단론자가 아니었다. 그는 자신의 역할이 한 사람 한 사람 사람들을 일깨워 사상을 잉태하고 분만하도록 도와주는 일에 있다고 보았다. 그런 그가 자신을 따르는 사람들에게 요구한 것은 각자가 자기 자신을 알도록 애쓰라는 것, 바로 "너 자신을 알라"는 것이었다. 차라투스트라가 원한 것도 제자가 아니라 함께 길을 갈 길동무였다. 그의 소망은 모두가 위버멘쉬가 되는 것이었다.

말을 모두 마친 차라투스트라는 제자들을 뒤로하고 산속 자신의 동굴로 돌아갔다. 《차라투스트라》의 1부는 이렇게 끝났다. 이 무렵 니체는 제노바에서 멀지 않은 라팔로에 머물렀다. 건강 문제로 대학에서 물러난 뒤 4년째 되던 해였다.

2부

거울을 들고 있는 아이

산속 동굴로 돌아간 차라투스트라는 자신이 저 아래 세상에서 편 가르침이 싹을 틔워 무럭무럭 자라기를 초조하게 기다렸다. 그렇게 달이 가고 해가 가면서 그의 지혜 또한 자라나 또다시 터질 듯 통증을 주기 시작했다. 게다가 할 말이 많이 남아 있는 터에[1] 활짝 펴 베풀던 손을 다시 오므리고 있자니 그것도 어려웠다. 부끄럽기까지 했다. 그러던 어느 날 그는 꿈을 꾸었다. 어떤 아이가 들여다보란 듯이 거울을 들고 다가오는 꿈이었다. 거울을 들여다본 차라투스트라는 화들짝 놀라고 말았다. 그 속에는 자신이 아니라 험상궂은 얼굴로 비웃고 있는 악마 하나가 있었으니 꿈이 말해주는 것이 분명했다. 그가 없는 동안 그의 적들이 막 싹을 틔운 그의 새싹들을 짓밟아놓고는 보란 듯이 비웃고 있으며, 잡초가 자라나 밀 행세를 하면서[2] 그의 가르침을 왜곡하고 말았다는 것, 그러자 그가 사랑했던 벗들조차 그의 가르침을 부끄럽게 생각해 떠나고 말았다는 것이다.

놀란 차라투스트라는 잠자리를 박차고 일어났다. 서둘러 잃은 벗들을 찾아 나서야 했다. 마음이 급하고 어수선했지만, 마침 주체할 수 없을 만큼 자란 지혜를 나누어줄 기회가 왔다고 생각하니 설레기까지 했다. 그는 행복했고 그 행복으로 깊은 상처를 입고 있었다. 이럴 때 주변에 이런저런 이유로 불행한 삶을 사는 사람들이 있어 그와 넘치는 행복을 함께 나눈다면 그의 상처는 씻은 듯이 아물 것이다.

바다 저편 멀리에 섬들이 있고 거기에 그와 함께 행복을 나눌 사랑하는 벗들이 머물고 있을 터, 차라투스트라는 저 행복이 넘치는 섬들을 찾아 환성을 지르며 달려갈 참이다. 거기에는 그의 적들도 있을 것이다. 적들 또한 말 상대가 될 터이니 그도 나쁠 것이 없다. 그의 사랑은 이미 사방으로 조급하게 흘러넘치고, 그의 영혼 또한 '솨솨' 소리를 내며 아래로 흘러 떨어지고 있었다.

그가 사납기 짝이 없는 말에 올라 달리려 할 때 훌륭히 돕는 것이 있다. 바로 적을 향해 던질 창이다. 적들이 눈에 들어오면 창은 차라투스트라를 부추겨 서둘러 말에 오르도록 한다. 마침 적들이 눈에 들어왔다. 창을 던질 때가, 예리한 가르침으로 저들을 굴복시킬 때가 온 것이다. 마침 그의 지혜는 점점 높아가는 전압으로 힘들어한다. 곧 창을 내던지듯 번개가 내리쳐 암흑을 가르고 그와 함께 우박이 무섭게 퍼부을 것이다. 그러고 나면 전압은 낮아지고 그 또한 한결 가벼워지리라. 그렇게 지혜를 모두 쏟아내고 나면 차라투스트라는 숨통이 트일 것이다. 물론 그의 적들은 말할 것도 없고 벗들조차도 번개와 우박에 놀라 혼비백산해 도망치기에 정신이 없을 것이다. 적들이야 도망을 가든 말든 마음 쓸 것 없고, 벗들의 도망만은 막아야 한다. 이럴 때 목동처럼 피리를 불어 저 벗들을 되돌아오게 할 수 있다면 얼마나 좋을까.

산속에서 그가 터득한 지혜는 삶의 위안이자 격려가 되는 세상의 온화한 지혜가 아니다. 그의 지혜는 사납고 거칠다. 사자의 지혜여서 그렇다. 마침 그 사나운 지혜가 새끼를, 그것도 험준한 바위 위에서 뺐다. 지혜는 이제 태어날 새끼를 위해 연한 풀밭을 찾아 사방으로 달린다. 심장의 부드러운 풀밭 위에, 그의 지혜를 사랑으로 감싸 잠재워줄 영혼들을 찾아 달리고 있는 것이다.

행복이 넘치는 섬들에서

행복한 세계는 불행한 세계에서 불행한 삶을 사는 인간들의 손길이 닿지 않는 곳에 있기 마련이다. 그런 세계라면 섬이 제격이다. 이상향이 대체로 섬으로 되어 있는 것도 우연이 아니다. 토머스 모어의 유토피아도 섬이고, 베르길리우스의 이야기에 나오는 하계의 낙원 엘리시온도 태양의 강 끝에 자리한 섬이다. 허균의 홍길동이 세웠다는 이상국가도 율도라는 섬에 있다.

차라투스트라가 '얼룩소'를 마음에 들어 했지만 그곳의 삶이 행복해서 그랬던 것은 아니다. 다채로운 도시인 데다 여러 가능성이 있어 그런대로 나쁠 것이 없었을 뿐이다. 그러나 그곳 사람들의 반응은 냉담했고, 거기에다 저들에게 비웃음까지 샀으니 그가 마음 붙이고 머물 곳은 되지 못했다. 그에게 절실했던 것은 함께 행복을 나눌 벗들이었다. 어디에서 그런 벗들을 찾을 것인가? 이때 차라투스트라가 머리에 떠올린 것이 이 불행한 세상에서 멀리 떨어져 있을 행복한 섬들이었다. 그는 그렇게 불모의 사막 한가운데서 오아시스를 떠

198

올리듯, 불행한 세계 한가운데서 행복이 넘칠 섬들을 떠올렸다.

학자들은 니체가 나폴리 가까이에 있는 이스키아섬에서 행복이 넘치는 섬에 대한 발상을 얻었을 것으로 본다.[3] 이 글을 쓰기 직전인 1883년, 그 섬에 지진을 동반한 화산이 폭발했다. 섬은 초토화되었다. 지난날의 불행했던 유산을 모두 쓸어낸 재해였다. 섬에는 새로 시작할 일만 남았다. 이 사건이 과거의 생에 적대적인 유산을 남김없이 쓸어내고 역사를 새로 시작해야 한다고 말해온 니체에게 깊은 인상을 주었을 것이라는 주장이다.

차라투스트라는 마침내 마음속에 두었던 행복한 섬들을 찾아냈다. 그리고 그곳에서 고대하던 벗들을 만나 가르침을 폈다. 이런 가르침이었다. 한때 사람들은 광활한 바다를 앞에 두고 신의 위대함과 창조의 오묘함을 예찬했다. 이제는 신 대신에 위버멘쉬를 예찬해야 할 때다. 신은 억측일 뿐이 아닌가. 이 억측이 위버멘쉬가 되려는 우리의 의지를 꺾을 만큼 강력해서는 안 된다. 신은 처음부터 존재하지 않았다. 존재하지 않는 신을 우리는 창조해낼 수 없다. 그러나 위버멘쉬만은 창조할 수 있다. 우리 자신에게는 그럴 능력이 없을 수도 있다. 그렇다고 낙심할 일이 아니다. 우리가 아니라면 미래 세대가 그 일을 해낼 수 있을 것이기 때문이다. 자녀를 건강하고 우수하게 양육하기만 하면 된다. 그렇게 우리는 위버멘쉬의 조상은 될 수 있다.

신이란 생각 속에나 있는 존재다. 실제로 존재한다면 눈으로 보고 피부로 느낄 수 있어야 한다. 경험으로 그 검증이 가능해야 한다. 생각 속에 있는 것들은 상상 속 존재에 그친다. 신선이 그렇고 염라대왕이 그렇고 신이 그렇다. 상상 속에만 있는 존재는 참 존재, 곧 진리일 수 없다. 진리에 이르려면 검증 가능한 것을 추구해야 한다. 그런 추구가 진리를 향한 의지의 진정한 표현이다. 보고 느껴야 하되 먼저 그 같은 감각을 비판적으로 사유해야 한다. 그러고 나서 실제로 존재한다고 판명된 것으로 세계를 다시 구성해야 한다. 이럴 때 요구되는 것이 냉철한 이성과 이상(형상), 그리고 이상을 현실화하려는 단호한 의지와 세계에 대한 사랑이다. 그런 것들이 없다면 세계는 단순한 물체에 불과하다. 새로운 세계에 대한 희망 없이 우리는 어떻게 살아갈 것인가?

신이 생각 속에나 있는 억측이나 착상일 뿐이라면 그나마 다행이다. 문제는 신이 억측과 착상을 넘어 모든 것을 왜곡하는 등 인간의 창조의지를 꺾어 죽음으로 내몰아왔다는 데 있다. 사람들은 그런 신을 유일하며 완전한 불멸의 존재, 부동의 존재이자 충족적인 존재로 기려왔다. 한마디로 영원불멸한 절대자로 기려온 것이다. 그러나 우리가 사는 이 세계는 잠시도 쉬지 않고 변화하는 역동적 세계로서, 이 세계 어디에도 그런 존재는 없다. 운동이 있을 뿐이고 변화가 있을 뿐이다. 영원불멸이란 시간이 더 이상 흐르지 않고 변화무쌍한 삼라만상이 허상(거짓)으로 드러날 때나 생각할 수 있다. 그런데 시간은 엄연히 흐르고 또 변화무쌍한 것이 삼라만상이 아닌가. 그러니 앞으로는 영원불멸에 대한 환상을 버리고 불멸 대신에 생성을 이야기하며, 수시로 변하는 자연을 찬미하는 노래를 불러야 한다.

그런데도 이 변화하는 세계를 조롱이라도 하듯 불멸을 노래하는 자들이 있다. 시인 가운데 그런 자들이 많다. 실로 거짓말이 심한 자들이다. 그런 시인의 한 사람이 생성 소멸하는 세계의 한복판에서 신이니 영원히 여성적인 것이니 해가며 불멸을 노래한 괴테다. 괴테는 《파우스트》 2부 5막 끝 〈신비의 합창〉에서 "모든 덧없는 것은 한낱 비유에 불과하다"고 했다. 생성, 소멸하는 것들은 세계의 참모습이 아니라 비유에 불과하다는 것이다. 이에 차라투스트라는 괴테의 말을 뒤집어 "모든 불멸이란 한낱 비유에 불과하다"고 응수했다. 그리고 최상의 비유라면 "불멸이 아니라 시간의 흐름과 생성"을 이야기해주어야 한다고 했다. 니체는 이에 앞서 《즐거운 학문》 부록에 수록된 〈괴테에게〉라는 시에서 불멸을 노래하는 시인의 허사虛辭를 다룬 바 있다. 그리고 이 책 2부 〈시인들에 대하여〉와 4부 〈우수의 노래〉에서 그 허사를 다시 다루게 된다.

철학에서는 일찍부터 생성과 불멸의 문제를 두고 두 개의 관점이 맞서왔다. 헤라클레이토스는 세상에 변치 않는 것은 없다고 했다. 그는 불멸을 거부하고 변화를 실재로 받아들였다. 이에 맞서 파르메니데스는 변화란 시간과 공간 속에서 일어나는 현상으로서, 억견일 뿐 그런 현상을 일으키는 존재 자체는 불생불멸한다고 했다. 불생불멸하는 존재는 유일하고 완전하며 영원할 수밖에 없다. 니체는 헤라클레이토스 편에서 불멸을 거부했다. 힘에의 의지를 세계의 본질로 본 그로서는 자연적인 귀결이었다.

불멸하는 세계에는 더 이상 창조할 것이 없다. 모든 것이 이미 완성되어 있기 때문이다. 반대로 생성 소멸하는 세계는 끝없는 건설과 파괴로 이루어진 창조의 세계다. 인간도 마찬가지여서 인간이 삶의 방식으로 삼는 것도 끝없는 건설과 파괴다. 건설과 파괴에는 무수한 갈등과 고통이 따른다. 창조의지는 그런 산통을 마다하지 않는다. 오히려 그것을 자신의 숙명으로 받아들여 반긴다.

창조의지를 가진 우리는 지금 산통을 겪고 있다. 우리 내면의 온갖 감정이 고통스러워한다. 갇혀 있어 그렇다. 그런 감정에서 해방해주는 것이 바로 창조의지다. 창조의지는 창조를 통해 내면의 감정을 밖으로 모두 발산해준다. 폭발시켜주는 것인데, 그 순간 창조하는 자는 자신의 산고에서 벗어난다.[4] 그 점에서 의욕은 해방을 가져온다. 화가가 내면의 격한 감정을 그림에 쏟아냄으로써 그 감정에서 벗어나는 것처럼 말이다. 이때 창조의지는 생식 욕구와 생성 욕구를 가진다. 깨닫는 일에서도 우리가 느끼는 것이 그 같은 욕구다. 성서에서는 진리가 우리를 자유롭게 한다고 했지만[5], 진정 우리를 자유롭게 하는 것은 창조의지다.

차라투스트라는 그의 창조의지가 그를 사람들에게 내몰고 있다고 말한다. 사람은 조각가 앞에 놓여 있는 돌과 같다. 미완의 존재로서 무엇이든 될 수 있는 소재이자 가능성이라는 점에서 그렇다. 그 가능성이 현실화하지 못한 채 돌 속에 단지 형상으로 갇혀 있듯이, 아직 사람의 내면에 갇혀 있는 것이 자기극복의 가능성이다. 여기서 우리는 사람은 누구나 여래가 될 태胎를 갖고 있다는 여래장의 의미를 되새겨본다. 미켈란젤로는 조각을 할 때 심안으로 대리석 속에 갇혀 있는 형상을 보고는 그 형상을 끌어내고자 곧바로 망치로 정면에서 공격해 들어간 것으로 유명하다. 그는 조각가로서 그의 역할은 산파가 되어 분만을 돕는 데 있다고 보았다. 이제 차라투스트라는 사람이라는 돌을 가차 없이 깨부수어 위버멘쉬를 세상에 내놓으려 한다. 사람들 내면에 있는 가능성을 일깨워 모두가 위버멘쉬가 되게 하려는 것이다.

연민의 정이 깊은 자들에 대하여

사람은 빨간 뺨을 가진 짐승이다. 뺨이 빨간 것은 이런저런 일로 자주 얼굴을 붉혀왔기 때문이다. 다른 사람이 자신 탓에 얼굴을 붉히는 일이 없도록 마음 쓰는 사람이 있다. 그런 사람은 고뇌하는 사람을 보면 민망하고 딱하게 여겨 되레 자신이 얼굴을 붉힌다. 실로 고결한 사람이다. 그러나 그런 사람은 많지 않다. 오히려 다른 사람이 느낄 수치심에 아랑곳하지 않는 사람이 더 많다. 그런 사람은 때때로 창피를 주어 다른 사람이 얼굴을 붉히도록 한다. 실로 수치심을 모르는 뻔뻔한 사람이다.

수치심을 일으키는 것 가운데 연민의 정이 있다. 연민의 대상이 되는 사람은 그런 대상이 될 수밖에 없는 자신의 처지를 비관해 수치심을 느끼고 자존심에 깊은 상처까지 받는다. 그리고 그 정도가 심하면 그만큼 내면으로 움츠러든다. 반대로 연민의 정을 베푸는 사람은 베풀 수 있는 자신의 위치에 자긍심을 느낀다. 자신이야말로 자비로운 인간이라 믿으며 행복해한다. 끝내 오만해지기까지 한다.

연민의 정은 누구에게도 도움이 되지 않는다. 베풂을 받는 사람을 그렇게 비굴하게 만들고 베푸는 사람을 건방지게 만드니 말이다. 거렁뱅이에게 베푸는 적선을 보면 알 수 있다. 적선은 거렁뱅이를 평생 거렁뱅이로 만들어 수치심 속에서 살도록 한다. 거기에다 연민의 정은 자기연민의 발로로서 이기적 감정일 수가 있다. 사람들은 흔히 불운한 사람에게서 자신의 모습을 본다. 그리고 가슴 아파한다. 그와 함께 의기소침해진다. 그러면서 자기연민을 느낀다. 이때 불운한 사람에게 보이는 연민의 정 뒤에는 자신의 아픈 마음을 달래보려는 속셈이 있다.

　그런데도 예로부터 사람들은 인간의 이타적 감정인 연민의 정을 도덕적 삶의 근간 가운데 하나로 여겨왔다. 그리스도교에서 강조해온 긍휼이나 불가의 자비, 유가의 측은지심도 연민의 정의 또 다른 형태다. 그러나 모두가 연민의 정을 높게 평가한 것은 아니다. 그것을 열악하며 불순한 감정으로 경계해온 사람들도 있었다. 이를테면 플라톤과 라로슈푸코는 연민의 정을 영혼을 무기력하게 만드는 것으로 보아 경계했으며, 아리스토텔레스는 그것을 병적인 것으로 보아 멀리했다. 그런가 하면 스토아 철학자들은 그것을 공정한 판단을 방해하는 도덕적인 병으로까지 간주했다.

　니체도 연민의 정을 인간을 유약하게 만드는 퇴행적 감정으로 보았다. 사자와 같은 맹수는 그런 감정을 모른다. 전사들도 그런 감정을 모른다. 자신과 싸워가며 힘겹게 위버멘쉬의 경지에 오르는 사람들이 경계할 것이 그 같은 퇴행적 감정이다. 차라투스트라가 그 모범을 보여왔다. 그런 그도 연민의 정을 보인 일이 있다. 물론 도덕적 자부심이나 우월감에서는 아니었다. 자신을 찾아 산을 오르다 길을 잃고 절규하는 사람들에게 보인 것으로서, 저들과 고뇌를 함께 나누었으면 하는 마음에서였다. 절규하는 사람들이 겪는 곤경이 남의 일 같지 않아 나섰지만, 그로서도 내키는 일이 아니었던 모양이다. 그래서 그것을 마지막 죄과로 불러 다시는 그런 일이 없을 거라고 다짐하기까지 했다. 3부와 4부에 나오는 이야기다.

여기서 연민의 정의 의미를 새겨볼 필요가 있다. 독일어 미트라이트Mitleid를 우리말로 그렇게 옮긴 것인데, 흔히 동정과 같은 의미로 쓰인다. 그러나 원래는 '고통Leiden을 함께한다mit'는 동고同苦를 의미한다. 차라투스트라가 곤경에 빠진 사람들에게 보인 감정은 동고에 가깝다. 동정이든 동고든 다시는 그런 감정을 보일 일이 없을 거라고 말했지만, 그것은 뒤의 일이고 그로서도 아직은 자신이 없었던 모양이다. 그래서 그는 한발 물러서서 연민의 정을 보여야 할 때가 오더라도 아주 멀리서 그 정을 보이겠다고 했다. 그런 정을 받는 사람이 수치심을 느끼지 않게 하려는 속 깊은 생각에서다.

돌이켜보면 차라투스트라도 지금까지 고뇌하는 사람들에게 많은 것을 해주었다. 돕겠다고 나섰던 것인데, 생각해보니 하나같이 어설픈 짓거리였다. 사람들에게 이것저것 해주면서 그가 깨달은 것이 있다. 돕겠다고 나서는 대신 자신의 기쁘고 의연한 삶을 보여주는 것이 고뇌하는 사람들에게 더 힘과 격려가 된다는 것을 터득한 것이다. 즐거운 삶을 사는 사람은 다른 사람을 고통스럽게 할 궁리를 하지 않는다. 그 대신에 다른 사람에게 고통에서 벗어나는 길을 보여준다. 불행하게도 지금까지 인간은 삶의 기쁨을 제대로 누리지 못했다. 인간에게 타고난 죄(원죄)가 있다면 바로 그것이다. 그래서 서로를 고통스럽게 해온 것이다. 이에 차라투스트라는 지금까지 어설프게 다른 사람들을 도와온 손과 영혼을 깨끗이 씻어내겠다고 다짐했다.

　사람들이 연민의 정을 베풀면서 받는 사람에게 흔히 기대하는 반응은 감사다. 계산대로 한다면 받는 사람은 고마워해야 한다. 물론 고마워한다. 그러나 그런 감정이 오래가지는 못한다. 연민의 정을 받으면서 어쩔 수 없이 수치심과 부채의식을 느끼기 때문이다. 되갚을 수 있다면 그런 감정과 의식에서 벗어날 수 있지만, 그렇지 못하면 그것들은 점점 자라 버텨내기가 힘든 지경에 이른다. 이때 다가오는 것이 베푼 자에 대한 르상티망, 곧 억압된 선망, 질투, 증오, 그리고 복수심이다. 수치심과 질투 따위로 힘들어하기보다는 베푼 자를 적으로 만들어 적개심을 불태우는 것이 마음 편하다. 맞수가 되어 대등하다는 느낌을 가질 수 있고 더 이상 얼굴을 붉힐 필요가 없기 때문이다. 그래서 온갖 구실을 찾아 베푼 자를 향해 적개심을 불태운다. 사회정의라든가 평등 따위도 그럴 때 좋은 구실이 된다.

　어설프게 고뇌하는 사람들을 도와온 자신의 손과 영혼을 깨끗이 씻어낼 생각이지만, 차라투스트라는 여전히 베푸는 자다. 그는 산속에서 터득한 지혜를 지금까지 사람들에게 베풀어왔다. 그러나 그것은 벗이 벗에게 선물하듯 해온 것이지, 값싼 연민의 정에서 해온 것은 아니다. 그런 베풂이라면 앞으로도 계속할 것이다. 벗뿐만이 아니다. 누구라도 좋다. 그러면서 그는 사람들에게 그의 지혜의 열매들을 직접 딸 것을 권한다. 직접 따는 수고라도 한다면 그만큼 덜 부끄럽기 때문이다. 다만 거렁뱅이만은 그도 용납하지 않는다. 최소한의 수고도 하지 않고 받으려 들기 때문이다. 주어도 화가 나고 주지 않아도 화가 나는 것이 거렁뱅이다.

　거렁뱅이뿐만이 아니다. 죄니 양심의 가책이니 하는 것도 그는 용납하지 않는다. 풍성한 열매를 눈앞에 둔 사람들을 물어뜯어 몸을 움츠리게 만드는 것들이어서 그렇다. 그보다 고약한 것은 진균처럼 눈에 띄지 않게 기어 다니면서 몸을 썩어 문드러지게 만드는 속 좁은 생각이다. 속 좁은 생각을 하느니 악마가 되어 악행을 저지르는 것이 낫다. 악행은 농양과 같아 끝내 터져 나올 만큼 정직하기 때문이다. 그런 악마라면 도덕군자들이 뭐라 하든 크게 키워야 한다. 그리되면 악마의 도움으로 도덕은 극복되고 그와 함께 인간에게는 위대함에 이르는 길이 열릴 것이다.

벗을 벗으로서 도울 때도 지혜가 필요하다. 어떻게 도울지를 알아야 한다. 벗에게 절실한 것은 자신이 처한 곤궁을 딛고 일어설 수 있는 격려와 질책이다. 그런 벗에게는 기력을 되찾도록 잠시 쉴 수 있는 쉼터, 곧 침대가 되어주는 것만으로도 충분하다. 그러나 지나치게 안락한 쉼터가 되어서는 안 된다. 갈 길이 먼 그를 눌러앉힐 수도 있기 때문이다. 그러니 침대가 되어주려면 딱딱한 침대가 되어야 한다. 그렇게 와신상담臥薪嘗膽의 계기가 되어주어야 한다. 벗이 네게 몹쓸 짓을 할 수도 있다. 그럴 때도 너그럽게 용서해주어야 한다. 그것이 벗에 대한 진정한 사랑이다.

지금까지 연민의 정이 깊다는 자들이 저지른 짓보다 더 어리석은 짓거리들은 없었다. 예수도 온갖 죄로 고통받는 인간에 대한 연민의 정을 이겨내지 못해 죽지 않았던가. 연민의 정을 뛰어넘어야 한다. 이웃에게 천사가 되려고 해서는 안 된다. 함께 몰락하게 되기 때문이다. 오히려 악마가 되어야 한다. 그리하여 따가운 채찍이 되어주고, 응전의 기회를 제공함으로써 자기극복의 대열에 동참하도록 해야 한다. 이것이 창조자가 해야 할 일이다. 가혹한 일이겠지만, 그렇

게 하는 것이야말로 위대한 인간 사랑의 실천이 될 것이다. 용서뿐만
이 아니다. 위대한 사랑은 연민의 정도 뛰어넘는다.

사제들에 대하여

연민의 정이 깊은 자들을 신랄하게 비판한 차라투스트라는 이어 존
재하지도 않는 신의 이름으로 축복도 하고 저주도 해가며 신도 위에
군림해온 사제들에게 비판의 날을 세웠다. 군림이라고는 하지만 저
들의 마음이 늘 편안했던 것은 아니다. 신도라 해서 늘 고분고분하지
는 않다는 것을 잘 알기 때문이다. 그래서 밤낮으로 해온 궁리가 어
떻게 하면 신도를 효과적으로 다스릴 수 있을까 하는 것이었다. 저
들은 그 길을 죄와 벌이라는 응징의 매에서 찾았다. 지옥이니 뭐니
해가며 겁을 주어 꼼짝 못 하게 만드는 것이다. 저들은 먼저 원죄라
는 것을 꾸며내어 인간을 타고난 죄인으로 묶어놓았다. 그러고 나
서 죄인에게는 심판의 날이 다가오고 지옥의 불길이 기다릴 거라고
겁을 주었다. 매는 곧 위력을 발휘했다. 그러나 매 하나만으로는 소
기의 목적을 이룰 수 없었다. 겁에 질려 사람들이 아예 주저앉는다
면 그것으로 사제들 또한 끝이기 때문이다. 당근이 필요했다. 당근은
용서라는 것이다. 그러니까 죄를 뉘우치기만 하면 신의 구원을 받을

수 있다는 것이다. 채찍과 당근을 손에 든 저들은 이후 거칠 것이 없었다. 그렇게 저들은 신자 위에 무소불위의 권력을 행사하게 되었다.

 사제들은 신의 대리인임을 자처해왔다. 사제들을 노엽게 하는 것은 신을 노엽게 하는 거라고 으름장을 놓는 한편, 저들을 모시면 곧 신을 모시는 것이 되니 길이 없는 것은 아니라고 말해왔다. 그러니 제물도 저들에게 바치면 된다. 물론 사제 가운데도 그 나름의 영웅적 의지를 지닌 자들이 있었다. 죽음을 무릅쓰고 자신의 신앙을 지킨 사람도 있었고, 신앙을 돈독하게 하고자 견디기 힘든 고행으로 몸을 학대해온 사람도 적지 않았다. 그처럼 가혹한 삶에 무슨 낙이 있을 것인가. 무슨 웃음이 있을 것인가. 그래도 겸손 하나만은 알아줄 만하다. 얼마나 자신들을 낮추는가. 보란 듯이 비천한 사람들의 발까지 씻어주는 저들이 아닌가? 그러나 그 속을 들여다보면 이야기가 달라진다. 저들의 마음속에는 자신들이야말로 몽매한 양 떼를 올바른 길로 인도하는 겸손한 목자들이라는 자부심과 함께 신이 저들의 헌신을 기억하리라는 믿음이 있다. 그런 저들에게는 겸손하지 못한 사람들에 대한 은근한 능멸과 은밀한 복수심도 있다. 이 얼마나 가식적인가! 그런 저들을 공격하면 어쩔 수 없이 그 가식에 손을 대몸을 더럽히니 아예 상종하지 말 일이다.

 사제들은 신도들에게 순종도 강조해왔다. 신에게 순종해야 한다고 하지만, 속셈은 자신들에게 순종해야 한다는 것이다. 겸손에 순종을 더하면 신도가 져야 할 짐은 한층 무거워진다. 이렇게 사제들은 죄 없는 신도들에게 십자가를 지워왔다. 바리새인들이 따로 없다. 생의 기쁨을 노래하고 전사의 덕을 기려온 차라투스트라에게는 한없이 사악한 적이 아닐 수 없다.

차라투스트라의 사제 비판은 예리한 것이었다. 그것은 그가 그만큼 사제의 정체를 꿰뚫어보고 있었다는 이야기가 된다. 꿰뚫어보는 정도가 아니었다. 그는 자신의 피가 사제들의 것과 아주 가깝다고까지 했다. 사제의 피를 타고난 니체를 두고 한 말이다. 니체는 목사의 아들로 태어나 종교적 분위기 속에서 자랐다. 그는 교회 일을 속속들이 알았다. 어릴 적 별명은 꼬마 목사였다. 상반된 내용이기는 하지만 그 또한 인류에게 새로운 복음을 전한다는 점에서 사제와 같다 하겠다. 실제 우리는 그의 수행자적 편답과 행색에서 사제다운 모습을 보기도 한다.

사제들은 타고난 죄인인 인간은 믿음에 힘입어서만 죄의 질곡에서 벗어나 자유로운 몸이 된다고 가르친다. 저들은 정작 자유를 잃은 채 질곡에 갇힌 것이 바로 자신들이라는 사실을 모른다. 저들을 가두고 있는 것은 신앙이라는 질곡, 그 질곡으로 저들을 내몬 것은 바로 저들이 말하는 구세주, 곧 구제자다.[6] 저들은 그동안 세파에 시달려왔다. 삶이 힘들었던 저들은 누군가가 나타나 저들을 구제해 영원하고 행복한 삶으로 인도해주기를 갈망했다. 그런 저들에게 구세주가 나타났다. 저들은 그 구세주를 통해 신을 믿고 받들게 되었고, 그와 함께 그릇된 가치와 황당한 언설에 갇히고 말았다.

거친 바다에서 표류하던 사람들이 가까스로 잠자는 바다 괴물의 등에 오르고는 구사일생으로 섬에 올랐다고 안도하듯 저들은 그렇게 신앙이란 괴물의 등에 올라 안도했다. 그러고는 그 등을 안식처로 삼아 그 위에 오두막까지 지었다. 형형색색의 유리로 창을 꾸며 들어오는 빛을 날조하는가 하면, 향을 피워 공기를 후텁지근하게 만들기까지 했다. 그렇게 숨어들 교회와 오를 참회의 계단을 마련한 것이다. 생각해보면 빛을 견뎌내지 못해 몸을 숨기려 했던 자들이 아닌가. 하늘 보기를 부끄러워했던 자들이 아닌가. 그러나 때가 되면 괴물은 잠에서 깨어날 테고, 등 위에 올라와 있는 저 편벽한 사팔뜨기들을 모두 삼켜버릴 것이다.

저들이 믿어온 신부터 문제나. 저들의 존재를 인정하기는커녕 온갖 계명과 위협으로 괴롭혀온 존재가 아닌가. 인간을 죄로 묶어 혹독하게 다루면서 그 대가를 치르도록 모질게 다그쳐온 존재를 저들은 신으로 모셔온 것인데, 신이라면 그 정도는 되어야 한다. 그래야 그 앞에서 머리를 조아려도 부끄러울 것이 없다. 이제 저들로서도 자신의 존재를 부인하고 고난의 십자가를 지는 것 말고는 속죄의 길이 없다. 그렇게 죽은 몸으로 사는 것이 저들에게는 자신을 사랑하는 길이자 살길이다. 달리 자신을 사랑하거나 사는 법을 몰랐던 저들은 사랑하는 구세주까지 십자가에 못 박아 죽이고 말았다.

구세주라고 말하지만 그 구세주가 제7천국에서 온 것도 아니다. 제7천국은 유대인이 신과 천사들이 있는 곳으로 생각하는 최고의 천국이다. 구세주니 뭐니 하지만 검증된 것은 아무것도 없다. 저들이 말하는 구세주에게는 불가사의한 것이 너무 많다. 설명해야 할 것이 너무 많다. 그 자체가 온통 갈라진 틈새니 그럴 수밖에 없다. 그 틈새를 채워보겠다고 신학자들이 나서서 신을 끌어들이고 논리니 뭐니 하는 것들을 앞세워 온갖 요설을 펴보지만 설득력도 호소력도 없다. 고함을 질러보고 핏자국을 남겨가며 사람들을 광기로 몰아보기도 하지만 설득력과 호소력이 없기는 마찬가지다. 고함으로 어떻게 사람들을 설복하고, 피로 어떻게 진리를 증명한다는 말인가. 그 같은 광란이야말로 진리의 최대 적이 아닐 수 없다. 진리는 조용하다.

그리고 피를 혐오한다. 지금까지 얼마나 많은 진리가 분노의 광기와 피로 왜곡되어왔던가.

아직도 우리 주변에는 열심히 구원을 이야기하고, 죽음의 연무를 피워가며 천국에서 누릴 영원한 생명을 설교하는 사제들이 많다. 누가 저들을 죽음의 구렁텅이에서 구제할까? 저들이 말하는 구세주, 곧 구제자보다 한층 더 위대한 구제자가 나와야 한다. 바로 위버멘쉬가 나와야 한다.

도덕군자들에 대하여

어디 사제뿐인가. 도덕군자연하는 자들도 가증스럽기는 마찬가지다. 도덕이란 것부터가 문제다. 우리는 앞의 〈작품〉 3에서 니체 철학을 개괄하면서 그의 도덕 비판의 일단을 살펴보았다. 핵심은 자연은 도덕을 모른다는 것, 도덕은 힘이 지배하는 자연에서 자력으로 살아남을 길이 없는 약자들이 생존을 위해 생각해낸 사회적 합의이자 장치에 불과한 일종의 생존 조건[7]이라는 것이었다.

자연에도 추구하는 가치는 있다. 자연적 가치로서 '좋은 것'이 그것이다. 그리고 그 반대가 '나쁜 것'이다. 힘이 지배하는 세계인 만큼 그 척도는 단연 힘이다. 따라서 힘의 구현에 기여하는 것은 좋은 것이 되어 환영받고, 역행하는 것은 나쁜 것이 되어 배척받는다. 생명체에 생기를 불어넣어 힘을 강화하는 것은 좋은 것이, 반대로 생기를 앗아가 생명을 위협하는 것은 나쁜 것이 된다. 그런 의미에서 건강을 돕는 산삼은 좋은 것이고, 건강을 해치는 독버섯은 나쁜 것이다.

힘이 지배하는 세계에서 자력으로 생존할 수 없는 약자들에게 자연적 가치는 치명적이다. 살아남으려면 그런 가치부터 무력화해야 한다. 약자들이 그래서 생각해낸 것이 선과 악을 두 축으로 한 도덕적 가치다. 자연적 가치인 '좋다'와 '나쁘다'를 도덕적 가치인 '선'과 '악'으로 둔갑시킨 것이다. 이로써 저들은 자신에게 불리한 자연적 가치를 악한 것으로 몰아 내칠 명분을 확보했다. 이후 저들은 성애와 같은 본능은 물론 이기심과 탐심 따위의 자연적 성향과 기질을 모두 동물적 가치로 매도하는 한편, 선, 순결, 절제, 자비, 공정, 평화, 이타심, 이웃 사랑 따위를 인간다운 가치로 내세웠다. 수에서 압도한 저들은 자연적 기질을 도덕으로 순화하여 도덕의 세계를 만들어왔다.

인면수심人面獸心이란 것이 있다. '인간의 탈을 쓴 금수'라는 것인데, 어처구니없는 이야기다. 짐승은 자연 성향에 따라 거짓 없는 삶을 산다. 그 점에서 도덕적 위선과 자학으로 건강을 잃은 인간보다는 짐승이 낫다. 차라투스트라가 인간이 짐승으로서나마 완전하다면 좋겠다고 한 것은 그 때문이다.[8] 짐승들은 자연선택을 통해 진화해왔다. 반대로 인간은 도덕적 가치를 최고 가치로 삼음으로써 진화에 역행해왔다. 퇴화해온 것이다.

도덕 탓에 인간이 퇴화했다는 주장을 반박하는 주장도 있다. 도덕의 힘으로 인간은 열악한 생존 조건 속에서도 진화의 대열에서 탈락하지 않고 예까지 왔다는 것이다. 그 같은 반론을 펴는 사람들은 인간은 생존을 위한 투쟁에 불리한 신체 조건을 타고났다고 말한다. 인간은 그 누구도 혼자서는 살아갈 수 없었다는 것, 그런 인간에게는 힘을 모아 키우는 데 살길이 있었다는 것이다. 그 주장에 따르면 인간의 군집생활은 이렇게 시작되었다. 군집생활로 밖으로부터의 위협에 효과적으로 대처하자, 이번에는 내부의 위협이 문제가 되었다. 힘 있는 자들이 저지르는 폭력과 약탈 따위가 문제가 된 것이다. 이같은 위협 속에서 힘없는 자들에게는 사회를 통합해 모두의 생존을 지킬 수 있는 공동선과 규범이 필요했다. 규약도 필요했다. 이렇게 하여 등장한 것이 도덕과 종교, 그리고 법이다. 그런 것들로 무장한 절대다수의 약자는 안과 밖의 위협에서 자신을 지켜나갈 수 있었다. 생존이 제도적으로 보장되면서 안정된 삶을 영유하게 된 것이다. 거기에다 조직의 힘을 발휘해 다른 생명체 위에 군림하기에 이르렀다. 만물의 영장이 된 것이다. 이는 인간이 다른 생명체에게 없는 도덕을 만들어내 생존을 위한 투쟁에서 유리한 고지에 오름으로써 오히려 퇴화를 막고 진화의 대열에서 자신을 지킬 수 있었음을 말해주는 것이 아닌가?

진화의 목표가 단순히 생존에 있다면 그렇게 말할 수 있다. 그러나 존재하는 모든 것은 그 이상을 추구한다. 힘을 키워 자신을 전개하려는 의지를 불태우는데, 이때 그 의지가 곧 힘에의 의지다. 이 힘에의 의지에 비추어보면 지금 상태를 지키려는 것이 고작인 생존의지는 퇴행적 의지다. 생존의지라는 말 자체가 문제다. 이미 생존하는 것이라면 어찌 새삼스럽게 생존을 목표로 할 것인가? 도덕에 힘입어 인간이 만물 위에 군림했다는 것도 그렇다. 장구한 자연의 역사를 놓고 보면 그것도 일시적 현상에 불과하다. 자연은 그 어떤 힘으로도 막을 수 없는 강력한 복원력을 갖고 있다.

우리 주변에는 목청 높여 도덕을 외쳐대는 자들이 많다. 누구보다도 도덕군자연하는 자들로서, 저들은 먼저 도덕에 절대 권위를 부여해야 했다. 자기확신을 갖고 다른 사람들을 설득하기 위해서다. 그렇게 해서 저들이 끌어들인 것이 초자연적 권위, 곧 신이나 하늘의 음성과 같은 천상의 권위다. 외부 권위를 끌어들인 것이다. 마침 그 권위에 힘입어 도덕이 최고 가치가 되기에 이르렀다.

생존이든 사후 구원이든, 그 방편으로 추구하는 가치는 최고 가치가 될 수 없다. 최고 가치라면 다른 어떤 것의 수단이나 도구가 되어서는 안 되며 대가를 염두에 두어서도 안 된다. 그 자체로 더없이 가치 있어야 한다. 그런 덕은 태양과 같아서 빛으로 세상을 밝힐 뿐 그 어떤 대가도 바라지 않는다. 1부 〈베푸는 덕에 대하여〉에서 했던 말이다. 그러면 오늘날 도덕군자연하는 자들이 말하는 덕은 어떤가? 보답과 보상 같은 대가를 염두에 둔 계산된 덕이 아닌가. 지상의 허망한 삶에 대한 보답으로 천국의 영생을, 덕행의 보답으로 사회적 명성이나 금전 따위를 염두에 둔 덕이 아닌가.

도덕을 효과적으로 함양하려면 덕에 반하는 것, 곧 악덕을 먼저 철저하게 응징해야 한다. 그래야 덕의 대가가 그만큼 더 빛을 발하게 된다. 이렇게 하여 도덕군자연하는 자들은 앙갚음이니 형벌이니 하는 것들을 끌어들였다. 저들은 그러나 공개적으로 그런 말을 입에 올리지 않는다. 그러기에는 저들의 입이 너무 깨끗하다는 것이다.

도덕의식을 관장하는 것이 '자아'다. 1부 〈신체를 경멸하는 자들에 대하여〉에서 이 자아보다 근원적인 것은 의식에 무의식 활동을 더한 전체 활동의 중심인 '자기'라고 했다. 그리고 자기가 곧 신체라고 했다. 이제 자아가 아니라 자기가 덕의 근원이 되어야 한다. 그것이 영혼의 바닥에서부터의 진리다. 이는 자연이 덕의 근원이 되어야 함을 의미한다. 인간에게는 둥근 고리를 그리며 다시 한번 자기에게 돌아오려는 회귀에 대한 갈망이 있다.

그러면 도덕을 내세우는 사람들은 구체적으로 무엇을 덕으로 간주해왔는가? 우리 주변에는 도덕의 채찍 아래서 경련을 일으키는 사람들이 아직 있다. 양심 따위의 가책으로 괴로워하는 사람들이다. 그린 사람들은 그 같은 가책을 느끼는 것 자체를 덕으로 받아들인다. 도덕의식이 없는 사람은 그런 가책을 느끼지 않는다는 것이다. 악의 완화를 덕으로 받아들이는 사람들도 있다. 악이 감소하는 만큼 덕은 자란다는 믿음에서다. 그런가 하면 뭔가 하려 할 때 하지 말라고 제동을 거는 것을 덕으로 받아들이는 사람들도 있다. 그 뒤에 누군가의 음성이 있어 제동을 건다고 보는 것이다. 이 누군가는 사회규범일 수도 있고 신일 수도 있다. 양심일 수도 있다. 이 음성을 '다이모니온'으로 불러 삶의 지침으로 삼은 소크라테스가 그 예다. 가책이든 악의 완화든 제동을 거는 음성이든, 나의 '자기'에 뿌리를 둔 것은 아니다. 자신의 자기에 귀 기울여 따르지 못하는 자들은 이렇듯 외부 권위를 신이라도 되듯 모신다. 자기를 저버리는 행위다.

양심의 가책이 어디 있으며, 악의 완화가 어디 있는가? 때와 장소, 그리고 이해관계에 따라 달라지는 것이 양심이 아닌가? 같은 사안을 놓고도 양심에 따라 찬성하는 사람이 있고 반대하는 사람이 있다. 이렇게 상황에 따라 달라지는 것이 양심이라면 어떻게 그것이 도덕의 척도가 되어 사람들에게 가책을 일으킨다는 것인가. 그리고 악이 실재하지 않는데 악의 완화가 어떻게 가능하다는 것인가. 거기에다 신이 죽어 없고 양심이나 보편적 사회규범 또한 존재하지 않는데, 어디서 제동을 거는 음성이 들려온다는 것인가!

그런데도 도덕의 이름으로 정의의 칼이라는 것을 휘두르는 사람들이 있다. 그런 사람들은 불의를 뿌리 뽑겠다고 곳곳에서 못된 짓을 저지른다. 사람을 가두기도 하고, 심하면 처형까지 한다. 자연에 비추어볼 때 부당한 일이다. 결국 정의의 이름으로 불의를 저지르는 꼴이다. 그런 사람들은 즐겨 "나는 정의롭다gerecht"고 말한다. 그러나 그 말은 "나는 앙갚음을 했다gerächt"로 들린다.[9]

어디 그뿐인가? 무릎을 꿇고 기도를 올리는 등 요란한 거동을 하면서 그런 거동 자체를 덕으로 받아들이는 사람도 있다. 덕이 땅에 떨어졌다고 개탄하면서 그런 개탄 자체를 덕으로 간주하는 사람도 있다. 자기 나름대로 다른 사람의 패덕을 들여다보고는 그 사람이 교화되기를 소망하면서 그런 안목과 소망을 덕으로 간주하는 사람도 있다. 또한 새사람이 되려고 기존 가치가 전복되기를 바라면서 그런 바람 자체를 덕으로 간주하는 사람도 있다. 이렇듯 사람에 따라 추구하는 덕은 다르다. 그러나 덕에 정통해 있다는 자부심 하나에서만은 모두가 같다. 실로 거짓말쟁이거나 바보들이 아닐 수 없다.

대가, 보복, 징벌, 정의의 복수, 이기적이지 않은 행위니 뭐니 하는 언설에 역겨움을 느껴야 한다. 무엇을 하든 너희의 '자기'를 행위의 주체로 삼아야 한다. 그것이 비로소 너희에게 덕이 될 것이다. 그러나 얼마나 많은 사람이 장난감에 마음을 뺏긴 아이처럼 그 같은 언설에 마음을 빼앗기는가? 차라투스트라는 이제 그 같은 언설을, 덕이 가장 아끼는 장난감을 모두 빼앗는다. 아이들이 바닷가에서 놀고 있다.[10] 파도가 밀려와 저들이 갖고 노는 장난감을 모두 바닷속으로 쓸어넣자 아이들은 울고불고 야단들이다. 그러나 곧 새로운 파도가 밀려와 저들 앞에 새롭고 더 재미있는 장난감을 흩어놓을 것이다. 그리되면 저 아이들은 이전보다 더 기뻐할 것이다. 이제 차라투스트라는 파도가 되어 저들의 낡은 도덕적 가치를 모두 쓸어내고 새로운 자연적 가치로 저들을 덮으려 한다. 그러면 아이들은 모두 새로운 가치 앞에서 환호할 것이다.

잡것에 대하여

생 곧 생명은 즐거움의 샘이다. 차고 맑은 물이 끝없이 솟구쳐 오르
듯 즐거움이 솟구쳐 오른다. 그런 샘을 더럽히는 자들이 있다. 욕정
Lüsternheit에 불타는 자들이다. 저들은 욕정을 즐거움이라 부름으로
써 즐거움이란 말까지 더럽힌다. 차라투스트라는 그런 자들을 '잡것
der Gesindel'이라 불렀다. 잡것들은 애벌레처럼 생명 속으로 파고들
어 들쑤셔댄다. 생명은 실로 풍요로워서 거기에는 승리의 함성과 십
자가의 수난이 있고, 적의와 죽음도 있다. 온갖 것이 다 들어 있는
생명이지만 저 잡것들까지 있다고 생각하니 질식할 노릇이다.

욕정에 눈이 먼 자들이지만 저들의 정신만은 계산에 밝은 데다
영악하기까지 하다. 꿈이 없을 뿐이다. 그런 정신을 볼 때마다 차라
투스트라는 피곤해했다. 곳곳이 잡것들이다. 그만큼 많은 것이 잡것
이다. 그렇다 보니 누구든 권력을 쥐거나 부와 명성을 얻고자 한다
면 저들과 흥정하고 거래할 수밖에 없다. 정치가는 저들의 눈높이에
맞추어 정치를 해야 하며, 학자는 저들의 취향에 영합해 글을 쓰고

연구해야 한다. 예술가나 저널리스트도 저들의 눈치를 보지 않을 수 없다. 잡것이라는 점에서는 정치가, 학자, 예술가, 저널리스트들도 마찬가지다. 오늘날 널리 퍼진 대중정치와 천민문화가 그 결과다.

잡것에 대한 역겨움 탓에 황량한 사막으로 가 맹수 틈에서 갈증에 시달리며 힘겨운 삶을 산 사람늘이 있다. 아예 생을 등진 사람들도 있다. 마침 잡것에 대한 역겨움이 차라투스트라를 덮쳤다. 눈을 감고 귀를 막고 입을 닫아보았지만 소용이 없었다. 그래서 그는 저들을 딛고 위를 향해 한 걸음 한 걸음 계단을 올랐다. 그렇게 오르다 보니 어느덧 그 어떤 잡것도 얼씬대지 못할 높디높은 산정에 올라와 있는 것이 아닌가. 산정에는 즐거움의 샘이 있어 차고 맑은 물이 솟구쳐 올랐다. 독수리가 부리로 먹을거리를 날라줄 것이다.[11] 차라투스트라는 그렇게 잡것과 그에 대한 역겨움에서 벗어났다. 역겨움이 그에게 날개를 달아주어 그 역겨움에서 벗어나도록 했으니 역설이 아닐 수 없다.[12] 지금은 짧고 무덥고 우울하면서도 행복한 한여름, 우물쭈물 망설이던 봄날과 유월에 내린 눈발의 심술궂음도 지난 이야기가 되고 말았다. 생명에서 솟아오르는 샘물의 냉기를 갈망하는 뜨거운 여름을 맞은 것이다.

니체의 사상이 로만주의적 단계에서 실증과학의 단계를 거쳐 새로운 철학의 단계로 발전했다고 보는 학자들이 있다. 앞의 두 단계는 각각 쇼펜하우어의 염세주의와 회의주의로 특징지어진 시기다. 그런 단계 구분에 논란의 여지가 있지만, 그가 젊어서 로만주의적 이상을 불태우고 실증과학에 매달렸던 사실에 대해서는 대체로 동의한다. 여기서 봄날과 눈발은 앞의 두 단계, 그가 산 아래 세상의 잡것들 틈에서 보낸 젊은 시절의 열정과 낭패를 가리키는 것으로 이해된다.

산정에 오른 차라투스트라는 오랜만에 생의 즐거움을 만끽했다. 두고 온 벗들이 마음에 걸렸을 뿐이다. 벗들을 불러올려 산정의 이 행복을 함께 누릴 수만 있다면 얼마나 좋을까. 바람이 되어 독수리와 만년설, 그리고 태양과 이웃하며 고고한 인식의 경지를 함께 누려볼 텐데. 저 아래 잡것들은 잡것의 삶을 살면 된다. 손을 쓸 수 없는 자들이니 어쩔 수 없다. 그러나 차라투스트라는 때가 되면 거센 바람이 되어 휩쓸고 들어가 저들의 숨결을 모두 빼앗을 생각이다. 그러면 저들은 그 거센 바람을 향해 침을 뱉을 것이다. 이 얼마나 어리석은 일인가. 차라투스트라는 이미 1부 〈시장터의 파리들에 대하여〉에서 벗들에게 시장터의 독파리를 피해 거센 바람이 부는 곳으로 달아나라고 충고한 바 있다.

타란툴라들에 대하여

타란툴라는 남유럽 지중해 연안에 서식하는 독거미다. 누구든 한번 물리면 심한 통증과 현기증 끝에 정신착란을 일으켜 죽음에 이르게 되는 무서운 거미다. 이탈리아 남부 타란토 사람들은 타란툴라에 물렸을 때 땀을 많이 흘리면 독에서 풀려난다고 믿어 격하게 춤을 추었다고 한다. 이 춤에서 유래한 것이 그곳 민속춤인 타란텔라다.

인간세계에도 타란툴라들이 있다. 한 걸음 한 걸음 정상을 향해 힘겹게 오르는 사람들을 물어뜯어 그 영혼에 현기증을 일으켜 끝내 주저앉히는 자들이 타란툴라다. 저들이 내뿜는 치명적인 독은 다름 아닌 '평등'이다. 저들은 평등을 무기 삼아 사회를 들쑤셔댄다. 상승의 기운을 마비시킴으로써 위아래로 되어 있는 사회를 무너뜨린다. 저들의 주장은 인간은 평등하므로 누구도 평등을 깨고 위로 오르려 해서는 안 된다는 것이다. 일종의 평균주의로서, 그렇게 저들은 높이 오르려는 인간의 꿈과 노력을 평등이라는 늪에 매몰시켜왔다.

물론 인간은 인간이라는 점에서 하나다. 그리고 그 점에서 인간은 평등하며 평등 이상의 가치는 없다. 그러나 이때의 평등은 개개 인간의 능력과 소질, 꿈이 고려되는 원리상의 평등이다. 기회의 평등으로서, 모두가 자신의 능력과 소질을 마음껏 펼 수 있는 사회, 그렇게 자신의 꿈을 구현할 수 있는 사회가 평등한 사회다. 그런 평등이라면 문제될 것이 없다. 문제는 개개 인간의 능력과 소질 따위를 제물로 모든 것을 하나의 기준에 따라 획일화하려는 평등주의 이념이다. 프로크루스테스[13]의 침대와《해리스 버거론》[14]에 나오는 평등주의의 만행이 그 예다.

우리가 현실로 살고 있는 사회는 평균주의자들이 볼 때 평등한 사회가 아니다. 능력과 소질에 따라 높낮이가 있는 사회다. 그런 사회에서 계량적 평등을 구현하려면 위를 기준으로 아래에 있는 사람들을 끌어올리든가, 아래를 기준으로 위에 있는 사람들을 끌어내려 하나로 만들어야 한다. 기준을 어디에 두느냐부터 문제가 된다. 어떤 경우든 아래에 있는 절대다수의 사람을 위로 끌어올린다는 것은 비현실적이다. 더 현실적인 것은 위에 있는 소수의 사람을 끌어내리는 것이다. 전체적으로 하향 평준화가 되겠는데, 이것이 평등을 이념으로 한 근대 정치혁명들이 선택한 길이다.[15] 이때의 계량적 평등은 인간의 규격화로 이어진다. 그리고 그 끝은 언제나 개인, 특히 창조적 개인의 죽음이다.

니체는 평등주의 광풍이 휘몰아치던 시대를 살았다. 그는 평등주의의 허와 실을 속속들이 체험했다. 정상을 향해 길을 가는 사람들은 위를 올려다볼 뿐 아래에는 마음을 두지 않는다. 아래에 있는 사람들로서는 자존심이 상하는 일이다. 그래서 저들을 뛰어넘어 상승하려는 자들을 두고 보지 못한다. 증오를 넘어 복수심을 불태우는 지경에 이르기까지 한다. 평균에 미치지 못하는 자들로서, 이때 그런 저들로 하여금 평균을 딛고 위로 오르려는 자들에게 복수심을 불태우도록 부추기는 것이 바로 인간 타란툴라다. 불쏘시개는 평균 이상의 강자에 대한 선망과 시샘, 그리고 앙심이다. 곧 르상티망이다. 그런 감정을 드러내지 않을 뿐이다. 자존심 상하는 일이기 때문이나.

그 같은 감정을 잘 포장해 그럴싸하게 내놓을 수만 있다면 문제는 없다. 오히려 당당해질 수도 있다. 인간 타란툴라들이 나섰다. 저들은 평등에 도덕적 권위를 부여할 길을 모색했다. 그런 것에 정의 이상은 없다. 그리하여 저들은 평등에 정의라는 외투를 입혀 이념화하는 일에 앞장섰다. 거기에다 자유라는 평등과 상충하는 가치를 더했다. 평등과 자유 모두를 얻을 수 있다는 것이다. 결과는 기대 이상이었다. 평균 이하인 절대다수의 사람은 평균이란 주술에 걸려 열광했고, 그런 사람들의 열렬한 호응 속에서 평등주의는 서서히 승기를 잡아갔다. 그것은 급기야 근대 대중혁명의 이념이 되었으며, 그와 함께 평등의 구현에 앞장섰던 인간 타란툴라들은 시대의 구세주가 되었다.

니체는 근대 대중혁명을 개탄했다.[16] 그리고 그런 혁명을 부추기는 인간 타란툴라들을 혐오했다. 그러나 대중은 저 인간 타란툴라의 정체를 모른다. 불평등에서 벗어나게 한다는 것은 구실이고, 대중을 평등이라는 함정에 빠트려 죽음으로 내몰려는 속셈을 모르는 것이다. 그렇다. 인간 타란툴라들이 도모하는 것은 상승의 기운을 꺾어 사람들이 삶의 동력을 잃은 채 세상을 비관하고, 끝내 영혼에 현기증을 일으켜 생을 등지게 하는 것이다. 저들이 무슨 시대의 구세주인가? 시대를 죽음으로 내모는 또 다른 죽음의 설교자일 뿐이다. 독거미 타란툴라의 표징은 검은색이다. 등에 까만 반점이 있는데, 물리는 순간 그곳에서 까만 부스럼이 솟아오른다. 세상을 온통 죽음의 색으로 덮는 것이다. 니체는 유고에서 그런 사람들을 세계를 최악으로 그려내어 가르치는 교사, 곧 흑마술사로 불렀다.[17] 염세주의자로 부르기도 했다.[18]

그런 타란툴라들의 사주로 곳곳에서 일어난 근대 대중혁명을 개탄한 니체는 그것을 잡것 노예의 반란으로 부르기까지 했다.[19] 거기에 계급 타파를 내건 사회주의 선동가들이 가세하면서 유럽 세계는 평등이라는 광기에 휩싸였다. 니체는 누구보다도 그런 사회주의자를 증오했다. 이제 선택을 해야 한다. 평등주의에 매몰되어 퇴화의 길을 갈 것인가?[20] 아니면 길을 돌려 진화의 길을 갈 것인가? 니체의 선택은 분명했다. 평등이라는 감미로운 환상에서 벗어나 힘이 지배하는 불평등한 세계, 곧 자연으로 돌아가 각자의 이상을 펴는 것이다. 힘의 세계에서는 힘의 불균형에서 오는 불평등이 정의다. 불평등에서 싸움이 일어나고 싸움에서 이긴 자만 남으면서 인간의 고급화가 이루어진다. 진정한 인간 상승의 길은 거짓 평등이 아니라 불평등에 있다.

먼저 인간을 저 인간 타란툴라들이 불태우는 르상티망의 제물이 되지 않도록 구해내야 한다. 길은 해독에 있다. 이것이 차라투스트라가 자신의 과업으로 삼은 진정한 인간 구제다. 그래서 나서지만 신경 쓰이는 것이 있었다. 타란툴라이면서도 그가 펴온 가르침과 비슷한 가르침을 펴는 사람들이 있어 그가 그런 자들과 자칫 혼동될 수 있다는 점이었다. 차라투스트라는 지금까지 신과 함께 배후세계는 존재하지 않으며, 이 땅의 모든 것은 물질이든 에너지든 그 운동으로 환원된다고 가르쳐왔다. 얼핏 무신론자와 유물론자, 그리고 사회주의자들이 주장하는 바와 다르지 않아 보이는 가르침이었다. 그러나 내용에서만은 다르다 못해 상충하기까지 한 것이 차라투스트라의 가르침이었다. 목표부터가 달랐다. 차라투스트라가 지향하는 것은 저들과 반대로 불평등을 구현함으로써 성취할 수 있는 인간 상승이었다.

차라투스트라에게는 생이 전부다. 타란툴라들도 생에 대해 좋게 말한다. 그러나 그것은 영악한 덕담으로서, 저들이 놓은 덫에 불과하다. 이제 차라투스트라는 타란툴라를 굴에서 유인해내어 그 정체를 만천하에 드러내 보일 생각이다. 그래서 거미줄을 건드려보았다. 줄이 흔들리자 타란툴라는 먹이가 걸렸다는 생각으로 서둘러 달려와서는 눈 깜짝할 사이에 그의 손가락을 물었다. 타란툴라를 제대로 유인해내기도 전에 물리고 만 것이다. 현기증이 곧 그를 덮쳐올 것이다. 그렇다고 풍랑을 맞는 조각배처럼 갈피를 잡지 못하고 주저주저할 수는 없는 노릇이다. 가야 할 목표는 분명하기 때문이다. 여기서 그는 벗들에게 자신을 기둥에 단단히 묶어달라고 부탁한다. 흔들림 없이 목표를 향해 앞만 보고 나아가기 위해서였다. 이는 귀향길에 오른 오디세우스가 세이렌 무리의 유혹에서 자신을 지키려고 부하들에게 돛대에 묶어달라고 명한 것을 흉내 낸 부탁이다. 현기증으로 춤추듯 몸을 비틀지는 않겠다는 뜻이었다. 춤을 자유로운 영혼만이 출 수 있는 최상의 유희로 기려온 그였지만 타란툴라의 춤만은 추지 않겠다는 것이다. 이에 그는 인간 타란툴라들이 자행하는 복수의 소용돌이에 휩쓸리기보다는 주상성자Säulenheiliger(柱上聖者 또는 柱頭隱者)가 되어 저들의 범접을 막겠다고 다짐했다. 주상성자는 중세(5~12세기)에 속된 세상을 피해 지붕이 무너져 없는 신전 기둥 위에 올라 금욕적 고행을 한 그리스도교 수도사들을 가리킨다.

이름 높은 현자들에 대하여

우리 주변에는 '현자'라 불리는 사람들이 있다. 그렇게 불리는 것 하나만으로도 대단한 명예이겠지만, 도덕군자연하는 사람들이 그렇듯이 가까이할 사람들이 못 된다. 현자라면 마땅히 진리에 봉사해야 한다. 물론 오늘날 현자로 이름 높은 자들도 진리에 봉사한다. 봉사하는 진리가 다를 뿐이다. 저들에게는 민중이 진리다. 신의 음성도 민중에게서 들려온다. 민심이 천심이라지 않는가! 그런 민중을 두고서 어디서 진리를 찾겠다는 것인가.

민중은 그런 현자들이 반갑고 고맙다. 그래서 저들이 신을 믿지 않더라도 눈감아준다. 현자에게는 불신앙이 일종의 기지요, 민중에게 다가갈 수 있는 에움길이 되기 때문이다. 거기에다 민중의 존재를 인정해주고 지적 허영심을 채워주니 짐짓 존경스럽기까지 하다. 그래서 오래오래 곁에 두고 싶다. 저들을 잡아두려고 민중은 저들에게 판을 마련해주고 적당한 갈채로 흥을 돋우어준다.

그러면 저들 현자는 주인 앞에서 우쭐대는 노예들처럼 민중을 즐겁게 해준다. 무대 위에서 온갖 재주를 다 부린다. 그런 저들은 무대 위에서 관객의 눈치를 살피며 박수갈채를 고대하는 익살꾼과 다를 바 없다. 이쯤 되면 이름 높은 현자라 하더라도 민중을 모시는 종이 자, 민중이라는 수레를 끄는 짐승에 불과하다. 그런데도 저 현자들은 자신이 민중을 일깨워 이끌고 있다고 착각한다. 민중의 존경을 한 몸에 받고 있다고 우쭐대기까지 한다. 거짓 현자와 잡것 민중은 이렇듯 명성과 즐거움을 함께 나눈다. 공생하는 것이다.

민중이 미워하는 것이 있다. 자신들에 영합해 존재를 인정해주는 대신 자신들을 등지고 외로운 길을 가는 자들이다. 민중은 그 같은 자유로운 영혼을 마치 개가 늑대를 미워하듯 미워한다. 그런 영혼을 찾아내 은신처에서 몰아내기까지 한다. 이 현자를 강단 철학자, 곧 대학의 철학 교수로 한정해서 보는 학자도 있다.[21] 너무 좁혀 보는 것이 아닌가 하는 생각이 든다. 현자연하는 사람은 철학 교수 말고도 많다.

현자로 이름 높은 자들과 민중의 공생으로 재미를 보는 사람들이 있다. 어부지리를 얻는 것인데, 다스리기 껄끄러운 민중을 상대해야 하는 권력자들이 그런 사람이다. 민중은 때때로 반역적이다. 그런 민중을 달래서 고분고분하게 하는 데는 저 이름 높은 현자들이 제격이다. 익살꾼을 앞세워 관객에게 즐거움을 주듯 저 배우들, 민중의 우상들을 내세워 민중을 달래가며 자신의 권력을 지킬 수 있어 그렇다. 사회적 지위라든가 금전적 대가 따위를 보상으로 던져주기만 하면 된다. 그러면 저 이름 높은 현자들은 작고 예쁜 나귀가 되어 지배자의 준마보다 먼저 민중에게 다가가 교태를 부린다. 세상의 현자들은 이렇게 권력의 시녀가 되어 권력에 봉사한다.

230

이름 높은 현자들은 민중이 있고 권력자가 있는 번화한 도시를 선호한다. 무대가 크니 배를 그만큼 넉넉히 채워가며 부와 명예를 누릴 수 있기 때문이다. 저들의 행색은 실로 요란하다. 탐구하고 탐색하는 자들이라도 되는 양 근엄하며 심각한 얼굴을 하는가 하면, 정복자라도 되는 양 사자의 거죽을 뒤집어쓴다. 관객 앞에서는 그래야 한다. 저들과 달리 진실한 사람들에게 민중은 비진리다. 이 부분에서 우리는 니체에 앞서 '민중은 비진리'라고 한 키르케고르를 만난다. 이 글을 쓸 무렵 니체는 키르케고르를 몰랐다.

참 진리를 찾아 고난에 찬 길을 가는 사람들은 세상의 부와 명예 따위에는 관심을 두지 않는다. 오로지 목표를 향해 정진할 따름이다. 그런 사람들은 소란스러운 민중과 번잡한 도시를 피해 그 어떤 신앙의 대상도 존재하지 않는 사막으로 간다. 갈증과 외로움에 시달릴망정 맑은 물과 사람들, 그리고 낙타들이 있는 오아시스에는 눈길조차 주지 않는다. 그런 사람들은 난폭하고 외로운 사자의 의지를 지닌, 그 어떤 신에도 매이지 않은 자유로운 정신들이다. 둘 중 하나다. 진리인가, 비진리인 민중인가? 예수는 《신약》〈마태오의 복음서〉 6장 24절에서 그 누구도 동시에 두 주인을 모실 수 없다고 했다.

이름 높은 현자들이 모시고 있는 것은 비진리인 민중이지만, 하인으로서 그들은 그런대로 가상하고 쓸 만하다. 하인이라면 주인을 잘 모셔 주인의 정신과 덕이 크게 성장하도록 도와야 한다. 그리고 그렇게 성장한 주인의 정신과 덕에 힘입어 자신의 정신과 덕을 성장시킨다. 동반 성장을 하게 된다. 그러나 그것은 주인이 정신을 갖고 있을 때의 이야기다. 어떤가? 민중은 정신을 아는가? 그렇지 않다. 자신들이 안주해온 덕을 알 뿐이다.

정신은 신체에 뿌리를 둔 생명현상의 하나로서, 그 자체로 살아 있는 생명이기도 하다. 차라투스트라의 말로 하면, 정신은 그 자체로 생명 속으로 파고드는 생명이다. 여기서 생명 속으로 파고든다는 것은 생명을 가로질러 간다는 것, 속속들이 체험하면서 간다는 것을 의미한다. 거기에는 온갖 고통이 따른다. 앎, 곧 인식도 마찬가지여서 새로운 인식을 위해서는 기존 인식을 잘라내는 고통이 뒤따른다. 이렇듯 정신은 자신을 버리는 고통 속에서 자신의 앎을 키워간다. 새로운 인식을 위해 성유를 바른 산 제물이 되어 눈물로 바쳐지는 것이다. 정신에게는 그것이 행복이다.

이름 높은 저 현자들이나 민중은 정신의 그 같은 헌신과 고뇌를 모른다. 그런 멍청한 눈을 한 채 어떻게 인식의 태양을 들여다볼 수 있겠는가. 들여다보는 순간 눈이 부셔 앞을 볼 수 없을 것이다. 그리되면 저들의 맹목은 태양의 위력을 입증해주는 것이 된다. 정신이 산을 옮긴다고 말하는 사람들이 있다. 깨달은 자, 진정한 현자라면 그 정도로 만족해서는 안 된다. 산을 소재로 뭔가를, 모든 것을 발아래에 둘 높은 이상을 창조할 줄 알아야 한다.

저 이름 높은 현자들은 정신의 불꽃을 볼 뿐, 모루는 보지 못한다. 그래서 그 열기를 모른다. 그러니 열기를 식히려 정신을 눈구덩이 속에 던져본 일이 있을 리 없다. 그런 저들은 그럴 때 느끼는 냉기의 황홀경 또한 알 리가 없다. 정신의 긍지도 겸양도 모른다. 그러면서도 모든 일에서 정신에 매달린다. 저들은 독수리가 아니다. 그래서 비상하면서 느끼는 정신의 경악과 그 경악에서 경험하는 행복도 모른다. 그저 미지근한 자들일 뿐이다. 《신약》〈요한의 묵시록〉 3장 16절에 미지근한 자 이야기가 있다. 거기에 "네가 이같이 미지근하여 덥지도 아니하고 차지도 아니하니…"라고 되어 있다. 정신의 깊은 곳에서 솟구쳐 오르는 샘물은 얼음처럼 차갑다. 인식의 열기로 뜨겁게 달아오른 창조자에게는 청량제가 될 것이다.

저 이름 높은 현자들의 모습을 보라. 얼마나 고집스럽고 의젓하게 서 있는가. 사나운 바람인들 그런 저들을 몰아낼 수 있을까? 사나운 바람으로 몸을 움츠려 불룩하게 한 채 바다를 가르는 돛을 본 적이 있는가? 차라투스트라의 지혜는 지금 정신의 광포함에 저항하며 바다를 가른다. 온갖 시련이 뒤따르리라. 그런 그가 민중의 하인들과 어떻게 동행할 수 있는가?

밤의 노래[22]

밤이 되었다. 샘들이 물을 솟구쳐 올려 밤의 적막을 깬다. 그와 함께 사랑하는 자들의 노래 또한 깨어나 목청을 높인다. 차라투스트라의 영혼이 그런 노래다. 그의 내면에는 사랑을 향한 갈망이 있다. 어둠이 깊어지면서 빛도 서서히 그 모습을 드러낸다. 차라투스트라의 가르침 또한 세상을 밝혀주는 빛이다. 그는 태양처럼 빛을 비추어왔을 뿐 빛을 받아본 일이 없다. 그래서 받는 자의 행복을 모른다. 주는 것이 받는 것보다 복된 일이라고 하지만[23], 그래도 마음은 허전하고 고독하다. 이것이 베풀기만 하는 자가 겪는 빈곤이자 시샘이다. 여기서 차라투스트라는 차라리 칠흑 같은 어둠이 되어 빛을 한껏 받아보았으면 하고 생각해보았다. 받는 자의 행복을 한번 누려보았으면 해서다. 멀리서 반짝이는 별들과 반딧불이들의 변변치 못한 빛이라도 받아보고 싶어진 것이다. 그런 그는 어둠 속에서 빛을 발하는 별들이 부럽기만 하다.

깨달은 지혜를 남김없이 베풀겠다는 다짐으로 산을 내려온 그였다. 그 지혜를 갈구하여 내민 손이 있어야겠다고 말하기까지 한 그였다. 그러나 그가 비춘 지혜의 빛이 사람들의 영혼에 닿기라도 했을까? 응답이 없으니 알 길이 없다. 앉아서 빛을 받기만 해온 사람들이니 그 고마움을 어찌 알겠는가. 그런 사람들에게는 화풀이라도 하고 싶다. 비추어준 빛을 도로 빼앗고 싶다. 언제까지 베풀기만 할 것인가? 그의 손과 심장은 베푸는 일로 이미 못이 박혀 있지 않은가.

세상을 지혜의 빛으로 밝히는 것이 그에게 주어진 소명이니 어찌하겠는가? 밤이 깊어 사방이 캄캄해지기를 바랄 뿐이다. 그런데 이게 웬일이지? 칠흑같이 깜깜해야 할 밤이 뿌옇기만 하니. 하늘을 보니 수많은 태양이 그럴싸하게 저마다의 빛을 내며 황량한 공간 속에서 돌고 있는 것이 아닌가.[24] 그토록 많은 종교와 철학이 변변치 못하나마 그 나름으로 진리의 빛을 발하고 있는 것이다. 저들은 어둠에 다가가 말을 건넨다. 진리가 여기 있으니 받아달라는 것이다. 그러면서도 저마다의 태양은 자신의 빛을 덮는 다른 태양들에게 적개심을 불태운다. 캄캄한 밤을 혼자서 비추어야 하는데 다른 태양들이 있어 그러지 못해 야속한 것이다.[25] 뿌연 하늘 어디에 빛을 빨아들일 어둠이 아직 남아 있는가. 차라투스트라는 밤답지 않은 이 백야에 어떻게 자신의 빛을 살려내어 세상을 밝힐 것인가? 칠흑 같은 밤, 그의 빛을 빨아들일 사람들에 대한 갈망은 커져만 간다.

태양의 빛을 받는 것들은 그 태양에게서 열까지 빨아들인다. 그렇게 생명의 에너지와 기운을 빨아들인다. 그래서 늘 따듯하다. 그러나 빛과 열을 받아본 일이 없는 차라투스트라이고 보니 그의 주변에는 냉기가 감돌 수밖에 없다. 마침 밤이 되었다. 차가운 밤, 차라투스트라에게 자신이 깨달은 진리를 폈으면 하는 뜨거운 희망이 새삼 샘물처럼 솟구쳐 오른다. 아직 전할 지혜가 많이 남아 있기 때문이다. 다른 태양들에는 마음 쓸 것이 없다. 밤이 되니 사랑하는 자들의 노래가 모두 잠에서 깨어나는구나.

춤에 부친 노래

어느 날 저녁이었다. 차라투스트라는 제자들과 샘을 찾아 숲을 가로질러 가고 있었다. 얼마쯤 가자 아늑한 풀밭 하나가 나타났다. 마침 그곳에서 소녀들이 춤을 추고 있었다.[26] 차라투스트라는 소녀들에게 다가갔다. 소녀들은 다가오는 그를 알아보고는 이내 춤을 멈추었다. 그러자 차라투스트라는 소녀들에게 자신은 훼방꾼이 아니라 악마 앞에서 신을 대변하는 자이니 마음 쓰지 말고 춤을 계속 추도록 부탁했다. 여기서 악마는 몸이 무거워 춤을 추지 못하는 중력의 정령을, 그리고 그가 대변한다는 신은 생성과 소멸 속에서 생을 긍정하고 생의 의지를 불태우는 생식의 신 디오니소스를 가리킨다. 직접적으로는 사랑을 맺어주는 신으로서, 춤을 즐기는 큐피드를 가리킨다.

중력의 정령은 몸이 무거워 춤은커녕 거동조차 힘에 부친다. 그런 그가 춤에 적의를 갖는 것은 이상한 일이 아니다. 몸이 가벼운 영혼이 최고의 경지에서 출 수 있는 춤이야말로 생에 대한 예찬이자 긍정이 아닌가. 춤을 추며 생명의 환희를 즐기는 디오니소스와 큐피드가 그 같은 영혼들이다.

차라투스트라는 소녀들에게 자신을 소개하며 자신이야말로 어두운 나무로 뒤덮인 으스스한 밤이라고 했다. 밤이 그렇듯이 그의 사상 또한 심오하고 풍요로워 그 속에서 길을 잃기 쉬운 데다 예사롭지 않아 두려움을 자아내기까지 한다는 것이다. 그래서 머뭇거리게 되지만, 그 스산한 어둠을 두려워하지 않는 자라면 거기서 장미가 피어 있는 언덕과 생명의 샘가에 누워 잠을 자는 큐피드도 찾아낼 거라고 일러주었다.

지금은 한낮, 그런데도 큐피드는 깊은 잠에 빠져 있다. 낮잠을 즐기는 것이다. 단잠을 자는 그를 꾸짖어 깨우면 그는 울고불고 야단일 것이다. 그러나 오래가지는 않을 것이다. 소녀들을 보자마자 함께 춤을 추자고 졸라댈 것이기 때문이다. 소녀들은 그 청을 들어주어 함께 춤을 추고, 차라투스트라 자신은 그 춤에 맞추어 저 중력의 정령을 조롱하는 노래를 부를 것이다. 마침 큐피드는 깨어났다. 그는 예상대로 소녀들을 졸라 함께 춤을 추기 시작했고, 차라투스트라는 그 춤에 맞추어 노래 하나를 불렀다. 생명과 지혜, 그리고 자신과의 관계에 관한 노래였다. 다음과 같은 내용이었다.

언젠가 차라투스트라는 반짝이는 생명의 눈을 들여다본 일이 있다. 그 순간 그는 끝없는 심연으로 가라앉는 듯했다. 그가 "깊이를 헤아릴 수 없군" 하고 말하자 생명은 제대로 헤아릴 줄 몰라 그렇게 말하는 거라고 대꾸하고는, 자신은 변덕스럽고 사나운 여인일 뿐이라고 말했다. 그렇다. 생명은 역동적이며 발랄하다. 사람들은 그런 생명을 사물을 대하듯 피상적으로 상대해왔다. 그 내면에 들어가 생명을 체험해보지 않고 주변을 맴돌았다. 그러고는 생명을 일컬어

'속 깊은 자, 신실한 자, 영원한 자'라고 운운해온 것이다. 생명을 몰라서 하는 말이다. 그 속을 들여다보지 않아 오리무중으로 깊어 보일 뿐, 생명은 자신을 감추지 않는다. 그러니 깊이를 헤아릴 수 없는 것이 아니다. 그리고 파괴와 창조로 현재를 부정해가며 끝없이 자신을 전개하는 것이 생명이니, 그토록 불성실하며 덧없는 것이 어디 있겠는가. 그런 생명을 두고 속이 깊고 신실하며 영원하다니, 어처구니없는 일이다. 생명은 다만 변덕스럽고 사나운 여인일 뿐이다.

차라투스트라가 사랑하는 것은 생명 그 하나다. 그래서 생명에게 다가가보지만 생명은 좀처럼 손에 잡히지 않는다. 그래서 애를 태우지만 달라지는 것은 없다. 그는 그런 생명이 밉기까지 하다. 그나마 생명을 절실하게 일깨워주는 것이 있어 다행이다. 지혜가 바로 그것이다. 지혜는 우리를 생명 자체로 인도한다. 그런데 지혜는 지혜대로 변덕이 심한 데다 사납고 고집이 세다. 버릇까지 없다. 그래도 눈은 있다. 웃음까지 있다. 생명을 닮아 그렇다. 사람들은 지혜에 목말라 하지만 그것은 얻기도 힘들고 다루기도 까다롭다. 1부 〈늙은 여인네들과 젊은 여인네들에 대하여〉에는 진리가 버릇없는 아이로 나온다.

차라투스트라가 지혜 이야기를 하자 생명이 눈을 지그시 감고는 "내 이야기가 아니냐?"고 되물었다. 생명은 감았던 눈을 떴다. 그 눈을 들여다보는 순간 차라투스트라는 다시 저 깊이를 알 수 없는 심연으로 가라앉는 듯했다.

노래는 이쯤에서 끝났고 춤도 끝났다. 소녀들도 모두 떠났다. 해도 오래전에 졌다. 숲에서 싸늘한 바람이 불어왔다. 차라투스트라는 피곤했다. 그리고 서글펐다. '나 아직 살아 있는 것인가? 살아 있다면, 무슨 까닭으로? 아직 살아 있다는 것은 어리석은 일이 아닌가?' 차라투스트라 내면에서 그렇게 묻고 있었다. 저녁이었다. 여기서 그는 벌써 저녁이 된 것을, 그리고 서글퍼하는 자신을 용서하라고 당부하며 말을 마쳤다.

무덤의 노래

감상에 젖은 차라투스트라는 잠시 젊은 시절의 곡두와 환영, 그리고 사랑스러운 눈길과 거룩했던 순간순간을 떠올려가며 좋았던 세월을 돌아보았다. 꿈도 많고 이상도 높았던 시절이었다. 지금은 다들 어디 가고 없는가? 모두 사라진 것이다. 차라투스트라는 그러나 허전해하지 않는다. 일찍이 그에게 그 같은 환영과 곡두가 있었고, 여전히 그것들을 마음속에 묻어두고 있어 그렇다. 무덤이 있는 곳에 부활이 있지 않은가.

차라투스트라는 지금까지 자신을 극복해가며 한 계단 한 계단 여기까지 올라왔다. 험난한 여정이었다. 그에게는 적들도 많았다. 적들은 그의 가르침을 비웃고 힘겹게 오르는 그를 나락으로 떨어트리려 온갖 수작을 다 부렸다. 저들은 그의 젊은 시절 곡두와 환영부터 죽여 무덤으로 보냈다. 그를 제거할 생각에서였다.

차라투스트라는 그의 적들이 그에게 자행한 악행을 하나하나 열거해보았다. 젊은 시절 니체의 적들이 그에게 자행한 악행들로서, 여기서 차라투스트라와 니체는 하나가 된다. 일찍이 티 없이 순결했던 시절, 니체는 세계와 그 안에 있는 모든 것을 있는 그대로 받아들이려 했다. 그때만 해도 순수한 눈으로 이 세상에 존재하는 모든 것을 거룩한 것으로 기렸던 것인데, 그의 적들은 추악한 유령을 거느리고 와 그런 그를 덮쳤다. 여기서 추악한 유령은 니체에게 위협적으로 다가온 생에 적대적인 신앙과 이념 따위를 가리킨다. 니체는 한 걸음 더 나아가 그가 살고 있는 하루하루가 거룩하기를 소망했다. 그러자 그의 적들은 세계에 대한 혐오를 불러일으켜 그가 번민 속에서 밤잠을 설치도록 했다. 그가 쇼펜하우어의 염세주의에 심취해 있던 번민의 시절, 그러니까 라이프치히대학 학창 시절 이야기다.

바젤대학 새내기 교수 시절, 니체의 앞날은 밝아오는 듯했다. 그는 길조에 대한 기대에서 하늘을 나는 새의 모습으로 점을 치려 했다. 바로 그때 그의 적들은 그에게 역겨운 부엉이를 날려 보내 그의 기대를 무산시켰다. 여기서 부엉이는 니체의 첫 저술인 《비극의 탄생》을 문제 삼아 그의 학자적 능력을 폄훼하는 등 그에게 씻을 수 없는 수모를 안겨준 주변 학자들을 가리킨다. 예기치 못한 수모였다. 저들의 몰이해를 원망했지만, 소용없는 일이었다. 낙담한 그는 이참에 역겨운 것을 모두 뿌리치겠다고 다짐했다. 그러자 적들은 비웃기라도 하듯 그의 이웃을 모두 농양으로 바꾸어 주변을 더욱 역겹게 만들어놓았다. 그런 세상에서 눈 뜨고 살 수 없었던 그는 아예 눈을 감았다. 이후에는 어둠 속 삶이었지만, 철학적 소명에 눈을 뜨자 그는 오히려 그렇게 사는 것이 행복했다.

그가 이렇듯 온갖 훼방에도 아랑곳하지 않고 자신의 길을 가자, 그의 적들은 그가 가는 길에 온갖 잡스러운 오물을 던지기까지 했다. 목사 가정에서 태어나 목사가 되리라는 주변 기대 속에서 자란 그가 끝내 교회와 결별할 때 이야기다. 옛 신앙을 극복한 그에게는 승리의 기쁨이 따랐지만, 그의 적들은 그가 사랑하던 가족과 친지들을 부추겨 그가 자신들에게 이루 말할 수 없는 실망과 고통을 안겨주었다고 아우성치게 했다. 이것으로 끝이 아니었다. 그의 적들은 허구한 날 파렴치한 자들을 그에게 보내 그의 인간 사랑과 연민의 정을 조롱했다. 그렇게 그의 '베푸는 덕'에 상처를 입혔다. 그리고 그가 인류 미래의 제단에 제물을 바치려 하자 잽싸게 기름덩이를 곁에 놓아 그의 가장 소중한 것이 증기 속에서 질식하도록 했다. 그의 꿈과 이상, 그리고 헌신을 질식시키기까지 한 것이다.

언젠가 니체는 온 하늘을 넘어서 춤을 추고자 했다. 그러자 그의 적들은 그가 더없이 사랑했던 가인을 꼬드겨 소름 끼치는 노래를 부르도록 했다. 새로운 아이스킬로스로서, 생명을 노래해야 했던 바그너에게 그리스도교로 귀의해 죽음을 노래하도록 한 것이다. 그렇게 저들은 생명을 노래하던 새들을 모두 목 졸라 죽이고 말았다. 이렇듯 젊은 시절 그가 꾸었던 최상의 꿈과 품어온 최상의 희망은 나래를 펴보지도 못하고 죽어 무덤에 들고 말았다.

그러나 니체, 곧 차라투스트라는 그의 적들에게 무릎을 꿇지 않았다. 저들이 저지른 악행 모두를 이겨낸 것이다. 그에게 불굴의 의지가 있어 가능했던 일이다. 바로 전사의 의지였는데, 그것은 박정한데다 힘이 장사다. 거기에다 그의 발꿈치는 상처를 입지 않는 불사의 힘까지 갖고 있다. 아킬레우스와 정반대다. 이제 그 의지가 나서서 무덤을 파헤칠 것이다. 그러면 그와 함께 생명을 노래하던 젊은 시절 그의 많은 꿈과 희망, 그리고 이상이 모두 화려하게 부활할 것이다.

자기극복에 대하여

미지의 상태에서 삶은 불안하고 불안정하다. 낯선 세계에서 삶을 시작한 인간이 먼저 해야 했던 것이 그런 상태에서 벗어나 평온하며 안정된 삶을 사는 일이었다. 길은 주변 세계와 친숙해지는 데 있었다. 그러기 위해 인간은 이 세계를 탐색하고 탐구해왔다. 그리고 세계는 그 탐색과 탐구 정도에 따라 서서히 낯선 공간에서 환경Umwelt으로 바뀌어갔다. 많은 것이 밝혀지면서 세계는 조금씩 설명되었고, 그와 함께 우리의 존재 근거와 터전이 되어 그 앞에 무릎을 꿇을 수 있는 권위를 띠기에 이르렀다.

세계는 그렇게 탐구와 탐색의 대상이 되었다. 그와 함께 세계에 대한 지식이 조금씩 축적되었다. 사람들은 그런 탐색과 탐구를 '진리를 향한 의지의 발로'로 불렀다. 누구보다도 더없이 지혜롭다는 자들이 그렇게 불러왔다. 그렇게 세계의 진상, 곧 진리를 밝혀왔다는 것이지만, 진정 저들의 마음속에 있던 것은 그런 진리가 아니었다. 세계를 통제해 자신들의 손안에 넣으려는 지배의지였을 뿐이다.

지배의지도 힘에의 의지의 하나다. 힘에의 의지가 모든 것의 본질인 한, 우리는 무엇을 하든 그 의지에서 출발할 수밖에 없다. 세계에 대한 탐구와 탐색은 말할 것도 없고 우리가 그 끝에 하는 가치평가도 마찬가지다. 모든 가치평가는 힘에의 의지로 환원된다. 그 같은 의지를 강화하는가, 약화하는가가 평가의 기준이 된다. 일단 가치가 평가되면 그것이 재평가될 때까지 그대로 정착되어 사람들을 움직인다. 그렇게 가치가 자리를 잡으면 그다음은 비판적이지 못한 민중의 몫이다. 민중은 그렇게 평가된 가치를 받아들이는 것은 물론 그것을 열심히 사방팔방으로 나른다. 세상의 가치는 그렇게 확립된다.

민중은 화려하게 치장한 손님을 태운 조각배를 실어 나르는 강물과 같다. 이때 손님은 가치평가, 곧 평가된 가치다. 그리고 손님을 조각배에 앉혀놓은 것은 저 더없이 지혜롭다는 자들의 지배의지이고, 그렇게 민중은 세계를 자신의 지배 아래 두려는 자들에게 봉사한다. 그렇다고 강물이 고분고분하기만 한 것은 아니다. 강물은 거센 물결을 일으켜 조각배를 때리기도 하고 뒤흔들기도 한다. 그러나 그 정도로는 큰 위협이 되지 못한다. 가치의 동요에 가치상실이 얼마간 있겠지만 강물에는 그 조각배를 뒤집을 만한 힘이 없기 때문이다. 결정적인 위협은 내부에서 온다. 힘에의 의지 자체, 곧 지칠 줄 모르고 생명을 탄생시키는가 하면 가치를 산출해내는 생명의지에서 온다. 파괴와 건설이 힘에의 의지가 존재하는 방식이니 그럴 수밖에 없다. 그런 생명의지에게 확립된 가치란 있을 수 없다. 바로 그 의지가 나서서 확립된 민중의 가치를 태우고 물을 가르는 조각배를 뒤엎는다.

언젠가 차라투스트라는 생명체를 추적해본 일이 있다. 그 천성을 알아보기 위해서였다. 그러자 생명은 자신의 천성을 드러내 보여주었다. 생명은 생명을 지닌 생명체가 자신에게 복종하게 하며, 복종하지 않는 자에게는 가차 없이 명령을 내려 복종하도록 만드는 것이 아닌가. 그리고 명령과 복종 가운데 더 어려운 것은 단연 명령이렸다.

생명에 복종한다는 것은 그 원리를 따른다는 것을 의미한다. 모든 복종이 그렇듯이 쉬운 일이 아니다. 그래서 때때로 저항을 꾀해 보지만, 그런다고 물러설 생명이 아니다. 따르지 않으면 생명은 따르도록 강제한다. 명령을 내리는 것이다. 명령이 더 어려운 것은, 명령에는 시도와 모험이 따르고 명령을 내리는 자는 그 결과에 책임을 져야 하기 때문이다. 곧 복종하는 자의 짐까지 떠맡게 되기 때문이다. 따라서 명령에는 보상이 뒤따라야 한다. 보상은 생명 자신이 자신의 법, 곧 생명의 원리를 집행하는 판관이 되는 동시에 그것을 지키는 수호자가 되는 것, 그렇게 제물이 되어주는 것이다.

그러면 생명체에게 명령을 내리고 복종하게 하는 것은 무엇이지? 물론 힘에의 의지다. 힘의 세계는 명령과 복종으로 되어 있다. 강자는 명령을 내려 약자가 복종하도록 만든다. 이 원리를 생명은 충실히 지켜간다. 힘에의 의지를 충실히 따르는 것이다. 이 복종은 힘에의 의지로 되어 있는 생명에게는 자기복종이 된다.

명령이 무엇인지 아는 사람은 복종이 무엇인지를, 그리고 복종이 무엇인지 아는 사람은 명령이 무엇인지를 안다. 이들 모두가 힘에의 의지라는 하나의 기반 위에 있기 때문이다. 따라서 힘에의 의지에는 복종하고자 하는 의지도 있다. 그런 의지에서도 우리가 명령하고자 하는 의지를 발견하는 것은 그 때문이다. 차라투스트라는 이미 지배와 복종에 관한 이야기를 한 바 있다. 1부 〈천 개 그리고 하나의 목표에 대하여〉에서였다. 저마다 민족들은 존속을 위해 선과 악 같은 자신들만의 가치체계를 만들어놓았으며, 그 뒤에는 지배에 대한 사랑과 복종에 대한 사랑이 있다는 이야기다.

생명은 차라투스트라에게 또 다른 천성도 드러내 보여주었다. 생명은 끊임없이 자신을 극복해가는 존재라는 것이다. 그 극복의지를 생식을 향한 의지라 부르든, 목적을 향한 의지라 부르든, 더 높고 멀며 다양한 것을 향한 충동이라 부르든 그 의지 또한 하나로, 곧 힘에의 의지로 귀결된다. 이 하나를 포기하는 것은 곧 생명을 포기하는 것이다. 그 같은 극복으로 되어 있는 생명은 투쟁, 생성과 목적, 그리고 그 사이의 모순일 수밖에 없다. 생명은 심지어 자신이 창조한 것과 사랑에 적이 되어 투쟁하기도 한다. 생명이 가는 길은 그렇게 굽어 있다. 그것은 곧지도 평탄하지도 않다. 왼쪽과 오른쪽이 따로 없다.

물론 '진리를 향한 의지'라고 해서 나쁠 것은 없다. 과녁만 제대로 선택하면 된다. 그러니까 진리를 과녁 삼아 화살을 쏘려면 과녁부터 제대로 선택해야 한다. '살아남기 위한 의지'를 과녁으로 의지의 화살을 쏘아댄 자들이 있었다. 그러나 명중하지 못했다. 그런 의지는 처음부터 존재하지 않기 때문이다. 살아 있으면서 살아남으려 하니 이 얼마나 황당한 이야기인가? 이는 다윈의 생존 투쟁과 쇼펜하우어의 생명보존욕을 염두에 둔 비판이다. 살아 있는 것들은 삶 이상을 지향한다. 그것은 다시 말하지만 더 많은 힘을 확보해 성장하려는 힘에의 의지다. 이제는 생존의지를 넘어 힘에의 의지다. 힘에의 의지가 과녁이 되어야 한다.

언젠가 생명이 차라투스트라에게 가르쳐준 것이 있다. 힘이 지배하는 세계는 창조의 세계이며, 생명은 창조를 통해 자신을 전개해간다는 것이다. 창조를 하려면 낡은 것을 먼저 파괴해야 한다. 이 과정은 끝없는 자기극복의 과정이다. 그런 과정에 불변의 항구적 가치는 있을 수 없다. 그런데도 선과 악 따위를 불변의 가치로 내세워 도덕의 칼을 휘둘러온 사람들이 있다. 불변의 가치는 이제 모두 파괴되어야 한다. 힘에의 의지를 근원으로 한 새로운 가치를 세워야 한다. 여기서 이제까지의 가치가 전도되면서 선과 악이 뒤바뀐다. 최상의 악으로 여겨진 것들, 이를테면 파괴와 같은 것들은 창조의 에너지가 되어 최선이 곧 창조적인 선이 되며, 최고의 선으로 여겨진 자기보존 따위는 창조를 가로막는 최악이 된다. 저 더없이 지혜롭다는 도덕군자들에게는 듣기 거북한 이야기일 것이다. 불경하다고까지 느끼겠지만, 감출 일은 아니다. 침묵으로 억압된 진리는 모두 독이 되지 않는가. 물론 저들로서는 폭풍처럼 새롭게 불어닥치는 진리인 힘을 막아내는 일이 힘에 부칠 것이다. 그런 허약한 자들이라면, 그만큼 부실한 가치라면 헌 집 헐어내듯 헐어버려야 한다. 지어야 할 집이 많이 남아 있지 않은가!

고매하다는 자들에 대하여

도덕군자연하는 자들과 현자연하는 자들뿐만이 아니다. 세상에는 고매하다는 자들도 많다. 실로 가상한 인간들이다. 오랜 정신적 속죄[27], 많은 희생과 단련 없이는 얻을 수 없는 것이 그 같은 평판이기 때문이다. 고매하다는 평판을 얻으려면 도덕적으로나 사회적으로 성숙해야 한다. 겸손과 절제는 기본이고 정의감이 뚜렷해야 하며 관대하기까지 해야 한다. 하나같이 육신의 '자연적' 욕구와 욕망을 억제하고 자신과의 격렬한 싸움 끝에야 얻을 수 있는 덕목들이다. 그 나름의 영웅적 의지 없이는 해낼 수 없는 것들이다.

　고매하다는 사람들은 행색에서 알 수 있다. 행색에 그 같은 억제와 싸움의 자취가 그대로 남아 있어 그렇다. 자신을 상대로 얼마나 힘겨운 싸움을 해왔는지, 옷은 갈기갈기 찢겨 있고 얼굴은 핏기가 가셔 창백하다. 웃음까지 잃어 말이 아니다. 거기에다 아름다움에 대한 감각까지 잃어 흉하기 그지없다. 꽃이 다 떨어지고 가시만 남은 장미덩굴 꼴이다. 그래도 표정 하나만은 엄숙하고 결연하다. 치장 또한 요란해 자신들이 획득했다는 전리품인 고매함을 훈장이라도 되듯 치렁치렁 달고 가슴을 한껏 부풀린 채 오만하게 서 있다.

저들은 내면의 괴물들, 곧 본능과 충동 등을 제압하고 다스리기 위해 분투해왔다. 마치 거친 돌을 연마해 원만하게 다듬듯, 그 같은 괴물을 길들이기 위해 있는 힘을 다했다. 힘든 싸움을 이겨내고 저들, 사나운 괴물들을 잠재운 것이다. 그래서 의연해하지만, 성급한 판단이다. 내면의 괴물들은 온전히 제압하기도 제대로 다스리기도 힘들다. 진정된 듯 보일 때가 있지만, 괴물들이 휴화산처럼 숨을 고르고 있어 그렇게 보일 뿐이다. 지금도 저 고매하다는 자들의 엄숙한 표정 뒤에서 극복하지 못한 들짐승들이 비웃듯 내다보고 있지 않은가. 저 고매하다는 자들이 긴장의 끈을 늦추지 못한 채 불안해하며 몸을 잔뜩 움츠리는 것도 그 때문이다. 내면의 들짐승들을 키우며 경쾌한 질주와 춤을 좋아하는 차라투스트라로서는 도무지 취향과 미각이 맞지 않은 자들이다.

그런 이야기를 하면 지금이 취향과 미각 타령이나 할 때인지 묻는 사람이 있을 것이다. 고매해지려면 그런 것들은 이미 넘었어야 한다는 것이다. 실로 삶을 모르는 사람들이다. 우리의 삶은 선택의 연속이다. 선택 없이 우리는 아무것도 할 수 없다. 살아갈 수도 없다. 그런데 취향과 미각이 없다면 무엇을 근거로 좋고 나쁜 것을 평가해 선택할 것인가? 고매해지는 것도 좋다. 그토록 고매해지려면 취향과 미각에 휘둘려서는 안 된다는 것이지만, 생명 자체가 취향과 미각을 둘러싼 투쟁이 아닌가?[28] 저들 말대로 취향과 미각을 포함한 인간 내면의 들짐승들을 제압해 무력화했다고 하자. 무엇이 남겠는가? 살과 피가 다 빠져나간 앙상한 뼈대 정도가 남을 것이다. 그런 몸으로 어떻게 심장의 박동을 느끼고 생명의 온기를 느끼겠는가. 이때 취향 Geschmack은 미각Schmeck의 동사형인 슈메켄schmecken에 어원을 둔 것으로서 미각과 그 뿌리가 같다. 그리고 '맛을 본다schmecken'는 것은 곧 평가한다schätzen는 뜻이다.[29]

고매한 것이 그런 거라면 그것은 빛바랜 허상에 불과하다. 진정한 삶을 살려면 우리는 그 같은 허상에 싫증을 느껴야 한다. 달리 말해 우리는 그런 식으로 고매해지려 해서는 안 된다. 그래야 고매함이란 것에 묻혀 있던 아름다움에 대한 감각이 고개를 들 것이고, 우리는 그와 함께 고매함이란 허상이 남긴 그늘을 뛰어넘어 우리 자신의 태양 속으로, 진리의 빛 속으로 뛰어들게 될 것이다. 거친 숨을 몰아쉬며 밭을 가는 흰 수소를 닮아야 한다. 천상의 악취가 아니라 대지의 향기를 내뿜어야 하며, 정신의 신음 대신 신체의 환성을 질러야 한다. 수소의 목덜미는 보기에도 좋다. 이제는 그의 순진무구한 천사의 눈이 보고 싶다.

수소의 길을 가려면 말 그대로의 영웅적 의지로 고매함이란 것을 넘어 고양되어야 한다. 자신들의 행위를 극복해야 한다. 내면의 괴수를 제압하는 한편, 그 나름으로 생의 수수께끼를 풀어야 한다. 그렇게 괴수와 수수께끼를 구제해 천상의 아이로 변화시켜야 한다. 아이가 되어 웃음을 되찾고 질투 없이 존재하는 법을 배워야 한다. 아름다움이 무엇인지도 배워야 한다. 영웅적 의지 하나만으로는 부족하다. 조야한 파괴와 창조에 대한 맹목적 열정 하나만으로는 안 된다는 이야기다. 거기에 우아한 아름다움이 더해져야 한다. 그러나 영웅에게 그 어느 것보다도 성취하기 어려운 것이 아름다움이다. 그러면 언제 아름다움을 성취하는가? 영웅의 수소와 같은 힘이 자비로워져 가시적인 것 속으로 내려와 구현될 때다.

아름다워지려면 기둥의 덕을 추구할 일이다. 기둥은 높이 솟아오를수록 아름답고 유연해진다. 그와 함께 내부가 견고해져 무게를 지탱한다. 인간 또한 마찬가지여서 숭고한 경지를 향해 상승하면 할수록 보기에 아름답고, 생의 내용 또한 알차져 온갖 무게를 견뎌낼 수 있다. 아름다움을 되찾는 순간 저 고매하다는 자들의 얼굴에 다시 핏기가 돌고 웃음이 감돌게 될 것이다. 그러니 저 고매하다는 영웅은 지금까지 견지해온, 고매해지려는 영웅적 의지부터 버려야 한다. 그래야 꿈속에서 영웅 이상의 영웅, 곧 진정한 영웅인 위버멘쉬가 다가올 것이다. 꿈속에 나타난 영웅 이상의 영웅은 그리스 신화에 나오는 이야기로, 인간 영웅인 테세우스의 배신으로 상심해 있던 아리아드네의 꿈에 나타난, 영웅 위의 영웅 디오니소스를 가리킨다.[30]

교양의 나라에 대하여

차라투스트라는 인간의 미래가 궁금했다. 그래서 미래 속으로 날아가보았다. 너무 깊숙이 날아간 탓일까? 섬뜩한 기분이 들었다. 그래서 그는 방향을 바꾸어 오늘의 현실로 서둘러 돌아왔다. 어느 때보다 계몽되어 있다는 교양의 나라로 돌아온 것이다. 이때 독일어 빌둥Bildung[31]을 '교양'으로 옮긴 것인데 거기에는 교양 말고도 교육, 문화 등 복합적 의미가 있다. 실제 그것을 '교육Education'으로 번역하는 영역자가 있는가 하면, '문화Culture'로 번역하는 영역자[32]도 있다. 의역하면 높은 교육으로 개명된 문명국 정도가 될 것이다.

돌아와보니 그를 기다리는 것은 고향의 아늑함이 아니었다. 어수선한 데다 무엇 하나 제대로 된 것이 없었다. 온갖 잡다한 지식과 천박한 정보가 어지럽게 섞여 있었다. 모르는 것이 없는, 그렇다고 아는 것도 없는 세상이었다. 그 소란 속에서도 어느 때보다 높은 지적 삶을 누리고 있다는 자부심만은 대단하여 모두가 보란 듯이 머리를 높이 들고 있었다. 그러면서 한다는 말이, 지식혁명과 과학혁명에 힘입어 세상이 달라졌다는 것이다. 이것이 교양의 탈(표정)을 쓴 오늘날 인간의 모습이다.[33] 차라투스트라는 탈 뒤에 있는 저들의 참모습이 궁금했다. 신장을 검사하는 의사인들 저들의 정체를 알아낼 수 있을까? 독일어에 '심장과 신장을 검사하다'는 말이 있다. '철저히 검사한다'는 뜻이다.

그러나 탈을 벗겨보면 초라하고 추한 저들의 몰골이 눈앞에 드러난다. 앙상한 뼈대는 또 어떻고! 차마 눈 뜨고 볼 수 없는 지경이다. 그런 자들 틈에서 교양인인 채 자부하며 살기보다는 하계에 내려가 망령들 틈에서 날품을 팔며 사는 것이 나을 것이다. 이 이야기는 호메로스의 《오디세이아》 11권에서 죽어 먼저 하계에 가 있는 아킬레우스가 살아서 귀향길에 들른 오디세우스에게 했던, "하계에서 죽은 자들의 왕이 되기보다는 날품을 팔지라도 인간 지상에서 살고 싶다"는 말을 뒤집어 한 것이다.

그 꼴에 저들은 저들대로 자랑삼아 하는 말이 있다. 저들이야말로 전적으로 현실적인 존재여서 오늘의 현실을 중시할 뿐 헛된 신앙과 미신 따위의 허황된 꿈은 갖고 있지 않다는 것이다. 차라투스트라처럼 위버멘쉬에 대한 근거 없는 믿음과 공허한 꿈 따위는 갖고 있지 않다는 말이다. 꿈이 없으니 신앙할 것도 있을 리 없다. 현실이 전부인 저들에게는 돌아볼 과거도 없고 내다볼 미래도 없다. 미래를 분만할 생식능력이 없으니 그럴 수밖에 없다. 그런 저들에게는 모든 것이 "멸망할 가치가 있을 뿐"이다. 이 역시 괴테의 《파우스트》 1부 1339~1340에서 메피스토펠레스가 파우스트에게 한 말이다. 거기에는 "생겨난 모든 것은 멸망할 가치가 있을 뿐"으로 나온다. 미래가 없는 저들의 삶은 무덤을 향해 반쯤 열린 문과 같다. 저들이 말하는 현실이란 그 모양이다.

이제 어디로 가야 하지? 차라투스트라는 고향을 잃은 허전함에 이곳저곳 산을 오르고 도시를 들러보았지만 머물 조국과 모국은 어디에도 없었다. 희망이 있다면 아직 발견되지 않은 먼 미래, 자신의 아이들 나라에나 있을 것이다. 여기서 차라투스트라는 이제부터 그의 아이들의 나라만을 사랑하리라 각오하기에 이르렀다. 그런 각오로 그는 현실에서 눈을 돌려 미래를 향해 배를 몰았다. 자랑스러운 조상을 두지 못한 자신을 생각해서 그 아쉬움을 후대에 보상하겠다고 다짐하며. 후대 인간에게 자랑스러운 조상이 되겠다는 것이었다. 그에게는 이것이 미래에게 현재가 할 수 있는 보상이자 현재 자체에 대한 보상이었다.

미래를 향해 같이 길을 떠날 뜻이 있다면 누구든 함께해도 좋다. 어차피 무거운 짐을 짊어지고 길을 가야 하는 터에 지고 있는 봇짐에 풍뎅이와 날벌레 정도가 앉는다고 해서 문제가 되겠는가. 이때의 무거운 짐은 낙타가 지고 힘들어하던 짐, 곧 중력의 정령이 아니다. 여기서는 차라투스트라가 등에 지고 가던, 감당하기 쉽지 않은 새로운 가르침인 영원회귀와 위버멘쉬의 사상을 가리킨다.

때 묻지 않은 깨달음이란 것에 대하여

절대 불변의 객관적 진리가 존재하며 그런 진리에 대한 인식 또한 가능하다는 믿음이 있다. 이때의 인식이 때와 장소, 그리고 주관에서 벗어나 있다는 순수인식이란 것이다. 때와 장소, 그리고 주관에 따라 굴절되거나 채색되지 않은 깨끗한 인식을 말한다. 차라투스트라는 그런 인식을 '때 묻지 않은 깨달음'이라 불렀다. 흔히 말하는 절대 인식 또는 객관적 인식을 가리킨다.

그 같은 인식에 맞서, 우리는 무엇을 하든 특정 시간과 공간, 그리고 주관이라는 삶의 조건에서 벗어날 수 없고, 그래서 모든 것을 특수하며 주관적으로 체험할 수밖에 없다는 주장이 있다. 이 주장에 따르면 그렇게 얻은 것이니만큼 인식은 주관적이며 상대적일 수밖에 없다. 차라투스트라가 대변하는 니체의 주장이 바로 그런 것이다.

순수인식이 가능하다고 믿는 사람들은 '정신'에서 출발한다. 저들의 주장에 따르면 정신은 비물질적인 것으로서 시간과 공간 같은 물리적 조건과 주관에서 벗어나 있다. 그만큼 자립적이어서 때가 묻지 않았다. 그런 정신이 하는 일은 추상을 통해 경험세계의 특수하며 상대적인 것들을 걸러내어 그 뒤에 있는 절대 불변의 존재를 인식하는 일이라는 것이 저들의 주장이다.

반대로 그런 인식이 가능하지 않다고 말하는 사람들은 '신체'[34]에서 출발한다. 저들의 주장에 따르면 물질적인 신체는 시간과 공간이란 물리적 조건을 타고난다. 따라서 모든 것은 인식주관에게 특수하며 상대적인 것으로 주어질 수밖에 없다. 물론 절대 불변의 존재를 가정해볼 수 있지만, 신체적 경험을 인식의 출발점으로 삼는 한 그런 것을 인식할 길은 없다. 저들의 결론은 특수하며 상대적인 조건들에 따른 '때 묻은' 깨달음이 있을 뿐이라는 것이다.

니체는 '추상'이란 것부터 문제 삼았다. 추상에서는 구체적이고 특수하며 상대적인 것들, 이를테면 때와 장소가 모두 배제된다. 물리적 조건뿐만 아니라 욕망, 취향, 미각, 기질 등 주관도 배제된다. 그 같은 추상 작업은 살아 움직이는 세계를 사진으로 찍어 묶어두는 작업과 같다. 사진에서는 대상을 순간 포착함으로써 앞뒤 시간을 모두 잘라내어 대상을 특정 시간 속에 잡아둔다. 세계를 그런 추상으로 포착하려는 것은 코가 큰 그물로 물을 떠 올리려는 것과 같다. 생명에게는 생생하게 살아 움직이는 삶의 현실을 단순화해서 파괴하는 그 같은 추상이 곧 죽음이다.

그러면 왜 사람들은 추상을 하면서까지 때 묻지 않은 깨달음에 집착하는가? 단순화하지 않고서는 역동적 세계를 감당하기 어렵기 때문이다. 수시로 달라지는 세계는 늘 불안정하다. 영원히 달라지지 않는 것이 있다면 우리는 그것을 목표로 해 더욱 안정적인 삶을 살고, 그와 함께 우리 존재 또한 의미를 갖는다. 그러나 그것은 때 묻지 않은 깨달음이 가능할 때의 이야기다. 특수하며 주관적인 삶의 현실에서 그런 인식이 가능한가. 차라투스트라는 여기서 해와 달을 내세워 이른바 때 묻지 않은 깨달음이란 것의 허구를 들추어낸다.

해는 빛을 발하는 동시에 열을 내어 세상을 밝히고 생명을 일으킨다. 거기에다 광활한 우주 공간에서 미아가 되는 일이 없도록 주변의 별들을 일정한 거리에서 잡아주기까지 한다. 세상이 밝은 것도, 온갖 생명체가 그 속에 가득한 것도, 세상이 안정적으로 궤도를 도는 것도 모두 해 덕분이다. 해는 이렇듯 능산적 존재로서 세상의 모든 생성과 소멸을 주관한다. 그 점에서 해는 모든 존재의 근원이자 인식의 원천이다. 인간의 인식에서 이 해와 같은 것이 역동적 삶의 주체인 신체다.

달은 반대로 빛은 말할 것도 없고 열도 생산하지 못한다. 스스로 자리를 지킬 만큼의 힘도 없다. 끌어주는 해가 없다면 궤도에서 이탈해 우주를 방황할 것이다. 그나마 해가 있어 그 빛을 되비쳐주고, 일정 궤도를 선회하면서 가까스로 자신의 존재를 드러낼 뿐이다. 열은 내지도 못한다. 그래서 어둡고 차갑다. 그런 달이 무엇을 창조할 것이며, 어떻게 존재의 근원이 되고 인식의 원천이 될 수 있는가. 인간의 인식에서 그런 달과 같은 것이 정신이다.

달은 불임의 수도사와 같다. 그런데도 때때로 배를 한껏 부풀려 마치 절대 진리를 잉태하기라도 한 듯 사람들을 속인다. 달이 진리랍시고 내놓는 것을 보면 태양이 산출한 역동적 진리의 잔상일 뿐이다. 그런데도 그 속임수에 현혹되어 절대 진리에 매달리는 사람들이 있다. 해를 등진 채 달에서 빛과 열을 구하는 꼴이며, 살아 움직이는 것을 탐구한다면서 정작 아무 생명도 없는 그림자를 추구하는 꼴이다.

어젯밤이었다. 달이 만삭이라도 된 듯 둥글게 부풀린 배를 하고 떠올랐다. 보름달이었다. 그 순간 차라투스트라는 '달이 해를 낳으려나 보다' 생각했다. 그러나 그것이 아니었다. 수태를 한 듯 보였을 뿐이다. 빛은 희미했고 주변에 냉기가 감돌았다. 잠시 속았던 것이다. 이에 차라투스트라는 새삼스레 달은 여인이 아니라 사내임이 틀림없다고 생각했다. 우리는 강렬한 해에서 창조적 힘을 지닌 남성을, 그리고 달에서 은은하며 조용한 여성을 떠올리지만, 독일어에서는 반대로 달은 남성명사고 해는 여성명사다. 차라투스트라가 달이 사내임이 분명하다고 한 것도 그 때문이다.

어두운 밤이 되어서야 소리 없이 몸을 드러내는 달은 정직하지 못하다. 거기에다 탐욕스럽고 음탕하기도 하다. 시샘까지 많다. 그래서 도둑고양이처럼 누가 볼세라 어둠을 타고 나와 조심조심 먹이를 찾아다닌다. 세상의 즐거움도 놓치지 않는다. 냉정한 눈을 하고 있지만 이 땅에서 신체적 삶이 주는 즐거움만은 놓을 수 없어 그렇다.[35] 때묻지 않은 순수인식이란 것을 추구하는 사람들도 마찬가지다. 말로는 정신을 내세워 신체를 경멸하면서도 그 오장육부는 설득하지 못한다. 절대 진리에 대한 순수인식이니 뭐니 하면서도 신체가 주는 특수하며 주관적인 즐거움을 버리지 못하는 것이다. 그렇다고 신체적 즐거움을 찾아 당당하게 세상에 발을 들여놓지도 못한다. 그럴 용기가 없기 때문이다. 그래서 신체의 세계로 들어가지도 등을 돌리지도 못한 채 반쯤 열린 문 앞에서 서성이고 있다. 이것이 절대에 대한 때묻지 않은 깨달음을 추구한다는 자들의 어정쩡한 모습이다.

그러면서도 할 말은 있어서 저들은 말한다. 그 정도 거리로도 충분하니 집 안으로 들어갈 필요까지는 없다는 것이다. 세상에 뛰어들어 수고스럽게 하나하나를 체험하기보다는 적당한 거리에서 관조하면서 행복을 누리겠다는 뜻이다. 그러니까 자기중심적인 사고와 욕망 등 의지에서 벗어난 경지에서, 달이 그리하듯 저만치 떨어져 눈길로만 대지의 아름다움을 더듬겠다는 것이다. 그리고 거울이 되어 사물을 뇌비추어주는 것으로 만족하겠다는 것이다. 손에 때를 묻히지 않고 대지와 사물들의 깨끗한 인식에 이르겠다는 것이지만, 그 같은 빛바랜 인식으로 무엇을 하겠는가.

진정한 인식에 이르려는 사람은 생명의 본성에 따라 쉬지 않고 생식을 하며 자신을 뛰어넘어 창조를 한다. 머릿속 형상이 형상에 그치는 일이 없도록 창조 의욕을 불태우는 것이다. 곧 위버멘쉬가 형상에 그치지 않고 구현되도록 자신을 불태워 희생(몰락)하는 것이다. 그런 사람에게 '관조'란 거세된 곁눈질에 불과하다.

의지에서 벗어난 순수한 관조는 쇼펜하우어 철학의 핵심이다. 온갖 번뇌를 일으키는 의지에서 벗어나 사물을 바라보아야 한다는 것이다. 젊은 시절 쇼펜하우어 철학에 심취했던 니체도 그 같은 관조에 매료되었다. 그 무렵만 해도 때 묻지 않은 순수에 대한 동경으로 관조나 하겠다는 자들이 니체에게는 신성해 보이기까지 했다. 그러나 그것은 멀리서 본 데다 저들이 쓴 그럴싸한 탈에 가려 그 뒤에 똬리를 틀고 있는 뱀들을 보지 못한 탓이다. 그래서 겁도 없이 저들에게 다가갔던 것인데, 마침 그때 날이 밝아왔다. 천만다행이었다. 곧해가 솟아오를 것이다. 날이 밝아오자 정체가 드러난 달이 그 당당한 기세를 잃고 아침놀 앞에 창백해 있는 것이 아닌가. 순수인식에 대한 이상이 빛을 잃어버린 것이다. 달의 정사는 이렇게 허망하게 끝났다.

작열하는 해가 바다 위로 떠올랐다. 해는 멀리서 관조나 하겠다는 달과 달라서 온몸으로 대지를 사랑한다. 해는 사랑하는 마음으로 바닷물을 자신의 높이까지 끌어올리려 한다. 그러면 바다는 바다대로 해가 자신을 모두 마셔주기를 소망한다. 대지를 사랑하려면 그렇게 해야 한다. 이제 달에 대한 환상, 때 묻지 않은 깨달음에 대한 환상에서 벗어나 생식과 창조의 기쁨을 누리는 우리 자신의 주체적인 태양을 맞이해야 한다. 신체를 인식의 근원으로 삼아 모든 것이 관점에 따라 상대적이며 주관적으로 주어진다는 것을 받아들여야 한다. 절대 진리는 존재하지 않는다.

학자들에 대하여

이번에는 학자들 이야기다. 학자들은 빛도 열도 만들어내지 못한다. 남의 빛과 열을 희미하게 되비추는 것이 고작이다. 달을 닮아 그렇다. 그런데도 대단한 사상이라도 잉태한 듯 몸을 부풀려가며 사람들을 현혹한다. 그리고 희미하고 미지근한 것이지만 그나마의 빛과 열을 자신들이 생산해낸 것으로 포장하며 유세를 떤다. 온갖 권위와 영예로 요란하게 치장하고는 위세를 떨기까지 한다. 그러나 정작 저들이 성과랍시고 내놓는 것을 보면 한심하기 이를 데 없다. 허섭스레기 정도다. 그것도 불임의 달을 닮아 그렇다.

일찍이 차라투스트라도 허기진 배를 하고 저들 학자의 식탁에 앉아 기다린 적이 있다. 뭔가 배워 채우겠다는 갈망에서다. 지혜에 굶주려 있었던 것이다. 그와 달리 포만감을 느끼는 사람들이 있다. 더 배울 것이 없다고 믿는 학자들은 자신의 지식을 상품이라도 되듯 즐겨 세상에 내놓는다. 부와 명성을 거두어들일 수만 있다면 못 할 일이 없다. 한때나마 학자들 틈에서 지혜의 허기를 면해보려던 차라투스트라였지만, 돌아온 것은 저들의 위선과 허세에 대한 역겨움이었을 뿐, 얻은 것은 아무것도 없었다.

학자들은 호두를 까듯 열심히 자신들의 분야를 파고든다. 캐내고 분석하는 일에 지칠 줄을 모른다. 추상에도 능하다. 그렇게 한 해 두 해 보내다 보면 어느새 전문가가 된다. 끝에 가서는 파고드는 일에서 헤어나지 못해 멍청해지기까지 한다. 전문가 바보가 되는 것이다. 그런 학자들의 서재나 연구실은 혼탁한 공기와 퀴퀴한 냄새로 가득하다. 그런 공기와 냄새에 익숙하지 못한 사람은 그 분위기를 견뎌내지 못한다.

학자들은 온몸으로 생의 현실을 살지 않는다. 적극적으로 현실에 뛰어들어 실천적 삶을 살지 않는다. 그 대신에 상아탑이라는 요새로 물러나 멀리서 세상을 살펴본다. 흔들리지 않는 객관적 판단을 위한 것이라고 말하지만, 실은 창조적 열정에서 오는 열기와 그에 뒤따르는 치열함만은 멀리하고 싶은 것이다. 그들에게는 이론이 전부다. 이론을 추구하면서 저들이 내세우는 것이 있다. 학자의 덕목인 학문의 건조성akademische Trockenheit이다. 감정이나 세상의 이해관계에서 벗어나 때 묻지 않은 깨달음을 추구하겠다는 다짐에서다. 이론이 주관적 정서나 이해관계에 젖어 눅눅해서는 안 된다는 것, 거기에 학자로서 품위를 지키는 길이 있다고 믿기 때문이다. 그러나 그것은 건초처럼 바싹 마른 저들 영혼의 자기고백일 뿐이다. 차라투스트라는 그 같은 학자들을 경멸했고, 학자들은 그런 그를 용서하지 않았다. 저들은 심지어 차라투스트라가 학자로서 얻은 영예마저 짓밟았다. 이에 차라투스트라는 학자로서 누릴 수 있는 존경과 존엄을 잠자리로 하기보다는 거칠고 투박한 황소 거죽에 눕는 것이 낫겠다고 내뱉고는 학자들의 집을 뛰쳐나오고 말았다. 젊은 시절 니체의 이야기다.

　문헌학 교수가 되고 나서 니체가 처음 내놓은 저작이 《비극의 탄생》이었다. 조형예술의 원리인 아폴론적인 것과 비조형예술의 원리인 디오니소스적인 것 사이에서 태어난 그리스 비극이 어떻게 그리스인을 염세주의에서 구제했으며, 그 징신이 어떻게 소크라데스의 주지주의로 유린되었는지, 오늘날 주지주의 시대를 맞아 그 정신을 되살려 몰락해가는 서구 문화를 구제할 길이 있는지, 그 모색의 길을 내용으로 하는 저작이다. 니체의 초기 철학적 구상과 꿈을 살펴볼 수 있는 작품이어서 많이 읽히는 저작이지만, 문헌학적으로는 문제가 많았다. 그 책이 나오자마자 학계에서 비판이 쏟아졌다. 고증이 철저하지 못한 데다 인용이 서툴고 그리스 비극에 대한 니체의 지식 여기저기에 허점이 보인다는 비판이었다. 학자에게는 치명적인 비판이었다. 문헌학자 우제너 교수는 "이런 글을 쓴 사람은 학문적으로 볼 때 죽은 것이나 다름이 없다"고 혹평했다. 라이프치히대학 시절 니체를 지도했던 리츨 교수는 "재간에 찬 요란"이라고 개탄했으며, 한 문예잡지에서는 그 저작에 대한 서평 제의를 거부하기까지 했다. 니체의 패배는 분명했다. 그로서는 자신의 원대한 철학적 구상을 읽어내지 못하고 단지 문헌학적 관점에서 그의 저작을 비판한 당시 학계가 야속했겠지만, 자신의 관점을 바꾸든가 학계를 떠나든가 그 외에는 달리 길이 없었다.[36] 그러나 그는 변명을 했고, 건강 문제로 떠날 때까지 자리를 지켰다. 본문에 학자들의 세계를 뛰쳐나왔다고 되어 있는데, 마음만은 그랬을 것이다.

　차라투스트라의 학자 비판은, 니체가 《비극의 탄생》으로 겪은 수모를 떠나 정곡을 찌르는 것이었다. 학자들은 종이를 먹는 양들이다. 저들은 양들처럼 몸을 사리며 글을 읽고 쓰는 일로 세월을 보낸다. 그 나름으로 땀을 흘려가며 열심히 일하기도 하지만 어떻게 하든 창조하는 자가 겪는 창조의 고통만은 피하려 한다. 그래서 창조의 열기를 피해 시원한 그늘에 편히 앉아 세상을 관망하기를 좋아한다. 그런 저들이고 보니 태양의 열화, 그러니까 인식의 열화를 알 리가 없다.

학자들은 민첩하고 영리한 손을 갖고 있다. 꿰는 법, 매듭짓는 법, 짜는 법에 능통하다. 저들은 놀라운 솜씨로 남이 이룩한 학문적 업적을 이리저리 자르고 잇는다. 편집에 능한 것이다. 소재와 일거리만 있으면 된다. 그런 저들이 하는 일은 연구실에 앉아 먹이를 기다리는 거미처럼 오가는 사람들을 유심히 지켜보는 것이다. 그러다가 절름발이 지식이지만 창조적 성과를 낸 사람이 지나가기라도 하면 눈치채지 못하게 달려들어 그 성과를 훔쳐낸다. 그러고는 그 성과를 자신들의 것으로 둔갑시킨다. 그렇게 창조적 인간의 노고를 제 이름으로 그럴싸하게 꾸며 내놓는다. 표절도 마다하지 않는다. 손버릇까지 나쁜 것이다.

그렇게 얻은 전문 지식으로 학자들은 세상에 온통 먼지를 일으킨다. 자신의 정체를 숨긴 채 요란을 떠는 데는 먼지보다 좋은 것이 없다. 그러나 먼지만으로는 부족하다. 나팔을 불어야 한다. 그래서 지식을 출산이라도 할 듯 몸을 부풀린 채 개구리처럼 꽉꽉 대기도 하고, 마치 해산한 듯 고약한 냄새를 풍기기도 한다. 그러면서 지식 시장을 선점하고자 다른 학자들과 치열하게 경쟁한다. 조금이라도 늦으면 안 된다. 설익은 것이라도 남보다 먼저 서둘러 내놓아야 한다. 이름을 팔 줄 알고 경쟁자의 명성에 흠집도 낼 줄 안다. 유리장갑을

낀 손으로 독을 제조하기도 한다.

제힘으로 할 수 있는 것이 없는 저들은 시계와도 같다. 태엽만 감아주면 된다. 그러면 저들은 시계처럼 째깍대며 바삐 움직인다. 태엽을 감아주듯 여름 들녘에서 잘 익은 곡물을 던져주기만 하면 된다. 그러면 저들은 맷돌이 되어 그것을 빻아 하얀 먼지를 일으킨다. 곡물을 생산하는 사람들은 따로 있다. 사랑과 땀으로 한여름 더위를 이겨내며 일을 하는 농부처럼, 애써 연구성과를 거두어들인 창조적인 사람들이다.

차라투스트라는 한때 학자들과 함께 식탁에 앉아 있었다고 했지만, 돌이켜보면 처음부터 그는 저들과는 다른 길을 가고 있었다. 미래에 대한 전망이나 떠맡고 있는 과업부터가 저들과 달랐다. 그는 학문의 건조성이란 것을 경멸했다. 뜨거운 창조의 열정에서였다. 학자들과는 처음부터 층層이 달랐던 것이다. 창조적 과제에 몰두하던 그는 그 뜨거운 열기에 달구어져 신선한 대기와 자유를 선망했다. 무엇보다도 그는 학문세계의 혼탁한 공기와 퀴퀴한 냄새가 싫었다. 한 층 아래에 있던 학자들로서는 용납할 수 없는 일이었다. 누군가가 위에서 경멸 어린 시선으로 내려다보고 있다고 생각하면 그럴 만도 했다. 자존심이 상한 저들은 서둘러 차라투스트라와 저들 사이에 두꺼운 방음막을 쳤다. 위에 누가 있든, 무슨 이야기를 하든, 신경 쓰지 않으려는 생각에서였다. 이렇게 학자들은 차라투스트라를 외면했고, 차라투스트라 또한 그런 저들과 등지고 말았다.

학자 차라투스트라의 삶은 그렇게 끝났다. 본문에 잠자는 사이에 양 한 마리가 다가와 그가 머리에 쓴 담쟁이관을 먹어 치우고 나서 차라투스트라는 더 이상 학자가 아니라고 선언했다는 말이 나오는

266

데 이를 두고 한 말이다. 디오니소스와 사티로스가 쓰던 담쟁이관은 늘 푸른 생명과 승리를 상징한다. 학자의 세계에서 벗어나자 그에게 새로운 지평이 열렸다. 철학적 소임이 더욱 뚜렷하게 눈에 들어오면서 열린 지평이었다. 철학적 의사가 되어 시대의 질환을 치유함으로써 새로운 미래를 열겠다는 것이다. 이때 그에게 필요한 것은 창조적 과제에 대한 의식과 주체적 결단이었다. 더 이상 건조한 이론의 구축은 필요하지 않았다. 그런 그를 종이를 먹는 양들이 더 이상 학자로 보지 않는 것은 이상한 일이 아니었다. 그러나 창조적 힘을 지닌 자, 미래를 내다보는 안목을 지닌 자, 아이와 같이 순진무구한 자에게 그는 여전히 학자였다. 그것도 진정한 의미의 학자였다.

시인들에 대하여

학자였던 니체는 시인이기도 했다. 어려서부터 시를 써온 그는 시인의 세계를 누구보다도 잘 알고 있었다. 그는 무엇보다도 시인들의 겉치레와 허세가 마음에 들지 않았다. 그래서 시인들의 행태를 비판했는데, 교수, 곧 학자의 삶을 뒤로한 후에도 시를 계속 썼으니 그의 비판은 시인으로서 시인을 비판한 셈이다. 비판의 골자는 '우리' 시인들이 거짓과 허영이 심한 데다 피상적이며 불순하기까지 하다는 것이다.

시인들은 정신을 노래하며 불멸을 노래한다. 마치 정신이 따로 있고 불멸이 따로 있기라도 하듯 말이다. 정신은 신체 기능의 하나일 뿐이어서 신체가 죽으면 그 또한 소멸하지 않는가. 그리고 생성 소멸하는 이 세계 어디에도 있을 수 없는 것이 불멸이 아닌가. 그런데도 정신과 불멸을 노래해온 시인들이 있다니. 그런 시인에 바로 괴테가 있다. 괴테는 특히 불멸을 강조했는데,《파우스트》2부 5막의 〈신비의 합창〉에서 소멸해 무상하게 되는 것, 곧 변화는 비유일 뿐이라고 했다. 니체는 그에 맞서 불멸을 일축했다. 비유에 불과한 것은 오히려 불멸이라고 했다. 그는 이미《즐거운 학문》부록의 〈괴테에게〉라는 시에서 "불멸이란 단지 그대의 비유! 곤욕스러운 신은 시인의 허구"라고 꼬집은 바 있다. 정신이든 물질이든 항구적인 것은 없고 신체가 있고 생성과 소멸이 있을 뿐이다. 그런데도 정신을 노래하고 불멸을 예찬하다니, 시인들이 너무 많은 거짓을 말하고 있다는 것이다. 이것 역시 이미 2부 〈행복이 넘치는 섬들에서〉에서 했던 말이다.

시인들로서는 거짓을 말할 수밖에 없다. 제대로 아는 것이 없는데다 제대로 배우지도 못했기 때문이다. 제대로 배워서 안다면 정신이 아니라 신체를, 불멸이 아니라 변화를 노래할 것이다. 체험이라도 제대로 해야 하는데 그것도 아니다. 변변치 못한 것이라도 뭔가를 체험하면 착취라도 하듯 모두 긁어내려 드는 것도 그 때문이다.[37] 시인들은 깊이 고뇌하지도 않는다. 그래서 깊이가 없다. 깊은 척할 뿐이다. 그러니 모든 일에 얕은 바다처럼 피상적일 수밖에 없다. 그 얕은 바닥을 드러내는 것이 창피한지, 시인들은 아무도 그 바닥을 들여다보지 못하도록 자신들의 물을 온통 흐려놓기까지 한다. 어디 그뿐인가? 은밀하게 독을 타는 학자들처럼 시인들도 자신들이 빚어낸 포도주에 눈치껏 불순물을 탄다. 과장도 하고 수사적 기교도 부린다. 저들의 포도주 저장실에서는 말로 표현할 수 없는 일들이 자행되고 있다.

그러다가 저녁이 되면 시인들은 늙은 여인들이 들려주는 이야기들을 갈망하며 "영원히 여성적인 것"을 운운하기도 한다. 그런 저들에게는 하찮은 것이지만 민중과 민중이 떠받드는 지혜가 귀한 자산이 된다. "영원히 여성적인 것" 역시 괴테의《파우스트》2부 5막 끝에 나오는 대사다. 거기에 "영원히 여성적인 것이 우리를 끌어올린다"고 되어 있다. 영원을 다른 말로 하면 불멸이 된다.

시인들에게 더욱 한심한 것은 허영이다. 끝이 없을 정도다. 저들은 풀밭이나 산허리에 누워 귀를 기울이면 하늘에서 천상의 음성이 들려온다고 믿는다. 그리고 잔잔한 감동이 밀려오기라도 하면 자연이 저들을 연모하고 있다고 우쭐해하기까지 한다. 하늘과 땅 사이에는 시인만이 꿈꿀 수 있는 일들이 그토록 많다는 것이다. 이 말은 《햄릿》 1막 5장에서 햄릿이 호레이쇼에게 했던 "하늘과 땅 사이에는 우리의 철학으로는 해결할 수 없는 일들이 많다네"라는 말에서 따온 것이다.

시인들은 하늘을 좋아하며 구름을 좋아한다.[38] 공중누각을 짓는 데는 구름이 제격이다. 저들은 알록달록한 신들을 만들어 구름 위에 올려놓기도 한다. 그 나름으로 이상적 유형의 인간을 생각해내고는 위버멘쉬라도 되는 양 그 위에 올려놓는다. 그러고는 신을 이야기하고, 인간의 이상을 이야기한다. 그러나 저들이 말하는 신과 위버멘쉬는 내용이 없다. 껍데기에 불과하다. 구름 위에 자리할 만큼 가볍다.

차라투스트라는 그런 시인들에 지쳐 있다. 역겨움까지 느낀다. "우리 시인들"이라는 말로 입을 연 그였다. 그런 그가 인제 와서 시인을 비판하다니. 시인에 대한 차라투스트라의 비판에 제자 하나가 몹시 기분이 상했다. 그 모습을 본 차라투스트라는 한숨을 쉬고 나서 다시 입을 열었다. 자신이 시인인 것은 맞지만, 더 이상 여느 시인과 같지 않다는 것이다. 그에게는 과거와 현재뿐만 아니라 미래가 있으며, 그 점에서 고작 현재를 노래하거나 회고적 감상에서 과거를 노래하는 시인들과는 다르다는 것이다. 이렇게 자신을 차별화한 그는 이후의 비판에서는 '우리 시인'에서 '저들 시인'으로 표적을 바꾸었다.

차라투스트라의 시인 비판은 이어졌다. 시인들은 순결하지 못하다고 했다. 저들 시인에게는 약간의 관능적 즐거움과 권태가 최상의 것이다. 저들은 천상의 세계와 자연을 노래하면서 하늘과 땅, 자연과 인간을 이어주는 가교라도 되는 양 떠벌린다.[39] 거기에다 현실과 이상을 조정하는 조정자라도 되는 양 요란을 떨기도 한다. 미래가 없는 저들에게 무슨 이상이 있다고. 가당치도 않은 이야기다. 저들이야말로 얼치기며 불순한 거간꾼이자 혼합자일 뿐이다. 언젠가 차라투스트라는 저들 시인의 바다에 그물을 던져본 일이 있었다. 멋진 고기를 낚아 올려보려는 생각에서였다. 그러나 그의 낚시에 걸려 올라온 것은 신의 두상, 버림받은 돌덩이, 도둑조차 배고픈 자식에게 던져주지 않는다는 돌덩이뿐이었다.[40]

모든 시인이 그런 것은 아닐 것이다. 시인들에게서 진주를 찾아낼 수도 있을 것이다. 두꺼운 껍질로 자신들의 참모습을 감춘 것으로 미루어 저들이야말로 진주조개와 유사한 갑각류일 것이니 말이다. 차라투스트라는 진주를 찾을 생각에서 저들을 감싸고 있는 껍질을 열어보았다. 그러나 좀처럼 진주를 발견할 수 없었다. 소금에 절인 점액이 있을 뿐이었다. 그 주제에 허영과 허세만은 어쩔 수 없는지 시인들은 관객을 바란다. 보여줄 것도 없으면서 말이다. 누구라도 좋다. 박수갈채만 보내면 된다. 자신들의 변변치 못한 시를 세상에 알리지 못해 안달들이다. 저들이 정신을 내세워 더없이 추한 물소 앞에서 꼬리를 펼쳐 보이는 파도처럼 공작새[41]가 되어 관객 앞에서 교태를 부리는 것도 그 때문이다.

그러나 희망이 전혀 없는 것은 아니다. 저 시인들에게도 자신이 노래해온 정신에 지칠 날이 머지않아 올 것이다. 저들의 눈길이 서서히 자신을 향하는 것에서 알 수 있다. 저들에게도 복고적 감상에서 과거가 아니라 미래를, 새로운 희망을 노래할 때가 올 것이다. 관객이 아니라 자신을 위해 참회의 노래를 부르는 시인들이 나오기 시작했으니 실로 좋은 징조다. 머지않아 저들에서 '정신의 참회사'가 나올 것이다.

크나큰 사건들에 대하여

차라투스트라가 제자들과 머물던 저 행복이 넘치는 섬에서 그리 멀지 않은 곳에 연기를 뿜어내는 화산섬 하나가 있었다. 어느 날, 그 섬에 배 한 척이 닻을 내렸다. 뱃사람들은 서둘러 뭍에 올랐다. 토끼를 잡을 생각에서다. 뱃사람과 섬, 그리고 토끼 이야기는 케르너의 글에 나오는 이야기다.[42] 정오쯤 되어서였다. 어떤 사내가 "때가 무르익었다! 때가 무르익을 대로 무르익었다!"고 외치면서 하늘을 가르며 다가오는가 싶더니 그림자처럼 잽싸게 화산이 있는 쪽으로 날아가는 것이 아닌가. 차라투스트라였다. 뱃사람들은 그를 알아보았다.

차라투스트라가 섬에서 사라졌다는 소문이 돈 것은 바로 그 무렵이었다. 제자들은 그의 행방을 알 수 없어 안절부절못했다. 그는 닷새가 지나서야 제자들 앞에 나타나서는 그사이에 있었던 일을 이야기해주었다. 무엇보다도 그가 만난 불개(火犬) 이야기를 들려주었다. 여기서 불개는 무서운 기세로 불을 내뿜는 인간들을 가리킨다. 그 모습으로 보아 괴물 키마이라와 같은 자들이다. 어떤 불을 토해내는

가에 따라 불개는 두 유형으로 나뉜다. 분노와 증오를 토해내어 세상을 저주해 뒤엎으려는 불개와, 반대로 황금과 웃음을 토해내어 세상을 축복해 일으켜 세우려는 불개가 있다.

우리가 사는 이 대지는 온갖 피부병으로 몸살을 앓고 있다. 자연을 훼손해 대지의 살갗을 상처투성이로 만들어온 인간, 그런 인간을 부추겨 대지를 병들게 해온 인간이 바로 대지가 앓아온 피부병이다. 그런가 하면 만신창이가 된 대지의 살갗을 치유하고 그것을 건강한 삶의 터전으로 만들어내는 인간도 있다. 앞에서 이야기한 두 유형의 불개인데, 그가 만나 이야기를 나눈 것은 앞의 불개였다. 사람들은 그 불개를 두려워했을 뿐, 그 정체를 모른다. 차라투스트라도 그 불개의 정체가 궁금했다. 그리하여 바다를 건넜다. 그는 마침내 바다 너머에서 불개의 정체를 알아냈다. 분노를 폭발시키는 분출의 악마와 모든 것을 뒤엎는 전복의 악마, 이들의 정체도 함께 알아냈다. 다음은 그가 들려준 불개 이야기다.

불개는 심연 깊은 곳에서 불을 토해내듯 그 위용을 천하에 과시한다. 그래서 그 광란에 압도되기도 하지만, 가까이 가서 보면 소리만 크고 거동만 요란했지 모든 것이 허세일 뿐임을 알게 된다. 불개는 모든 일에 거짓되고 천박하다. 그 점에서는 분출의 악마나 전복의 악마도 마찬가지다. 심각하고 절박한 듯하지만, 그렇게 보일 뿐 내용이 없다. 복화술사와 다르지 않다. 니체가 소년 시절을 보낸 19세기 중반은 혁명의 시대였다. 불개와 악마들이 날뛰던 혼란한 시대였다. 때를 만난 불개들이 식식대며 곳곳에 불을 질러대 열기와 매연으로 숨을 쉴 수가 없는 지경이었다. 저들은 타고 남은 재를 뿌려 세상을 온통 어두컴컴하게 만들기도 한다. 어두워 앞을 제대로 볼 수도 없다. 거기에다 마구 고함을 질러대 귀가 먹먹하다. 무엇보다도 저들은 자유와 평등을 소리 높여 외쳐댄다. 위대한 사건, 곧 역사적 사건이라도 일어날 듯한 소란이다. 실제 저 불개들은 전에 없는 위업을 이룬 듯 거들먹거린다.

그러나 위대한 사건은 그렇게 일어나지 않는다. 위대한 사건은 지옥의 광란 속에서가 아니라 더없이 고요한 시간에 은밀하게 일어난다. 그것도 새로운 가치를 창출하는 사람들에 의해 일어난다. 세계는 그런 사람들을 중심으로 소리 없이 돈다. 역사를 움직이는 것은 그처럼 소리 없는 힘이다. '더없이 고요한 시간'은 2부 마지막 장에 다시 나온다.

그러면 여기서 이야기하는 불개는 구체적으로 어떤 인간을 가리키는가? 불을 지르듯 민중혁명을 획책하는 선동가를 가리킨다.[43] 더 구체적으로 공산주의 전사와 사회민주주의자 등을 지목하는 학자도 있다.[44] 니체는 특히 사회주의를 혐오했다. 사회주의의 반대말은 개인주의다. 사회가 우선인가, 개인이 우선인가에 따른 구분인데, 개인주의자 니체가 받아들일 수 없었던 것이 개인의 죽음을 가져오는 사회주의였다. 사회주의를 개개인 간의 창조적 역량을 말살해 역사의 물꼬를 되돌리는 반역사적 운동으로 본 그는 사회주의가 일으키는 온갖 전율과 지진 뒤에는 에트나산에 생매장된 채 불을 뿜어대는 기간테스 티폰과 같은 인간, 곧 루소와 같은 인간이 있다고 했다.[45]

곳곳에서 불개들이 날뛰고 세상이 평등이라는 광기에 휩싸여 요동을 치고 있지만, 그런 소란은 오래가지 않는다. 소리만 요란할 뿐 달라지는 것은 별로 없다. 한바탕 소동이 지나고 나면 알 수 있다. 말 그대로 '태산명동서일필泰山鳴動鼠一匹'이다. 도시가 폐허가 되고 입상들이 내팽개쳐지겠지만 문제는 없다. 도시는 재건하면 되고 팽개쳐진 입상은 다시 일으켜 세우면 된다. 이때 입상은 왕이나 영웅 등 만방에 힘을 떨친 위인들의 위업을 가리킨다. 그런 입상을 흙 속에 내팽개치는 것은 소금을 바다에 던지는 것처럼 어리석은 일이다. 입상은 진흙 속에서 새 생명을 얻어 한층 거룩하고 매혹적인 모습으로 다시 일어설 것이다. 그러고는 오히려 그를 전복시킨 자들에게 감사할 것이다.

불개 정도의 난동을 이겨내지 못하고 흔들리는 것이 있다면 이 기회에 전복되는 것이 좋다. 전복이라도 되어야 부활해 더 견고하게 설 수 있을 테니 말이다. 오늘날 그런 것들이 여럿 있다. 무엇보다도 왕과 교회와 노쇠한 덕이 있다. 절대왕권이 무너진 오늘날 왕다운 왕이 어디 있으며, 신이 없는 오늘날 교회가 어디 있는가? 오늘날 대중문화와 사회의 늪에 빠져 기력을 잃은 세상에 강건한 것이 어디 있으며, 생명 에너지가 모두 고갈된 터에 덕다운 덕, 전사의 덕이 어디 있는가?

차라투스트라가 교회 이야기를 하자 그때까지 잠자코 듣고만 있던 불개가 "교회가 무엇이지?" 하고 물었다. 차라투스트라는 교회는 일종의 국가, 그것도 가장 거짓말을 잘하는 국가라고 대답해주었다. 그리고 국가는 국가대로 위선에 찬 개로서, 불개와 마찬가지로 지상에서 가장 영향력 있는 짐승이 되고 싶은 생각에서 온갖 연막과 부르짖음으로 소란을 피운다는 것이다. 1부 〈새로운 우상에 대하여〉에서 차라투스트라는 국가야말로 민족의 죽음이자 창조적 인간의 무덤이라고 말한 바 있다.

국가 또한 세상에서 가장 영향력 있는 짐승이 되고 싶어 한다는 말에 불개는 길길이 뛰었다. 질투심에서였다. 자신보다 더 영향력 있는 짐승은 없다고 믿어온 불개였다. 그러나 시간이 흐르자 그는 조용해졌다. 진정된 것이다. 기회가 왔다고 생각한 차라투스트라는 그 불개에게 또 다른 불개 이야기를 들려주었다. 이 불개가 이야기 순서로 보아 두 번째 불개가 된다. 이 불개는 정직하며 고매하다. 건설적이어서 전복된 것을 다시 세우고 분출된 감정, 이를테면 르상티망 같은 것들을 거두어들인다. 거기에다 깊이까지 있다. 그래서 복화술사와 달리 대지의 심장에서 우러나오는 말을 한다. 대지 깊은 곳에서 황금과 웃음을 불러내어 세상을 낙원으로 만드는 것이다. 차라투스트라 자신이 그런 불개다. 차라투스트라의 이야기가 이쯤에 이르자 잠자코 듣고 있던 첫 번째 불개는 수치심에서 어쩔 줄 몰라 하더니 끝내 꼬리를 내리고 자신의 동굴로 숨어들고 말았다.

차라투스트라의 불개 이야기는 여기까지였다. 그러나 제자들은 이야기를 듣는 건지, 마는 건지 안달들이었다. 차라투스트라에게 그동안의 일들, 뱃사람들과 토끼, 그리고 유령이라도 되듯 하늘을 나는 사내[46] 이야기를 하고 싶어서였다. 사내 이야기에 차라투스트라는 그것은 그의 그림자였을 거라고 일러주고는 나그네와 그의 그림자에 대해 이미 들은 것이 있지 않은지 제자들에게 되물었다. 그리고는 무엇을 위해 때가 무르익을 대로 무르익었다는 것인지를 자문하듯 물었다. 진정 위대한 사건이 일어날 때가 되었다는 것이다. 그렇다. 머지않아 광기 어린 소란으로 그칠 대중혁명을 뒤로하고 더없이 적막한 시간과 함께 크나큰 사건들이 일어날 때가 올 것이다. 그리되면 과거의 잔해 속에서 입상들이 몸을 일으키고 그와 함께 새로운 세계가 열릴 것이다. 위버멘쉬의 세계가 다가올 것이다. 나그네와 그의 그림자 이야기를 우리는 4부에서 다시 만난다.

예언자

그런 일이 있고 나서였다. 때가 무르익을 대로 무르익었고 머지않아 새로운 세상이 열릴 것이라는 기대를 비웃듯이 음울한 기운이 하늘을 덮쳐왔다. 세상의 고통과 절망을 노래해온 염세주의였다. 곳곳에서 모든 것이 공허해 무엇을 하든 달라질 게 없다는 체념 어린 한탄이 들려왔다. 그러자 화답하듯 모든 언덕에서 메아리가 울려 퍼졌다. 밝아오는 하늘에 먹구름이 몰려든 것이다.

차라투스트라도 그 같은 한탄을 들은 일이 있다. 어떤 예언자가 내뱉은 암울한 넋두리였다. 감미로워야 할 포도주는 모두 독이 되어 마실 수 없게 되었고, 알곡 또한 모두 썩어 쭉정이가 되고 말았다는 것이다. 거기에다 즐거움이 솟구치는 생명의 우물 또한 모두 바닥을 드러냈고 이내 바다[47]조차 저 뒤로 물러나고 말았다는 것이다. 넋두리는 그것으로 끝이 아니어서, 이제는 낙담과 절망에 지쳐 죽을 기력조차 없으니 무덤 속에서나마 생명을 부지할 수밖에 없다는 것이었다. 쇼펜하우어가 여기 나오는 예언자다.

예언자의 넋두리가 차라투스트라의 가슴에 와닿았다. 그리고 그를 변화시켰다. 이렇게 하여 차라투스트라는 저도 모르게 예언자처럼 되고 말았다. 쇼펜하우어의 염세주의 철학에 빠져 있던 젊은 시절 니체의 이야기다. 예언자의 넋두리로 마음이 심란해진 차라투스트라는 갈피를 잡지 못하고 주위를 배회했다. 그러나 그것도 잠시, 그는 젊은 시절의 염세주의를 불살라버리고 그 재에서 새로운 생명의 불꽃을 만들어냈다.[48] 염세주의를 딛고 일어선 것이다. 이제 그는 그 불꽃을 살려 세상을 비출 참이다.

빛이 제 몫을 다하려면 주변이 캄캄해야 한다. 캄캄할수록 좋다. 차라투스트라가 칠흑 같은 밤을 동경한 것은 그 때문이다. 그런 동경에 아랑곳하지 않고 저 예언자의 비관이 세상 지혜라도 되는 양 그 나름의 희미한 빛으로 하늘을 뿌옇게 만들고 있었다.[49] 차라투스트라의 불길 또한 빛을 뺏긴 별들처럼 그 뿌연 빛에 묻혀 제빛을 내지 못한 채 사라질 판이었다. 어떻게 염세주의의 그 희미한 빛에 질식하지 않고 자신의 빛을 구해낼 것인가? 차라투스트라는 사흘 밤 낮을 근심과 비애에 젖어 마시지도 먹지도 않았다. 말까지 잊고 말았다. 그는 이내 깊은 잠에 빠졌다. 그리고 꿈을 꾸었다.

꿈에 그는 일체의 생을 거부한 채 산 위에 있는 죽음의 성에서 무덤을 지키고 있었다. 자정의 빛은 환했고 주변은 적막했다. 생명을 지켜야 할 그가 죽음을 지키는 파수꾼[50]이 되었던 것이다. 생을 찬양해야 할 그가 염세주의자가 되어 그렇게 죽음 주변을 배회하고 있으니 악몽이 아닐 수 없었다. 성안은 죽음의 권태로 가득했다. 마침 유리로 된 관 속에서 염세주의의 제물이 되어 살기를 거부해온 생명 하나가 그를 내다보고 있었다. 죽음의 세력에 제압되었을 뿐 죽어 완전히 소멸하지 않은 생명이었다. 주변에는 죽음의 정적이 감돌았고, 차라투스트라의 영혼은 끈적끈적한 무더위 속에서 먼지를 뒤집어쓰고 있었다.

이럴 때 누군가가 성문을 열어젖혀 시원한 바람으로 그의 영혼을 식혀주면 좋으련만. 누군가가 생명의 기운을 몰고 와 그를 덮고 있는 죽음의 그늘을 모두 날려 보내주면 좋으련만. 다행히 차라투스트라에게는 그 어떤 문도 열 수 있는 열쇠가 있었다. 그는 문을 열어 시원한 바람을 안으로 들일 생각에 성문으로 다가갔다. 열쇠를 열쇠 구멍에 넣는 순간 문은 흔들렸고 이내 사납고 고약한 새 소리가 울려 퍼졌다. 새는 죽음의 잠에서 깨어나고 싶지 않았던 것이다. 다시 침묵이 흘렀다. 차라투스트라는 무서웠다. 그러나 그것도 잠시, 그는 곧 기운을 차렸다. 일찍이 모든 이상을 불태우고 남은 재에서 위버멘쉬라는 새로운 생명의 불길을 만들어낸 그가 아닌가.

차라투스트라는 힘을 주어 문을 열려고 했지만 문은 좀처럼 열리지 않았다. "알파!" 하고 그는 소리쳤다. 그리고 "누가 자신의 재를 산으로 나르지?" 하고 외쳤다. 학자들은 이때의 알파가 '알프Alp'를 가리킨다고 본다. 독일어에서 알프는 잠자는 사람의 가슴을 눌러 악몽을 꾸게 하는 유령, 곧 가위눌림을 가리킨다. 니체의 조각글 유고에 "알파! 나는 외쳤다. 공포와 선망이 내 안에서 외친 것"[51]이라는 글도 있다. 그가 "알파!" 하고 외친 그때였다. 뭔가가 천둥 치듯 문을 세차게 쳤다. 그것도 세 번씩이나. 이어 바람이 폭풍처럼 불어닥쳐 문짝을, 그리고 그 안에 있던 관을 활짝 열어젖혔다. 죽음을 능가하는 힘을 지닌 생명의 광풍이 불어닥친 것이다. 그 순간 관에서 찡그린 얼굴을 한 아이, 천사, 부엉이, 커다란 나비들이 뛰어나와 그에게 달려들었다. 생매장되었던, 그가 살아 체험했던 모든 것이, 그리고 그에 갇혀 있던 의미들이 살아나 한꺼번에 터져 나왔다. 그와 함께 바람은 웃음을 토해냈다. 기겁을 한 차라투스트라는 비명을 질렀고 그 비명 소리에 잠을 깨고 말았다.

잠에서 깬 차라투스트라는 제자들에게 그가 꾼 꿈 이야기를 들려주었다. 그러자 그가 더없이 총애하던 제자가 나서서 꿈을 풀어주었다. 예수가 특별히 사랑했던 요한과 같은 제자였다. 실은 차라투스트라 자신이 죽음의 성 문짝을 활짝 열어젖힌 바람이었다는 것이다. 바람뿐만이 아니어서 악마와 천사의 찡그린 얼굴로 가득한 관, 그 속에서 가까스로 생명을 부지하다가 끝내 해방의 웃음을 터뜨린 것 또한 차라투스트라 자신이라고 했다.[52] 즉 생을 긍정하고 찬양해온 그의 철학이 거센 바람이 되어 죽음의 성안으로 들이닥쳐 죽음의 세력을 몰아냈다는 것, 곧 죽음의 관에 갇힌 삶을 해방했다는 해몽이었다.

그 제자는 꿈풀이를 이어갔다. 차라투스트라는 그의 적인 죽음의 꿈을 꾸었고 끝내 그 적을 제압했다는 것이다. 그 덕에 제자들 또한 죽음의 음산한 그늘에서 벗어나 생의 환희 속에서 웃음을 되찾았으며, 차라투스트라 또한 언제나 거센 바람이 다 그렇듯이 죽음의 권태를 이겨내어 아무리 저 희미한 빛과 권태가 덮칠지라도 하늘에서 사라지지 않을 거라는 풀이였다. 그렇게 차라투스트라는 죽음의 파수꾼에서 생명의 대변자가 되어 염세주의를 극복했다는 이야기였다.

차라투스트라는 그 고약한 꿈을 보상하려 하니 만찬을 준비하되, 예언자도 초대하라고 분부했다. 깊이 있게 생을 체험하지 못한 탓에 어설프게 생을 비관해온 그에게 한번 빠지면 헤어 나올 수 없을 만큼 깊디깊은 생의 심연을 보여주고 싶었던 것이다. 생은 끝없이 환희가 솟구치는 샘이 아닌가. 분부를 하고 나서 차라투스트라는 그에게 꿈을 풀이해준 제자의 얼굴을 머리를 저어가며 한동안 바라보았다. 그 풀이가 대견하기는 했지만 그 제자가 몰아친 바람, 곧 내면에 있는 사상까지 깊이 있게 헤아렸다고 보지는 않은 것이다. 영원히 회귀하는 세계에서는 죽음으로부터의 그 같은 해방 하나만으로는 끝나지 않을 터, 그 제자가 아직은 저 우주의 법칙 속에서 삶과 죽음의 문제를 받아들일 만큼 성숙하지 못하다고 본 것이다.

구제에 대하여

어느 날, 차라투스트라가 큰 다리 하나를 건너고 있을 때였다. 불구자와 거렁뱅이들이 그를 에워쌌다. 그 가운데 곱사등이 하나가 나서서 그에게 말했다. 사람들을 가르쳐 설복하려면 그에 앞서 여기 불구자들의 몸을 고쳐 온전해진 모습을 보여주는 게 좋을 거라는 말이었다. 새로운 가르침으로 사람들을 구제하려면 먼저 그에게 그만한 능력이 있음을 보여주라는 것이었다. 예수라면 주저하지 않고 그랬으리라. 그는 실제 많은 사람 앞에서 다리 저는 사람, 눈먼 사람, 말 못 하는 사람을 고쳐 걷고 보고 말할 수 있게 하지 않았던가.《신약》〈마태오의 복음서〉 15장 30~31절에 나오는 이야기다. 차라투스트라는 여기서도 예수와 전혀 다른 선택을 한다. 저 불구자들의 청을 들어주지 않겠다는 것이다. 곱사등이에게서 혹을 떼어낸다면 곱사등이로 살아온 그의 넋을 빼앗는 것이며, 눈먼 사람에게 볼 수 있는 눈을 준다면 차마 눈 뜨고 볼 수 없는 것들을 너무 많이 보게 되며, 다리 저는 사람을 일으켜 세워 걷게 한다면 많은 악덕이 그를 따라붙어 구제는커녕 저 불구자들에게 오히려 해악을 끼친다는 이유에서다.

눈이 먼 사람과 귀가 먼 사람은 다른 모든 것은 갖고 있으면서 하나를, 그러니까 시력과 청력을 갖지 못한 사람들이다. 불편하겠지만 그 정도로는 문제가 안 된다. 구제니 뭐니 할 것조차 없다. 구제해야 할 자들은 따로 있다. 거꾸로 하나만 갖고 있을 뿐, 다른 모든 것을 갖지 못한 자들이다. 차라투스트라는 그런 자들을 '거꾸로 된 불구자'라 불렀다. 자신의 분야 하나에만 정통할 뿐인 전문가 바보, 이를테면 학자일 뿐인 학자, 기술자일 뿐인 기술자, 관리일 뿐인 관리가 그런 불구자다.

오늘날 좀처럼 찾아볼 수 없는 것이 전인적 인격이다. 천재라 불리든 위대한 자라 불리든 우리 눈에 들어오는 것은 전문가 바보들뿐이다. 그러니까 유기적 관계 속에서 전체를 이루지 못한 파편과 수족들뿐이다. 도스토옙스키의 《카라마조프가의 형제들》11편에는 전문의專門醫 이야기가 나온다. 코에 병이 나 전문의를 찾아 파리로 갔더니 의사가 그 가운데 한 부분은 내가 고치겠지만 다른 부분은 내 전문이 아니니 빈으로 가라고 했다는 이야기다. 이것이 전문인 시대 인간의 모습이다.

전문인 시대를 맞아 인간은 오늘날 사회라는 거대한 기계의 부품으로서 주어진 기능에 따라 주어진 삶을 살아간다. 기계에서 부품의 몫은 한정되어 있다. 그리고 그 몫은 얼마든지 바뀔 수 있다. 부품 하나에 문제가 있을 때는 다른 부품으로 교체하면 된다. 인간은 그런 사회에서 부품이 되어 있어도 그만 없어도 그만인 존재가 되고 말았다. 대체 가능한 부품에는 꼭 존재해야 할 이유가 없다. 그런데도 존재한다면, 그것은 있어도 그만 없어도 그만이라는 의미에서 우연이다. 오늘날 기능인이 그런 우연들이다.

차라투스트라는 그와 같은 인간의 현실을 차마 눈 뜨고 볼 수가 없었다. 그래서 지난날로 시선을 돌려보았다. 그러나 정도의 차이가 있을 뿐, 마찬가지였다. 참담했다. 그나마 그가 건강한 인류의 미래를 꿈꾸고 사람들을 일깨워 희망을 품도록 하는 자였기에 망정이지, 그렇지 않았다면 오늘날 인간의 현실을 견뎌내지 못했을 것이다. 거기에다 그가 이상을 노래하고 생의 수수께끼를 푸는 자, 성취해야 할 목표를 제시함으로써 저 우연을 구제하는 자가 아니었다면, 자신을 견뎌내지 못했을 것이다.

차라투스트라가 누구이기에? 여기서 차라투스트라의 존재와 역할에 대한 의문이 뒤따른다. 차라투스트라는 인간의 미래를 언약해 준비하는 자인가? 위버멘쉬가 되어야 한다는 과업을 이루는 자인가? 자기극복을 통해 현실을 정복해가는 자인가? 전해 내려오는 것을 상속한 자인가? 추수를 앞둔 풍요로운 가을인가? 미래라는 밭을 가는 쟁기인가? 건강을 잃은 자를 고쳐주는 의사인가? 그 자신이 건강을 되찾고 있는 자인가? 과장과 과시에 능한 시인인가, 아니면 진실한 자인가? 사람을 해방하는 자인가? 아니면 새로운 가르침으로 사람을 되레 속박하는 자인가? 선한 자인가? 악한 자인가?

이들 물음은 차라투스트라의 제자들이 제기한 것으로 되어 있지만, 실은 자신의 역할을 확정해 드러내려는 자문자답의 성격이 짙다. 그는 그 가운데 어느 하나가 아니다. 그는 그 모두다. 그 가운데 "차라투스트라는 시인인가, 진실한 자인가?" 하는 물음은 괴테의 자전적 작품인 《시와 진실》에서 따온 것이다. 괴테에게 진실은 그가 지난날 경험해온 낱낱의 사실들을, 시는 그 같은 사실에 내재한 본질적 진실을 더 고차원으로 승화시켜 예술적으로 구성한 것이다. 따라서 시인은 시를 통해 보편적 진실에 이르려는 사람이다. 2부 〈시인들에 대하여〉에서 차라투스트라는 시인들을 비판하며 진실하지 못하다고 했다. 물론 시인답지 못한 시인들을 염두에 둔 이야기다.

지금까지 차라투스트라가 힘을 기울여온 것은 인간 파편과 생의 수수께끼, 그리고 우연을 하나로 압축해 인간을 온전하게 만드는 일이었다. 그리고 '그랬었다'를 '나 그렇게 되기를 원했다'로 전환함으로써 과거 우연한 사건들에서 인간을 구제해 그 존재 의미에 눈을 뜨도록 하는 일이었다. 어떻게 그것이 가능한가? 그렇게 되기를 원했다는 의지로써 가능하다. 이것은 일들이 바라는 대로 일어나기를 원하는 대신 그 방법대로 일어나기를 바라는 경지에서 가능한 일이다.[53]

의지는 주어진 현실이라는 족쇄에서 벗어나려는 적극적 마음가짐이다. 이 의지가 인간을 주어진 상태와 지난 일들에서 해방한다. 그와 함께 해방의 기쁨을 가져온다. 그 점에서 의지는 해방자다. 이 역시 2부 〈행복이 넘치는 섬들에서〉에서 했던 말이다. 니체는 그런 차라투스트라의 가계를 설명한 일이 있다. 혹독한 숙명과 사랑스러운 웃음을 부모로 두었다는 것이다.[54] 그에게 주어진 엄중한 과제와 함께 그가 맛볼 승리의 웃음을 상징적으로 말해주는 설명이다.

인간을 해방해주는 의지는 그 방향이 미래로 잡혀 있다. 의지는 앞을 내다볼 뿐이다. 그런 의지에게는 과거로 돌아갈 수 없다는 치명적인 한계가 있다. 그래서 의지는 이미 행해진 일, 그러니까 '그랬었다'에 손을 쓸 수가 없다. 지난 일을 바꿀 수가 없다. 이 한계가 역설적으로 해방자인 의지를 속박한다. 여기서 의지는 좌절하여 손쓸 수 없는 과거의 일들에 적의를 품는다. 그 같은 적의를 나누지 않는 사람들에게까지 적의를 품는다. 끝내 앙갚음을 하기에 이르는데, 이렇게 하여 해방의 기쁨을 가져와야 할 의지는 화를 가져오는 자가 된다. 그와 함께 인간적인 모든 것은 저주가 되고, 의욕을 한다는 것, 산다는 것 자체가 징벌이 되기에 이른다.

이 틈을 놓치지 않고 파고드는 것이 허무주의의 광기다. "모든 것은 사라진다. 그러니 모든 것은 사라질 만하다"는 것이다. 이 광기는 자신의 아이들을 먹어 삼켜야 하는 것이 시간의 법칙이라고 설교한다. 인간은 자신이 행한 일들을 버리며 살아가도록 되어 있다. 이럴 때 정의는 시간이다. 시간을 되돌려 과거로 돌아갈 수 없다. 모든 것이 그 같은 정의와 징벌에 따라 도덕적으로 질서가 잡혀 있으니, '그랬었다'는 과거의 돌은 굴릴 수가 없다. 따라서 허무주의자들은 정의가 영원하듯 징벌도 영원해 그로부터 구제받을 길이 없다고 설교한다.

그러나 그것은 터무니없는 설교다. 의지는 본래 더 많은 힘을 향한 의지다. 이 의지에 따라 인간은 창조적으로 자신을 전개해간다. 이 창조적 의지가 앙갚음의 정신과 적의를 넘어 시간과 화해하도록 한다. 물론 화해만으로는 안 된다. 더 적극적으로 과거로 돌아가 의욕을 하도록 해야 한다. '그랬었다'를 모두 '나 그렇게 되기를 원했다'로 전환해야 한다.

어떻게 그 같은 화해와 전환이 가능한가? 영원히 회귀하는 세계에서는 그것이 가능할 뿐만 아니라 그럴 수밖에 없다. 원환운동에 과거와 미래가 따로 있을 수 없기 때문이다. 그리하여 지난 일이라 하더라도 앞으로 다시 겪을 일이 되기 때문이다. 그 사실을 받아들이는 순간 과거와 미래는 현재에서 화해하고, 과거의 일은 미래의 일이 되어 소망의 대상이 되기에 이른다. 모든 것의 본질인 힘에의 의지는 그 같은 회귀를 우주 운행의 법칙으로 받아들인다. 그와 함께 지난날의 우연은 시간의 족쇄에서 풀려나 영원(회귀) 속에 수렴되면서 구제된다.

차라투스트라는 이쯤에서 갑자기 말을 멈추었다. 말을 하면서도 모든 것이 원환운동을 하게 되어 있고, 그와 함께 그 또한 영원히 회귀하도록 되어 있다는 사실에 새삼 경악했다. 그는 영원회귀라는 천기에 눈을 떴으나 그 회귀를 받아들일 만큼 성숙하지 못했다. 다행히 그에게는 창조의지와 시간이 있으니 문제될 것이 없었다. 그는 이내 웃음을 되찾았다.

이쯤에서 얼굴을 가린 채 듣고만 있던 곱사등이가 나섰다. 그는 차라투스트라에게 어찌하여 자신들에게는 제자들에게 말하듯 하지 않는 것인지 물었다. 이에 차라투스트라가 곱사등이에게는 그에 어울리는 말을 하는 것이 좋다고 대꾸하자, 곱사등이는 그렇다면 왜 제자들에게는 마음을 터놓지 않는 것인지 되물었다. 뭔가 내면에 남겨두고 있다는 것이다. 이 뭔가는 영원회귀 사상이었다. 더 기다려야 했던 차라투스트라는 한참 지나고 나서야 말문을 열어 영원회귀를 이야기하게 되는데, 3부 〈곡두와 수수께끼에 대하여〉에 그 이야기가 나온다. 그로서도 선뜻 받아들일 수 없던 사상이니만큼 시간이 필요했을 것이다.

세상살이를 위한 책략에 대하여

산에 오를 때 무서워 떨게 되는 것은 정상에서가 아니라 비탈에서다. 비탈은 가파르게 산의 위와 아래를 이어준다. 차라투스트라는 지금 비탈에 와 있다. 그의 머리 위에 있는 것은 위버멘쉬의 경지이고, 발아래 있는 것은 뭇 인간의 세계다. 혼자라면 그래도 오를 만하겠지만, 그는 그러질 못한다. 저 아래에 있는 인간에 대한 사랑 때문이다.

차라투스트라는 지난 10년을 산속에서 은자로 살아왔다. 더 바랄 것이 없는 삶이었다. 길을 잃고 헤매는 저 아래 뭇 인간이 늘 마음에 걸렸을 뿐이다. 그런 그는 저들과 함께 산에 오를 생각으로 저 아래 세계로 내려갔었다. 그러나 정작 그를 기다리는 것은 배후세계론자, 염세주의자, 거짓 지식인과 도덕군자, 잡것, 대중혁명 선동가, 거꾸로 된 불구자 따위의 인간 말종들이었다. 시장터의 함성과 악취는 또 어떠했고! 그는 저 뭇 인간과 더불어 살아간다는 것이 얼마나 위험하고 힘든 일인가를 깨달았다. 그나마 그의 말에 귀를 기울이는 인간이 얼마간 있어 다행이었다. 적은 수효이기는 하지만 그런 인간이 있다는 사실에 고무된 그는 사람 낚는 어부가 되겠다고 다짐하며 뭇 인간의 세계에 잠시 머물기로 했다. 얼마간이나마 낚아 올리기 위해서였지만, 뭇 인간과 함께 산다는 것이 은자의 삶을 살아온 그에게는 죽음을 의미할 수도 있다는 사실을 잘 알았다. 그 나름의 지혜가 필요했다. 세상살이를 위한 책략이 되겠는데, 그는 네 개의 책략을 생각해냈다.

첫째는, 눈을 감은 채 얼핏 저들과 다를 바 없는 삶을 살겠다는 것이다. 곧 티를 내지 않겠다는 것이다. 누군가가 속이려 들더라도 마음을 쓰지 않을 생각이다. 그 누구도 경계하지 않기 위해서다. 그리고 그 누구에게도 경계심을 일으키지 않기 위해서다. 그렇게 하지 않고서 어떻게 저들과 함께 비탈을 오를 수 있겠는가? 저들을 경계하면 잡은 손이 풀리면서 저들을 놓치게 되고, 그 순간 몸이 가벼워져 저 산정으로 낚아채이고 말 것이다. 그와 함께 손을 놓친 저들은 나락으로 떨어지고 말 것이다. 그런 일이 없도록 저들과 사는 것이 꼴사나운 일이라 하더라도 참고 모른 체하겠다는 뜻이다.

둘째는, 긍지에 차 있는 사람들보다는 허영에 차 있는 사람들을 더 너그럽게 대하겠다는 것이다. 평소 같으면 긍지에 차 있는 사람들을 선호했을 차라투스트라지만, 허영에 차 있는 사람들의 세상에서는 그렇게 해야 한다. 긍지에 차 있는 사람은 적다. 그리고 긍지가 상처를 받으면 그곳에서 긍지보다 더 좋은 것이 생겨난다. 전사들도 외부 공격을 도약의 발판으로 삼아 성장을 꾀한다. 그런 사람에게는 마음 써줄 일이 따로 없다.

문제는 허영에 차 있는 사람들이다. 그런 사람은 많다. 허영이 상처를 받으면 그곳에서 온갖 비극이 생겨난다. 모멸감을 느끼고 끝내 복수심을 불태우게 된다. 조심할 일이다. 거기에다 허영에 차 있는 자들은 그 나름으로 훌륭한 배우들이다. 저들의 연기는 놀랄 만하다. 생이 즐거워지려면 그것을 멋있게 연출하는 배우들도 있어야 한다. 저 배우들은 차라투스트라의 우울한 심사를 달래주기까지 한다. 거기에다 그가 연극에 집착하듯 사람들에게도 집착하게 하니, 그도 나쁠 것은 없다.

셋째는, 다른 사람들을 두려움에 떨게 하는 자들이라 해서 멀리하지는 않겠다는 것이다. 저들 가운데는 악인으로 불리는 사람들이 적지 않다. 도덕적으로 길들여지지 않은 순수한 인간 말이다. 낙타처럼 잘 길들여진 인간에게는 호랑이와 용처럼 거칠고 용맹한 맹금류 같은 인간들이다. 그런 인간을 사람들은 사악한 인간이니 파괴적인 인간이니 뭐니 해가며 멀리해왔지만, 저들이야말로 도덕적 위선을 뛰어넘어 자연 속에서 힘에의 의지를 구현해가는 순수하고 정직한 인간들이 아닌가. 인간의 미래는 선하다는 낙타가 아니라 악하다는 사자에게 있다. 그러니 인간은 더 악해져야 한다. 세상에는 악으로 불리는 것들이 아직 많이 남아 있어 다행이다. 이 악을 더 키워야 한다. 그래서 용 이상의 용이 등장하도록 해야 한다. 살쾡이는 호랑이가 되어야 하며, 독두꺼비는 악어가 되어야 한다.

넷째는, 세상에서 선하고 정의롭다는 평판에다 더없이 뛰어난 자라는 명성을 누리는 자들 또한 뿌리치지 않겠다는 것이다. 거짓 의인들이요, 거짓 현자들일 뿐이지만 참고 견뎌내겠다는 뜻이다. 저들에게는 위버멘쉬가 악마가 된다. 그러나 위버멘쉬에게는 거리낄 것도 감출 것도 없다. 그만큼 떳떳하다. 그래서 올림포스 신들처럼 맨

몸으로 지혜의 뙤약볕을 즐겨 쪼인다. 이 뙤약볕을 저 거짓 의인과 현자들은 견뎌내지 못한다. 그래서 옷 따위로 몸을 감싼 채 그늘을 찾아 도망치기 일쑤다. 언젠가 차라투스트라는 더없이 뛰어나다는 자들이 맨몸으로 목욕하는 것을 본 일이 있다. 저들이 요란한 옷을 벗자 앙상하고 초라한 모습, 마른 뼈와 핏기 잃은 살이 눈에 들어왔다. 역겨웠다. 그에게 위버멘쉬를 향해 위로 날 수 있는 날개가 돋은 것은 바로 그때였다. 날개까지 달아주니 저들이 고맙기도 했다. 저들은 그럴싸하게 변장하고 있을 때가, 선과 정의라는 탈을 쓰고 있을 때가 그래도 보아줄 만하다. 차라투스트라는 차라리 변장한 저들의 모습이 보고 싶다. 자신도 저들이 눈치채지 못하게 변장을 하고 저들 틈에 앉아 있고 싶다.

물론 이 네 가지 책략은 세상 사람들의 손을 놓지 않기 위한 궁여지책에서 나온 차라투스트라의 실천적 지혜일 뿐, 그가 추구해온 참지혜는 아니다. 그렇게 해서라도 뭇 인간을 놓지 않겠다는 것이다.

더없이 고요한 시간

차라투스트라는 지금까지 그의 제자들에게 많은 이야기를 들려주었다. 일상적 가르침이라 할 수 있는 것들, 이를테면 읽기와 쓰기를 비롯해 도덕과 우정, 순결과 제자의 도리에 대해 말해주었으며, 나락으로 가라앉는 인간의 현실에 대한 개탄과 함께 인간은 이상적 인간 유형인 위버멘쉬로 거듭나야 한다는 것도 들려주었다. 질책과 격려와 호소로 되어 있는 준엄하면서도 사랑 어린 이야기이자 가르침이었다. 그러던 어느 날, 그는 제자들과 작별하고 자신의 동굴로 돌아갈 생각을 했다. 사상적으로 더 무르익어야 했기 때문이다. 정작 작별을 하려니 마음이 어수선했다. 뭔가에 쫓기는 듯도 했다. 사람들과 더불어 살기 위해 세상살이를 위한 책략까지 세운 그가 이제 제자들을 떠나려는 것이다.

  엊저녁 일이었다. 세상이 고요해지자 그에게 말을 건네는 것이 있었다. 더없이 고요한 시간이 입을 연 것이다. "위대한 사건은 지옥의 광란 속에서가 아니라 더없이 고요한 시간에 은밀하게 일어난다"고

할 때의 그 시간, 차라투스트라가 그 자체로 더없이 '크나큰 사건'이라 부른 바로 그 시간이다.[55] 마음속 깊은 곳에서 울려오는 음성이었다. 그에게는 명을 내리는 주인 같은 존재였다. 차라투스트라가 그를 불러 여주인이라 한 것은 시간이 독일어에서 여성명사이기 때문이다.

이 여주인이 차라투스트라를 꾸짖었다. 하늘의 비밀을 알고 있으면서 왜 여태 입을 다물고 있느냐는 꾸지람이었다. 영원회귀라는 우주의 비밀에 눈을 뜨고서도 입을 다물고 있는 차라투스트라를 향한 질책이었다. 차라투스트라에게는 모든 것이 영원히 회귀한다는 천기를 감당할 힘이 없었다. 무엇보다도 끝없는 반복에서 오는 삶의 권태를 감당할 수가 없었다. 여전히 세상을 지배하는 것은 우주가 알파와 오메가를 향해 직선으로 운행한다는 그리스도교 우주관이었다. 그런 우주관에 맞서 우주의 회귀운동을 주장하는 것은 세상에 대한 도전이 아닐 수 없었다. 혼자서 거대한 물살에 맞서는 일이었다. 그래서 알고 있으면서도 감히 입 밖에 내지 못하고 전전긍긍하던 터였다. 그는 여주인에게 그 일만은 면하게 해달라고 간청했다. 그의 간청은 십자가 처형을 앞두고 자신으로서는 감당하기 어려우니 가능하다면 구세주로서의 사명, 곧 쓴잔을 지나가게 해달라고 했던 예수의 기도를 흉내 낸 것이다. 쓴잔 이야기는《신약》〈마태오의 복음서〉 26장 39절에 나온다.

간청을 하면서 차라투스트라는 지금 그보다 더 존귀한 사람을 기다린다고 말했다. 앞으로 등장할 위버멘쉬를 염두에 두고 한 말이다. 더 존귀한 그에게 그 과제를 맡기면 되지 않겠느냐는 것이다. 이에 저 더없이 고요한 시간은 차라투스트라에게 산을 옮겨야 하는 자는 골짜기와 낮은 지대도 옮기기 마련이라고 말해주었다. 말귀를 알아들은 차라투스트라는 굽히지 않고 자신에게는 처음부터 힘에 부치는 일이어서 산을 옮겨본 경험이 없으며, 무슨 말을 하든 사람들의 마음에 닿지도 못한 채 조롱의 대상이 되어왔을 뿐이라고 대답했다. 그러자 저 더없이 고요한 시간은 단호한 어조로 말했다. 크게 성장해 명령만을 해온 자, 복종이 뭔지를 잊고 있는 사람이 나서서 영원회귀와 같이 위대한 사상을 가르쳐 받아들이도록 명해야 한다는 것이다. 지금 뭇 인간에게 필요한 것이 바로 위대한 것을 명령할 줄 아는 자라는 말이었다. 복종과 명령은 2부 〈자기극복에 대하여〉에 나왔던 이야기다.

차라투스트라는 이에 자신에게는 명령을 내릴 사자의 우렁찬 음성이 없다고 대꾸했다.[56] 어떻게든 그 쓴잔을 면해보려는 속셈이었지만 그 여주인도 물러서지 않았다. 물러서는 대신 저 더없이 고요한 시간은 폭풍을 일으키는 것은 더없이 잔잔한 말이라고 이야기하며, 차라투스트라 자신은 이제 다가올 자, 위버멘쉬의 그림자가 되어 제 길을 가면 된다고 말해주었다. 사자의 우렁찬 목소리가 있어야 하는 것은 아니라는 말이다. 이 같은 설득에도 차라투스트라는 그러고 싶지 않다고 반항하듯 대꾸했다. 그러자 저 더없이 고요한 시간은 낙담하듯 말했다. 차라투스트라가 우주 운행의 비밀을 알 만큼 무르익기는 했으나, 그 열매를 거두어들일 만큼 무르익지는 못했다는 것이다.

차라투스트라는 원하건 원하지 않건 영원회귀 사상을 세상에 전하는 일이 그에게 주어진 소명이라는 것을 알았다. 그 일로 파멸하게 되리라는 것도 잘 알고 있었다. 다만 그에게는 아직 그럴 만한 힘이 없었다. 더 무르익어야 했다. 이제 그에게 남은 일은 동굴로 돌아가 고독 속에서 그 소명에 응할 수 있도록 마음의 준비를 하는 것이다. 혼자서 숙성의 시간을 보내는 것이었다. 그렇게 하여 차라투스트라는 벗들과 작별했다. 할 말이 더 있는데도 벗들과 작별해야 한다고 생각하니 마음이 아팠다. 밤이 되자 그는 홀로 길을 떠났다.

3부

나그네

자정이 가까운 깊은 밤, 차라투스트라는 섬 등성이를 오르고 있었다. 저 너머 물가로 가 배를 탈 생각이었다. 오르면서 그는 지난 나날을 되돌아보았다. 자신과 싸워가며 외롭게 살아온 세월이었다. 그것이 숙명이니 어찌하겠는가? 숙명이 아닌 것, 그러니까 생각하지도 않은 우연들이 일어나지는 않을 것이다. 다만 되돌아올 뿐이다. 자신의 자기와 그 자기를 떠나 온갖 사물과 우연 사이에 흩어져 있는 모든 것은 끝내 집을 찾아 되돌아올 뿐이다.

남아 있는 것은 정상, 이제 자신과 자신의 별들을 내려다볼 수 있는 높은 경지의 인식에 오르기만 하면 된다. 타고 오를 사다리가 없다면 자신의 머리를 딛고서라도 올라야 한다. 준엄해야 한다. 자신은 물론 그 누구와도 타협해서는 안 되며, 감미로운 유혹에 넘어가서도 안 된다. 젖과 꿀이 흐른다는 약속의 땅은 어디에도 없다. 젖과 꿀이 흐르는 땅[1]은 이집트에서 종살이하던 이스라엘 백성에게 신이 약속한 축복의 땅 가나안을 가리킨다. 준엄해야 하지만 그것 하나만으로는 안 된다. 자기 자신에게서 눈길을 돌릴 줄도 알아야 한다. 그래야 많은 것을 제대로 볼 수 있기 때문이다.

등성이에 올라 내려다보니 발밑 저 아래로 슬픔에 찬 듯한 검은 바다가 펼쳐져 있었다. 바다는 인간세계, 이제 차라투스트라는 그 바다로 내려갈 생각이다. 일찍이 내려갔던 곳보다 더 깊은 고통 속으로 내려가려는 것이다. 산이 높으려면 그만큼 골이 깊어야 한다. 마침 바다는 신음하며 무거운 몸을 뒤척이고 있었다. 몹쓸 꿈을 꾸는 모양이다. 흔들어 깨워 악몽에서 벗어나게 하고 싶지만 그럴 힘이 아직 그에게는 없었다. 그저 바라볼 수밖에. 마침 차라투스트라 안에도 바다처럼 신음하며 몸을 뒤척이는 것이 있었다. 심연의 사상인 영원회귀였다. 산고를 치르고 있는 것이다. 머지않아 해산의 고통이 따를 것이다.

여기 이 높디높은 산들은 어디서 왔을까? 차라투스트라는 생각해보았다. 저 아래 바다에서 솟아올랐음이 분명하다. 암벽에 남은 흔적으로 알 수 있다. 인간이 오를 인식의 정상 또한 저 아래 심연의 사상에서 솟아오른 것이 분명하다. 인식에서 정상에 오르려면 먼저 그 뿌리인 심연의 사상으로, 고통 속으로 내려가야 한다. 바닥까지 내려가 만물의 운행 이치에 눈을 뜰 때, 그때 비로소 정상에 이르는 길이 열리기 때문이다. 정상에 오르는 순간 산정과 심연은 하나가 된다. 심연의 사상인 영원회귀에 눈뜸으로써 최고 인식에 이르게 된다.

이쯤에서 차라투스트라는 뒤에 남겨둔 벗들을 떠올렸다. 저들에게 자신의 심연을 보여주지 못한 것이 몹시 마음에 걸렸다. 몹쓸 짓을 한 것 같아 역정까지 났다. 그는 끝내 노여움과 동경에 사무쳐 비통하게 울었다.

곡두와 수수께끼에 대하여

1

배에 오른 차라투스트라는 노여움과 동경에 사무쳐 입을 굳게 다물었다. 이튿날 저녁이 되어서야 그는 입을 열었다. 그러고는 뱃사람들에게 그가 본 곡두 이야기를 들려주었다. 탐색과 모험을 즐기는 뱃사람들이었다. 미로라 해도 문제는 없다. 오히려 그런 사람들은 미로에서 탐색과 모험을 즐길망정, 안전하게 출구로 길을 안내하는 아리아드네의 실타래 따위에는 마음을 두지 않는다. 뭔가 확실히 해두고자 따져가며 밝혀내지 않고, 논리적 추론으로 움직일 수 없는 결론에 이르려 하지도 않는다. 추측 하나만으로 족하다. 뱃사람들이 선호하는 것은 오히려 불확실하며 불안정한 바다다. 그 같은 사람들이니 차라투스트라로서는 그가 본 곡두 이야기를 들려주고 그 의미를 풀어보도록 해볼 만했다.

차라투스트라의 곡두 이야기는 이렇다. 얼마 전 일이었다. 그는 울적한 기분으로 황량한 자갈밭을 가로질러 정상으로 난 오솔길을 힘겹게 올라갔다. 그때 그의 무동을 타고 납처럼 짓누르는 뭔가가 있었다. 반쯤 난쟁이면서 반쯤 두더지인 중력의 정령이었다. 1부 〈읽기와 쓰기에 대하여〉에 나오는 그 정령이다. 이때 중력은 물리학에서 말하는, 지표의 물체를 지구 중심으로 끌어당기는 힘을 가리킨다. 그 점에서 중력의 정령은 땅속을 파고드는 두더지와 같다. 상승의 반대 방향으로 길을 잡는다는 점에서 그렇다. 의미상 중력은 위에서 아래로 짓누르는 힘을 가리키기도 한다. 난쟁이가 그 예다. 난쟁이는 성장을 멈춘 존재로서 상승에 대한 거부를 상징한다. 이렇듯 아래서 끌어내리고 위에서 짓눌러 자기극복을 통해 위로 오르려는 자의 상승을 가로막는 것이 중력의 정령이다. 다시 말하면, 생을 끌어내리거나 짓눌러 주저앉히는 믿음이나 신앙, 도덕 따위가 중력의 정령이다. 산을 오르는 사람에게는 그 이상으로 고약한 적敵이 없다.

차라투스트라는 중력의 정령에 맞서 한 걸음 한 걸음 힘겹게 비탈길을 올라갔다. 짓누르는 무게를 견디며 위로 오르려 안간힘을 쓰는 차라투스트라를 중력의 정령은 빈정댔다. 돌을 위로 던져봤자 결국은 떨어진다는 것이다. 인식의 정상을 향해 자신을 위로 던지듯 산을 오르지만 어디 그게 되겠느냐, 결국은 내려오지 않느냐는 조롱이었다. 차라투스트라는 아무 대꾸도 하지 않았다. 그는 오르고 또 올랐다. 다행히 그에게는 모든 고난을 죽여 없앨 만큼 공격적인 용기가 있었다. 심연에서 느끼는 현기증은 물론 연민의 정까지 없애주는 용기였다. 용기야말로 최상의 살해자라 하겠다. 그런 용기는 "그것이 생이었던가? 좋다. 그렇다면 다시 한번!"이라고 말함으로써 죽음조

차 뛰어넘는다. 영원한 회귀를 받아들임으로써 생사의 경지를 뛰어
넘는 것이다.

2

죽음조차 뛰어넘는 용기를 지닌 차라투스트라는 무동을 탄 채 빈정
대는 난쟁이가 가소로웠다. 감히 용기백배한 차라투스트라를 조롱
하다니, 임자를 잘못 만난 것이다. 차라투스트라는 난쟁이에게 너는
내 심연의 사상인 영원회귀를 모를 뿐만 아니라, 안다고 해도 견뎌내
지 못할 거라고 내뱉듯이 말해주었다. 그만한 통찰과 용기도 없으면
서 웬 까탈이냐는 것이다. 그 위세에 난쟁이는 그만 풀이 꺾이고 말
았다. 더 버틸 수가 없었던 그는 차라투스트라의 어깨에서 뛰어내렸
다. 그러고는 앞에 있는 돌에 옹크리고 앉았다. 어느 성문 앞에서였
다. 성문을 가운데 두고 앞뒤로 길이 나 있었다. 앞에는 걸어갈 미래
가 있고 뒤에는 걸어온 과거가 있었다. 영원회귀를 설명하기에 제격
이었다. 어느덧 차라투스트라도 그 사상을 거두어들일 만큼 무르익
어가고 있었다. 차라투스트라가 입을 열었다.
　여기서 성문을 가운데 두고 앞뒤로 두 길이 만나듯, 순간을 기점
으로 과거와 미래가 만난다. 앞으로 가든 뒤로 가든 가다 보면 끝내
제자리로 돌아온다. 시간 자체가, 그리고 그 흐름을 결정하는 모든
것이 영원한 생성 속에서 둥근 고리 모양의 궤적을 그리며 운행하기
때문이다. 차라투스트라가 말을 마치자 난쟁이가 화답이라도 하듯
읊조렸다. "곧바른 것이란 하나같이 속임수"라는 것이다. 내면의 고

뇌 없이 내는 흉내에 불과했다. 차라투스트라는 그 꼬락서니가 아니꼬웠다. 이때 '곧바른 것'은 우주 운행에 처음과 끝이 있고, 이 처음과 끝 사이를 시간이 직선으로 흐른다는 세계관을 가리킨다. 창조의 역사를 알파와 오메가로 설명하는 그리스도교 세계관이 그 예다.

차라투스트라는 이야기를 계속했다. 둥근 고리 모양의 순환운동에는 끝이 없다. 반복이 있을 뿐이다. 그렇다면 지금 존재하는 것들은 이미 끝없이 반복해서 존재해왔고 앞으로도 그럴 것이다. 우리는 앞의 〈작품〉 3에서 영원회귀의 논리적 근거를 살펴보았다. 우주 공간은 유한하고 시간은 무한하며, 그런 공간에서 운동은 영원한 순환운동일 수밖에 없다는 것이었다.

영원히 회귀하는 세계에서는 삶도 영원히 반복된다.[2] 사멸을 두려워하는 사람에게 큰 위안이 될 것이다. 죽은 뒤에도 새로운 삶이 시작되기 때문이다. 그러나 생각해볼 일이다. 영원히 반복해서 존재한다면 처음에는 환영하겠지만, 같은 삶을 끝없이 반복하다 보면 극단의 권태에 빠지게 되고 끝내 깊은 허무감에 빠지게 되지 않을까. 단순한 반복이 있을 뿐, 새로운 것이 없으니 그럴 수밖에. 역시 〈작품〉 3에서 했던 이야기다. 3부 〈건강을 되찾고 있는 자〉에는 차라투스트라가 영원회귀 사상과 어떻게 실랑이했으며, 어떻게 그것을 이겨냈는지에 관한 이야기가 나온다.

차라투스트라의 설명이 이쯤 이르렀을 때였다. 어디선가 개 짖는 소리가 요란하게 들려왔다. 마침 둥글게 불타는 보름달이 지붕 위로 떠오르고 있었다. 여기서 둥근 달은 앞서 나온 희미하고 차디찬 불임의 달[3]이 아니라 둥근 고리를 상징한다. 그리고 타오르는 불은 영원회귀 사상이 지닌 능산적 힘을 상징한다. 그 순간 난쟁이와 성문은 온데간데없고, 젊은 목동 하나가 누워 있는 것이 눈에 들어왔다. 목동의 입에는 시커멓고 묵직한 뱀 한 마리가 매달려 있었다. 잠에 빠져 있던 그의 목구멍으로 뱀 하나가 기어들어간 것이다. 목동은 역겨움과 공포에 휩싸여 몸을 비틀고 있었다. 질식할 것 같았다. 그 모습을 보고 개가 또다시 짖어댔다.

1부 〈차라투스트라의 머리말〉 10에 지혜의 동물로서 뱀이 차라투스트라의 반려자로, 그리고 하늘을 나는 독수리의 목을 감고 있는 뱀이 영원회귀를 설명할 실마리로 나온 일이 있다. 뱀은 인식의 빛으로서 밝고 경쾌하다. 그런 뱀에게도 그림자는 있다. 시커멓고 묵직한 이면으로서 앞서 이야기한 깊은 허무주의가 그것이다. 이 허무주의 또한 극복해야 한다. 그러지 못하면 허무주의에 질식해 파멸하게 되리라. 차라투스트라가 다가가 뱀의 꼬리를 잡고 당겨보았지만 소용이 없었다. 목동이 스스로 뱀 대가리를 물어뜯어 내뱉는 것 말고는 방법이 없었다. 그는 목동에게 뱀 대가리를 물어뜯어 뱉어내라고 소리쳤다. 목동은 그의 말대로 했다. 힘든 일이었지만 뱀 대가리를 뱉어내자 이내 숨통이 트였다. 위험을 이겨낸 목동은 벌떡 일어나 빛으로 감싸인 채 의연하고 당당하게 웃기까지 했다.

이쯤에서 차라투스트라는 호기심 많은 뱃사람에게 수수께끼 하나를 냈다. 그가 본 곡두가 무엇을 의미하는지 풀어보라는 것이었다. 물론 이때 목동은 끝내 그 사상을 견뎌낸 차라투스트라 자신이다. 뱀을 물어뜯으라고 한 것도, 그리고 물어뜯은 것도 차라투스트라 자신이다. 그러니까 영원회귀 사상을 잉태해 산고를 치러야 했던 것도 차라투스트라였으며, 그 어려움을 딛고 일어선 것도 차라투스트라였다.

질식할 듯한 난관을 이겨낸 목동은 머지않아 죽음을 뛰어넘어 생사를 포함한 만물의 영원한 회귀를 받아들이게 될 터이다. 그에게는 이제 영원회귀 사상을 그의 내면 깊은 곳에서 끌어올릴 일만 남았다.

뜻에 반하는 복에 대하여⁴

나흘째 되던 날, 차라투스트라는 마음의 고통을 모두 털어버리고 힘차게 자신의 숙명을 딛고 일어섰다. 그는 마냥 행복했다. 그가 벗들을 만난 것은 모든 빛이 서서히 침묵 속으로 가라앉는 어느 행복한 오후였다. 그에게는 생의 오후이기도 했다. 그때 그는 그가 뿌린 씨앗이 깊게 뿌리를 내리기만 바라고 있었다. 그렇게 최고 희망의 아침놀이 밝아오기를 바랐을 뿐이다. 밝아오는 아침놀을 볼 수만 있다면 무엇을 버리지 못했겠는가.

그 같은 바람에서 그는 함께 창조의 길을 갈 길동무들과 자신의 대를 이어줄 아이들을 찾아 나선 일이 있었다. 그러나 그런 길동무와 아이들을 어디에서도 발견할 수 없었다. 아직 세상에 나오지 않았으니 그럴 수밖에. 여기서 그는 저들을 자신이 키워내지 않으면 안 된다는 것을 깨달았다. 이후 그는 그와 함께할 길동무와 대를 이어줄 아이들을 키워내는 일에 전념하게 되었다.

지금 그 아이들이 그의 정원에서 푸릇푸릇 자라고 있다. 그가 뿌린 씨앗이 싹을 틔운 것이다. 행복이 넘치는 섬이 따로 없다. 그는 때가 되면 저들을 따로따로 옮겨 심을 생각이다. 저들이 고독과 강담, 그리고 예지를 익히도록 하기 위해서다. 그러고 나서 저들 하나하나가 자신의 혈통을 타고났는지, 그리하여 끈질긴 의지를 지녔는지, 과묵한지, 줌으로써 받을 만큼 마음이 넉넉한지, 자기극복의 길을 갈수 있는지 검증해볼 생각이다. 즉 저들이 대를 이어 그의 과제를 수행할 수 있는지 살펴볼 생각이다. "줌으로써 받을 만큼…"은 성 프란체스코의 〈평화의 기도〉에 나오는 "우리는 줌으로써 받고 용서함으로써 용서받으며…"를 원용한 것이다.

그동안 차라투스트라에게는 할 일이 남아 있었다. 자신의 과업에 걸맞게 자신을 완성해가는 일이다. 자신이 먼저 고독과 강담, 그리고 예지를 익혀두어야 하기 때문이다. 그러지 않고 어떻게 아버지가 되어 아이들을 건강하게 키우겠는가? 그에게도 고난과 시련을 통해 자신을 완성해갈 기회가 온 것이다. 각오는 되어 있다. 마침 그의 그림자와 길었던 체류, 그리고 더없이 고요한 시간이 그를 다그쳤다. 바람까지 열쇠 구멍으로 불어와 다그쳤다. 연단鍊鍛의 길을 떠날 때가 되었다는 것이다. 그러나 그는 푸릇푸릇 자라는 아이들을 두고 좀처럼 떠날 수가 없었다. 아이들에 대한 갈망이 그를 잡아두고 있었던 것이다. 그러나 차라투스트라가 원하는 것은 갈망에 그치지 않고 아이들을 자신의 소유로 만드는 것이었다.

아이들을 향한 갈망의 열기 속에서 차라투스트라는 끓고 있었다. 찌는 듯한 햇빛과 자신의 체액 속에서 끓고 있었던 것이다. 그 열기에 그의 그림자와 의혹이 사라졌다. 소극적이며 부정적인 생각들이 그 열기를 견뎌내지 못하고 모두 사라진 것이다. 열기 속에 있으면서 그는 새삼 차디찬 기운을 갈망했다. 바로 그때 차디찬 안개가 그의 몸에서 솟아올랐다. 냉정을 되찾은 것이다. 그는 지난날의 무덤들을 파헤쳐보았다. 그 순간 산 채로 묻힌 고통이 깨어나서는 "때가 무르익었다"고 소리치는 것이 아닌가. 그러나 그 자신은 심연의 사상인 영원회귀가 요동치며 물어뜯을 때까지 그 소리를 듣지 못했다.

차라투스트라는 그 사상을 심연에서 밝은 세상으로 끌어올리지 못한 채 실랑이를 벌였다. 무덤을 파헤치는 소리가 요란했지만 그에게는 그 사상을 견뎌낼 힘과 세상에 전할 사자의 음성이 아직은 없었다. 그는 더 성장해야 했다. 자신을 완성해야 했던 것이다. 그는 마음을 다잡고 기다렸다. 그렇게 결전의 의지를 갖고 저 심연의 사상과 일전을 벌일 시간을 기다렸다. 머지않아 모진 고난이 닥칠 터였다.

그런데 이게 웬일이지? 고난은커녕, 그를 에워싼 험한 바다와 모험으로 가득한 생이 해맑은 모습으로 그를 바라보고 있으니! 마치 시련은 다 끝났다는 듯이 말이다. 결전의 각오로 고난에 찬 불행을 기다리던 그에게 느닷없이 행복이 찾아온 것이다. 생각지도 않게 일찍, 그것도 그의 뜻에 아랑곳하지 않고 찾아온 늦은 오후의 행복이었다. 차라투스트라에게는 그 때 이른 행복이 거추장스럽기만 했다. 아침놀의 환희를 맛보려면, 그에 앞서 고난의 밤을 이겨내야 하지 않는가. 그래서 그는 일찍 찾아온 행복에게 아직은 아니라고 말해주었다. 그러고는 푸릇푸릇 자라고 있을 아이들에게나 가 있으라고 당부했다. 그러는 사이에 저녁이 되었다. 그는 남다른 각오로 그날 밤 자신에게 닥칠 고난을 기다렸다. 밤새 기다렸지만 헛수고였다. 밤은 오히려 환하고 조용하기만 했다. 정작 그를 찾아온 것은 고난이 아니라 행복 그 자체였다. 축복의 시간이 찾아온 것이다.

해돋이에 앞서

밤이 지나고 동녘 바다가 밝아왔다. 그윽한 빛의 심연인 하늘이 해맑은 모습으로 자신을 드러내자 차라투스트라는 환호했다. 신의 위엄과 아름다움이 신의 모습을 감추듯 보석처럼 반짝이는 자신의 별들을 감추고 있는 하늘이다. 하늘은 말이 없다. 그러나 침묵 속에서 실로 많은 것을 이야기해준다. 자신의 지혜를 전해주는 것이다. 차라투스트라의 영혼처럼 사나운 영혼에게는 계시까지 내려준다.

차라투스트라와 하늘은 많은 것을 함께해왔다. 둘은 불과 빛의 관계, 실로 오누이와 같은 사이이기도 했다. 바탕부터가 같아 순진무구했다. 순수함을 훼손하려 드는 것들을 함께 원망해 멀리했으며 꿈과 이상(태양)을 나누었다. 함께 맑은 눈으로 운무에 싸인 듯 자욱한 발아래 세상을 내려다보기도 했다. 거기에다 전율까지 함께했으니 생사고락을 같이해온 셈이다.

발아래 인간 세상은 인간이 만든 온갖 규정으로 얼룩져 어수선하고 더럽기까지 하다. 자연은 원래 티 없는 하늘처럼 순수하고 투명했다. 그런 자연을 인간은 그대로 두지 못하고 설명을 한답시고 거미가 거미줄을 뽑듯 이성의 눈으로 갖가지 규정을 뽑아내어 이리저리 묶어왔다. 이렇게 하여 강제니 목적이니 죄과니 하는 것들이 등장했다. 자연은 그럴 수밖에 없는 필연, 달리 말해 강제의 지배를 받으며 주어진 목적을 향해 자신을 전개하는가 하면, 도덕적 실체로서 죄과 따위의 근원이 된다는 것이다.

어처구니없는 일이다. 유일한 현실인 자족적인 자연은 신이든 뭐든 그것을 강제할 권위를 따로 두지 않으며, 모든 것이 회귀하게 되어 있으니 목표 또한 있을 수 없다. 거기에다 자연은 도덕 이전의 것으로서 선과 악, 죄과 따위의 규정을 받지 않는다. 자연은 밝아오는 아침 하늘처럼 순진무구하며 티 없이 깨끗하다. 그런 자연을 인간이 음습한 기운으로 덮어왔으니, 혐오스러운 일이다. 이후 그 누구도 맑고 파란 하늘을 볼 수 없었다. 티 없는 하늘의 품에 안기려면 저 비처럼 자욱한 김과 음습한 연무를 뚫고 솟아오르는 수밖에 없다. 차라투스트라가 힘겹게 산에 오른 것도 티 없이 맑고 파란 하늘의 품에 안기기 위한 궁여지책이었다.

혐오스럽기는 떠도는 구름도 마찬가지다. 하늘과 인간 사이에 끼어들어 맑고 파란 하늘을 볼 수 없게 만드는 것들이다. 지금까지 인간으로 하여금 하늘과 나누어온 한없는 긍정과 '그렇다'는 예찬을 거부하고 자신을 부인하며 '아니다'를 되뇌게 해온 생에 적대적인 두 세계 이론과 허무주의 따위가 그런 구름이다. 그 주제에 잠행하는 꼴이 도둑고양이 같고, 중간에 끼어들어 간섭하는 꼴이 거간꾼 같으며, 하늘을 온통 더럽히는 꼴이 이것저것 무분별하게 뒤섞어버리는 혼합자와 같다. 실로 세상과 생을 축복할 힘도 저주할 힘도 갖지 못한 얼치기들이다. 티 없어야 할 하늘이 저 떠도는 구름으로 얼룩진 것을 어떻게 눈 뜨고 보겠는가. 차라리 디오게네스처럼 통을 뒤집어 쓰고 하늘 없는 심연 속에 앉아 있는 것이 낫겠다.

여기서 차라투스트라는 황금빛 번개를 꼬아 줄을 만들어 저 떠도는 구름을 묶어두었으면, 그리고 불쑥 튀어나오는 구름을 북 삼아 천둥처럼 내리쳤으면 하고 생각해보았다. 그렇게 해서라도 구름을 꼼짝 못 하게 잡아두거나 흩어버렸으면 해서다. 수상쩍은 도둑고양이의 정적보다는 소란과 우레, 그리고 폭풍우의 저주가 그래도 듣기에 좋다.

산에 오른 차라투스트라는 마침 티 없이 맑고 파란 하늘의 품에 안겼다. 신과 신의 그늘에서 벗어나 모든 존재의 모태인 자연의 품으로 돌아간 것이다. 자연의 품으로 돌아가자 생은 그 자체로 하나의 축복이 되었다. 차라투스트라는 그렇게 하여 축복하는 자가 되었으며, 생을 긍정해 '그렇다'고 말하는 자가 되었다.

그가 내린 축복은 이것이다. 자신의 고유한 하늘이자 둥근 지붕으로서, 그리고 파란 종鐘이자 영원한 안식처로서 모든 사물 위에 펼쳐져 있으라는 것이다. 여기서 지붕과 파란 종azürne Glocke은 각각 종처럼 깊고 둥근 하늘, 구름 한 점 끼지 않은 파란 하늘을 가리킨다. 파란 하늘을 올려다보면 마치 종 안에서 그 천장을 올려다보는 듯하다. 《구약》〈신명기〉 28장 23절에 "너희 위로 하늘이 청동색 종처럼 펼쳐져 있을 것이며…"라는 글이 나온다.

모든 것은 그 존재를 설명해줄 필연적인 이유를 따로 갖지 않는다는 의미에서 '우연Zu-fall'[5]이다. 어떤 목적이나 신적 섭리로도 설명되지 않는 것이 이 세계다. 모든 것은 그것을 의미 있는 것으로 받아

312

들여 설명하려는 인간의 의도와 달리 그렇게 있을 뿐이라는 의미에서 '뜻밖Ohngefähr'이기도 하다. 니체에게 우연은 우주와 세계 이해의 핵심 개념이다. 우연은 《차라투스트라》에 자주 나오는 말이지만, 《아침놀》 2권 130과 《우상의 황혼》의 〈어느 반시대적 인간의 편력〉 7에도 나온다. 이 세계에 대해 우리가 말할 수 있는 것은 그것이 그렇게 존재한다는 사실 하나다. 우리는 그것이 왜 존재하는지를 모른다. 우리 자신에 대해서도 마찬가지다. 존재하는 모든 것이 우연하며 순진무구하고 자유분방하다. 그리고 뜻밖이다. 차라투스트라는 이 '뜻밖Ohngefähr'[6]이라는 말에 귀족 가문을 가리키는 폰von을 붙여 그것을 비단 훌륭한 것은 아닐지라도 더없이 유서 깊은 귀족의 반열에 올려놓았다.[7] 원래 모든 것은 뜻밖이다. 이 '뜻밖'이 다시 귀족의 자리에 오름으로써 세계를, 곧 자연을 해방한다.

인간적 규정의 바탕에는 세계를 합리적으로 설명하려는 이성적 요구가 있다. 그 요구는 세계를 합리적으로 받아들이려는 의지의 표현이다. 그래서 이성이니 합리성이니 해가며 세계를 이리저리 파헤쳐 보지만, 그런 것들로는 포착되지 않는 것이 이 역동적 세계다. 세계는 합리성이나 인간 이성으로는 닿을 수 없는 깊이를 갖는다. 이성의 눈으로 볼 때 그만큼 비이성적이며, 비이성적인 만큼 '어리석어' 보이는 것이 세계다. 바보처럼 멍청해 보이기까지 한다. 물론 얼마간의 이성도 가능하며 얼마간의 지혜도 가능하다. 그러나 그 정도의 빛으로는 세계라고 하는 그 깊디깊은 바다를 속속들이 밝히지 못한다.

이제 세상을 줄로 이리저리 묶고 있는 저 무기력한 이성의 거미줄을 자르고, 그와 함께 세상을 덮고 있는 음습한 기운과 구름을 모두 날려 보내야 한다. 그리되면 하늘은 파란 종처럼 청명하게 그 모습을 드러내고, 만물은 그동안의 강제와 목적에서 풀려나 우연을 발 삼아 춤을 출 것이다. 그와 함께 하늘은 신성한 우연을 위한 무도장이 되며, 신성한 주사위 놀이를 즐기는 자들을 위한 신의 탁자가 될 것이다. 물론 이때의 신은 춤을 출 줄 아는 디오니소스를 가리킨다.

티 없이 맑고 그윽한 하늘이 붉게 밝아오고 있다. 맑고 그윽하다느니 밝다느니 하는 말에 부끄러움을 느낀 탓일까. 홍조를 띠고 있으니. 그런 하늘을 올려다보는 차라투스트라는 신성한 욕망으로 몸을 떤다. 곧 태양이 떠오르면서 청명한 하늘이 그 모습을 드러낼 것이다. 낮을 앞에 두고 있다고 해서, 날이 새고 있다고 해서 모두가 입을 열어도 되는 것은 아니다. 세계는 깊다. 낮이 생각한 것보다 더 깊다. 이때 낮은 의식, 그리고 세계는 생명(삶)을 가리킨다. 그러니까 생명에는 의식의 눈길이 닿지 않을 정도의 깊이, 이성의 눈으로 헤아릴 수 없는 깊이가 있다는 이야기다. 아무튼 해가 뜨고 있으니 무엇을 더 바라겠는가? 차라투스트라에게는 저 해 뜨기 전의 행복과 작별하고 뜨는 해를 기다리는 일만 남았을 뿐이다. 이쯤에서 그는 저 홍조 띤 하늘, 그리고 그 아래서 누린 행복과 작별을 고했다.

왜소하게 만드는 덕에 대하여

1

차라투스트라는 바다를 건너 다시 뭍에 올랐다. 일찍이 행복한 섬들을 찾아 떠났던 뭍이었다. 신의 죽음을 선언하고 사람들을 가르쳐 위대한 인간의 미래를 위해 무럭무럭 성장하도록 호소하고 떠난 터여서 그가 없는 동안 사람들이 그의 호소대로 무럭무럭 성장했는지, 그렇다면 얼마만큼 성장했는지가 궁금했다. 그래서 여기저기 둘러보았는데 도무지 그의 눈을 믿을 수가 없었다. 장난감처럼 작디작은 집들과 인형처럼 고만고만한 사람들만 눈에 들어왔으니 그가 없는 사이에 모든 것이 오히려 왜소해진 것이다. 소인국에 온 걸리버의 느낌이었다. 어찌 된 일이지? 배신감을 느낀 그는 무엇이 사람들을 그토록 작게 만들었는지 생각해보았다. 저들이 추구해온 왜소한 덕이 저들을 그토록 왜소하게 만든 것이 분명했다. 낙담한 차라투스트라는 그날 인간을 왜소하게 만드는 덕에 대해 강론했다.

2

어딜 보나 왜소한 인간들뿐이다. 왜소한 인간들은 키가 크고 몸집이 우람한 거인들을 몹시 비위 상해 한다. 그 위용으로 저들의 존재를 초라하게 만들어 자존심(양심)에 상처를 입히기 때문이다. 저들에게는 차라투스트라가 그런 거인이다. 그래서 그가 못마땅하다. 저들은 그런 차라투스트라를 멀리한다. 그러면서도 경계심만은 늦추지 않아 멀리서나마 그의 일거수일투족을 주의 깊게 지켜본다. 차라투스트라로서는 그런 경계가 불편하기는커녕 자랑스럽기까지 하다. 저 왜소한 인간들에게 환영을 받는다면 그에게는 오히려 그것이 부끄러운 일이 될 것이다.

저들은 차라투스트라를 경계해 멀리하면서도 자존심은 있어 말을 둘러댄다. 그를 위해 낼 시간이 없다는 것이다. 그래서 가까이할 수 없다는 것이지만 실제 저들은 은밀하게 차라투스트라에게 다가가 물어뜯는 등 해코지를 해댄다. 할 수만 있다면 차라투스트라를 저들의 덕으로 끌어내려 저들처럼 왜소하게 만들려 할 것이다. 그조차 속물이 되어 저들과 다를 바 없게 된다면 저들로서는 자존심 상할 일이 없을 것이기 때문이다. 저들이 속 보이는 짓일망정 눈치를 보아가며 차라투스트라를 찬미하고 찬양하는 것도 그 때문이다.

정작 저들에게 없는 것은 시간이 아니라 차라투스트라의 따가운 가르침에 주의를 기울일 귀와 그를 받아들일 용기다. 그렇다고 저들에게 가시 돋쳐 있을 차라투스트라가 아니다. 그런 것은 그의 품격에 맞는 일이 아니다. 그저 가소로울 뿐이다. 오히려 그는 그를 둘러싸고 벌이는 저들의 소란을 외투로 삼아 자신만의 고요한 경지를 지킨다.

저들 왜소한 인간이 추구하는 삶은 갈등과 마찰이 없는 안락한 삶이다. 그 나름의 행복을 추구하는 것이다. 그 같은 삶을 구현하려면 얼마간의 실천적 덕이 요구된다. 이웃 사랑, 연민의 정, 평등, 그리고 정의 따위가 그런 덕들이다. 일찍이 저들은 그 같은 덕으로 내면의 사자를 길들여 온순한 낙타로 만들었다. 늑대를 개로 만들더니, 이제는 인간 자신을 인간에게 최선의 가축이 되도록 만든 것이다.[8] 그렇게 저들은 거친 자연적 가치를 등지고 온화하여 위안적인 도덕적 가치로 숨어들었다. 그 과정에서 인간은 작아졌다. 차라투스트라는 그 같은 덕을 '왜소하게 만드는 덕'이라 불렀다.

인간이 성장해 커지려면 '위대하게 만드는 덕'을 추구해야 한다. 갈등과 싸움을 피하기보다는 끌어들여 성장의 발판으로 삼으려는 전사의 덕이 그런 덕이다. 이웃과 불화를 조성하고 경멸을 익히는 한편, 불의를 추구하는 것이다. 그렇게 다시 사자로 돌아가야 한다. 그런 덕은 인간에게 도전이 된다. 도전 없이 어떻게 성장하겠는가. 그러나 오늘날 인간 사자는 드물다. 그만큼 드문 것이 인식의 전사다. 그 밖의 많은 인간은 의욕의 대상이 될 뿐, 의욕이 없는 자들일 뿐이다.

그 밖의 많은 인간은 위선적인 삶을 살아간다. 위선 가운데 가장 고약한 것은 명령하도록 되어 있는 자들조차 섬기는 자의 덕으로 치장하고는 심부름꾼이니 민중의 지팡이니 해가며 몸을 낮추는 것이다.[9] 위세를 잃은 오늘날의 종교인이나 정치인, 그리고 관리들이 그 모양이다. 많은 인간이 모래알이 모래알에게 그렇듯이 서로에게만은 그 나름으로 솔직하고 공평하며 친절하다. 기꺼이 참고 따르며, 자신을 고통스럽게 하지 못하도록 먼저 사람들에게 접근해 호의를 베풀기까지 한다. 겁이 많아 그렇다. 저들에게는 겁도 그 자체로 덕이 되며 삶의 방편이 된다.

그런 구차한 삶을 살면서도 저들은 자부한다. 정도를 걷고 있다는 것이다. 극단을 멀리하고 중도를 지킨다는 자부다. 배부른 돼지로 남는 것도 그렇지만 죽어가는 검투사가 되기도 싫은 것이다. 그러니까 금수와 같은 존재가 되기도 싫지만 자기극복을 위해 목숨을 거는 전사 따위도 싫은 것이다. 저들은 그 같은 자신들의 처신을 미화하며 중용을 운운한다. 그게 무슨 중용인가? 선택 앞에서 몸을 사리는 것이 중용인가? 해야 할 것은 타협이 아니라 선택이다. 그리고 자신의 생에 책임을 지는 일이다. 저들이야말로 이도 저도 아닌 중간치일 뿐이다.

3

이도 저도 아닌 중간치들을 한심하게 생각하면서도 차라투스트라는 저들을 저버리지 못한다. 인간에 대한 속 깊은 사랑 때문이다. 그래서 애써 저들을 일깨워 큰 사람이 되도록 다그쳐보지만 예나 지금이나 반응이 싸늘하다. 저들 마음속에 절대적인 뭔가를 신앙하도록 만드는 악마가 있어 그렇다. 그 악마가 저들을 사주해 그 자신의 가르침이 아닌 그 어떤 가르침에도 귀 기울이지 못하도록 한 것이다. 그 사주로 저들이 절대적 신앙의 대상으로 삼아온 것이 바로 신이다. 신은 그러나 죽어 없지 않은가. 이제는 그 악마를 없애야 한다. 그래서 차라투스트라가 저들에게 악마부터 없애버리라고 말하면, 저들은 고마워하기는커녕 되레 차라투스트라야말로 절대자인 신을 믿지 않는 자라고 저주하듯 덤벼든다. 누구보다도 체념과 순종을 가르쳐온 저들의 선생들이 그렇게 대꾸한다. 신을 믿지 않는 것 이상으로 끔찍한 일을 모르는 자들이다.

그렇다. 차라투스트라는 유례가 없을 만큼 철저하게 신을 믿지 않는 자다. 신을 거부함으로써 그는 세상을 신적 섭리와 같은 필연과 강제에서 구제했다. 그러고는 그 자리에 우연을 앉혔다. 세상 모든 것이 '우연'이다. 있는 그대로다. 그는 이 우연들을 그릇에 넣고 끓인다. 그것들이 하나의 전체 속에서 서로 조화를 이루도록, 그리하여 제맛을 내도록 하기 위해서다. 그러자 신의 섭리 따위로 닫혀 있던 세계가 열리면서 많은 우연이 그에게 당당하게 다가왔다. 차라투스트라는 준비되어 있었다. 그래서 한층 더 당당하게 우연들에게 다가갔다. 그러자 우연들이 그 앞에 무릎을 꿇는 것이 아닌가. 자신들을 차라투스트라의 처분에 맡기겠다는 것이다.

그러나 누구 하나 이해할 귀를 갖고 있지 못한 곳에서 무슨 말을 하랴? 사람들은 더더욱 왜소해지고 있다. 저들이야 그 많은 왜소한 덕과 체념, 그리고 인종忍從으로 끝내 멸망하고 말겠지만, 그렇게 끝날 일이 아니다. 멸망할 때 하더라도 저들이 미래 세대를 위한 밑거름이라도 되어준다면 얼마나 좋을까! 그러나 그러기에는 저들의 토양이 너무 고분고분하고 부드럽다. 그런 토양에서는 그 어떤 나무도 굳게 그리고 깊게 뿌리내릴 수 없으며 우람하게 자랄 수 없다.

왜소한 인간들은 모든 일에 소극적이다. 그래서 적극적으로 뭔가를 쟁취하려는 대신, 때가 되면 있을 것은 있고 없을 것은 없다고 말하며 발을 뺀다. 애써 나설 필요가 없다는 것이다. 잘못된 생각이다. 기다리고만 있으면 가진 것조차 빼앗긴다는 사실을 왜 모르는가. 힘이 지배하는 진화의 세계에는 그냥 주어지는 것이 없다. 빼앗든가, 빼앗기든가다.

저들 왜소한 인간은 저도 모르게 어느새 하나둘 나락으로 떨어지고 있다. 나락에서 벗어나야 한다. 그러려면 지금 이상을 원해야 하며 원할 줄 알아야 한다. 그리고 사랑을 하려면 다른 사람을 사랑하기에 앞서 먼저 자신을 사랑해야 한다. 더불어 경멸스러운 것은 철저하게 경멸해야 한다. 자신의 왜소함을 철저하게 경멸하고 앞으로 구현해야 할 위버멘쉬를 그만큼 철저하게 사랑해야 한다는 말이다.

마침내 심판의 시간이 다가오고 있다. 이미 동녘이 밝아오고 있지 않은가. 이제 왜소한 사람들에게는 왜소한 사람들의 시간이, 차라투스트라에게는 차라투스트라의 시간이 다가오고 있다. 왜소한 사람들은 끝내 바싹 마른 풀이 되어 차라투스트라 앞에 질펀하게 놓일 것이다. 지친 나머지 생명의 물이 아니라 죽음의 불을 갈망하면서. 여기서 불은 저들에게 치명적인 가르침이 될 신의 죽음과 허무주의, 그리고 영원회귀 사상이 될 터이다. 위버멘쉬라는 번개가 내리쳐 불을 붙이기만 하면 된다. 이제 번개가 내리칠 정오 이전의 신비한 시간, 저 바싹 마른 풀에 불을 붙여 타오르는 불꽃 같은 혀로 위대한 정오가 다가오고 있음을 알릴 예고자가 등장해야겠다.

감람산에서

겨울이 살을 에는 한파를 몰고왔다. 혹독한 손님이다. 차라투스트라
는 이 혹독한 손님을 반긴다. 집 안에서 성가신 파리들을 몰아내고
허다한 작은 소란들을 잠재워주기 때문이다. 그러면서도 그 자신은
손님을 홀로 남겨두고 그곳을 벗어난다. 그렇다고 몸을 녹여줄 배불
뚝이 불의 우상에게 달려가는 것은 아니다. 따뜻한 생각을 품고 바
람도 잠잠한 양지바른 감람산으로 달려가는 것이다. 여기서 겨울은
기존 거짓 신앙과 가치를 얼어붙게 만드는 냉혹한 사상을, 파리는
중구난방으로 소란을 피우는 잡것 소인배를, 그리고 배불뚝이 불의
우상은 혹독한 추위에 몸을 녹일 수 있는 난로, 곧 종교적 또는 철
학적 위안이나 도피처를 가리킨다. 감람산은 성서에 자주 나오는 거
룩한 산으로, 예루살렘 동쪽 1킬로미터쯤에 있다.

파리 떼와 같은 소인배 민중은 저 냉엄한 인식의 한파에 혼비백
산하겠지만, 그런 한파와 벗으며 살아온 차라투스트라는 행복해하
며 마냥 웃는다. 장난까지 친다. 그에게 난로까지는 필요 없다. 양지

바른 감람산 정도로도 충분하다. 그는 겨울 잠자리조차 즐겁다. 조졸한 잠자리라면 더욱 좋다. 마음을 따뜻하게 해 얼어붙지 않도록 하기 때문이다. 그러다가도 아침이 되면 찬물로 목욕을 한다. 찾아온 손님을 비웃어주고 싶은 악의에서다. 솟아오르는 밀랍초 불꽃으로 저 겨울 손님을 간질이기까지 한다. 잿빛 어둑새벽이 태양을 감춘 채 침묵하는 하늘을 드러내도록 말이다. 그러고는 환한 하늘이 말없이 그 모습을 드러내기를 기다린다. 그렇다면 차라투스트라는 그 길고 환한 침묵을 저 겨울 하늘에게 배운 것이 아닐까? 아니면 겨울 하늘이 차라투스트라에게 배운 것일까? 그것도 아니면 하늘과 차라투스트라가 따로따로 생각해냈을까?

좋은 것들은 원래 그 근원이 천 개의 겹으로 되어 있어 단순하지도 단조롭지도 않다. 좋은 데다 희롱하기를 즐기는 것들은 즐거움에 겨워 존재 속으로 뛰어들기까지 한다. 긴 침묵 또한 좋고 희롱을 즐기는 것 가운데 하나다. 그것은 밝은 하늘처럼 환하다. 그러나 환할 뿐, 밝아오는 하늘은 여전히 태양과 태양의 의지를 감추고 있다. 그런 하늘에게 차라투스트라는 자신의 태양과 태양의 굽힐 줄 모르는 의지를 숨기는 재주를 배웠다. 자신이 통찰한 진리와 그 진리를 향한 물러설 줄 모르는 의지를 감추는 지혜를 배운 것이다. 그러나 그가 가장 아끼는 악의와 기술은 침묵이 침묵함으로써 자신을 드러내지 않도록 하는 것이다. 그 길고 환한 침묵 역시 그 어떤 감시자도 그의 바닥과 궁극적 의지인 저 심원한 사상을 들여다보지 못하도록 그가 생각해낸 것이다.

세상에는 영리하다는 자들이 많다. 그런 자들은 자신의 정체를 알아보지 못하도록 화려한 가리개로 자신을 가린다. 또 안을 들여다보지 못하도록 천박한 시인들이 그리하듯 자신의 물을 온통 흐려놓는다. 그러나 그보다 영리한 자들은 탐구심이 강한 자와 호두를 까듯 감추어놓은 것을 찾아내는 일에 능한 자들이다. 학자들이 되겠는데, 저 영리하다는 자들을 제물 삼아 이득을 보는 자들, 영리하다는 자들이 숨겨놓은 고기를 낚아 올리는 영악한 자들이다. 그러나 진정 영리한 자는 따로 있다. 밝고 과감하며 투명한 데다 침묵할 줄 아는 자들이다. 바닥을 들여다볼 수 없을 정도의 깊이를 가진 사람들이다.

그러면 차라투스트라 또한 시샘이 많은 데다 입까지 고약한 뭇 인간에게 자신을 감추어야 하지 않을까? 마구 달려들어 그의 영혼을 파헤치는 일이 없도록 말이다. 왜소한 뭇 인간의 시샘을 사지 않으려면 대말(竹馬)을 신어 긴 다리를 감추는 것도 하나의 방법이다. 저들을 내려다볼 만큼 큰 키를 갖고 있지만, 대말을 신어 어디부터가 진짜 다리인지, 그의 다리가 얼마나 긴지 알 수 없게 만드는 것이다. 니체는 조각글 유고에 "너희는 그것을 대말이라고 부르겠지만, 그것이야말로 긍지의 강인한 발—긴 발"이라는 글을 남겼다.[10]

뭇 인간은 인식의 정상에 오른 차라투스트라가 누리는 행복을 견뎌내지 못한다. 행복해하는 그의 모습을 눈 뜨고 보지 못하는 것이다. 시샘에 눈이 멀어 그렇다. 그런 인간들에 대한 배려에서 차라투스트라는 그가 오른 산정의 얼음과 겨울을 보여줄 뿐, 산을 두르고 있는 햇빛 띠는 보여주지 않는다. 인식의 높은 경지에 이른 자가 감내해온 가혹함을 보여줄 뿐, 인식의 광채만은 보여주지 않는 것이다. 그래서 저들은 차라투스트라의 휘몰아치는 겨울 폭풍 소리를 들을 뿐, 무겁고 무더운 남풍처럼 따뜻한 바다 위를 달리는 그의 발소리는 듣지 못한다. 휘몰아치는 겨울 폭풍에 저들은 도리어 차라투스라가 겪을 재난과 뜻하지 않은 낭패를 측은하게 생각하기까지 한다. 그 나름으로 연민의 정을 느끼는 것이다. 그런 저들에게 차라투스트라는 그의 재난과 낭패, 심지어는 동상凍傷까지 숨기지 않고 보여준다. 그가 누리는 행복을 보여주지 않을 뿐이다.

차라투스트라는 세상에 내려와 사람들 앞에 서곤 했지만 그에게는 고독이 마음의 고향이었다. 그는 늘 고독에서 나와 고독으로 돌아갔다. 물론 고독이라고 해서 다 같은 것은 아니다. 고독은 병든 자가 하는 도피일 수도 있고, 병든 자로부터 도피하는 일일 수도 있다. 차라투스트라가 마음의 고향으로 삼은 것은 단연 뒤의 고독이다. 병든 자들은 그런 차라투스트라에게 불만이다. 그가 저들을 하찮게 볼 뿐만 아니라 깨달음의 얼음으로 추위에 떨게 만든다는 것이다. 차라투스트라는 그러나 아랑곳하지 않는다. 그 대신 자신의 감람산 양지바른 곳에서 노래를 불러가며 그가 겪고 있는 일들을 측은하게 생각할 저들을 되레 비웃어준다.

그냥 지나가기에 대하여

왜소한 인간들을 뒤로하고 차라투스트라는 산속 자신의 동굴로 향했다. 가는 길에 큰 도시 하나가 있었다. 도시의 성문 앞에 이르렀을 때였다. 어릿광대 하나가 다가와 길을 가로막았다. 차라투스트라 흉내를 잘 내어 사람들이 차라투스트라의 원숭이라 불러온 자였다. 길을 막아선 그는 차라투스트라에게 여기 성문에 침을 뱉고 발길을 돌리는 것이 좋겠다고 말해주었다. 성안 도시에는 온갖 욕정과 악덕이 우글거리고 금권이 난무하는 데다 글쟁이와 목청 큰 자들이 요란하게 소란을 피우고 있어 머물 곳이 못 된다는 것이다. 거기에 신문까지 가세해 역겨운 개숫물을 토해내고[11], 그 와중에 위대한 사상들이 여지없이 잘게 난도질당하고 있다는 것이다. 한마디로 도시야말로 위대한 사상에게는 도살장 같은 곳이고, 은자에게는 지옥과 같은 곳이라는 이야기다. 니체는 유고에서 대도시를 심오한 사상 따위를 태워 죽이는 장작더미로 묘사하기도 했다.[12] 어릿광대의 이야기는 평소 차라투스트라가 생각하고 가르쳐온 것이어서, 새로울 것이 없는 흉내에 불과했다. 니체가 여기서 누군가를 염두에 두고 이 글을 쓴 것으로 보이지만 알 수는 없다. 다만 그가 뒤링을 염두에 두었으리라는 추정이 있을 뿐이다. 니체는 유고에서 피상적인 것이기는 하지만 뒤링이 곳곳에 만연해 있는 부패를 보고 있다고 했으며[13], 그를 일컬어 '복수의 사도'라고까지 했다.[14] 뒤링이 맞는다면 여기 나오는 큰 도시는 베를린일 것이다.

어릿광대는 이야기를 계속했다. 도시라고 해서 그 나름의 덕이 없는 것은 아니며 덕스러운 자들 또한 없는 것이 아니어서, 거기에도 세상살이에 유용한 세상의 덕과 그런 덕을 겸비한 사람들이 있다는 것이다. 게다가 만군의 신 앞에서 보이는 경건함도 적지 않고 아부와 아첨 또한 적지 않으며, 귀태를 가진 달이 있어 거렁뱅이 민중과 거렁뱅이 덕이 기도를 드린다는 것이다.

어릿광대는 이어 도시에서는 소상인들의 황금이 모든 것을 움직이고, 달이 지상적인 것 주위를 돌듯 군주 또한 소상인의 황금 주변을 돈다고 말해주었다. 만군의 신이니 뭐니 하지만 그 신이 황금으로 되어 있지 않으니, 군주라 하더라도 소상인의 황금 주변을 돌 수밖에 없다는 것이다. 생각은 군주가 하지만 그런 군주를 조종하는 것은 소상인이라는 말도 해주었다. 천상과 천하의 절대 권위가 웃음거리가 되고 그 자리에 금권이 올라 있는 세태에 대한 개탄이었다. 이것 역시 차라투스트라를 흉내 낸 이야기에 불과했다. 한때는 신앙이 힘이었고(중세), 아는 것이 힘이었지만(근대), 돈이 힘이 된 시대가 온 것이다.

니체가 살던 당시 독일에서도 산업화의 여파로 곳곳에 대도시가 등장하고 있었다. 매연과 소란이 가득한 잿빛 도시들이었다. 그 같은 도시에서 사람들은 제 얼굴과 목소리를 잃은 채 기능인으로 살아간다. 거꾸로 된 불구자가 되어 부품의 삶을 살아가는 것이다. 그런 익명의 대도시 어디에서도 생명의 숨결을 느낄 수 없다. 자유로운 영혼과 소질을 지닌 창조적 인간이라 할지라도 자신을 지키지 못하면 대도시의 매연과 연무 속에 질식하거나 타고난 역량을 모두 소진하고 버림받게 된다. 니체는 일찍부터 그런 도시를 멀리해왔다.

차라투스트라는 권고를 한답시고 길을 가로막고 중언부언하는 그 어릿광대가 같잖았다. 짜증스럽기까지 했다. 어릿광대의 말대로라면, 그 자신이 먼저 지옥 같은 이 대도시에 등을 돌리고 숲이나 행복한 섬으로 몸을 피했어야 하지 않은가? 굳이 진흙탕 같은 대도시에 머물면서 개구리나 두꺼비처럼 꽥꽥거리며 그 도시를 향해 욕설을 퍼부을 필요가 있는가? 투덜댈 수 있는 구실을 갖기 위해 오물에 주저앉은 꼴이다. 차라투스트라로서는 그런 어릿광대를 경계하지 않을 수 없었다. 가당치 않은 흉내로 자신의 명성에 먹칠을 할 수도 있기 때문이다. 그는 어릿광대를 '투덜대는 돼지'로 부르고는 그렇게 투덜댐으로써 차라투스트라 자신이 지금까지 해온, 세상이 보기에 우직한 짓, 다시 말해 '바보짓에 대한 예찬Lob der Narrheit'을 욕되게 한다고 꾸짖듯 말했다.[15] 에라스뮈스의 《우신예찬》은 독일어로 '롭 데어 토르하이트Lob der Torheit'인데, 이때 토르하이트Torheit와 나르하이트Narrheit는 의미상 같은 말이다.

차라투스트라는 그 큰 도시를 바라보았다. 서글펐다. 절로 한숨이 나왔다.[16] 그는 위대한 정오가 오기 전에 그 도시에 불기둥이 솟아오르기를 소망했다.《구약》〈창세기〉19장 24절에 나오는, 음란하고 부패한 도시 소돔과 고모라를 태워 없앤 불기둥이 다시 솟아올라 이 큰 도시를 불바다로 만들기를 바란 것이다. 그러고는 어릿광대에게 충고로 "더 이상 사랑할 수 없는 곳이라면 들르지 말고 그냥 지나가야 한다"는 뼈 있는 말을 하고는 그 도시와 어릿광대 곁을 지나서 가던 길을 갔다. 세상살이를 위한 책략까지 마련했던 차라투스트라였지만 대도시만은 피하는 게 상책이라고 믿었던 것이다.

배신자들에 대하여

1

큰 도시를 뒤로하고 자신의 동굴로 돌아가던 차라투스트라는 잠시 숲 근처 도시 '얼룩소'를 들렀다. 그가 뿌린 씨앗이 파랗게 잎을 내는 것을 보고 떠난 터였다. 기대대로라면 무럭무럭 자라 지금쯤 들녘이 파란 생명으로 충만해 있어야 했다. 그런데 이게 웬일이지? 들판은 온통 잿빛이고, 새싹 모두가 바싹 말라버렸으니.

신에 대한 낡고 어두운 신앙에서 벗어나 빛과 자유 주변을 춤추듯 발랄하게 퍼덕이며 날던 자들이 끝내 그 빛과 자유를 감당하지 못하고 다시 낡은 신앙의 어둠 속으로 숨어들고 만 것이다. 모두가 차라투스트라를 저버린 것이다. 그가 너무 오랫동안 저들을 떠나 있었던 탓일까? 요나를 삼켜버린 고래처럼 고독이 차라투스트라를 삼켜버리자 모두 낙담해버린 탓일까?

물론 저들 가운데도 담력을 지닌 자는 있었다. 그러나 그런 자는 늘 그렇듯이 적었다. 대대수는 존재할 가치가 없는, '많은—너무나도—많은 자'로서 겁도 많고 변덕도 심하다. 거기에다 참을성까지 없어 기다릴 줄도 모른다. 차라투스트라와 같은 부류의 사람이라면 저 낡은 신앙의 신도를 동반자로 삼아서는 안 된다. 동반자가 있어야 한다면, 차라리 송장이나 익살꾼이 있지 않은가? 그러나 이것은 송장과 익살꾼이 저들보다는 그래도 낫다는 이야기일 뿐이다. 진정한 동반자는 살아서 함께 길을 가는 길동무다.[17] 저 낡은 신앙의 신도들이야말로 송장이나 익살꾼만도 못한 설익은 배신자들일 뿐이다. 그처럼 빛바랜 잎들이라면 마음 쓸 것이 없다. 바람을 일으켜 저 마른 잎들을 모두 날려 보내면 된다.

2

저 배신자들은 신의 죽음으로 어둠이 걷히고 세상이 환하게 밝아오자 그만 눈이 부셔 견딜 수가 없었다. 그래서 신앙이라는 어두운 연무 속에 머리를 밀어넣고는 다시 기도를 드리게 되었다. 저들 말로, 다시 경건해진 것이다. 마침 저녁이 되었다. 그렇게 안식이 없는 안식의 시간이 왔다. 저 배신자들에게 다정다감한 위선자들을 사냥하고 그들에게 신의 가르침을 전파하기 위해 행렬할 시간이 찾아온 것이다. 곳곳에 마음의 덫이 다시 놓였다. 커튼 한구석을 들어 올릴 때마다 나비(사냥감)들이 날아올랐다. 그리고 곳곳에 신앙의 형제들이 내는 연무가 깔렸다. 모두가 철부지 아이로 돌아가 사랑하는 주님을 부르고 있었다.

사냥을 마치면 저들은 숨어서 먹이를 기다리며 십자거미들이 하는 설교에 귀를 기울인다. 설교는 "십자가 밑이야말로 거미줄 치기에 안성맞춤"이라는 것이다. 십자거미는 검은 옷에 십자가를 목에 건 사제들을 가리킨다. 그렇게 밤을 보내고 낮이 되면 저들은 어부가 되어 고기를 낚겠다고 물고기 한 마리도 없는 늪으로 가 낚싯대를 드리운다. 아니면 늙은 여인들의 입에 발린 예찬이 지겨운 나머지 젊은 여인들의 심금이나 울려보려는 가요시인들을 찾아가 경건하게 하프 타는 법을 배운다. 그것도 아니면, 어두운 방에서 반미치광이 심령술사에게 무서워 떠는 법을 배우든가, 구슬픈 음조로 삶을 비관하는 뜨내기 염세주의자들의 넋두리를 경청한다.

저들 가운데는 밤을 지키는 야경꾼이 된 자들도 있다. 신앙을 감독하고 관리하는 신앙의 파수꾼인 신학자들이 그런 야경꾼이다. 신학은 여느 학문과 달리 은밀한 데다 논리가 침투할 수 없을 만큼 캄캄하다. 인식의 해가 진 뒤에 다가오는 암흑과 같다. 거기에다 그 독단과 사변이 내는 연무는 숨을 쉴 수 없을 정도다. 그 정도라면 정작 신도 숨을 쉴 수 없을 것이다. 니체는 다른 곳에서 신조차 그런 신학에 질식해 죽고 말았다고까지 했다.[18] 어쨌든 신에 대한 신앙도 옛이야기가 되었다. 신학자들부터 이미 흔들리고 있지 않은가.

차라투스트라는 간밤에 정원 담벼락에서 두 야경꾼이 내는 볼멘소리를 들었다. 신이 자신의 자녀인 인간을 제대로 돌보지 않는다는 불만이었다. 저들은 인간이 신의 자녀인지 의심스럽다고까지 했다. 믿는 자에게 복이 있다고 했을 뿐, 신 자신이 그것을 증명해주지 않았으니 어찌 알겠는가. 지켜온 신앙이 의심스러워진 신학자들이 내뱉은 넋두리였다. 신이 죽어 없는 터에 이 무슨 때늦은 넋두리인가.

차라투스트라는 너무 우스워 심장이 터질 것만 같았다.

신들이 지배했던 시대가 있었다. 그러나 저들의 시대도 오래전에 끝나고 말았다. 모두 최후를 맞아 사라진 것이다. 그렇다고 저들이 '황혼'을 맞아 어쩔 수 없이 사라진 것은 아니다. 오히려 요란하게 웃다가 끝장을 맞았다. 질투심이 많은 신인 여호와의 늙은 그림-바르트Grimm-Bart가 "신은 유일하다! 너희는 나 말고 다른 신을 믿지 말라"는 계명을 선포하자, 그 어이없는 말에 "유일신은 존재하지 않고 신들이 있을 뿐"이라고 외쳐대며 박장대소하다가 그만 숨이 넘어가고 만 것이다. 니체의 유고에는 "북녘의 왕들은 웃으면서 죽는다"[19]는 말이 나온다.

그림-바르트는 괴테의 우화 《라이네케 여우》에 나오는 오소리다. 그림은 분노와 원한을, 바르트는 수염을 의미한다. 그리고 황혼을 맞아 어쩔 수 없이 사라져간 신들 이야기는 바그너의 4부작 음악극 《니벨룽겐의 반지》 종결부인 〈신들의 황혼〉에 나온다. 거기에 저주받은 황금반지를 두고 벌인 격렬한 싸움 끝에 신들과 영웅들, 그리고 인간 모두가 멸망하는 과정이 그려 있다. 신들의 종말은 북유럽 신화에 나오는 중요 주제이기도 하다. 거기에서도 신들의 종말은 신들이 최후의 결전인 라그나뢰크Ragnarök의 그림자와 함께 황혼을 맞으면서 시작된다. 그리고 그 종말과 함께 인간 세상이 등장한다.

어떻게 종말을 맞았든 신들의 시대는 지나갔다. 이제는 인간의 시대다. 이틀만 더 가면 그의 짐승들이 기다리는 산속 동굴이 나온다. 차라투스트라는 마냥 기뻤다.

귀향

차라투스트라는 드디어 자신의 고향 산속의 고독으로 돌아왔다. 너무 오랫동안 고독 속에 파묻혀 있던 탓에 오히려 침묵이 뭔지 모르게 되었다고 푸념하며 지나가는 폭풍우처럼 훌쩍 떠난 고향이었다. 그러나 타향에서 보낸 삶은 고달팠다. 그는 산 아래 숲을 시작으로 주변 도시와 바다 가운데 떠 있는 행복이 넘치는 섬들을 거쳐 다시 뭍에 오르기까지 뭇 사람의 무관심과 냉대 속에서 편치 않은 나날을 보내왔다. 지혜를 나누어주기 위해 참아가며 살아온 하루하루였지만, 그의 지혜에 귀를 기울인 사람은 별로 없었다. 세상 사람들에게 버림받은 것이다.

　버림받아 외롭다는 것과 고독하다는 것은 다르다. 그것을 차라투스트라는 저 아래 세상에서 배웠다. 숲속에서 길을 잃고 정처 없이 헤맬 때, 사람들이 낯선 나머지 짐승들과 함께 있는 것이 차라리 덜 낯설겠다고 느낄 때, 가진 것을 모두 나누어주고 나서 빈손이 되어 허전해할 때, 목마른 자들에게 마실 것을 다 내놓고 정작 자신은 목말라 힘들어할 때, 그리하여 차라리 받는 것이 주는 것보다 낫지 않을까, 훔치는 것이 받는 것보다 낫지 않을까 하는 생각이 들 때[20], 저 더없이 고요한 시간이 다가와 "말하라. 그리고 부서져라"라고 말할 때, 기다림과 침묵에 지쳐 의기소침해할 때, 그럴 때 바로 버림받았다는 느낌이 든다. "받는 것이 주는 것보다 낫지 않을까" 하는 말은 《신약》〈사도행전〉 20장 35절에 나오는 "주는 것이 받는 것보다 더 복되다"는 말을 뒤집어 한 것이다.

고독은 이와 다르다. 고독은 어머니 품처럼 친숙하며 안온하다. 주변은 온통 열려 있어 환하기까지 하다. 거미줄 하나 쳐져 있지 않고, 침침한 구름 하나 떠 있지 않다. 거칠 것이 없다. 시간도 날렵하게 흐른다. 고독 속에서는 마음에 있는 것을 다 털어놓아도 된다. 타향에 있듯이 전전긍긍할 것도 경계할 것도 없다. 거기서는 모두가 이야기하고 싶어 하며 듣고 싶어 한다.

이쯤에서 차라투스트라는 저 아래 세상을 생각해보았다. 그곳에서 그는 소란과 불결한 숨결로 현기증이 날 지경이었다. 그런 곳에서는 무슨 말을 하든 무익하다. 중구난방으로 떠들어대는 소리로 시끄러울 뿐, 제대로 경청되는 것이 없다. 물론 그 나름으로 지혜로운 말이 없는 것은 아니나 그마저도 쩔렁대는 소상인의 동전 소리에 묻히고 만다. 그러니 모든 말이 산산조각이 나 흩어져 사라질 뿐, 마음속 깊이 파고드는 것은 없다. 심오한 영혼의 은밀함도 거리의 나팔수 따위의 군것질 정도가 되고 만다.

차라투스트라는 조심해야 했다. 경계의 대상이 된 데다 세상 사람들과 더불어 산다는 것이 위험천만한 일이기 때문이다. 그런데도 지금까지 세상 사람들을 등지지 못한 것은 평소 유약한 병적 감정으로 경계해온 그로서도 어쩔 수 없는 연민의 정 때문이다. 그는 세상 사람들과 함께할 생각에 변복을 해가면서까지 티를 내지 않았다. 자신을 용서하는 것 이상으로 저들을 용서했으며, 독파리처럼 물어뜯고 물방울처럼 속을 뚫는 저들을 너그럽게 받아주기까지 했다. 가난한 저들을 부끄럽게 하지 않기 위해 자신의 풍요를 감추었으며 필요하다면 거짓말도 마다하지 않았다.

그는 세상의 현자들이 완고하다고 비난하는 대신 지혜롭다고 말해주었다. 그는 이처럼 말 삼키는 법을 배웠다. 그리고 무덤을 파 송장을 묻는 자들을 '탐구하는 자, 음미하는 자'라고 좋게 불러주었다. 이처럼 말 둘러대는 법도 배웠다. 그러나 모든 것이 허사였다. 손은 텅 비어 있고 마음은 허전하다. 이제는 그런 일도 끝이다. 그런 세상에서는 잊는 것과 모른 채 지나가는 것이 최선이다. 이것이 차라투스트라가 뭇 인간 세상에서 터득한 지혜였다.

산속의 고독으로 돌아온 차라투스트라는 모처럼 청순한 내음을 맡아가며 확 트인 시야와 자유를 마음껏 누렸다. 산에서는 대기조차 산뜻하며 날카로웠다. 그런 대기가 그를 간질였다. 그러자 그의 영혼이 재채기를 하고는 자신에게 "건강하시라!"고 환성을 질렀다. 독일에서는 누군가가 재채기를 하면 그렇게 건강을 빈다.

악 셋에 대하여

1

염세주의자와 허무주의자들은 이 세계를 고통스러운 데다 무의미하기까지 하다고 비관해왔으며, 배후세계론자들은 넘어서야 할 불완전하며 덧없는 것으로 여겨 그로부터 탈주를 꾀해왔다. 거기에다 도덕군자들은 인간의 패덕을 들어 이 세계가 도덕적으로 열등하다고 개탄해왔다. 이렇듯 각기 나름의 관점에서 세계를 악담해왔는데, 차라투스트라는 저들 말대로 이 세계가 그토록 고통스럽고 무의미하며 불완전한지, 거기에다 도덕적으로 열등해 저주받아 마땅한 것인지 궁금했다. 그는 그것을 알아볼 참이었다.

세계의 참모습을 알아보기에는 온갖 이해관계와 이념, 도덕적 편견 따위로 얼룩진 일상에서 벗어나 의식의 끈이 이완되거나 끊겨 있는 잠이 제격이다. 물론 지혜는 깨어 있어야 한다. 그래야 꿈을 꿀 수 있고 그와 함께 우리는 의식의 허울이 모두 벗겨나간 상태에서 세계와 적나라하게 대면하게 되기 때문이다. 마침 밤이 되었다. 차라투스트라는 잠이 들었다. 그리고 아침 녘에 꿈을 꾸었다. 세계를 저울질해볼 기회가 온 것이다. 그의 손에 이 세계가 놓였다. 얼핏 보기에도 잘 익은 황금 사과 같았다. 지금까지 무한하여 측정이 가능하지 않고 불가사의하여 그 속을 짐작할 수 없다고 여겨져온 세계였다. 손에 놓고 보니, 세계는 그토록 무한하지도 불가사의하지도 않았다.

축복할 줄 아는 사람은 저주할 줄 알고, 저주할 줄 아는 사람은 축복할 줄 안다. 저울로 재보면 세계가 저주받아 마땅한지, 축복받아 마땅한지 알게 되겠지만, 축복하든 저주하든 저울질부터 제대로 해야 한다. 잴 것을 잘 선택해야 한다. 이에 차라투스트라는 저 염세주의자와 허무주의자들이 부질없는 것으로, 도덕군자들이 악한 것으로 물리쳐온 인간 성질 몇 개를 뽑아 저울에 올려놓았다. 이때 그가 고른 것이 관능적 쾌락, 지배욕, 그리고 자기집착 곧 이기심이다. 저울추는 모든 인간적 규정 이전의 세계, 곧 자연[21]과 그 안의 생명[22]이다. 그 결과에 따라 세계는 달리 보일 터이다. 일찍이 토머스 모어도 악의 세 뿌리에 대해 언급한 일이 있다. 이때 그가 든 것은 태만, 탐욕, 그리고 나태였다.

2

저울질이 시작되었다. 먼저 관능적 쾌락이다. 독일어 볼루스트Wollust를 옮긴 말인데, 주로 성적 충동의 만족에서 오는 즐거움을 가리킨다. 누구보다도 신체를 경멸하는 자들에게 더럽고 사악한 육신의 음욕으로 비방을 받아온 즐거움이다. 그런 자들은 그 같은 육신의 쾌락을 지옥의 불길이자 죽음을 불러오는 감미로운 독 정도로 보아 외면해왔다. 자학적 고행을 통해 그런 쾌락을 없애거나 다스리려 노력하기까지 했다. 그러나 사자처럼 자유로우며 거기에 전사의 강인한 의지까지 지닌 사람들에게는 그것이야말로 지상에서 누릴 수 있는 더없는 행복이자, 미래에 대한 약속이며, 생의 활력을 키워주는 최상의 포도주가 아닐 수 없다. 관능은 감각작용이며, 그 쾌락은 모든 감각이 그렇듯이 순수하고 정직하다. 거짓을 모른다. 그런 즐거움을 도덕의 눈으로 재단하는 것부터가 잘못이다. 짐승들의 짝짓기가 어디 도덕적으로 탓할 일인가? 그나마 그런 즐거움이 없다고 생각해보자. 생이 얼마나 무기력하겠으며, 생식과 함께 생명의 전개가 어떻게 가능하겠는가? 서로 낯설기 그지없는 남자와 여자를 이어주는 것, 미래를 향해 대를 이어주는 것도 관능적 쾌락이 아니던가.

관능적 쾌락 자체가 그렇다는 이야기지 모든 관능적 쾌락이 그렇다는 것은 아니다. 순수하고 정직한 만큼 거기에는 쉽게 더럽혀진다는 문제가 있다. 어느 때보다 그것을 병적으로 탐닉할 때, 무절제하며 맹목적으로 추구할 때가 그렇다. 그럴 때 관능적 쾌락은 쉽게 왜곡되어 순수함을 잃는다. 그리고 그 같은 탐닉이 늘 쾌감으로 끝나는 것도 아니다. 많은 경우 충족된 쾌락에 뒤따르는 것은 허탈감과 불쾌감이다. 그런 감정에서 벗어나기 위해 다시 관능적 욕구를 불태워보지만, 결과는 더 깊은 허탈감과 불쾌감이다. 이렇듯 쾌감과 불쾌감이 반복되면서 그런 쾌락에 잡혀 있는 사람은 자신도 모르게 퇴폐적이고 소모적인 수렁에 빠져든다. 그와 함께 생명 에너지를 모두 소진해버린다. 쇠잔한 자들, 충혈된 눈을 한 인간 잡것이나 벌레 먹은 나무처럼 마음이 병든 자들이 탐하는 돼지 같은 쾌락이 그런 쾌락이다. 생의 고양은커녕 생을 파괴하는 병적인 쾌락이다.[23]

관능적 쾌락이 지닌 원래의 순수성과 정직성을 지켜야 한다. 그것이 생명을 지키는 일이며, 거기에 인간의 미래를 향한 길이 있다. 여기서 차라투스트라는 관능적 쾌락 자체를 악한 것으로 모는 형이상학적·도덕적 광신자와 단지 병든 쾌락에 빠진 잡것 돼지를 겨냥해, 그런 자들이 생명의 정원을 파헤치는 일이 없도록 주위에 울타리를 치겠다고 다짐한다. 그는 3부 〈감람산에서〉에서 "사람들이 달려들어 나의 영혼을 파헤치는 일이 없도록, 나 황금을 삼킨 자가 그리하듯 나 자신을 필히 감추어야 하지 않을까?"라고 자문한 바 있다. 비슷한 이야기가 3부 〈낡은 서판書板들과 새로운 서판들에 대하여〉 19에도 나온다.

다음은 지배욕이다. 지배욕은 다른 사람을 자신의 지배 아래 두려는 욕구다. 독일어로는 헤르쉬주흐트Herrschsucht다. 사람들은 흔히 그런 욕구를 경계해왔다. 교회는 그 같은 욕구를 인간을 평등하게 창조한 신에 대한 불손으로 받아들여 정죄해왔으며, 인간은 자연 앞에 평등하다고 주장해온 평등주의자들은 자연에 반하는 것으로 규탄해왔다. 교회는 종이 되어 다른 사람들을 섬기라고 가르치기까지 했다. 지배자가 아니라 종이 가장 위대한 자가 될 거라고도 말해왔는데, 《신약》 〈마태오의 복음서〉 23장 11절에 나오는 이야기다.

평등과 민주에 살길이 있다고 믿는 낙타 같은 자들은 물을 것이다. 지배라니, 누가 누구를 지배한다는 말인가? 그러고는 발끈해 그 같은 시대착오적인 망발이 어디 있느냐며 대들 것이다. 저들이야말로 지배 능력이 없는 무능한 자들이다. 민주의 시대를 맞아 지배라는 말 자체가 역겨운 말이 되었고, 그 누구도 공공연하게 지배라는 말을 입에 올리지 못하지만, 평등한 세상이란 허상에 불과하다. 지배력을 포기하는 것은 성장하는 생명의 본질인 힘에의 의지를 포기함으로써 죽음을 자초하는 일이기 때문이다. 실제 그 어느 생명체도 지배력을 포기하지 않는다. 인간은 더 나은 생존 조건을 확보하려고, 그리고 다른 사람들을 앞서가려고 분투한다. 지배를 받는 것이 두려워 지배를 거부하지만, 지배가 가능하다면 누구든 물러서지 않고 지배하려 들 것이다. 평등과 민주는 구실일 뿐이다. 생존을 위한 분투에서는 지배하든가, 지배를 받든가, 둘 중 하나다.

이런 지배의지는 힘에의 의지로서, 모든 생명체는 그렇게 진화해 왔다. 따라서 지배욕은 관능적 쾌락이 그렇듯이 도덕 이전의 근원적 욕구다. 그런 지배욕은 뒤늦게 자신을 도덕적으로 판단하는 자들을 그냥 두지 않는다. 등에가 되어 두려움에서 자신에게 욕을 해대는 겁쟁이들을 쏘아대는가 하면, 저들 사이로 온갖 말(馬)과 긍지를 타고 달리며 경멸의 눈길을 보낸다. 등에 이야기는 플라톤의 대화록 《소크라테스의 변론》에 나온다. 신이 둔중한 말인 국가를 깨워 일으키기 위해 소크라테스를 등에로 보냈다는 이야기다. 물론 이때의 말은 차라투스트라의 경우와 달리 지배욕이 타고 달리는 준마가 아니다. 둔중해 행동이 굼뜬 짐승이다.

지배욕 또한 그 자체로 순수하며 정직하다. 인간 진화라는 소명에서 볼 때 신성하기까지 하다. 건전한 사회는 상승의 기운이 넘치는 사회, 곧 지배구조가 분명한 수직사회다. 수평사회에는 꿈도 이상도 없다. 여기서 니체는 평등을 이념으로 하는 민주주의에 대한 냉소와 함께 엘리트주의에 대한 열망을 드러낸다. 지배욕에는 끝이 없다. 그래서 일정 경지에 올라도 그에 자족하지 않고 더욱 분발한다. 그러면서 사람들을 일깨워 지배욕에 눈을 떠 높은 경지에 오르도록 고무하고 격려한다. 이것이 베풀 위치에 있는 사람이 할 수 있는 덕행, 곧 '베푸는 덕'이다.

지배욕이라 해서 문제가 없는 것은 아니다. 관능적 쾌락이 그렇듯이 지배욕에도 어두운 그늘이 있다. 즉 거기에도 인간 고급화라는 본연의 목표에 역행하는 것이 있다. 힘에의 의지의 발현이 아니라, 지배를 위한 단순한 수단에 불과할 뿐인 지배욕이 그런 것이다. 그런 지배욕은 일단 눈앞의 목적이 이루어지면 주저앉고 만다. 그리고 그것으로 끝이다. 자기 동력을 갖지 못해 그렇다. 그런 지배욕은 인간 상승에 도움이 되지 않는다. 오히려 단기적인 성취감으로 일찍 포기하게 만들어 상승의 길을 막는다.

그다음은 자기집착Selbstsucht이다. 고립된 인간의 배타적 자기지향이나 자기중심적 욕구를 가리키기도 하지만, 그것은 특정한 연관이 있을 때의 이야기고 넓게는 자기사랑의 발로인 이기심을 가리킨다. 사람들은 이기심을 흔히 타인의 안녕이나 집단의 안녕을 안중에 두지 않을뿐더러 때에 따라서는 그 같은 안녕을 훼손하는 자기중심적 사고로 비판해왔다. 누구보다도 사이비 현자와 사제들, 성장의지를 잃은 자들, 하인 근성의 족속들, 사심이 없다는 자들이 이기심을 그렇게 비판해왔다. 이를테면《신약》〈갈라디아인들에게 보낸 편지〉의 저자는 5장 17절에서 "인간의 이기심은 성령(신의 영혼)에 대항하고, 성령은 인간의 이기심에 대항하나니…"라고 말했다. 그리고 6장 8절에서는 "인간의 이기심 위에 씨를 뿌리는 사람은 죽음을 거두게 될 것"이라고까지 했다. 사람들은 그 같은 이기심을 극복해야 할 것으로 매도해왔다. 그리고 그 길을 이타심에서 찾았다.

차라투스트라는 그에 맞서 이기적인 자기집착을 아름답고 생기 있는 신체에 깃든, 힘찬 영혼에서 솟아오르는 건강하며 건전한 자기추구로 여겨 기렸다. 인간은 무엇을 하든 자기 자신에서 출발하기 마련이나. 따라서 먼저 '자기'가 되어야 한다. 자기에게 돌아가 먼저 자기를 돌보아야 한다. 그렇게 자기를 사랑해야 한다. 자기가 되지 않고 어떻게 다른 사람의 존재를 인정하며, 자기에 대한 사랑 없이 어떻게 다른 사람을 사랑하겠는가?

우리 신체와 영혼은 성장하면서 즐거움을 느낀다. 이때의 즐거움은 일종의 자기향락으로서, 신체와 영혼에게는 덕이 된다. 이 자기향락은 선과 악이라는 기존 도덕적 가치를 멀리하고 좋음과 나쁨이라는 자연적 가치로 자신을 감싸며, 온갖 경멸스러운 것들, 이를테면 겁과 탄식, 자질구레한 욕심, 굴종, 하인 근성 따위를 몰아낸다. 세상을 비관하는 애처로운 지혜, 겁에 질린 너무나도 의심스러운 지혜와 비굴한 지혜 따위도 몰아낸다.

자연은 이타심을 모른다. 힘이 지배하는 세계에 이타적인 것은 있을 수 없다. 그렇게 보이는 것이 간혹 있을 뿐, 자연에서 정상은 흥부가 아니라 놀부다.[24] 이타심이란 도덕적 허구에 불과하다. 언제 우리가 이타심을 발휘하는가를 보면 알 수 있다. 그것은 어떤 식으로든 이타심을 발휘하는 당사자에게 이득이 될 때다. 이득은 명예일 수도 있고, 인간적 도리를 다했다는 자기만족일 수도 있다. 책임의 모면일 수 있으며, 베풀 수 있는 우월한 지위에 대한 확인일 수도 있다. 자기연민의 발로일 수도 있다. 그 같은 이득에서 발휘하는 것이 이타심이라면 그것이야말로 자기집착 곧 이기심의 또 다른 형태가 아닌가?

숨어서 이타심을 발휘한다는 사람들도 있다. 그 어떤 보상도 바라지 않고 순수한 마음에서 베푼다는 것이다. 그러나 더 간교한 사람들이다. 신이 하늘에서 내려다보고 있으니 나중에라도 계산될 거라 믿고 고대하는 자들이다. 그런 자들은 거기에다 자신은 다른 사람과 다르다는 오만한 자부심까지 거두어들인다. 이렇게 되면 이타적 선행의 진정한 수혜자는 이타적 선행을 한 바로 그 사람이다. 이 얼마나 영악한 위선인가? 이타심이란 계산된, 더 간교한 이기심이 아닌가.

자기중심적 집착 또한 건강하고 건전하다. 숲이 건강해지려면 그 속에 있는 나무 한 그루 한 그루가 먼저 힘차게 물을 빨아올리고 햇빛을 충분히 받아내야 한다. 그 과정에서 나무들은 경쟁을 한다. 그리고 그렇게 힘을 키운 건강한 나무들이 건강한 숲을 이루어 자연을 풍요롭게 만든다. 나무 하나하나가 이웃 나무를 위해 자신을 버린다면 어떻게 될까? 사람도 마찬가지다. 자기중심적이어야 한다. 생각해보면 차라투스트라의 삶이 그랬다. 그는 지혜를 얻을 생각에서 친지와 이웃은 물론 모든 사회적 의무를 버리고 산속에서 10년을 살았다. 그렇게 그는 철저하게 자기중심적인 삶을 살았다. 이타주의자들이 볼 때 이 얼마나 반사회적이며 이기적인 행동인가.

관능적 쾌락과 지배욕이 그렇듯이 모든 자기집착이 건강하고 건전한 것은 아니다. 병적인 욕심에서 시작된 자기집착도 있다. 이는 일종의 질병으로서, 셰익스피어의 《베니스의 상인》에 나오는 수전노 샤일록이 그렇다. 이때 인간은 돈이라는 눈앞의 이해관계에 갇혀 자신의 인성까지 파괴한다. 샤일록과 비교되는 것이 우리나라 음성에 전해오는 자린고비 이야기다. 조선 영조 때 사람으로서 이름은 조륵 趙玏이다. 알려진 사실은 많지 않다. 다만 전례 없는 구두쇠여서 지나친 자기중심주의자로 빈축의 대상이 되었는데, 나중에 많은 재산으로 어려운 사람들을 도와주었다고 한다. 이후 사람들이 그를 기려 자인비慈仁碑를 세웠고, 시간이 흘러 그 비석이 옛것이 되면서 자연스레 '자린고비慈仁古碑'로 불리게 되었다는 이야기가 전해 내려올 뿐이다. 그 사람이야말로 건강하며 건전한 자기집착의 참 의미를 일깨운, 참된 이기심의 화신이라 하겠다. 차라투스트라는 1부 〈베푸는 덕에 대하여〉에서 이기심을 두 유형으로 나누었다. 바로 베풀 욕심에서 챙기는 건강한 이기심과 단지 제 것으로 만들려는 욕심에서 물불 가리지 않고 덤벼드는 병든 이기심이다.

저울질은 끝났다. 저울질해보니 관능적 쾌락과 지배욕, 그리고 자기집착 어느 하나 나무랄 데가 없었다. 그 자체로 생명의 원동력이자 존재의 근원이다. 생에 활기를 주어 인간을 일으켜 세우고, 기쁨 속에서 삶을 전개하도록 하는 것들이다. 우리는 그것들이 없는 생을 좀처럼 생각할 수 없다. 도덕적 가식 속에서가 아니라면 말이다. 그이상으로 소중하고 바람직한 것들이 어디 있는가.

마침 차라투스트라는 꿈에서 깨어났다. 깨어나 보니 세계가 이전과 달리 보였다. 모든 것이 분명해졌다. 세계는 불완전하지도 무의미하지도 사악하지도 않았다. 세계는 어느 하나 나무랄 데 없이 좋았다. 생명의 환희로 가득한 풍요로운 정원이었다. 그런 세계를 저주하다니. 차라투스트라는 그런 자들을 마음껏 비웃어주고는 이 세계를 한껏 축복했다. 기분 좋은 저울질이었다. 예감도 좋았다. 위대한 정오가 다가오고 있었다.

중력의 정령에 대하여

1

위대한 정오가 다가오고 있다지만, 인간이 갈 길은 아직 멀고 험난하다. 걸림돌도 많고 적수도 많다. 그 가운데 가장 큰 걸림돌과 적수는 단연 중력의 정령이다. 1부 〈읽기와 쓰기에 대하여〉 끝부분에서 악마로 처음 등장한 후, 3부 〈곡두와 수수께끼에 대하여〉에서 난쟁이와 두더지로 나왔던 바로 그 정령이다. 자기 자신을 극복해가며 위로 오르려는 자를 위에서 짓눌러 주저앉히거나 발목을 잡아 아래로 끌어내리는 종교적 미망, 철학적 망상, 도덕적 강박 따위를 가리킨다.

차라투스트라가 지금까지 가르쳐온 것은 이 정령의 마수에서 벗어나 본래의 자유롭고 경쾌한 삶을 되찾고, 그렇게 가벼운 몸이 되어 상승하는 삶을 살라는 것이었다. 그의 가르침은 간절할망정 투박한 것이었다. 신의 죽음과 가치의 전도, 그리고 힘에의 의지에서 볼 수 있듯이 그 내용이 도발적이기까지 했다. 말투도 그랬다. 거칠기 이를 데 없었다. 감미롭고 부드러운 말에 길든 독자(앙고라토끼)나 진부하며 상투적인 글로 세상에 영합해온 사근사근한 저널리스트와 대중작가 따위의 글쟁이(낙지와 여우)들이 듣기에는 낯설고 거북한 내용이자 말투였다.

거기에다 차라투스트라의 손은 바보의 손이어서 이것저것 가리지 않고 온갖 곳에 낙서를 해댄다. 독일 속담에 책상이 있고 벽이 있으면 바보 천치가 낙서하기 마련이라는 말이 있다. 책상이든 벽이든 그냥 두지 않고 더럽힌다는 뜻이다. 차라투스트라의 이야기는 현자연하는 사람들의 세계에서 그 자신이 바보[25]가 되어 세상을 놀라게 할 그의 투박하고 거친 진리[26]를 여기저기 가리지 않고 휘갈겨놓겠다는 것이다. 그뿐이 아니었다. 그의 발은 저돌적인 말[馬]의 발, 그 발로써 기존의 낡은 가르침을 짓밟아가며 질주하겠다는 것이다.

다만 그의 위장만은 부드럽고 가벼운 것을 좋아한다. 어린 양고기를 좋아하는 독수리를 닮아 그렇다. 소화하기 힘든 묵직한 사상을 멀리하고 경쾌하며 생기 넘치는 사상을 좋아한다. 하늘을 향해 높이 날아오르는 새의 천성이어서 그렇다. 어찌 그런 그가 모든 것을 짓눌러 주저앉히고 끌어내려 아래로 가라앉히는 저 중력의 정령에게 불구대천의 적의를 품지 않겠는가.

2

누구든 중력의 정령에 맞서 사람들이 가벼운 몸으로 비상하도록 가르치려는 자는 지금까지 인간을 잡아둔 경계석, 그러니까 생을 속박해온 온갖 신앙과 이념, 가치체계와 규제들부터 멀리 날려 보내기 마련이다. 그리되면 이 대지와 삶은 그만큼 가벼워지고 몸 또한 자유로워질 것이다. 《구약》〈신명기〉 27장 17절에 "이웃과 경계를 짓는 경계석을 옮기는 자는 저주를 받을 것"이라고 되어 있다. 경계석에는 손을 대지 말라는 뜻이다. 차라투스트라의 말은 반대로 경계석을 뛰어넘든가 아예 다른 곳으로 날려 보내야 한다는 것이다.

이럴 때 우리에게 눈앞의 경계석 너머로 하늘을 날도록 비상의 날개를 달아주는 것은 중력의 정령에 묶여 살아온 삶에 대한 역겨움이다. 그것이 날개가 되어 우리가 그 역겨움에서 벗어나도록 해준다. 이때 날개의 크기와 힘은 삶의 현실에 대한 역겨움 정도에 따라 달라진다. 날개가 충분히 자라지 못해 비상의 힘을 갖지 못한 자들이 있다. 날개를 갖고서도 몸이 무거워 날지 못하는 타조와 같은 자들이다. 그런 자들은 머리를 무거운 땅속에, 곧 종교적 망상이나 철학적 미망 따위에 처박고는 이 세상과 삶이 무겁다고 한탄하듯 말한다. 아직 중력의 정령을 떨쳐버릴 만큼 성장하지 못해 그렇다.

새가 되어 해방의 기쁨 속에서 티 없이 맑은 하늘을 날려면 자신의 것이 아닌 것들, 이를테면 신앙이나 도덕 따위의 짐을 남김없이 벗어던져야 한다. 제 몸 하나 날기 어려운 터에 그런 짐까지 져서야 되겠는가. 그렇게 홀가분하게 자기 자신에게 돌아와 자신의 삶을 살아야 한다. 그러나 그것은 자기 자신을 소중하게 받아들여 아끼고 사랑하는 사람만이 할 수 있는 일이다. 그렇지 못한 사람들은 자신을 견뎌내지 못해 이웃 사랑이니 뭐니 해가며 도피처를 찾아 다른 사람들에게 달려가 그 주변을 배회한다. 이것이 거짓 이념과 신앙 따위에 중독된 병약한 자가 하는 자기사랑의 방식이다.

인간 모두가 자기 자신에게 돌아와 상승하는 삶을 살게 되면 중력의 정령도 끝이다. 그 정령에게는 곧 재앙이 된다. 그래서 그런 일이 없도록 그가 손을 써둔 것이 있다. 그 누구도 자신의 고유한 '자기'를 찾아내는 일이 없도록 그것을 우리 내면 아주 깊은 곳에 숨겨두는 것이다. 그것을 찾아내려면 그 방법부터 찾아내야 한다. 그 이상으로 섬세하고 교묘한 기예가 없으며, 그처럼 궁극적이고 많은 인내를 요구하는 것도 없다. 그래서 우리는 그것을 가장 늦게 찾아낸다. 우리에게 가장 소중한 것이 가장 늦게 발견되는 것이다.

우리의 자기를 깊이 감추어두는 것만으로는 마음이 놓이지 않는지, 중력의 정령은 우리가 요람에 있을 때 이미 사람들을 부추겨 선과 악이라는 묵직한 지참물을 넣어주도록 했다. 태어나자마자 선과 악이 무엇이며 보상과 징벌이 무엇인지를 주입함으로써 우리에게 도덕이라는 낯선 짐을 지워온 것이다. 그것도 모자라 중력의 정령은 어린 우리를 자신의 곁에 머물도록 잡아두었다. 관심을 외부로 돌려 우리가 자기성찰을 하지 못하도록, 그리고 자기 자신을 발견하지 못하도록 하기 위해서다. 이후 우리는 그 무거운 지참물을 지고 힘겨운 삶을 살아왔다. 그와 더불어 '삶은 고된 것'이 되고, 세계는 황량한 사막이 되고 말았다.

먼저 우리 내면에 감추어진 자기를 찾아내야 하지만, 그것은 굴처럼 미끌미끌해 좀처럼 잡히지 않는다. 잡아보려 해도 손가락 사이로 쉽게 빠져나간다. 이럴 때 껍질이라도 나서서 그 속을 드러내준다면 좋을 것이다. 더없이 아름답고 멋진 것이 우리 내면의 세계이니 그에 걸맞게 더없이 아름답고 멋진 껍질이 나서준다면 좋을 것이란 말이다. 빨갛게 잘 익은 사과가 맛있는 속살을 말해주듯이. 추하고 볼품 없는 껍질로는 내면의 아름다움과 보물을 드러내지 못한다. 그러니 껍질부터 멋지게 할 필요가 있다. 우리의 삶부터 아름답게 살아야 한다. 건강하고 멋진 삶은 우리가 익혀두어야 할 또 다른 기예다.

그러나 많은 경우 우리의 껍질은 볼품이 없고 초라해 그 내면에 우리 자신의 소중한 자기가 있다는 것을 일러주지 못한다. 아름다운 신체를 두고 정신이 나서서 영혼이니 뭐니 요설을 펼 뿐이다. 제 몸 하나 추스르지 못하는 정신이 무엇을 안다고 나서는가? 이것 역시 중력의 정령의 소행이다. 그러니 우리의 껍질이 별 볼 일 없을 수밖에. 중력의 정령에 맞서 "이것이 나의 선이요, 나의 악"이라고 당당하게 주장할 수 있는 사람이 있다면, 그는 이미 자신의 내면에 있는 자기를 찾아낸 사람이다. 그런 사람이 당당히 다가서기라도 하면 만인을 위한 보편적 선이니 악이니 해가며 궤변을 늘어놓아온 두더지와 난쟁이들은 할 말을 잃고 만다.

내면의 자기를 찾아낸 사람은 모든 일에 까다롭다. 반항적이기까지 하다. '나'와 '너', '그렇다'와 '아니다'가 분명하다. 좋다고 이것저것 가리지 않고 다 받아들이는 것은 돼지나 할 일이다. 색깔에서도 그렇다. 그런 사람은 중간색을 좋아하지 않는다. 심원한 노랑과 작열하는 빨강이 그의 취향이다. 노랑에서 우리는 생명의 근원인 태양 빛과 황금의 광채를 떠올린다. 일찍이 차라투스트라를 열광케 했던 것들이다. 그리고 빨강에서는 열정과 에너지, 피를 떠올린다. 차라투스트라는 1부 〈읽기와 쓰기에 대하여〉에서 피가 곧 넋이라고도 했다. 이 두 색깔은 각각 영원회귀와 힘에의 의지를 상징하는 것으로 해석되기도 한다.

우리 주변에는 그런 주체적 삶을 살기보다는 추상적 이념에 매달려 뭔가 확실한 것을 건져보려는 사람들이 많다. 그 가운데는 신과 같은 미라를 사랑하는 사람도 있고, 중력의 정령과 같은 유령을 사랑하는 사람도 있다. 미라든 유령이든 살과 피에 적의를 품는다는 점에서는 같다. 처음부터 형체가 없는 것들이니 그런 것들이 필요하거나 반가울 이유가 없다. 그런 사람들 입에는 황금이 물려 있지 않다. 앞날을 비출 빛과 생명을 일으킬 열기를 갖고 있지 않은 것이다. 독일에 "이른 아침은 입에 황금을 물고 있다"는 격언이 있다. 그런 사람들보다 더 한심한 자들이 있다. 같은 인간을, 이러저러한 이름이 있거나 힘이 있는 주변 사람들을 추종하는 자들이다. 더욱 한심한 것은 사랑은 하지 않으면서 다른 사람의 사랑에 기대어 살려는 더부살이 인생이다.

내면의 보물을 찾아내려면 기다릴 줄 알아야 한다. 그게 뭐 그리 어려운 일이라고. 하긴 기다리는 일에 이골이 난 사람도 적지 않다. 그런 사람에 고객을 기다리는 세리와 소상인이 있고, 허리를 굽힐 신하를 기다리는 왕 따위가 있다. 저들은 그렇게 기다리는 일로 세월을 보낸다. 기다리는 것 하나만으로는 아무것도 아니다. 문제는 무엇을 기다리느냐이다. 바로 자신의 자기를 기다려야 한다. 보물은 밖에 있지 않고 안에 있으니.

중력의 정령을 떨쳐버리고 자유롭게 하늘을 날아야 하지만 처음부터 날 수는 없다. 먼저 서는 법, 걷는 법, 달리는 법, 도약하는 법, 기어오르는 법, 춤추는 법을 배워야 한다. 그렇게 한 단계 한 단계 올라가야 한다. 지금까지 차라투스트라가 해온 일이 그것이다. 그렇게 긴 세월을 보낸 끝에 그는 어느덧 깨달음의 높은 돛에 올라 작으나

마 불꽃을 깜박이게 되었다. 진리의 불을 비추게 된 것이다. 작은 불꽃이지만 그것만으로도 길을 잃고 헤매는 뱃사람들에게는 구원의 불꽃이 될 것이다.

차라투스트라는 불꽃이 되어 방향을 잡아줄 뿐, 길을 잃은 사람들에게 길을 정해주지는 않는다. 누구에게든 자신이 가야 할 길이 있을 뿐, 모두가 가야 할 길은 존재하지 않기 때문이다. 일찍이 1부 〈베푸는 덕에 대하여〉에서 제자들에게 스승인 그를 떠나 한 사람 한 사람 자신의 길을 가도록 가르친 그였다. 차라투스트라도 그에게 '길'을 묻는 자들에게 되묻는다. "이것은 나의 길이다. 너희의 길은 어디 있는가?"

낡은 서판書板들과 새로운 서판들에 대하여

1

차라투스트라는 낡아 못 쓰게 된 이념과 가치를 파기하고 그 자리에 새로운 이념과 가치를 세우는 일에 모든 힘을 기울여왔다. 그는 지금 새로운 이념과 가치를 써넣을 서판을 반쯤 남겨두고 있었다. 언제쯤 그 서판을 완성해 인간세계로 내려갈 수 있을까? 그는 파기된 낡은 서판과 새로 쓰고 있는 서판을 곁에 두고 그때를 기다린다. 그때가 되면 주어진 과업을 완수하고 한 알의 밀알이 되어 썩어갈 것이다. 그렇게 그는 몰락할 것이다. 그에 앞서 그때를 알리는 조짐이 있어야한다. 곧 비둘기 떼를 거느린 웃는 사자가 와야 한다. 웃는 사자는 위버멘쉬에 앞서 등장해야 할 사자로서, 아이 단계에 한발 다가서 있는 인간[27]을 가리킨다. 실제 비둘기 떼를 거느린 웃는 사자는 이 책의 마지막 장에 나온다. 그때까지 시간 여유가 있는 차라투스트라는 그가 지금까지 인간세계에 내려와서 해온 일들을 하나하나 떠올려본다.

2

차라투스트라가 산에서 내려와 처음으로 사람들에게 다가갔을 때 이야기다. 하나같이 선과 악에 정통해서 새삼 무엇이 선이고 악인지를 놓고 이러쿵저러쿵 이야기할 이유가 없다고 자부하고들 있었다. 요람에서부터 들어왔으며 칭찬과 질책을 받아가며 체득해온 것이니 놀랄 일도 아니었다. 그런 저들은 잠자리에 들기 전에 선과 악을 두고 다짐도 하고 뉘우쳐가며 마음을 달래곤 했다. 도덕의 문제로 밤잠을 설치지 않았으면 하는 생각에서다.[28]

그러나 저들은 진정 선이 무엇이며 악이 무엇인지를 모른다. 목표를 제시하고 대지에 의미를 부여하며 미래를 약속하는 창조자가 아니면 누구도 선이 무엇이며 악이 무엇인지를 알 수가 없다.[29] 삶의 목표와 대지의 의미, 그리고 인간의 미래가 선과 악을 가늠하는 척도가 되어야 하기 때문이다. 그런데도 선과 악에 정통해 있다고 우쭐대는 꼴이라니, 우습기만 하다. 누구보다도 덕을 가르쳐온 도덕군자와 성인, 시인들과 그 나름으로 세상을 구제하고 있다는 구세주들이 그 꼴들이다. 한심한 사람들이다. 한심한 사람들은 또 있다. 생명의 나무 위에 위협적인 몸짓을 하고 앉아 생명을 조롱하는 검은 허수아비, 선과 악의 가치를 아예 인정하지 않는 저 음울한 염세주의자와 허무주의자들이 그런 사람들이다.

차라투스트라의 지혜는 높은 산에서 태어나 자랐다. 그래서 억세기도 하고 거칠기도 하다. 그 지혜는 실로 크나큰 것을 동경해왔다. 위버멘쉬의 높은 경지를 동경해온 것이다. 그는 그 같은 동경에서 산아래, 저 한심한 자들을 내려다보며 마음껏 웃어주었다. 그 순간 그의 동경은 그를 위로, 그리고 저쪽으로 낚아챘다. 높이 그리고 멀리 낚아챈 것이다. 그리하여 그는 중력의 정령의 그늘에서 벗어나 밝고 희망찬 먼 미래로, 햇빛에 취한 희열 속으로 날아들고 말았다. 춥고 음산한 북녘에서 벗어나 생명이 충만한 따뜻하고 밝은 남녘으로, 준엄하고 가혹한 그리스도교 신에서 벗어나 자유분방한 신들의 세계로 날아든 것이다.

이 세계는 생명으로 충만한 자유분방한 삶의 터전이었다. 그 안에 있는 것 모두가 춤을 추듯 경쾌하게 서로를 밀어내고 잡아당겨가며 실랑이하던 곳이었으며, 시간이 순간을 넘어 영원으로 나아가고, 필연적으로 보이는 것들이 모두 우연, 그러니까 자유 속에 수렴됨으로써 강제의 족쇄에서 벗어난 곳이었다. 경쾌하고 영원하며 자유로운, 실로 즐거운 세계였다. 그런 세계에 웃음과 춤으로 화답하며 삶을 즐기는 사람들을 중력의 정령은 두고 볼 수가 없었다. 그래서 그는 세계에 강제, 율법, 곤경과 결과, 목적, 의지, 선과 악 따위를 짐으로 지우고 그 목을 졸라왔다.

경쾌한 춤에 웃음을 잃지 않는 차라투스트라에게 중력의 정령은 처음부터 철천지원수였다. 그 정령이 존재하지 않았다면 그보다 좋은 일이 없었을 것이다. 그러나 그 정령은 엄연히 존재해왔다. 다른 한편, 어쩔 수 없이 존재해왔다면 그도 나쁠 것은 없다. 그런 장애가 없다면 우리는 무엇을 뛰어넘어 하늘 높이 오를 수 있을 것인가. 가볍게 비상하는 영혼을 위해서라도 그 영혼을 땅속으로 끌고 가는 두더지와 무동을 타고 내리누르는 난쟁이 또한 있어야 하지 않을까?

3

차라투스트라에게 위버멘쉬라는 이상적 유형의 인간이 머리에 떠오른 것도, 사람은 목적이 아니라 교량으로서 새로운 아침을 향한 도정임을 사람들에게 일깨운 것도 저 아래 두더지와 난쟁이들의 세계에서였다. 위대한 정오에 대한 가르침을 펴고 제2의 자색 노을을 사람들 위에 펼쳐놓은 것 또한 그곳에서였다. 자색 저녁노을은 다음 날 아침이 맑을 것을 예고한다. 《신약》〈마태오의 복음서〉16장 2절에 나오는 이야기다. 여기서는 차라투스트라의 가르침이 열어나갈 청명한 새날에 대한 전조를 가리킨다. 그리고 제2를 그 나름으로 구원의 메시지를 전한 예수 다음이라는 의미로 해석하는 학자들도 있다. 아래 26에 예수 이야기와 함께 두 번째 사람 이야기가 나온다. 성서에 첫 번째 아담과 두 번째 아담 이야기도 있다. 흙에서 나온 아담과 하늘에서 내려온 아담 이야기다.[30]

차라투스트라는 사람들에게 '위버멘쉬'라는 새로운 별을 보여주었다. 구름을 걷어내고 웃음으로 하늘을 덮어주었으며, 저들 내면에 있는 다양한 가능성과 은밀한 수수께끼, 그리고 우연한 것들을 압축하고 집약해 구제하도록 가르쳤다. 가능성으로만 머물고 은밀한 것으로만 머문다면, 우연이 우연으로만 머문다면 세계는 해체되고 포기되어 쉽게 버림받을 것이다. 유기적 관계 속에서 그 나름의 의미를 부여해야 한다. 압축과 집약이 필요한 것은 그 때문이다.

세계는 존재한다. 그러나 우리는 그 존재 이유를 모른다. 그런 의미에서 우리에게 세계는 '우연'[31]이다. 우연 속에서 삶은 그만큼 불안정하다. 그런 세계를 필연 속으로 수렴해 우리에게 친숙한 것으로 만들어야 했다. 그래서 사람들은 목적이니(목적론), 원인(인과법칙, 기계론)이니 해가며 세계에 대한 설명을 모색해왔다. 그렇게 세계를 왜곡해왔다. 세계는 그런 목적과 원인을 따로 갖고 있지 않다. 그 자체가 목적이며 원인이다. 그리고 그 안의 모든 것은 우연이다. 그런 세계로 놀아가야 한다.

그러나 그것이 끝이 아니다. 그 우연 또한 구제해야 한다. 유기적 관계 속에서 그 나름의 의미를 부여해 세계를 의미 있는 것으로 받아들여야 한다. 창조를 통해 할 수 있는 것이 그 구제다. 모든 '그랬었다'는 우연을 '나 그렇게 되기를 원했고 앞으로도 그렇게 되기를 바랄 것'이라는 희망으로 전환하면 된다. 과거는 그렇게 구제된다. 그러니까 필연을 우연으로써 구제하고 그 우연을 창조로써 구제하는 것이다. 그렇게 하는 것만이 진정한 의미의 구제다. 구제까지 가르쳤으니 차라투스트라는 가르칠 수 있는 모든 것을 가르친 셈이다. 그런 차라투스트라였지만, 정작 그에게는 구제되어야 할 것이 하나 더 있다. 황금빛으로 온 누리를 밝혀가며 남김없이 베푼 뒤에 지는 태양처럼 몰락함으로써 자신의 과업을 다하는 것, 그렇게 자신을 주어진 과업에서 구제하는 일이 그것이다. 새로운 서판을 반쯤 썼으니 조금만 더 기다리면 된다.

4

마침 새로운 서판이 완성되었다. 하강할 때가 된 것이다. 이럴 때 새로 쓴 서판을 살아 숨 쉬는 심장 속으로 함께 날라줄 형제들이 있다면 얼마나 좋을까. 살아 숨 쉬는 심장은 목석처럼 굳어 있지 않은, 따뜻하며 생명으로 충만한 심장을 가리킨다. 이는 《구약》 〈에스겔〉 11장 19절에서 따온 말이다.

이웃은 실로 많다. 형제들을 좀처럼 찾아볼 수 없을 뿐이다. 그 흔한 이웃에게는 마음 쓸 것이 없다. 마음 쓸 것은 먼 곳, 먼 훗날 사람들이다. 그에 앞서 우리는 자신을 극복해 그럴 수 있을 만큼 성장해야 한다. 힘겨운 여정이 되겠지만 그렇다고 도약으로 단숨에 목표에 이르려 해서는 안 된다. 그러니까 신앙 따위로 비약하려 해서는 안 된다.

이웃과의 관계에서도 우리는 자신을 극복해야 한다. 섣부른 이웃 사랑이니 형제애니 하는 것들의 함정에 빠져 형체 없이 사라져서는 안 된다. 그러려면 그만한 강담과 힘부터 키워야 한다. 필요하다면 강탈도 마다하지 않아야 한다. 그럴 때 강탈은 일종의 권리다. 그런 권리를 외부에서 부여받는 일은 없어야 한다. 제힘으로 쟁취해야 한다.

자기극복을 위해서는 자기 자신에게 명령을 내릴 줄 아는 지혜와 힘도 필요하다. 목표[32]를 향해 정진하도록 자신을 다그쳐야 하기 때문이다. 그럴 지혜와 힘이 없다면 내려진 명령에 복종이라도 해야 한다. 물론 복종이라고 해서 쉬운 것은 아니다. 자신에게 명령할 줄 아는 사람이라 해도 자신에게 복종하는 일에서는 서툰 점이 적지 않기 때문이다.

5

고결한 영혼을 지닌 사람은 무엇이든 거저 누리지 않는다. 기꺼이 대가를 치른다. 무엇보다도 생에서 더 그렇다. 받은 만큼 보답을 하려는 것이다. 보답은 고마운 마음으로 생을 긍정해 즐기는 것이다. 거저 누리려 하는 자는 거지 근성을 지닌 천민이다.

　다만 즐길 것이 없는 곳에서는 즐기려 들지 말 일이다. 순진무구가 그러하듯이 즐거움 또한 추적한다고 해서 손에 잡히는 것이 아니어서 그렇다. 즐거움은 부끄럼을 많이 타기 때문에 누군가가 다가가면 그만큼 도망을 간다. 그것이 바라는 것은 추적이 아니라 소유되는 것이다. 추적해야 할 것, 찾아내어 제거해야 할 것은 오히려 그 같은 즐거움과 순진무구를 얼어붙게 만드는 도덕, 곧 죄책의 감정과 그것에서 비롯되는 고통 따위다.

6

맏이는 신의 몫이다. 물론 사내아이일 때의 이야기다.[33] 사람뿐만이 아니라 짐승도 마찬가지다.[34] 맏이는 이렇듯 제물이 되어 우상을 위한 제단에서 피를 흘리게 되어 있다. 우상에게 영광을 돌리기 위해서다. 이스라엘에서는 모든 생명이 신의 것이라는 점을 확인하기 위해 맏배를 제물로 바쳤다. 사람만은 예외여서, 신은 다른 생명체를 대리물로 바치도록 했다. 그만큼 맏이는 중요했는데, 역설적으로 신여호와는 맏이를 종종 응징하거나 멀리해왔다. 카인에게 그랬고, 이

스마엘에게 그랬으며, 에서에게도 그랬다.[35]

이제는 우리가 만이다. 제단이 다를 뿐이다. 우리의 제단은 인류의 미래다. 우리는 젊은 데다 살이 부드러워 제물이 되기에 안성맞춤이다. 거기에다 우리 내면에는 아직 우상을 즐겨 모시는 사제(근성)까지 있으니 따로 준비할 것도 없다. 제물이 있고 제관이 되어줄 사제까지 있으니 있어야 할 것은 다 갖춘 셈이다. 몸을 사리지 말아야 한다. 몰락 속에 저 너머로 가는 길이 있으니 무엇을 주저하겠는가.

7

참되어야 한다. 그러나 어려운 일이다. 그럴 가능성이 가장 작은 것이 누구보다도 선하다는 자들이다. 저들은 진리를 말하는 법이 없다. 허구한 날 도덕의 허울 속에 숨어 진실을 외면해와서 그렇다. 따라서 저들처럼 선하게 되는 것이 정신에게는 질환이 아닐 수 없다. 선하다는 자들은 신앙과 도덕 등 외부 권위에 승복도 하고 항복도 한다. 무릎을 꿇고 복종도 한다. 그러면서도 자신의 목소리에는 귀를 기울이지 않는다. 자신을 믿지 못해 그렇다. 그러니 자신에게조차 참일 수가 없다.

진리는 오히려 선하다는 자들이 악한 것으로 배척해온 것들에 있다. 이를테면 모험, 의혹, 거부, 싫증, 생명 속으로 파고들기 따위에 있다. 우리는 그런 것들을 통해 비로소 세계를 있는 그대로, 도덕적 허울 없이 맞이해 거짓 없는 생을 살 수 있다. 거짓 없는 삶, 거기에 진리가 있다. 그 점에서 모험 따위야말로 진리의 씨앗이다. 그 씨앗들을 한데 모아 크게 키워야 한다. 그렇게 진리의 싹을 틔워야 한다. 모험을 동반한 자기극복, 기존의 진부한 것에 대한 의혹과 싫증, 그리고 거짓으로 판명된 것에 대한 거부 없이 어떻게 진리에 이르며, 생명 속으로 파고들지 않고 어떻게 생명을 알겠는가. 다만 그 많은 악을 한데 모으려면 모두를 수용할 만큼의 넓이와 깊이를 가져야 한다. 그리고 모든 일에 정직해야 한다. 함부로 잘라내거나 붙여서는 안 되며 비틀어서도 안 된다.

지금까지 인간의 지식은 기존 지식에 대한 도전을 통해 성장해왔다. 이전 지식을 극복해가며 자라온 것이다. 물론 익숙한 지식을 의심하고 거부하는 것은 힘거운 일이다. 그럴 때 우리는 상실감을 느끼며, 일말의 사악한 양심 곧 양심의 가책까지 느낀다. 그것도 도덕적으로 길들어 있어 그렇다. 그렇다 하더라도 기존 것을 파괴할 때 어쩔 수 없이 느끼게 되는 것이 가책이라면 그 정도의 가책은 각오해야 한다.

8

힘의 세계에는 변하지 않는 것이 없다. 힘 자체가 운동으로 구현되기 때문이다. 그래서 잠시도 쉬지 않고 움직인다. 그런데도 이 세계에 불변의 진리가 있다고 믿는 사람들이 있다. 누군가가 그런 자에게 흐르는 냇물을 가리키며 모든 것이 이처럼 잠시도 쉬지 않고 생성 소멸한다고 말하면, 저들은 저기 흐르는 물 위에 꼼짝하지 않고 버티고 서 있는 교각을 보고서도 그런 말을 하냐며 비웃듯이 반문할 것이다. 저 굳건히 서 있는 교각처럼 변화하는 것 가운데 변하지 않는 것이 있다는 이야기다. "만물은 유전한다"는 말이 있지만, 그런 사람들은 그 말을 웃어넘긴다. 독일 말에 "물에 교각이 놓여 있지 않다"는 경고가 있다. 잡을 것이 없어 위험하니 함부로 들어가지 말라는 뜻이다. 그리고 헤라클레이토스 학파에서 불변의 존재를 거부하면서 했던 말이 "만물은 유전한다"이다. 모든 것은 잠시도 쉬지 않고 물 흐르듯 변화한다는 뜻이다.

그러다가 겨울 한파가 몰아쳐 냇물이 꽁꽁 얼어붙기라도 하면 불변의 진리를 믿어온 사람들은 환호할 것이다. 흐르는 냇물조차 얼어붙어 꼼짝 못 하고 있지 않냐며 기세등등해하겠지만, 몇 달 앞을 내다보지 못하는 사람들이다. 머지않아 따뜻한 봄바람이 불어올 것이고, 그러면 얼음은 갈라져 깨지고 끝내 교각과 함께 다리 전체가 무너져 물에 떠내려갈 것이다. 그 모습에 단단한 얼음처럼 변치 않는 것이 있다고 믿어온 사람들은 망연자실하겠지만, 어찌하겠는가.

봄은 멀지 않다. 불변의 절대 존재나 진리를 믿어온 사람들에게는 재앙이 되는 동시에, 그런 존재나 진리란 있을 수 없다고 말해온 사람들에게는 축복이 될 것이다. 불변의 절대 진리는 존재하지 않는다. 선과 악 따위의 도덕적 가치도 마찬가지다. 살아 움직이는 역동적 세계에서는 모든 것을 주어진 관점에 따라 상대적으로 경험할 뿐이다. 이것이 니체의 인식론인 관점주의Perspektivismus의 핵심이다.

9

선과 악이란 진부한 망상에 불과하다. 그런 망상을 무기로 칼을 휘둘러온 자들이 적지 않다. 세상의 종말과 최후의 심판을 가르쳐온 예언자들과 길흉을 점쳐온 점성술사들이다. 제물은 언제나 무지한 사람들이었다. 그러나 저들 예언자와 점성술사의 시대도 지나갔다. "모든 것은 자유다. 네가 원하므로 너는 할 수 있다"고 믿게 된 시대가 온 것이다. 저들이 말해온 미래와 저들이 읽었다는 별에 대해 알려진 것은 아무것도 없다.

10

도둑질하지 말라, 살인하지 말라는 계명이 있다. 모세의 십계명에도 들어 있는 것들이다.[36] 그러나 생각해보면 이들 계명보다 더 지독한 도둑질과 살인은 없을 것이다. 생명체는 끝없이 성장하려 하고 그 과정에서 자기 자신은 물론 외부의 적들과 격한 싸움을 벌인다. 빼앗기도 하고, 위협적인 적을 제거하려 살생도 주저하지 않는다. 여기서 강탈과 살인은 생명체가 자기강화를 위해 행사하는 권리가 된다. 우리 자신의 삶을 돌아보면 알 수 있다. 우리는 먹이를 찾아 자연을 착취하며 짐승들을 죽인다. 자연과 짐승들의 허락을 받고 하는 일이 아니다. 다른 생명체들도 마찬가지다.

생명체에게 도둑질하지 말라, 살인하지 말라는 것은 생명 고유의 권리를 빼앗아 죽이는 행위가 된다. 호랑이에게서 날카로운 이빨을 뽑고 독수리에게서 예리한 발톱을 뽑아 저들이 더 이상 호랑이일 수도 독수리일 수도 없도록 하는 것과 다를 바 없기 때문이다. 인간 사회에서도 마찬가지다. 얼마나 치열하게 경쟁을 하는가? 그러니 저 기만적인 거짓 계명에 현혹되지 말아야 한다. 그런 계명을 기록해둔 낡은 서판부터 부숴버려야 한다.

11

인간은 살아온 과거가 있고, 살아야 할 미래가 있는 역사적 존재다. 역사는 있는 사실을 그대로 보여주어야 한다. 부끄러운 역사도 역사다. 그래야 우리는 그것을 거울삼아 지난날을 돌아보고 다가올 날을 구상할 수 있다. 그러면 역사는 지금까지 그 같은 소임을 다해왔는가? 그렇지 않다는 데 차라투스트라의 서글픔이 있다. 과거의 역사는 이해관계에 따라 이리저리 파헤쳐지고 취사선택이 되면서 왜곡의 길을 걸어왔다. 누가 어떤 의도를 갖고 쓰느냐에 따라 역사 기록은 달라졌다.

역사는 흔히 한 시대의 위업을 준비하는 과정이나 가공할 만한 전제 폭군의 출현을 장식하는 교량 정도로 해석되어왔다. 역사가 흔히 한 시대나 개인의 존재를 치장하고 그 행적을 정당화하는 수단으로 오용되어온 것이다. 지난날의 것들은 그렇게 제물이 되어 버림을 받아왔다. 역사는 현재에 대한 집착으로 과거를 잊고 사는 천민들에게도 버림을 받아왔다. 그런 천민에게 과거의 시간은 할아버지 대에서 멎는다. 머지않아 역사의식이 없는 천민의 시대가 올 것이다. 그와 함께 일체의 시간이 현재라는 얕은 물에 빠져 헤어 나오지 못하는 일이 일어날 수도 있다. 그렇게 역사는 잊힐 수도 있다.

역사 왜곡과 망각을 바로잡으려면 과거를 반성하고 미래에 대한 책임을 떠맡을 사람들이 나와야 한다. 바로 새로운 귀족이 나와서 역사를 왜곡해온 저들 전제 폭군과 천민을 제압해 무력화하는 한편, 천민을 일깨워 역사에 눈을 뜨도록 해야 한다. 그러나 그런 귀족은 어느 날 갑자기 등장하지 않는다. 먼저 누군가가 나와 그 길을 예비해야 한다. 여기서는 고결한 자들을 가리킨다. 그러니까 올림포스 신들처럼 고결한 품격을 지닌 인간들이 많이 나와야 한다. 한 분뿐이라는 그리스도교 신처럼 배타적인 신은 신답지 않다. 신성이란 것이 있다면 올림포스 신들처럼 인간적인 신들이 여럿일 때가 아닐까.

12

최선은 우리 자신이 새로운 귀족으로 거듭나 미래 세대를 준비하는 것이다. 한때는 어디에서 왔는가가 중요했다. 이제는 어디로 가는가가 중요하다. 출신이 아니라 무엇을 목표로 하는가가 중요한 시대가 온 것이다. 혈통은 더 이상 문제가 되지 않는다.

　신하가 되어 군주를 가까이서 모셨다는 것이 명예이던 시절이 있었다. 군주가 무엇이기에 군주를 모셨다는 것인가. 어떤 지도자가 자기 민족을 신의 계시에 따라 젖과 꿀이 흐르는 약속의 땅으로 인도했다는 것도 그렇다. 젖과 꿀이 흐르기는커녕 나무 가운데서 가장 고약한 나무인 십자가가 자란 땅이 아닌가. 여기서 어떤 지도자는 이스라엘 백성을 이집트에서 탈출시킨 모세를, 십자가는 예수가 못 박혀 죽은 십자가를 가리킨다. 군주를 가까이서 모셨다는 것이나 신의 계시에 따라 자기 민족을 인도했다는 것 따위는 더 이상 명예가 되지 않는다. 앞으로는 자신을 뛰어넘어 상승하려는 의지의 발길을 명예로 삼을 일이다.

성령의 인도로 성전聖戰에 나섰다는 기사들도 그렇다. 십자군 전쟁에서 볼 수 있듯이, 저들 선두에서 행군한 것은 염소와 거위, 모들 뜨기와 편벽한 자들이었다. 세속에 찌든 교회와 정치 세력들이었다. 얼마나 파렴치하고 한심한 일인가. 그런 것이 우리 조상들이 살아온 삶이라면 우리에게는 차라리 조상의 땅에서 쫓겨난 몸이 되는 것이 명예로운 일이 될 것이다. 새로운 귀족이라면 뒤가 아니라 앞을 내다보아야 한다.

미래를 떠맡을 줄 모르는 조상을 두었다는 것은 부끄러운 일이다. 그런 부끄러움을 대물림해서는 안 된다. 역사 앞에서 부끄럼이 없는 어버이가 되어 다음 세대가 조상에 대한 부끄럼에서 벗어나게 해주어야 한다. 그렇게 하는 것이 지금 세대가 다음 세대에게 해줄 수 있는 보상이자, 지난날을 구제하는 길이다.

13

우리가 살고 있는 생을 지혜의 이름으로 비방해온 허무주의자들 이야기다. 저들은 "왜 사는가? 모든 것이 헛되거늘! 삶, 그것은 짚을 터는 것과 같다. 삶, 그것은 제 몸을 불태우고도 따뜻해지지 않는 것"이라는 노래를 입에 달고 하루하루를 힘겹게 살아간다. 모든 것이 헛되다는 말은 《구약》〈전도서〉1장 2절에 나온다. 거기에 "헛되고 헛되며 헛되니 모든 것이 헛되도다"라고 되어 있다. 허구한 날을 밀

짚 터는 일로 보내면서 그 타작을 비방하는 꼴이 아닌가? 그 같은
바보는 입을 틀어막아야 한다. 생을 비방하는 것은 생명의 샘에 독
을 타는 일이라고 하지 않았던가.[37] 그러니 생이 헛되고 헛되다는 요
설을 기록해둔 저 낡은 서판을 부숴버려야 한다.

14

"부처님 눈에는 모두가 부처님으로 보이고 돼지 눈에는 모두가 돼지
로 보인다." 무학대사가 태조 이성계에게 했다는 말이다. 깨끗한 사
람에게는 모든 것이 깨끗하다. 이는 《신약》〈디도에게 보낸 편지〉
1장 15절에 나오는 말이다. 차라투스트라도 한마디 한다. 돼지에게
는 모두가 돼지라고.

유대인은 굽이 갈라져 있지 않거나 새김질하지 않는 동물을 불
결하다고 여겼다. 돼지는 굽은 갈라져 있지만 새김질을 하지 않는다.
새김질하지 않으니, 그것만으로도 돼지는 불결한 짐승이 된다. 여기
서는 제 눈이 더러운 탓에 이 세계를 더럽게 볼 수밖에 없는 배후세
계론자와 세상을 비관해 살 가치가 없는 것으로 험담해온 염세주의
자들이 돼지다.

이 세계 또한 배후를 갖고 있다. 엉덩이를 가진 것이다. 그 점에서
는 사람과 같다. 엉덩이 쪽에서 세상을 바라보면 역겹게 느껴질 때가
있다. 실제 우리 주변에는 세계를 오물을 뒤집어쓴 괴물로 보는 사람
들이 적지 않다. 돼지의 눈으로, 그것도 뒤에서 보아서 그렇다. 이 세
계 자체는 생명의 화원으로서 나무랄 데가 없다. 앞에서 볼 줄도 알

아야 한다. 그 정도의 역겨운 구석은 누구에게나 있다. 더없이 뛰어난 자들도 그 점에서는 마찬가지다. 극복해야 할 잔재들이 아직도 남아 있는 것이다.

15

세계가 그토록 역겹다면 전화위복의 기회가 될 수도 있다. 그 역겨움을 자기극복의 계기로 삼을 수 있기 때문이다. 역겨움에서 비상의 날개가 솟아 그 역겨움에서 벗어나게 하는 것이다. 그리되면 우리는 역겨움에서 벗어나 제 모습을 되찾은 세계를 사랑하게 될 것이다. 반대로 역겨움을 세계와 절연하는 계기로 삼는 사람들이 있다. 역겨움에서 아예 세계에 등을 돌리는 배후세계론자들 이야기다. 저들에게 이 세계는 개선의 여지가 없다. 그렇다면 저들을 생각해 세계를 개선한답시고 나설 일이 아니다. 그대로 두어 저들이 역겹고 추한 꼴에 지쳐 이 세계와 완전히 절연하도록 하는 것이 바람직하다. 서로 목을 졸라 죽이든 살을 도려내든 마음 쓸 것이 없다. 이성을 갖고 있다면 그 또한 목 졸라 죽여야 한다. 그 이성 또한 이 세계에 뿌리를 둔 이성의 하나이기 때문이고, 그것이 없어야 이 세계와 더 철저하게 절연할 수 있어 그렇다. 세계가 역겹다니, 이 얼마나 세계에 대한 악의적인 저주인가!

세상에 지친 자와 죽음을 설교하는 자, 그리고 인간을 온갖 체념 속에 가두는 자(옥리)들이 하는 말이 있다. 많이 배운 사람은 배운 만큼 지쳐 의욕을 모두 잃으며, 그렇게 얻은 지혜도 사람을 피곤하게 할 뿐 아무 쓸모가 없다는 것이다. 저들이 그렇게 말하는 것은 배워야 할 것을 제대로 배우지 못한 데다 그나마 배운 것도 제대로 소화하지 못한 탓이다. 거기에다 최상의 것, 곧 생은 배우지도 못했다. 그래서 쓰린 위장을 한 채 세상을 비관하고 죽음을 동경하는 것이다.

생명은 즐거움이 솟아오르는 샘이다. 솟아오르는 샘물은 힘차다. 격렬하기까지 하다. 그러나 그 맑고 시원한 물도 비애의 아버지인 탈난 위장에게는 독이 된다. 그러니 제대로 배우고 제대로 깨달아야 한다. 사자의 의욕을 가진 자들에게는 깨달음 자체가 즐거움이다. 그러나 의욕의 대상일 뿐인 낙타와 같은 자들에게는 깨닫는 것 자체가 고통과 번민이 된다. 너무 버거워서 그렇다. 그래서 저들은 도중에 의욕을 잃고 지쳐 자신을 잃고 만다. 이럴 때 저들의 귀를 감미롭게 파고드는 것이 "모든 것이 허무하다"는 저 죽음의 설교다. 고통으로 생의 의욕을 잃은 자들을 끌어들여 자신들의 요설에 예속시키는 자들이 때를 만난 것이다.

차라투스트라는 저 의욕을 잃고 지친 자들에게 상큼하고 거친 바람이 되어 다가간다. 코를 간질여 재채기하게 만들고는 건강을 기원하려는 것이다. 저들의 정신이 갇혀 있는 허무의 감옥으로 몰아쳐 들어가 허무의 기운을 모두 날려 보내고 저들이 생의 의욕을 되찾도록 하려는 것이다. 체념은 사람을 그 안에 가두어 좌절하게 하지만,

뭔가를 하겠다는 의욕은 사람을 해방해 창조자의 길을 가도록 한다. 그런 의미에서 의욕은 사람을 지금의 현실에서 벗어나게 해주는 해방자다. 2부 〈행복이 넘치는 섬들에서〉와 〈구제에 대하여〉에서 했던 말이다. 뭔가 배우려면 창조 하나만을 위해 배워야 한다. 그리고 제대로 배워야 한다.

17

허무를 노래하는 사람들은 모든 것이 허무하다고 말하면서도, 확신은 서지 않는지 '아마도' 그럴 거라고 한발 물러서곤 한다. 아마도 모든 길이 저 너머에 있는 광대한 무無로 나 있으리라는 것이다. 노래는 그리하면서도 저들은 이 '아마도'라는 죽음의 배에 선뜻 오르지 않는다. 때때로 맛보아온 세상의 즐거움을 잊지 못해 그렇다.

이 땅에는 좋고 훌륭한 것들이 참으로 많다. 그 가운데는 쓸모 있는 것도 있고 쾌적한 것도 있다. 세상에 지친 자들도 그런 세상에 대한 미련만은 버리지 못한다. 간교한 게으름뱅이거나 은밀하게 쾌락을 탐하는 도둑고양이가 아닐 수 없다. 이 대지는 그런 자들을 싫어한다. 실로 어정쩡한 자들이다. 그런 자들에게는 회초리가 답이다. 누군가가 나와 이러지도 저러지도 못하는 저들을 회초리로 때려 발에 생기를 불어넣어야 한다. 그렇게 해서라도 저들로 하여금 다시 한번 유쾌하게 달려보도록 해야 한다. 그렇게 해도 안 되는 자들이라면 신경 쓸 것 없다. 아예 사라져버리도록 내버려두는 것이다. 세상에는 손쓸 수 없는 자들이 많다. 그런 자들은 포기해야 한다. 끝장을 내야 한다. 치유할 수 없는 환자를 위해 의사가 되려는 것은 미련한 일이다. 끝장을 내기 위해서는 새로 시작할 때보다 더 큰 용기가 필요하다. 의사나 시인이라면 알고 있을 일이다.

18

여기 목표를 한 뼘 정도 남겨놓고 탈진해 쓰러진 자가 있다. 머리 위에 해가 작열하고 있다. 그 나름의 영웅적 의지를 갖고 험난한 길을 걸어온 자다. 마침 개들과 애벌레들이 모여들어 그의 땀을 핥고 있다. 천사장 가브리엘이 선한 영혼을 하늘나라로 끌어올리듯, 누구라도 좋으니 이 지친 영웅을 하늘나라로 끌어올려야 하리라. 더 바람직한 것은 깊은 잠과 시원한 비가 찾아와 그의 심신을 달래주기까지 거기 그렇게 누워 있도록 하는 것이다. 모든 피로를 떨쳐버리고 지친 나머지 내뱉은 저주를 스스로 거두어들일 수 있도록 말이다. 우선은 그의 땀을 핥겠다고 모여든 저 개들과 우글거리는 애벌레들을 쫓아내주면 된다. 영웅의 노고를 훔쳐내어 배를 채우려는 아류들과 그 성과에 기생하려는 자들, 오늘날 교양인과 지식인으로 불리는 자들 말이다.

19

산이 높을수록 함께 오르겠다는 사람은 그만큼 적다. 힘든 탓이다.

산을 오르면서 경계할 것은 남의 무동을 타고 정상에 오르려는 더부살이 인생들이다. 창조적 인간의 창조 성과에 둥지를 틀고 명성과 부를 함께 나누려는 애벌레 같은 자들이다. 참으로 가증스러운 자들이다. 그런 자들은 영악하여 상승하는 자가 언제쯤 지쳐 자신을 원망해가며 불만을 토로할지, 그리고 어디쯤에서 수치심을 느낄지를 알아내는 재주까지 가졌다. 상승하는 자에게도 취약한 구석은 있다. 그의 허점이 드러나기라도 하면 저들은 잽싸게 그 구석에 파고들어 자리를 잡는다. 강한 자의 병들고 상처 난 구석뿐만이 아니다. 고결한 자의 유순한 구석도 저들에게는 둥지 틀기에 안성맞춤이다. 결국 가장 강하고 고결한 족속이 가장 비천한 족속을 먹여 살린다.

강하고 고결한 족속은 너무 넓어 길을 잃고 헤맬 만큼 광대한 영혼, 긴 사다리가 없으면 바닥까지 내려갈 수 없을 만큼 심오한 영혼, 역동적으로 생성 소멸하는 광활한 세계에서 뭔가 의욕도 하고 열망도 할 만큼 포괄적인 영혼을 지니고 있다. 또 영원한 회귀 속에서 자신을 따라잡겠다고 나설 만큼 바보스러울 때가 있지만, 밀물과 썰물이 되어 회귀하는 세계에서 기쁨을 누리기도 한다. 그토록 광대하며 깊은 데다 자유롭고 발랄하며 포괄적이기까지 한 것이 강하고 고결한 족속의 영혼일진대, 어찌 그 주변에 더부살이 인생들이 모여들지 않겠는가?

앞의 〈악 셋에 대하여〉 2에서 관능적 쾌락의 순수함을 기리면서 그것을 중상해온 도덕적 광신자와 그것을 더럽혀온 돼지들이 자신의 정원에 침입하지 못하도록 자기 생각과 말 둘레에 울타리를 치겠다고 한 차라투스트라는 여기서도 더부살이 인간이 따라붙지 못하도록 자신 주위에 동그라미를 그려 성스러운 경계로 삼겠다고 말한다.

20

정상을 눈앞에 두고 힘에 부쳐 골짜기 아래로 떨어지는 자들이 있다. 어찌하겠는가? 손이라도 잡아 끌어올려야 하겠지만 손길이 닿지 않으니 그것도 부질없는 일이다. 비탈이 되어 산정과 바닥을 이어주겠다고 다짐한 차라투스트라로서도 어쩔 수 없는 것이 바로 그 같은 자들이다. 그가 그나마 할 수 있는 것은 저들을 걷어차 더 빨리 추락하도록 하는 일이다. 그렇다. 나는 법을 가르치지 못했다면 더 빨리 추락하는 법이라도 가르쳐야 한다. 어설픈 도움은 누구에게도 도움이 되지 않는다.

오늘날 실로 많은 사람이 아래로 떨어지고 있다. 냉정을 잃지 말아야 한다. 여기서도 버릴 것은 가차 없이 버릴 줄 아는 지혜와 용기가 필요하다. 원래 차라투스트라의 꿈은 인간 모두가 구원을 받는 것이었다. 種으로서 인간의 진화를 꿈꾸었지만 진화에 역행하는 많은 사람을 보면서 그만 그 꿈에서 깨어나고 말았다. 이후 그는 선택된 개인만이라도 진화할 수 없을까 생각해보았다. 많지는 않지만 힘겹게 위를 향해 오르려는 사람들이 있어 하게 된 생각이다. 차라투스트라는 그런 사람들에게서 희망을 보았다. 그래서 선택된 개인의 진화를 기대하게 되었다. 앞으로는 선택된 개인의 진화가 있을 뿐, 종으로서 인간의 진화는 없다. 니체는 인간 진화라는 대전제를 받아들이면서도 다윈의 종의 진화만은 반대했는데, 이것이 다윈의 진화론을 비판하면서 그가 든 논거의 하나였다.[38]

이쯤에서 차라투스트라는 자신이 누구이기에 힘겹게 비탈의 삶을 살아왔으며, 무엇을 위해 부름을 받았는지를 다시 생각해보았다. 그는 이미 모든 것을 이루었는가? 그래서 구세주라도 되는가? 아직은 아니다. 더 뛰어난 연주자인 위버멘쉬의 등장을 알리는 서곡일 뿐이다.

21

검객이라면 담력이 있어야겠지만 그것 하나만으로는 충분하지 않다. 누구를 겨냥해 칼을 휘둘러야 할지도 알고 있어야 한다. 경멸스러운 적은 상대하지 않는 것이 좋다. 격이 떨어지는 일이기 때문이다. 증오할 만하거나 겨뤄볼 만한 적을 상대하되, 그런 상대가 있다는 것을 자랑스럽게 생각해야 한다. 나아가 적의 명예를 자신의 명예로 받아들여야 한다.

잡것들은 무시하는 게 좋다. 그 속을 들여다보지도 말 일이다. 들여다보는 순간 그 역겨운 꼴에 분개해 저도 모르게 칼을 빼 돌진하게 되기 때문이다. 그것은 칼을 더럽히는 일이다. 차라리 숲속으로 가 칼을 잠재우도록 하라. 더 존엄한 적을 상대하게 될 때를 위해서 말이다. 저 잡것들에게는 저들의 길이 있다. 희망의 번개조차 치지 않는 암울한 길이지만, 어찌하겠는가.

여기저기서 소상인들의 황금이 번쩍인다. 소상인들의 금화가 번쩍이는 곳에서는 그들이 주인이다. 왕이 주인인 시대는 지나갔다. 탓은 왕이 아니라 왕을 모실 품격을 잃은 허섭스레기 같은 민중에게 있다. 민중은 소상인을 닮아 작디작은 잇속이라도 놓치는 일이 없다. '선량한 이웃'이니 뭐니 떠들어대면서도 저들은 서로를 못 믿는다. 그래서 서로 엿보고 엿듣는다. 주인이 되어 민중을 위해 군림하려는 의지를 불태운 기개 있는 사람들은 옛이야기가 되고 만 것인가.

오늘날 고고한 이상은 사라졌다. 상승의 기운도 꺾였다. 어중이떠 중이 민중demos이 지배하는kratein '민주주의' 시대가 도래한 것이다. 그래도 평균은 된다고 말하려는가? 평균치보다 더 혐오스러운 것이 어디 있는가? 이 시대 어디에도 희망이 없다. 선택된 엘리트, 일당 만萬의 귀족aristos이 시대를 지배해야 한다.[39] 늦지 않았다. 더 늦기 전에 도도히 밀려오는 민주주의Demokratie 물결을 되돌려 귀족주의 Aristokratie를 다시 일으켜 세워야 한다.

22

로마 황제들은 통치수단의 하나로 민중에게 곡물(빵)을 주어 배를 채워주고 경기장(키르쿠스, 서커스)에서 검투와 전차경기를 열고 연극을 상연해(오락) 눈과 귀를 즐겁게 해주었다. 그래서 저들은 걸핏하면 "빵을 달라, 키르쿠스 열어달라" 외쳐댔다. 저들에게는 빵이 생계였고 키르쿠스가 오락이었던 셈이다. 오늘날 전문 직업 시대에는 생계가 곧 오락이다. 빵을 버는 일 자체가 놀잇거리가 된 것이다. 그런 시대를 사는 민중에게 빵이 거저 주어진다면 저들은 무엇을 향해 외쳐댈까? 외쳐대기라도 해야 하지 않는가.

대가를 치르지 않고 누리려는 자들은 그 근성이 눈치껏 소드락질을 하는 사나운 짐승과 다를 바 없다. 저들은 비열하고 간교한 하이에나처럼 먹이를 향해 덤벼들어 이것저것 가리지 않고 물어뜯는다.

저들이 하는 일에는 약탈이, 벌이에는 계략이 들어 있다. 그러니 삶이 힘들 수밖에 없다. 되려면 한층 뛰어나고 섬세하며 영리한 짐승, 맹수가 되어야 한다. 그러니까 인간을 닮은 맹수가 되어야 한다. 인간 이상으로 뛰어난 맹수는 없다. 인간이 맹수 가운데 맹수가 된 것은 그 어떤 맹수들보다 힘겨운 삶을 살아왔고, 그런 삶을 살면서 다른 맹수가 지닌 좋은 점들을 빼앗아 제 것으로 만들어왔기 때문이다. 아직 새들에게만 손을 대지 못할 뿐이다. 인간이 새들에게서 비상의 능력을 빼앗아 날게 되기라도 한다면, 과연 어느 높이까지 약탈욕이 날아오를까?

23

남자와 여자에게는 각각 주어진 과업이 있다. 남자는 전쟁에 나가 힘을 떨치고, 여자는 건강한 아이를 낳아 미래를 준비해야 한다. 각각 주어진 과업에 매진하되, 생에 대한 환희와 비상의 기쁨에 머리와 발로 추는 춤에서만은 하나여야 한다. 춤 한번 추지 않은 날은 잃어버린 날로 칠 것이며, 웃음 하나 동반하지 않은[40] 진리, 곧 생을 비관하거나 부인케 하는 사이비 진리는 거짓으로 간주할 일이다.

24

그러니 결혼이 남녀의 단순한 결합에 그쳐서는 안 된다. 건강한 인류 미래의 건설을 위한 디딤돌이 되어야 한다. 차라투스트라는 그와 같은 결혼을 '위대한 결혼'이라 불렀다. 사람들은 그러나 너무 서둔다. 사랑이란 것에 잠시 눈이 멀어 그렇다. 그렇게 이루어진 결혼은 고약한 결합이다. 사랑이 식으면 결합의 끈도 곧 풀린다. 그러면서 서로를 증오하게 된다. 그런 결혼Ehe은 끝내 결혼 당사자들을 파괴한다 brechen. 그쯤 되면 당사자들이 나서서 결혼을 파괴Ehebrechen(간통)하기에 이른다.

이제는 위를 향해 생식해야 한다. 그것이 위대한 결혼의 의미다. 그러니 결혼에 앞서 당사자들은 자신에게 위대한 결혼을 할 수 있는 능력과 그럴 의지가 있고, 준비가 되어 있는지 준엄하게 물어야 한다. 그 여부를 판단하기 위해 일정 기간 함께 살아보는 것도 좋다. 생식을 하되, 앞을 향해서뿐만 아니라 위를 향해서도 해야 한다.

25

결국 지난날의 물길에 밝은 자가 미래의 샘을 찾아 나서기 마련이다. 머지않아 지진이 일어나 땅을 모두 갈아엎을 것이고 그와 함께 새로운 샘들이 터질 것이다. 그때 누군가가 새로운 샘을 찾아내어 여기 목마른 자를 위한 맑은 물과 동경에 가득한 자를 위한 심장이 있고 하나의 의지가 있다고 외쳐대면, 갈증으로 고생하던 사람들과 아무꿈 없이 무기력한 삶을 살아온 자들이 그 주위에 몰려들어 하나의 민족을 이룰 것이다. 그렇게 옛 민족의 지진으로부터 새로운 민족이 일어날 것이다.

그 과정에서 누가 명령을 내리고 누가 복종을 해야 하는가 하는 분별이 시도될 것이다. 실로 오랜 탐색과 검토와 시행착오, 그리고 새로운 노력 끝에 하게 되는 시도가 아닌가. 인간 사회가 끝없는 시도로 되어 있으니, 새로울 것도 없다. 신과의 것이든 인간 사이의 것이든 계약은 더 이상 아니다. 앞으로는 시도, 곧 명령을 내릴 자에 대한 탐색이다.

26

선하고 정의롭다는 사람들 이상으로 인류의 미래를 위협하는 것도 없다. 저들은 선이 무엇이고 정의가 무엇인지 잘 알고 있다고 믿는다. 그래서 판관이라도 된 듯 도덕의 칼을 마구 휘두른다. 저들은 힘의 세계에서는 힘이 곧 선이요, 정의임을 모른다. 저들이 말하는 선이니 정의니 하는 것들은 도덕적 허구에 불과하다. 저들은 그 허구로써 인류 미래의 싹을 모두 잘라낸다.

세상에는 악하다는 사람들도 있고 세계를 중상하는 사람들도 있지만, 그런 사람들이 어떤 해악을 저지르든 저 선하고 정의롭다는 사람들이 저지른 해악에 비하면 아무것도 아니다. 얼마나 많은 악행을 선의 이름으로 자행해왔으며, 얼마나 많은 불의를 정의의 이름으로 자행해왔던가. 마녀사냥과 이른바 성전聖戰을 보면 알 수 있다. 얼마나 많은 사람이 마녀로 몰려 불에 타 죽었으며, 얼마나 많은 사람이 무모한 전쟁에 동원되어 피를 흘렸는가. 구원을 미끼로 수탈된 사람은 얼마나 많고, 사회정의 구현을 명목으로 처형된 사람은 또 얼마나 많은가. 저 선하며 정의롭다는 사람들이야말로 바리새인이 아닐 수 없다. 저들의 위선을 꿰뚫어본 자가 바로 예수였다. 그는 저들이 답습하던 신앙의 전통을 거부하고 새로운 복음을 선포했고, 그런 그를 저 바리새인들은 처형했다.

저들의 위선을 꿰뚫어본 또 다른 사람이 차라투스트라다. 예수든 차라투스트라든 저들이 떠받들어온 기존 가치를 전도시키고 새로운 가치를 창조해 세계를 개선하려는 사람들을 저들은 증오해 십자가에 못 박아 처형한다. 자신들의 안위를 위해 인류의 미래를 십자가에 못 박아 처단하는 것이다.

27

저들 선하다는 자와 정의롭다는 도덕군자들 이상으로 인류의 미래를 위협하는 것은 없다. 더없이 고약한 인간 말종들이다.

28

차라투스트라는 사람들을 가르쳐 저 선하다는 자들을 타도하고 그들이 내건 서판을 모두 부숴버리도록 했다. 그리고 나서야 그는 사람들을 확 트인 새롭고 먼바다로 내보낼 수 있었다. 사람들은 끝없이 펼쳐진 시야에 경악하고, 바닷길에서 구토와 뱃멀미로 고생할 것이다. 새로운 뭍에 닿으려면 달리 길이 없다. 저 선하다는 자들도 그 나름으로 뭍이랍시고 보여준 것이 있다. 그러나 그것은 신기루였다. 저편의 또 다른 세계를 보여준 것인데, 현혹되는 일이 없어야 한다. 진정한 뭍은 이편의 세계, 곧 사람과 사람의 미래다.

이 진정한 뭍을 찾아 배를 몰려면 먼저 강담과 끈기를 키워 나무랄 데 없는 뱃사람이 되어야 한다. 꼿꼿이 걷는 법도 익혀두어야 한다. 그래야 휘몰아치는 폭풍 속에서 몸을 가누지 못하는 사람들에게 버팀목이 되어줄 수 있다. 우리는 지금 거친 바다 한가운데 와 있다. 문제될 것은 없다. 몸을 세우고 조금씩 아이들의 나라를 향해, 인간의 미래를 향해 앞으로 나아가면 된다. 떠나온 조상들의 나라에는 마음 쓸 것 없다. 그러니 뒤를 돌아봐서는 안 된다. 돌아보는 순간 누구든 롯의 아내처럼 그 자리에서 굳어 소금 기둥이 되고 말 것이다.[41]

29

숯과 다이아몬드는 성분이 같다. 그러나 성질은 정반대다. 숯은 무르고 다이아몬드는 단단하다. 사람도 마찬가지여서 숯처럼 무르고 어두운 사람이 있는가 하면, 다이아몬드처럼 단단하고 빛나는 사람도 있다. 낙타처럼 순종을 미덕으로 체념 속에서 고분고분한 삶을 사는 사람이 무른 사람이다. 그리고 사자처럼 굳은 의지로 만방에 힘을 떨치는 사람이 단단한 사람이다.

차라투스트라와 함께 창조의 대열에 서려면 사자가 되어야 한다. 다이아몬드가 되어 다른 것들을 가르고 잘라낼 정도로 단단해야 한다. 거기에다 가차 없어야 한다. 그래야만 온갖 시련을 이겨낼 수 있고 자신의 과업을 숙명으로 삼아 창조하는 일에서 승리할 수 있다. 니체는 이 숯과 다이아몬드 이야기로 그의 창작 활동 마지막 해인 1888년에 낸 《우상의 황혼》의 끝을 장식하게 된다.

30

차라투스트라는 지금까지 다이아몬드의 굳은 의지로 창조자의 길을 걸어왔다. 그는 그 의지를 '곤궁의 전환', '필연'이라 부르고는 그를 사소한 승리로부터 지켜달라고 부탁했다. 위대한 승리를 앞에 둔 터에 일상의 하찮은 승리에 마음을 빼앗겨서는 안 되기 때문이다. 의지를 '곤궁의 전환'이라고 부른 것은 의지가 그에게 온갖 곤궁을 딛고 일어나 기쁨을 맛보도록 했기 때문이다. 또한 '필연'이라 부른 것은 의지가 영혼의 섭리로서 그에게 숙명이 되어 있기 때문이다. 여기서는 영원회귀를 가르치도록 되어 있는 자신의 숙명을 가리킨다.

차라투스트라는 지금 위대한 승리를 앞에 두고 있다. 그의 눈에는 취기가 어리고 발은 비틀거렸다. 지금 그가 바라는 것은 위대한 정오를 맞아 그만큼 성숙해지고, 자신의 별을 갈망하는 화살로서 자신과 자신의 의지를 위해 준비되어 있는 것이다. 그러니까 절멸의 위력을 지닌 햇살, 곧 태양의 작열하는 화살에 뚫린 채 복에 겨워하는 별이 될 수 있도록, 그리고 태양 그 자체와 승리 속에서 절멸할 준비가 되어 있는 냉엄한 태양의 의지를 잃지 않도록 준비되어 있는 것이다.

건강을 되찾고 있는 자

1

동굴로 돌아온 지 얼마 되지 않은 어느 날 아침이었다. 차라투스트라는 무섭게 소리를 지르며 잠자리에서 벌떡 일어났다. 그러고는 그의 내면에 뭔가가 아직 잠에 빠져 일어날 생각을 하지 않고 있다는 듯한 몸짓을 했다. 그것은 그가 지금까지 감히 입 밖에 내지 못하고 내면 깊숙이 묻어두었던 영원회귀 사상이었다. 그사이에 차라투스트라는 그 사상을 견뎌낼 만큼 성숙해졌다. 남은 것은 아직 잠에 빠진 그 심연의 사상을 깨워 올려 널리 세상에 알리는 일, 그렇게 생을 대변하고 둥근 고리(영원회귀)를 대변하는 일 하나였다.

차라투스트라는 비몽사몽간에 늘어져 있는 영원회귀 사상을 다그쳤다. 때가 되었으니 자리를 털고 올라오라는 것이었다. 그리고 일단 깨어나면 영원히 깨어 있어야 한다는 것이었다. 그러니까 다시 잠에 빠져서는 결코 안 된다는 것이었다. 깨워놓고 나서 다시 주무시라고 말하는 것은 차라투스트라의 방식이 아니기 때문이다. 이는 바그너의 오페라 〈지크프리트〉 3막 1장에 나오는 장면을 떠올리며 한 이야기였다. 거기에 신들의 통치자 보탄이 나온다. 신들의 운명이 궁금했던 그는 잠자는 대지의 여신 에르다를 깨워 물어본다. 그러나 대답이 마음에 들지 않자 보탄은 에르다에게 잠이나 더 자라고 퉁명스럽게 내뱉는다.

차라투스트라의 다그침에 영원회귀 사상은 깨어났다. 그러고는 부스스 일어나 올라왔다. 그 모습에 차라투스트라는 새삼 심한 메스꺼움을 느꼈다. 그 사상을 견뎌낼 만큼 성숙해 있었지만 온전히 이겨내지는 못한 탓이다. 뱀이 목을 파고든 저 목동처럼 한동안 그 사상을 삼키지도 뱉어내지도 못하고 있던 차라투스트라였다. 그 사상을 거부하지도, 그렇다고 흔쾌히 받아들이지도 못하고 있던 그였다.

2

차라투스트라는 그 메스꺼움을 이겨내지 못하고 이내 시체처럼 그 자리에 쓰러지고 말았다. 그는 그렇게 누워 일곱 밤낮을 보냈다. 그렇게 이레를 보내고 나서야 그는 가까스로 몸을 일으켰다. 여기서 이레는 엿새의 창조와 하루의 안식으로 되어 있는 신의 이레로, 차라투스트라의 새로운 천지창조 과정을 암시한다. 그가 몸을 일으키자 그의 짐승들은 반색을 하고는, 그에게 이제 자리를 훌훌 털고 상쾌한 대기에 향기 가득한 세계로 나가 건강을 되찾으라며 한동안 수다를 떨었다. 오랜만에 듣는 말과 소리였다. 그 수다에서 차라투스트라는 생기를 되찾았다.

이 세상에 말이 있고 소리가 있으니 얼마나 다행인가. 물론 그것들에 힘입어 우리가 곧바로 본질의 세계로 다가가는 것이 아니며, 살아 움직이는 세계를 있는 그대로 그려내는 것도 아니다.[42] 그렇기는 하나, 그나마 말이 없고 소리가 없으면 무엇이 사람과 사람, 사람과 세계를 이어줄 것인가? 말과 소리야말로 떨어져 있는 것들을 이어주는 교량이자 그 위에 걸쳐 있는 무지개가 아닌가. 교량이라고는 하지만, 그것이 우리를 실재하는 본질의 세계로 직접 인도하지는 못한다. 그 점에서 그것은 가상의 교량이다. 그렇다고 실재와 가상의 차이가 큰 것은 아니다. 그 틈새가 아주 좁아 종이 한 장 차이에 불과하다. 너무 좁아 다리를 놓을 수 없을 정도다. 사람들이 가상에 속는 것도, 그것도 아주 멋지게 속는 것도 그 때문이다.

가상일망정 말과 소리는 은유와 상징, 그리고 의성 따위로 이 세계를 그 나름으로 생생하고 풍요롭게 그려낸다. 풍자도 하고 과장도 하며 흉내도 낸다. 실재하는 세계에서 볼 때 일종의 익살, 그것도 무지개처럼 다채롭고 아름다운 익살이 아닐 수 없다. 그 익살 덕에 우리는 사물들을 이리저리 엮어가고, 그것을 넘어 춤을 춘다. 이 또한 기분 좋은 일이 아니던가.

영원회귀 사상이 주는 중압감에서 온전히 벗어나지 못한 차라투스트라는 이번에도 그의 짐승들을 앞장세운다. 그의 심중을 알고 있을 저들의 입을 통해 그 사상의 핵심을 세상에 전했으면 해서다. 짐승들이 나섰다. 그리고는 차라투스트라를 대신해서 말해주었다. "우리처럼 생각하는 자들에게는 만물이 제 스스로 춤을 춘다. 다가와 손을 내밀고는 웃고 달아난다. 그러고는 다시 돌아온다"는 것이다.

이어 저들은 차라투스트라가 이미 3부 〈곡두와 수수께끼에 대하여〉에서 했던 말을 다시 읊조렸다. "모든 것은 가고, 모든 것은 온다. 존재의 바퀴는 영원히 돌고 돈다. 모든 것은 죽고, 모든 것은 다시 소생한다. 존재의 해(年)는 영원히 흐른다. … 영원이라는 오솔길은 굽어 있다krumm." 물론 이 말 속에 담겨 있는 깊은 의미를 이해하고 하는 말은 아니었다. 두드리는 대로 소리를 내는 건반이나 오르골처럼 들은 대로 읊조린 것에 불과했다.

그러나 그것만으로도 대견했다. 차라투스트라는 저들 짐승에게 미소를 보냈다. 그러면서도 나무라기라도 하듯 한마디 했다. 영원회귀라는 가공할 괴수가 어떻게 그의 목구멍으로 기어들어 그의 목을 조여왔고, 어떻게 그가 그 괴물의 대가리를 물어뜯어 뱉어냈는지. '그 과정을 낱낱이 보고서도 어떻게 바라보고만 있었는가, 너희 또한 그토록 잔인하단 말인가?' 하는 원망이었다. 뱀이 괴수Unthier로 바뀌고 목동이 차라투스트라로 바뀌었을 뿐, 앞에서 한 목동의 이야기 그대로다.

잔인하기로 말하면 온갖 비극에 투우, 십자가형, 그리고 지옥 따위를 만들어놓고 희희낙락해온 인간을 어찌 따라잡겠는가. 그 가운데 왜소한 인간들, 특히 시인들은 그 변변치 못한 혀를 놀려 자신들이 사는 생명을 얼마나 탄핵해왔는가. 자기 자신에게도 그랬다. 죄인이 되어 스스로에게 십자가를 지울 만큼 자신에게 잔인했으니, 그토록 자학적인 생명체는 없을 것이다. 인간이야말로 자신에게 더없이 잔인한 짐승이다. 그러나 그 같은 탄핵과 자학 속에 깃든 관능적 쾌락만은 흘려듣지 말 일이다. 물론 그렇게 생명을 꾸짖어 구박한다고 해서 흔들릴 생이 아니다. 생은 일순에 자신을 꾸짖고 구박하는 자들을 제압한다. 누가 그 같은 생의 깊이와 넓이를 헤아리겠는가.

그러면 차라투스트라는 지금 인간을 탄핵하는 것인가? 그가 말하려는 단 하나는, 최선이 존재하려면 최악도 필요하다는 것이다. 지금까지 악한 것으로 배척되어온 것들, 이를테면 지배욕 같은 것들이야말로 생명 전개에서 최선의 힘이 되고, 최고의 창조자에게 더없이 단단한 돌이 되지 않았는가. 인간이 사악하다고 개탄하는 사람들이 있다. 그러나 무엇을 두고 저들이 인간이 사악하다고 하는지를 보면 실로 가소롭다. 도둑질, 기만, 살상 정도가 아닌가? 얼마나 하잘것없는 것들인가? 너무나도 인간적인 것들이다. 그 정도로는 아무것도 되지 않는다. 선에서든 악에서든 인간은 더 철저해야 한다.

차라투스트라는 그 정도 일을 가지고 사악하다느니 뭐니 하는 소심한 사람들이 역겨웠다. 저 왜소한 사람들도 영원히 되돌아오게 되어 있다는 사실에 깊은 비애까지 느꼈다. 생각이 그에 미치자 그는 다시 한번 몸을 떨었다. 그러나 그가 기력을 서서히 회복하고 있는 것만은 분명했다. 그에 고무된 짐승들이 그에게 권했다. 말은 이제 그만하고 다시 한번 꿀벌과 비둘기들이 노닐고 새들이 노래하는, 장미꽃 만발한 바깥세상으로 나가 새들에게 노래하는 법을 배우는 것이 좋겠다는 것이었다. 노래는 건강을 되찾고 있다는 징후다. 그러니 새로운 노래로 자신의 영혼을 치유하라는 권고이자, 영원회귀를 가르치는 첫 번째 스승으로서 주어진 막중한 운명을 이겨내고 그 자신의 몰락을 끝내라는 권고였다. 앞으로는 영원회귀가 차라투스트라가 부를 새로운 노래가 될 것이다.

지금까지 차라투스트라는 뱃사람들, 짐승들과 나눈 대화 속에서였지만 나름대로 영원회귀 사상을 펴왔다. 근거를 대가며 그 사상을 조리 있게 설명하지 않았을 뿐이다. 그렇다 하더라도 그 사상의 핵심을 전했으니 할 일은 다한 셈이다. 무엇을 더 바라겠는가! 모든 것을 이루었으니 그로서는 곧 죽는다 해도 아쉬울 것이 없었다. 할 일을 다하고 죽는 것이니 얼마나 당당하며 자랑스러운 일인가. 입멸 직전의 붓다와 임종 직전의 예수가 그랬을 것이다.

차라투스트라의 마음속을 꿰뚫어본 그의 짐승들이 그를 만류했다. 아직 그럴 때가 아니라는 것이다. 죽는다고 해서 모든 것이 끝나는 것이 아님을 그의 짐승들도 잘 알고 있었다. 끝없이 되돌아올 생명이라면, 죽든 살든 서두를 필요가 없다는 것이다. 짐승들은 이야기를 이어갔다. 영원한 회귀에서는 모든 것이 모래시계처럼 되돌려져 같은 운동을 반복하게 되어 있으므로 차라투스트라 자신도 위버멘쉬를 전하고 영원회귀를 일깨우기 위해 거듭 세상에 나올 것이고, 그때마다 자신을 인류 미래의 제단에 제물로 바칠 거라는 이야기였다. 그렇게 그는 몰락을 끝내고 그때마다 자기 자신을 축복하게 된다는 이야기였다.

짐승들의 간청에 차라투스트라는 아무 대꾸도 하지 않았다. 그때 그는 눈을 감은 채 자신의 영혼과 조용히 이야기를 나누고 있었다. 그 모습을 본 그의 뱀과 독수리는 그를 감싸고 있는 위대한 적막을 기리고는 조용히 물러났다. 이쯤에서 3부를 끝으로 차라투스트라의 죽음과 함께 《차라투스트라》 대단원의 막을 내릴 구상이었던 니체는 짐승들의 간청 때문이었는지 생각을 바꾸어 4부로 이야기를 이어가게 된다.

크나큰 동경에 대하여

차라투스트라는 마침내 건강을 되찾았다. 그의 영혼 또한 다시 차고 넘치리만큼 풍요로워졌다. 온갖 적대적인 신앙과 이념, 그리고 도덕의 학대 속에서 여월 대로 여윈 영혼이었다. 그런 영혼을 구제하기 위해 차라투스트라는 실로 많은 일을 해왔다. 그는 자신의 영혼에게 영원한 회귀를 가르쳐 '오늘'이라는 시간의 굴레에서 벗어나 영원한 삶을 살도록 했다. 그 영혼을 묶고 있던 신앙과 도덕 따위의 거미줄을 모두 끊어내고 삶을 비관케 하는 염세주의의 연무를 깨끗이 날려 보내기도 했다. 정신이라 일컫는 폭풍(인식)을 일으켜 그 영혼을 덮고 있던 죄 따위의 음습한 구름을 말끔히 쓸어 보내는 한편, 그에게 결단의 시기를 맞아 거침없이 '그렇다'와 '아니다'를 말할 수 있는 권리와 함께 창조의 자유를 되찾아주기도 했다. 어디 그뿐인가. 그 영혼에게 사랑하는 마음에서 하게 되는 경멸을 가르쳐주었으며, 주님을 불러가며 복종하고 굴종하는 일에서 벗어나도록 하는 한편, 그 영혼을 불러 '곤궁의 전환', '숙명', 모든 것을 포괄하는 '포괄의 포괄',

과거와 미래를 결합하는 '시간의 탯줄', 종처럼 만물을 덮는 '청명하며 파란 하늘'이라 했다. 이렇듯 그는 자신의 영혼을 온갖 구석진 곳, 어둠과 강제에서 해방하여 자유를 돌려주고는 당당하게 태양 앞에 나서도록 했다.

그는 나아가 그 영혼이 무럭무럭 자랄 수 있도록 주변 토양을 기름지게 했다. 새 포도주, 묵은 포도주 가리지 않고 지혜의 포도주를 주변에 쏟아부은 것이다. 그는 거기에다 태양과 밤, 침묵과 동경까지 부어주었다. 여기서 새 포도주는 새로운 지혜, 모든 것이 영원히 회귀할 수밖에 없는 근대 과학적 전제들을, 묵은 포도주는 헤라클레이토스 이후 고대 그리스 철학자들의 순환이론을 가리키는 것으로 학자들은 본다.

그러자 그의 영혼은 주체하기 힘들 만큼 넘치는 풍요와 행복을 누리며 우람하게 자랐다. 오늘날 그처럼 아름답고 포괄적인 영혼은 어디에도 없을 것이다. 이렇듯 가진 것 모두를 다 내준 탓에 정작 차라투스트라는 빈손이 되고 말았다. 이럴 때 고마워할 자는 누구인가? 영혼이 아닐까. 그의 영혼은 그러나 감사하는 대신에 울적한 미소를 지었다. 안쓰럽다는 표정이었다. 그러고는 그가 누구든 넘치는 풍요와 행복을 주체하지 못해 힘들어했다면, 그 풍요와 행복을 나누어서 짐을 더는 것 말고는 길이 없다면, 마침 그것을 받아줄 자가 있어 그 짐을 받아주었다면 고마워할 자는 바로 나누어준 그가 아닐까 반문했다. 차라투스트라가 오히려 그의 영혼에게 고마워해야 한다는 것이다. 준다는 것은 그렇게 할 수밖에 없는 절실한 요구에 따른 것이어서 고마워하기를 바랄 수 없지만, 받아주는 것은 주체할 수 없는 영혼의 짐을 덜어주는 것으로서 주는 사람에 대한 연민의 정이 없다면 할 수 없는 일이 아닌가. 그러니 받는 사람이 고맙다는 인사까지 받아야 한다는 것이다.

차고 넘칠 만큼 자란 지혜로 힘들어하면서 그 지혜를 갈구해 내민 손들을 찾아 산에서 인간세계로 내려온 차라투스트라였다. 지금은 빈손이 된 그가 안쓰럽기는 했지만, 그의 영혼은 그 때문에 탄식하거나 울음을 터트리지 않았다. 답답해하며 쓸쓸한 미소를 지어 보였을 뿐이다. 그 미소에 차라투스트라는 눈물을 흘리지 않을 수 없었다. 무릇 탄식하고 울음을 터트린다는 것은 원망하여 탄핵한다는 것이 아닌가. 원망과 탄핵은 그를 위해 온 정성을 다한 차라투스트라에 대한 예우가 아닐 것이다.

이럴 때는 차라리 노래를 부르는 것이 좋다. 차라투스트라가 원하는 것도 그것이다. 온 세상이 그의 동경에 귀 기울이고 온갖 경이로운 것들이 화답이라도 하듯 춤을 추고 날뛰어가며, 인간세계 위에 황금빛 조각배가 뜨기까지 노래를 부르는 것이다. 지혜의 포도를 수확할 농부를 향해 환희의 노래를 부르는 것이다.

노래는 생의 긍정과 창조적 자유의 표현으로서, 영혼에게는 치유가 된다. 노래까지 하도록 했으니 차라투스트라로서는 그의 영혼에게 할 수 있는 일은 모두 한 셈이다. 그렇다면 다시 한번 묻겠는데, 이쯤 되면 고마워할 자는 영혼이 아닌가? 고마워하는 것도 좋다. 그러나 더 바람직한 것은 이 세계와 생을 기리는 노래를 하는 것이다. 그것이 차라투스트라가 진정 고마워할 일이다.

춤에 부친 또 다른 노래

1

노래가 시작되었다. 생명을 예찬하는 두 번째 노래였다. 첫 번째 노래는 2부 〈춤에 부친 노래〉에 나와 있다. 얼마 전에 차라투스트라는 생명의 눈을 들여다본 일이 있다. 검은 눈동자의 수면 위에 황금빛 거룻배 하나가 오르락내리락하고 있었다. 그렇게 생명은 춤을 추지 못해 안달하던 그의 두 발에 오르락내리락 유혹의 눈길을 보냈다.

생명은 즐거움의 샘이다. 그 같은 생명에 대한 환희에서 추는 것이 춤이다. 즐거운 것에 웃음이 있고 노래도 있지만 춤에는 미치지 못한다. 생명은 여인이다. 발랄한 데다 걷잡을 수가 없다. 도무지 호락호락하지가 않다. 그러면서도 유혹의 눈길만은 끝없이 보낸다. 그 눈길에 사로잡혀 그에게 다가가기라도 하면 생명은 뱀처럼 저만치 달아나고 만다. 하는 수 없이 돌아서면 생명은 몸을 반쯤 돌린 채 돌아서는 자에게 다시 열망의 눈길을 보낸다. 어찌하라는 말인가.

가까이 있으면 두렵고 멀리 있으면 그리운 것이 생명이다. 그런 생명이 달아나면 차라투스트라는 마음이 끌리고, 다가와 그를 찾기라도 하면 그는 이내 얼어붙고 만다. 그가 쌀쌀맞게 굴면 마음에 불이 붙고 미워하면 유혹을 받는다. 생명은 이렇듯 차라투스트라를 휘감고는 꼼짝 못 하게 한다. 잡혀 있는 것이 힘들어 숨어버리기라도 하면 생명은 기어코 그를 찾아내고 만다. 생명의 눈길은 굽어 있다.[43] 곧바르지도 단순하지도 않다. 그런 생명을 잡겠다고 차라투스트라 또한 굽은 길을 달리며 계략을 배운다. 이렇게 생명은 그의 속을 태운다. 누가 이 위대한 여인, 천진난만한 말괄량이를 사랑하지 않을 것인가?

마침 생명이 달아나고 있었다. 차라투스트라는 뒤쫓으며 이곳은 숲이고 곳곳에 동굴이 있어 길을 잃기에 십상이니 달아나지 말라고 간청했다. 벌써 부엉이와 박쥐들이 날개를 퍼덕이며 날고 있지 않은가. 여기서 숲과 동굴은 인간을 미로로 몰아 길을 잃고 헤매도록 만들어온 종교와 형이상학을, 그리고 불길한 야행성 동물인 부엉이와 박쥐는 종교적 광신과 형이상학적 망상에 사로잡힌 자들을 가리킨다.

격한 춤이 시작되었다. 차라투스트라는 사냥꾼이다. 먹이를 찾아 질주하는 맹수처럼 지혜를 찾아 질주해온 그가 아닌가. 그는 생명에게 개가 되어 진리로 그를 안내해줄 것인지, 아니면 영양이 되어 그의 먹이가 되어줄 것인지 물었다. 이내 춤은 격해졌고 도약을 하던 차라투스트라는 쓰러지고 말았다. 생명을 모시고 예찬하고 따라잡는 일로 지쳐 있었다. 지쳐 있기는 생명도 마찬가지였다. 이미 쓰러진 차라투스트라였지만 지쳐 있는 생명을 보고만 있을 수는 없었다. 그래서 일어나 생명을 부축하려 했지만 허사였다. 너무 미끄러워 좀처럼 손에 잡히지 않았던 것이다. 잡히기는커녕 생명은 차라투스트라의 얼굴에 두 개의 자국과 붉은 반점을 남긴 채 그의 손길을 빠져나가고 말았다. 닭 쫓던 개가 된 차라투스트라는 볼에 두 개의 붉은 점을 칠한 광대 꼴이 되고 말았다. 그렇다고 물러설 수는 없었다. 그는 도망가는 생명을 향해 지금까지 그가 생명을 예찬하는 노래를 불러주었으니 이제는 생명이 그가 휘두르는 채찍 소리에 맞춰 화답해야 한다고 소리쳤다. 채찍을 휘두를 테니 그 소리에 맞춰 춤을 추면서 부르짖기라도 하라는 것이다. 혹시 채찍을 잊은 것은 아닐까? 천만에! 1부 〈늙은 여인네들과 젊은 여인네들에 대하여〉에 나오는 채찍의 의미를 되새겨보게 하는 대목이다.

2

차라투스트라가 채찍을 휘두르자 생명은 나무라듯 제발 소란을 피우지 말라고 애원했다. 소란이 생각들을 죽인다는 것이다. 그러고는 지금까지 함께 생에 적대적인 종교와 형이상학, 도덕과 싸워온 터에, 그리고 함께 세상이 내려다보이는 이 높디높은 경지에 오른 터에 서로를 탓할 까닭이 있는가 물었다. 거기에다 차라투스트라의 지혜를 시샘해 그러는 것이겠지만, 그 자신이 그에게 너무나도 큰 호의를 갖고 있다는 것을 알지 않느냐고 물었다.

여기서 차라투스트라와 생명, 그리고 지혜의 관계가 분명해진다. 차라투스트라는 생명의 비밀을 알아내어 그 본성을 올바르게 평가해온 자다. 생명에 대한 이 같은 통찰이 참 지혜다. 생명이 차라투스트라를 사랑하는 것도 그 때문이다. 그러나 차라투스트라가 언젠가 그 지혜를 잃는다면 어찌 되겠는가? 생명은 그리되면 차라투스트라에 대한 그동안의 사랑을 거두어들이고 서둘러 그를 떠날 거라고 말한다. 차라투스트라를 사랑할 이유가 더 이상 없다는 것이다.[44] 그러나 먼저 떠날 생각을 하는 것은 차라투스트라였다. 낌새를 알아차린 생명은 그에게 알고 있다고 말했다. 자정의 종이 울리면 차라투스트라가 생명을 떠날 궁리를 하리라는 것을 알고 있다는 것이다.

마침 저 아래서 둔중하게 자정의 종소리가 울려왔다. 차라투스트라가 떠날 때가 된 것이다. 그는 떠나기에 앞서 생명에게 위로 삼아 말해주었다. 작별이라고 하지만 다시 만날 거라고, 그것도 끝없이 만나게 될 거라고. 또 만날 거라고 했지만 생명에게는 차라투스트라를 떠나보내는 일이 몹시 힘들었다. 힘들기는 차라투스트라도 마찬가지였다. 그래서 둘은 함께 울었다. 그때 차라투스트라에게는 생명이 그 어떤 지혜보다도 사랑스러웠다. 〈건강을 되찾고 있는 자〉에서 보았듯이 차라투스트라가 마음을 바꾸어 살아남아 《차라투스트라》 이야기를 계속하게 되면서 당시 작별의 아픔은 때 이른 것이 되고 말았다.

3

깊은 자정이 종소리에 맞춰 말해주었다. 귀를 기울여 자정이 무슨 말을 하는지 들어보라는 것이었다. 잠을 자고 있었으나 지금은 깊은 꿈에서 깨어났고, 세계는 낮이 생각하는 것보다 한층 깊으며 그 아폼 또한 깊다고는 하지만, 즐거움은 가슴을 에는 고뇌보다 더 깊다고 했다. 끝으로 아픔은 "사라져라!"라고 말하지만 즐거움은 깊디깊은 영원을 원한다는 것이었다. 자정의 종이 들려주는 이야기는 4부 〈몽중 보행자의 노래〉에 자세한 설명과 함께 다시 나온다.

일곱 개의 봉인

(또는 '그렇다'와 '아멘'의 노래)

1

"일곱 개의 봉인"은 《신약》 〈요한의 묵시록〉 5장 1절에 나오는 말이다. 거기에 "내가 보니 보좌에 앉으신 이의 오른손에 두루마리 하나가 있었다. 안팎으로 글이 쓰여 있고 일곱 개의 인장으로 봉해진 두루마리였다"고 되어 있다. 아무나 펴볼 수 없도록 굳게 말려 있어 누군가가 나타나 펴보지 않는 한 그 내용을 알 수 없었다는 것이다. 마침 신의 어린양이 나타나 봉인을 떼어내자 그 속에 담긴 내용이 하나하나 드러났다. 이때 '아멘'은 찬성하거나 그러기를 바란다는 뜻이다.

차라투스트라도 지금까지 많은 사람에게 여러 이야기를 들려주었다. 그러나 그 이야기, 무엇보다도 모든 것이 영원히 회귀하도록 되어 있다는 이야기를 귀담아들은 사람이 없었으니, 그가 한 이야기는 일곱 개의 인장으로 봉해진 두루마리와 다를 바 없었다. 때가 되면 그 두루마리를 펼쳐 보일 사람이 나타나겠지만, 언제까지 그때를 기다릴 것인가. 마음이 초조해진 차라투스트라는 스스로 봉인 하나하나를 떼어가며 그 내용을 드러낼 수밖에 없었다. 그는 봉인을 떼어가며 그 내용을 노래했다. 영원회귀에 관한 노래였다.

존재하는 모든 것이 영원히 제자리로 돌아오도록 되어 있는 것이 우주의 운행일진데, 어찌 영원한 회귀를 받아들이지 않느냐는 노래였다. 모두 일곱 개로 되어 있는데 그 하나하나에 "오, 나 어찌 영원을, 반지 가운데서 혼인반지를, 저 회귀의 반지를 탐하지 않을 수 있으리오! 내 아이를 낳아줄 만한 여인을 나 이제껏 한 번도 발견하지 못했다. 내가 사랑하는 이 여인 말고는. 나 너를 사랑한다. 오, 영원이여!"라는 후렴구가 달려 있다. 이때 반지는 영원한 회귀를 상징한다.

맨 앞에 "내가… 저 예언자적 정신으로 충만해 있다면"이란 노랫말이 나온다. 이것 또한 성서에서 따온 말이다.[45] 예언자적 정신으로 충만한 자, 그리하여 저 아래 세상과 삶의 의욕을 잃은 자들에게 적의를 품은 채 과거와 미래 사이를 먹구름처럼 떠도는 자, 삶을 긍정해 '그렇다'고 말해줄 번개, 곧 새로운 복음을 잉태한 자, 세상을 구원해줄 빗살을 저 아래로 내던질 태세를 하고 있는 자는 복이 있을 거라는 노래였다. 물론 이는 그 자신을 두고 한 말이다.

영원회귀에 대한 설명이 좀 더 필요하다. 앞의 〈작품〉 3에서 우리는 영원회귀의 자연과학적 설명을 살펴보았다. 영원회귀는 유한한 공간과 무한한 시간, 그리고 에너지의 끝없는 운동이라는 당시 자연과학적 성과 위에 정립된 니체의 과학적 우주론이다. 영원회귀는 일종의 순환이론으로서 그리스도교 창조론이 등장하기 전에는 유력한 우주론의 하나였다. 그 효시로 헤라클레이토스의 순환이론을 들 수 있다. 이들 순환이론과 니체의 영원회귀 사이에 다른 것이 있다면 니체의 영원회귀가 보다 실증적인 과학이론을 전제로 하고 있다는 점이다. 간혹 우리나라와 같이 불교 전통이 강한 나라에서 니체의 영원회귀가 불가에서 말하는 윤회설과 어떤 관계가 있지 않을까 하는 의문을 제기하는 사람들이 있는데, 이 둘은 단서와 지향 방향이 전혀 다르다. 니체가 이와 관련해서 불교의 영향을 받았다는 증거도 없다. 불가에서 윤회하는 것은 중생이다. 이와 달리 니체에게 영원히 회귀하는 것은 우주 안에 있는 모든 것이다. 암석과 같은 무기물도 영원히 회귀한다. 그리고 불가의 윤회설에 따르면 윤회는 고통이다. 고통에서 벗어나려면 윤회의 굴레에서 벗어나야 한다. 이에 불교는 해탈을 지향한다. 물론 영원한 회귀 또한 극단의 권태를 넘어 허무의 감정으로 우리를 내몬다. 그러나 그것에서 탈주하려 하는 대신 우리는 그것을 우리의 운명으로 받아들여 사랑(운명애)함으로써 적극적으로 그 굴레 속으로 진입해야 한다는 것이 니체의 해법이다.[46]

2

지금까지 차라투스트라는 생에 적대적인 도덕적 가치를 남김없이 뒤엎었다. 그는 무덤을 파헤쳐 생에 적대적인 가치에 의해 생매장된 생에 우호적인 자연 가치들을 해방하고, 그때까지 판단의 척도가 되어 선과 악을 구분 지어온 경계석을 모두 내다 던졌다. 곰팡이가 피어 있을 만큼 진부한 형이상학적, 종교적 요설들을 불어 날리는 한편, 십자거미 곧 그리스도교 사제들을 쓸어낸 것이다. 옛 신들이 묻힌 무덤과, 고놔니 허무니 해가며 세계를 저주해온 자들을 기리기 위해 세운 기념비들을 곁에 두고 보란 듯이 이 세계를 축복하기까지 했다. 그런 그는 허물어진 교회를 즐겨 찾았다. 무너진 지붕 위로 티 없는 하늘, 거짓 신앙이나 가치로 얼룩지지 않은 하늘을 올려다볼 수 있기 때문이다.

3

세계를 지배하는 것은 창조적 숨결, 그리고 '천상의 섭리'다. 그리고 다시 한번 이야기하지만 세상 모든 것은 그렇게 있어야 할 필연적 이유가 없다는 의미에서 우연한 존재들이다. 그런 세계에서는 모든 것이 자유롭고 분방하다. 신들은 이 세계를 탁자로 삼아 주사위 놀이를 한다. 주사위 놀이는 우연에 모든 것을 거는 모험으로서, 여기서는 자유롭고 분방한 경지를 상징한다.

우연한 것들에게 별의 윤무를 추도록 하는 것이 있다. 저 창조적 번개가 터뜨리는 웃음이다. 차라투스트라는 번개의 웃음에 맞춰 한껏 웃었다. 별들이 춤을 추도록 하기 위해서였다. 어디 그뿐인가. 신들의 탁자인 이 대지에 자리하고 신들과 주사위 놀이를 떠들썩하게 벌이기까지 했다. 이때의 신들은 올림포스 신들과 같이 생에 우호적인 신을 가리킨다.

4

세계는 실로 다양하며 다채롭다. 그것은 온갖 향신료를 담고 있는 항아리와 같다. 물론 그 속에 좋은 것만 있는 것은 아니다. 나쁜 것도 있다. 그러니까 희열과 단맛에 고뇌와 쓴맛도 있다. 세계는 이렇듯 대립하는 것들로 가득하다. 이들 향신료를 잘 섞어 숙성을 시키면 저들은 거품에 향기까지 낼 것이다. 그와 함께 세계는 온갖 색깔이 다투어가며 제 빛깔을 내는 아름다운 풍경화가 되리라.

이들 대립하는 것들을 따로따로 떼어놓고 보면 세계는 더없이 좋거나 더없이 나쁜 것이 된다. 소박한 낙천주의와 염세주의가 되겠는데, 이 얼마나 단순하며 완고한 규정인가. 좋은 것이 없으면 나쁜 것이 없고, 나쁜 것이 없으면 좋은 것도 없다. 이들은 서로의 존재를 드러내주는 짝이다. 세계를 제대로 이해하려면 서로 대립하는 것들을 결합해 하나의 전체가 되도록 해야 한다. 그 일을 해주는 것이 바로 구제의 힘을 지닌 소금이다. 잘 결합해 섞어만 준다면 이 세계는 구제되어 다면적이고 역동적으로 경험되면서 그 아름다움을 더해갈 것이다.

5

차라투스트라는 확 트인 바다를 좋아한다. 폭풍과 함께 위협적으로 덮쳐오는 파도가 있지만 문제될 것이 없다. 그에게 미지의 바다를 탐색하려는 담력과 뱃사람 특유의 희열이 있어 그렇다. 인간세계가 바로 그런 바다다. 마침 시야를 가로막아온 거짓 해안이 사라졌다. 사람들에게 거짓 목표를 제시해온 종교적, 철학적 미망과 망상의 빗장이 열린 것이다. 차라투스트라는 드디어 광대무변한 바다 앞에 섰다. 저 멀리 공간과 시간이 반짝이고 있다. 온 바다를 헤집어가며 배를 몰 때가 온 것이다. 신나는 일이다.

6

차라투스트라가 추구해온 덕은 낙타가 지고 힘겨워하는 무거운 덕이 아니다. '하지 말라'로 되어 있는 부정의 덕도 아니며, '하라'로 되어 있는 강제의 덕도 아니다. 그러니까 그것은 생의 본성을 부인하고 학대하는 십자가가 아니다. 그가 추구해온 덕은 반대로 생의 희열에 춤을 추지 않을 수 없는 경쾌하며 생동감 있는 덕이다. 있는 그대로를 받아들이는 긍정의 덕이자 거칠 것이 없는 자유의 덕이다. 그 같은 경지에서는 악의조차 웃음을 머금는다. 웃음 속에서는 악의조차 행복해하는데, 그 행복 덕분에 신성시되고 용서되기 때문이다. 무거운 신체가 가벼워져 춤을 추며 무거운 정신이 경쾌한 새가 되어 하늘을 나는 것이 차라투스트라에게는 알파(시작)요, 오메가(끝)다.

7

차라투스트라는 자신의 날개로 고요한 하늘을 높이 날아보았다. 그리고 깊디깊은 빛 저 멀리까지 놀이를 하듯 헤엄쳐 가보았다. 그러자 무한한 자유와 함께 새의 지혜가 그에게 찾아들었다. 앞뒤, 위아래 가리지 않고 자유롭게 날되 말은 하지 말고 노래를 부르라고 일러주는 지혜였다.

차라투스트라가 소망하고 고대해온 것은 말이 필요 없는 경지였다. 그는 앞서 〈건강을 되찾고 있는 자〉 2에서 말을 가상의 교량이자 아름다운 익살로 불렀다. 그런 교량과 익살이 필요한 자는 아직 중력의 정령을 온전히 이겨내지 못해 몸이 무거운 자들이다. 경쾌하며 자유로운 경지에 이른 자들에게는 노래가 있다.

지금까지 차라투스트라는 인간의 삶을 억압해온 거짓 가치를 모두 쓸어냈으며, 세계를 종교적, 형이상학적 강제에서 해방해 자유를 되찾아주었다. 세계의 존재들이 대립과 갈등을 넘어 하나의 조화를 이루도록 함으로써 그 아름다움을 되찾아주기까지 했다. 그런 그에게 인간의 세계는 드넓은 바다와 같았다. 뱃사람의 담력과 모험의 기쁨이 있는 그에게는 기분 좋은 일이었다. 어찌 그런 그가 영원을, 회귀의 반지를 열망하지 않겠는가? 모든 것의 영원한 회귀를 어찌 열망하지 않을 것인가?

4부 및 최종부

꿀 봉납[1]

달이 가고 해가 가면서 차라투스트라도 어느덧 백발이 되었다. 그는 아주 흡족했다. 행복에 겨워 몸을 가눌 수 없을 지경이었다. 이럴 때 넘어지지 않으려면 춤이라도 추어야 한다. 그렇다고 혼자서 흡족해하고 있을 수만은 없었다. 저 아래 인간들을 모른 체할 수 없었기 때문이다. 때가 되지 않았을 뿐이다. 그러던 어느 날, 그는 동굴 앞 돌에 앉아 먼바다를 내다보고 있었다. 그 모습에 그의 짐승들이 다가와 행복을 고대하고 있는가 물었다. 행복이라는 말에 차라투스트라는, 그렇지 않아도 그에게 역청처럼 달라붙어 도무지 떨어질 생각을 하지 않는 것이 행복인데 웬 행복이냐고 대꾸하고는, 새로운 복음으로 인간을 구제할 일에 뜻을 두고 있을 뿐이라고 말해주었다.

그러자 그의 짐승들은, 그렇다면 행복에 겨워 안색이 그토록 어두운 것인지 묻고는, 그러고 있지 말고 사방이 확 트인 산정에 한번 오르는 것이 어떻겠냐고 권유하듯 말했다. 마침 어느 때보다 많은 것을 볼 수 있는 구름 한 점 없는 날이라는 것이었다. 그 말이 차라투스트라의 마음에 들었다. 그래서 그는 산에 오르기로 하고, 그의 짐승들에게 산에 오르면 봉납을 할 생각이니 얼음처럼 신선한 황금 빛 꿀을 준비해달라고 부탁했다. 그에게 꿀은 생명의 선물을 의미한다.[2] 그는 이 꿀을 베푸는 것, 기꺼이 나누어주는 것, 관대한 것 모두에게 바칠 생각이었다. 마음을 드높이라는 당부와 함께.[3] 이렇게 하여 산에 오른 차라투스트라는 짐승들을 동굴로 내려보냈다.

넘치는 풍요를 주체하지 못해 한량없이 베풀어온 차라투스트라였다. 그런 그가 새삼 누구에게 무엇을 바치겠다는 것인가? 선물이라면 몰라도 봉납이란 가당찮은 일이다. 봉납은 구실이었고 속셈은, 산정에 올라 저 아래 인간 세상에 낚싯줄을 한번 던져보자는 것이었다. 세상으로 내려갈 때가 되지 않았다면 산정에서나마 사람 낚는 어부가 되어 사람들을 끌어올려 보았으면 해서였다. 또 황금빛 꿀을 준비해달라고 했지만, 정작 그가 원했던 것은 불평과 불만을 입에 달고 사는 곰과 사악한 새들처럼 삶을 비관하고 세상을 저주해 온 자들조차 혀를 날름거릴 미끼와 감미로운 즙, 그리고 점액이었을 뿐이다. 그는 생각해보았다. 일찍이 낚시를 하겠다고 산을 오른 자가 있었던가?

산에 올라 내려다보니 저 아래 인간 바다는 알록달록한 고기와 바닷게로 가득했다. 풍요로웠다. 그는 서둘러 황금 낚싯줄을 던졌다. 미끼는 그가 누리는 행복이었다. 무겁고 음울한 사상에 짓눌려 생을 비관하는 자들은 그 낚싯바늘에 찔려 발버둥 치게 될 것이다. 그 모습에 차라투스트라는 밝고 건전한 악의로 재미있어 할 것이고 사방이 바다였다. 차라투스트라야말로 인간 물고기들을 잡아 올리는 어부이자, 사람들을 가르쳐 있는 그대로의 네가 되도록[4] 촉구해온 예언자이자 양육자인 동시에 훈계자가 아닌가. 그런 그가 던진 낚싯바늘에 걸려 많은 인간 고기가 끌려 올라와야겠다. 그에게는 내려갈 시간이 되었다는 조짐이 아직 나타나지 않았으니, 그 길밖에 없다. 지금 그는 그 조짐이 나타날 때를 기다린다. 그의 숙명이 그에게 기다리며 낚시라도 하도록 여유를 준 것이다.

차라투스트라에게 주어진 숙명은 오늘이 아니라 내일을 준비하는 것이다. 그런 그에게는 현재가 아니라 미래가 관심사다. 그렇게 주어진 시간을 넘어 무한한 시간을 눈앞에 둔 그는 지금 언젠가 오게 되어 있는 위대한 하자르를 기다린다. 하자르는 1000을 가리키는 고대 페르시아어 하자라Hazâra에서 온 것으로, 여기서는 차라투스트라의 1000년 왕국을 가리킨다. 《신약》 〈요한의 묵시록〉 20~21장에 1000년 왕국이 나온다. 거기에서는 재림한 예수와 그때 부활해 하늘에 오른 성도들이 왕위에 오를 1000년으로 나온다.

차라투스트라는 자신의 왕국이 올 날을 기다리며 지금 태고의 산줄기 위에 굳건히 서서 저 아래 바다에 낚싯대를 드리운다. 선택된 것, 모든 사물 속에 있는 즉자와 대자를 낚아 올릴 생각에서다. 밝아 오는 인간의 미래를 내다보며 그는 마음이 설렜다. 이때 즉자는 다른 것과의 연관 속에서 규정되기 이전 무자각적인 존재의 단계를, 대자는 다른 것과의 관계 속에서 자기를 자각하는 것, 자신과의 관계를 통해 자기를 회복하는 단계를 가리킨다.

절박한 부르짖음

다음 날도 차라투스트라는 동굴 앞 돌 위에 앉아 있었다. 생각에 잠긴 그는 무심코 선을 따라 자신의 그림자를 그리고 있었다. 그런데 그 옆에 그림자 하나가 더 있는 것이 아닌가. 화들짝 놀라 돌아보니 언젠가 그가 손님으로 맞이한 일이 있는 예언자였다. 2부 〈예언자〉에 나오는 그 염세주의자였다. 놀라움도 잠깐, 서로를 알아본 두 사람은 이내 손을 잡았다. 반가웠다.

차라투스트라는 예언자를 반갑게 맞아들였다. 식사에까지 초대했다. 다만 마음껏 먹고 마시되 흡족해하는 늙은이 하나가 함께하더라도 언짢게 생각하지 말라는 당부만은 잊지 않았다. 염세주의를 극복한 자만이 할 수 있는 환대였다. 흡족해하는 늙은이라는 말에 비위가 상한 예언자가 한마디 했다. "이미 저 아래에서 곤궁과 비애의 너울이 서서히 올라오고 있는데도 아무 일 없다는 듯 흡족해하고 있다고? 고뇌에 찬 이 세상에 흡족해할 것이 어디 있다고 그런 이야기가?"

그렇다. 산 주변에 곤궁과 비애의 물이 차오르고 있어 머지않아 차라투스트라의 조각배도 그 물에 떠내려가게 될 터이다. 그렇게 염세주의자와 허무주의자들이 올라와 차라투스트라가 딛고 서 있는 마른 땅을 곤궁과 비애의 물바다로 만들 터이다. 바로 그때였다. 기다렸다는 듯이 저 아래에서 누군가가 절박하게 부르짖는 소리가 들려왔다. 구해달라는 외침이었다. 누군가가 곤경에 빠져 부르짖는 절규였다. 그러나 차라투스트라는 차갑게 반응했다. 연민의 정을 마지막 죄과로 불러 다시는 그런 값싼 동정심에 휩싸이는 일이 없을 거라고 다짐한 그가 아닌가. 그런 그에게 예언자는 그 마지막 죄과로 그를 유혹하려 예까지 올라왔노라고 했다. 다시 한번 절박하게 부르짖는 소리가 들려왔다. 차라투스트라는 혼란스럽고 어지러웠다.

누구지? 마침내 차라투스트라는 의아해하며 물었다. 그러자 예언자가 거칠게 '보다 지체 높은 인간'이 아니겠냐고 말해주었다. 여기서 '보다 지체 높은 인간'이 본격적으로 등장하면서 차라투스트라와 함께 이후 이야기를 장식한다. 차라투스트라는 앞에서 역사의식 없이 안일을 최고 가치로 여기고 하루하루를 살아가는 허섭스레기 같은 인간을 '인간 말종'이라고 불렀다. 눈이 있어도 보지 못하며 귀가 있어도 듣지 못하는, 가망이 전혀 없는 인간이라는 뜻에서다. 오늘날 넘치는 것이 이들 인간 말종이지만 역사적 반성 속에서 자신의 길을 찾아 나선 사람들이 전혀 없는 것은 아니다. 인간 말종으로 살아온 삶에 역겨움을 느껴 그런 자신을 극복하고자 분투해온 사람들 말이다. 많지 않을 뿐이다. 차라투스트라는 이들을 '보다 지체 높은 인간'이라 불러 인간 말종과 위버멘쉬 사이에 두었다. 인간 위계에서 인간 말종에 비해 그 지위가 높지만 상대적 의미에서 그럴 뿐 위버멘쉬에는 미치지 못하는 사람이다.

이 위계에 대응하는 것이 인간 정신의 세 단계 변화에 나오는 낙타와 사자, 그리고 아이다. '보다 지체 높은 인간'은 전통 종교와 철학적 이념 따위를 내던지고 '해야 한다'는 당위에서 벗어나 '하고자 한다'는 사자의 의지를 불태우는 자유로운 정신을 지닌 인간이다. 굴종으로 점철되어온 현실을 경멸할 줄 아는, 그리하여 더 이상 경멸스럽지 않은 인간이다. 아직 적극적 의지에 따라 삶을 사는 것은 아니지만, '해야 한다'는 당위에서 벗어났다는 점에서 저 예언자도 그런 인간의 하나라 하겠다. 차라투스트라는 '보다 지체 높은 인간'에게서 새로운 희망을 보았다. 거기에 위버멘쉬의 싹이 있다고 본 것이다. 다른 한편 우려도 되었다. 보다 지체가 높다고는 하지만 아직 확신이 서지 않아 언제라도 인간 말종으로 돌아갈 수 있는 자들이기 때문이다.

'보다 지체 높은 인간'의 절규를 들은 차라투스트라는 어찌할 바를 몰랐다. 뜻밖의 일인 데다 마음까지 급해져 몸을 떨기까지 했다. 구세주를 찾아 힘겹게 산에 오른 자가 떨고 있는 그 모습을 본다면 어찌하겠는가? 고작 벌벌 떨고 있는 자를 찾아 예까지 올라왔나 하며 낙심천만해할 것이다. 여기서 예언자가 비웃듯이 말했다. 차라투스트라가 행복에 겨워 현기증을 느끼는 것 같지는 않다는 것, 넘어지지 않으려면 춤이라도 추도록 하라는 것이었다. 그런다고 그가 행복해서 춤을 춘다고 믿을 사람은 없을 테고, '보다 지체 높은 인간'에게는 예까지 올라온다 해도 헛걸음한 것이 될 거라고 비아냥하듯 말했다. 예언자는 이 산에서 무슨 행복을 발견하겠다는 것인지 묻고는, 무엇을 하든 달라질 게 없고 행복한 섬이니 뭐니 하지만 그런 섬 또한 어디에도 없다고 내뱉기까지 했다. 염세주의자 본색을 드러낸 것이다.

예언자의 가시 돋친 넋두리에 차라투스트라는 정신이 번쩍 들었다. 그와 함께 모든 것이 분명해졌다. 잠깐이나마 그는 저 예언자의 넋두리 탓에 비애에 젖어 있었다. 정신이 들자 나락에서 빛의 세계로 올라온 듯한 기분이었다. 행복한 섬의 존재도 의심의 여지가 없었다. 그러나 그것도 잠깐, 산속 몹쓸 짐승들이 저 '보다 지체 높은 인간'을 해치지 않을까 하는 데 생각이 미치자 마음이 한층 급해졌다. 끝없이 오르려는 자를 아래로 끌어내리는 중력의 정령 따위가 그 같은 짐승이다. 여기는 그의 영역이고 누구도 그의 영역에서 해를 입어서는 안 되겠다는 생각에 그는 서둘러 저 아래 부르짖는 소리가 나는 쪽을 향해 달려갈 채비를 했다. 그러자 예언자가 차라투스트라에게 그렇게 해서라도 자신을 따돌리려 하지만 일이 뜻대로 되겠냐고 물었다. 부르짖는 소리를 핑계로 차라투스트라가 자신을 따돌리려 한다고 본 것이다. 자기 나름대로 차라투스트라의 마음속을 꿰뚫어 보았다고 믿은 그는 아무튼 동굴에서 그를 기다리겠다고 했다. 이에 차라투스트라는 동굴에 꿀이 있으니 그것으로 쓰디쓴 영혼부터 감미롭게 하라고 예언자에게 당부했다. 생의 정수, 그 감미로움으로 그의 영혼을 달래보라는 당부였다. 그리되면 아직은 불평불만으로 가득 찬 늙은 곰일 뿐이지만 이내 춤추는 곰이 되어 차라투스트라가 부를 생을 찬양하는 노래에 맞춰 즐겁게 춤을 추게 될 터이다.

왕들과의 대화

1

예언자를 뒤로하고 절박하게 부르짖는 소리가 나는 곳을 찾아 산을
내려가던 차라투스트라의 눈에 나귀 한 마리를 앞세우고 올라오는
두 명의 왕이 들어왔다. 화려한 의상에 왕관까지 쓰고 있었다. 웬 왕
들이지? 차라투스트라는 재빨리 덤불 뒤로 몸을 숨기고 지켜보았
다. 천민 대중이 날뛰는 세상에서 으뜸인 척하고 살아온 삶이 역겨
워 옥좌를 버리고 저들보다 지체가 높은 자, 차라투스트라를 찾아
산을 오르는 왕들이었다. 그런데 왜 한 명이 아니고 두 명이지? 나귀
는 왜 한 마리고?

　뒤에 여러 명의 '보다 지체 높은 인간'이 차라투스트라를 찾아 왕
들이 걸어온 산길을 올라오게 되고 차라투스트라 역시 찾아온 손님
들을 위해 만찬을 열게 된다. 만찬이 흥겨워지려면 손님이 너무 많
거나 적어서는 안 된다. 고대 그리스인들이 이상적으로 생각한 것은

아홉 명이 참석하는 만찬이었다. 예수의 최후의 만찬보다 네 명이 적다. 바이헬트는 니체가 고대 그리스의 만찬을 만찬의 전형으로 삼았다고 본다. 왕들 뒤에 산을 오른 '보다 지체 높은 인간'은 모두 다섯 명, 거기에 차라투스트라 자신과 이미 올라와 있는 예언자를 보태도 일곱 명밖에 되지 않는다. 두 명이 모자랐다. 그래서 왕을 두 명으로 했다는 것이다.[5]

때는 왕권이 무너지고 천민 대중이 사회 전면에 등장한 대중혁명의 시대였다. 혁명의 승리에 취한 천민 대중은 한껏 몸을 부풀려가며 거들먹거렸다. 제 세상을 만난 것이다. 그와 함께 세상은 빠르게 천박해져갔다. 그런 세상에서 왕으로 남으려면 허세라도 부려 없는 힘이나마 있는 듯 과시해야 했다. 아니면 저들의 비위를 맞추어가며 전전긍긍 자리를 지켜야 했다. 도무지 왕의 격에 맞지 않는 추태들이다. 실로 위풍당당했던 왕에게는 수모가 아닐 수가 없다. 그런 수모를 겪지 않으려면 왕권을 버리고 천민 대중에게 등을 돌리는 길밖에 없다. 여기 두 왕이 그런 경우다.

두 왕은 세태를 개탄하면서 산을 오르고 있었다. 차라투스트라는 그 개탄에 고무되었다. 그래서 덤불에서 나와 왕들에게 자신이 차라투스트라라고 소개했다. 가까이서 보니, 왠지 절박하게 부르짖을 사람들 같지는 않았다. 그래서 왕들에게 올라오는 길에 절박하게 구조를 요청하는 사람, 곧 '보다 지체 높은 인간'을 보지 못했는지 물었다. 그 물음에 왕들은 한목소리로 "우리의 정체가 드러나고 말았구나" 하고 말했다. 바로 저들이 절박하게 소리친 자들이었으니 정체가 드러난 왕들은 저들보다 지체가 한층 높은 인간을 찾아, 그리고 그에게 나귀 한 마리를 바칠 생각으로 산을 오르는 중이라고 말했다. 이로써 나귀가 한 마리인 이유가 해명되었다. 메시아 예수가 타고 예루살렘에 입성한 순진한 나귀를 연상케 하는 나귀였다. 유감스럽게도, 뒤에 보게 되겠지만 차라투스트라의 지혜의 나귀는 아니었다.[6]

왕들의 이야기에 상기된 차라투스트라는 저들을 주제로 시를 하나 짓고 싶다고 말하고는, 한때 위풍당당했던 전사들의 도시 로마의 몰락을 주제로 시 한 수를 지었다. 황제를 정수리로 한 귀족문화의 요람이었던 로마의 몰락을 한탄하는 노래였다. 황제는 가축이 되었으며, 강력한 로마인의 신 또한 유대 민족의 신에게 자리를 내주고 말았다는 것이다. 차라투스트라에게 로마의 몰락은 인류 역사를 나락으로 내몬 일대 재앙이었다.

2

세태를 꼬집는 차라투스트라의 신랄한 시를 듣고 왕들은 즐거워했다. 처음 대면하는 차라투스트라였지만 낯설지가 않았다. 저들은 저들대로 거울에 비친 차라투스트라를 본 일이 있기 때문이다.[7] 차라투스트라의 적들이 보여준 것으로서, 그때 그는 험상궂은 악마의 모습이었다. 당시 대중에게 니체의 이미지가 그랬다. 그의 적들은 그를 적그리스도, 민주혁명의 거대한 흐름을 거스른 반동의 철학자, 전쟁예찬론자, 반여성주의자 따위로 몰아 매도했다. 그렇다고 그 악마의 모습에 기겁할 왕들은 아니었다. 오히려 전쟁을 인간 상승의 계기로 예찬하고 용맹을 선한 것으로 기린 차라투스트라의 호전적인 말에 저들의 피가 끓어올랐다.

왕들은 차라투스트라에게 화답하듯 자신들의 몸속에 전쟁에 목말라한 조상들의 피가 흐르고 있다고 말해가며 열을 올렸다. 들떠 있는 왕들을 보자 차라투스트라는 저들을 비웃어주고 싶은 생각이 들었다. 전쟁이니 피니 하고 수다를 떨고 있지만 말과 달리 여전히 평화를 사랑하는 자들이기 때문이다. 그러나 참았다. 그것이 저들의 한계이니 어찌하겠는가. 이쯤에서 또다시 절박하게 부르짖는 소리가 아래에서 들려왔다. 차라투스트라는 다시 마음이 급해졌다. 그래서 두 왕을 자신의 동굴로 올려 보내고, 절박하게 부르짖는 자를 찾아 아래로 길을 떠났다.

거머리

숲과 늪을 지나 서둘러 길을 가던 차라투스트라는 저도 모르게 사내 하나를 밟고 말았다. 몸을 숙인 채 앉아 맨팔을 늪에 밀어넣고 있던 사내였다. 사내는 성난 얼굴을 하고 일어났다. 덤벼들 태세였다. 팔에는 피가 흥건했다. 거머리 두뇌 하나만을 연구해온 자였다. 차라투스트라는 씩씩대고 있는 그에게 "나 마땅히 나이어야 하는 자 Ich bin, der ich sein muss, 차라투스트라"라고 자신을 소개하고는, 사내에게 그의 동굴로 올라가 상처를 돌보는 것이 좋겠다고 말해주었다. '차라투스트라'라는 말을 듣자 사내는 반색을 했다. 위대한 양심의 거머리인 차라투스트라를 만났으니 이게 웬 행운인가 하고 환호까지 했다. 보다 아름다운 고슴도치인 차라투스트라가 이제 자신의 피를 탐하고 있으니 이 얼마나 놀라운 일인가! 늪에서 뜯겨가며 거머리 두뇌 하나만을 연구해온 그가 드디어 인간 거머리를 만나 자신의 피를 더 높은 이상 앞에 내놓게 되었으니. 차라투스트라가 그의 정체를 묻자 그는 정신의 양심을 지닌 자[8]라고 했다. 여기서 정신의 양심은 지적 양심을 가리킨다.[9] 학자의 양심을 가리키기도 한다. 그는 정신의 문제에서 자신처럼 엄격하고 냉정한 사람은 없다고 말하고는, 반쯤 아는 것보다는 아예 모르는 게 낫고, 다른 사람에 기대어 현자가 되기보다는 자신의 주먹을 믿는 바보가 되는 게 낫다고 열을 올렸다. 정신의 양심을 지닌 자, 곧 정신 활동에서 정직한 자라 불리기에 부족함이 없는 자의 고백이었다. 그는 '사실'만을 추구한다. 그러나 사실에서 벗어날 때도 많다. 그럴 때마다 그가 느끼는 것이 양심의 가책이다.

자신을 소개하며 차라투스트라가 했던, "나 마땅히 나이어야 하는 자"라는 말은 자신을 두고 "나는 스스로 존재하는 자Der Ich-bin da; I am what I am"[10]라고 했던 신 여호와의 말을 흉내 낸 것이다. "그대를 뭐라 불러야 하나?"라는 모세의 물음에 여호와가 그렇게 대답한 것인데, '나는 나일 뿐 굳이 설명이 필요 없는 자'라는 뜻이다.

그러면 정직하게 거머리 두뇌를 연구해온 사내는 누구인가? 여기서는 한 분야만을 파고드는 전문 학자, 자신의 영역에는 통달해 있지만 그 밖의 세계에는 관심이 없을 뿐만 아니라 아는 것도 없는 전문가 바보를 가리킨다. 환형동물 일반도 아니고 거머리를, 그것도 그 두뇌만을 연구해왔으니 알 만한 일이다. 과학적 양심이란 것에 따라 검증 가능한 사실만을, 그것도 미시적으로 추구해온 근대 실증주의자와 그 아류들이 그런 바보들이다. 바보이기는 하지만 형이상학적 망상이나 시적 환상 따위, 곧 반 푼어치 정신과 뜬구름 같은 것에서 벗어나 있다는 점에서 그 나름으로 자유롭고, 눈에 보이는 것들만 받아들인다는 점에서 편협할망정 정직한 자들이다. 정신 활동에서 양심에 거리낄 것이 없다는 자들이다.

실증을 최고 가치로 삼는 실증주의 시대에 태어나 젊은 시절을 보낸 니체는 한때나마 그 정신에 매료되어 그 위에서 자신의 철학을 전개했다. 그러다가 그 한계에 부딪히면서 그것에서 벗어났다. 한계는 무엇보다도 실증적으로 확인된 사실만으로는 세계를 묘사할 뿐 설명할 수 없으며, 그런 사실이 미치지 못하는 세계의 본질과 우수 운행의 원리 따위에는 아예 접근할 수도 없다는 데 있었다. 이후 그는 실증주의는 방법론 이상이 될 수 없다고 보았다.[11] 그러면서 실증적 사실에 집착한 채 모든 것을 설명하려는 철학자들을 '사이비 철학자'[12] 또는 '잡탕 철학자'[13]로 불러 싸잡아 비웃었다.

니체는 끝내 그렇게 실증주의를 뛰어넘었다. 그러나 그 풍조를 뛰어넘었을 뿐, 실증의 정신이나 구체적 성과까지 뛰어넘은 것은 아니다. 오히려 그는 평생에 걸쳐 실증의 정신에 따른 개별 과학의 성과를 수용했다. 그 하나가 시간과 공간이론이며, 다른 하나가 진화이론이다. 니체는 이들 성과 위에 영원회귀라는 우주론을 확립하고 인간 진화의 당위와 위버멘쉬라는 방향을 제시했다. 실증주의 운동을 주도한 콩트는 종교적 단계와 형이상학적 단계를 극복해 실증의 단계에 이르러야 한다고 했다. 그러나 니체는 더 나아갔다. 실증의 단계까지 극복하기에 이른 것이다.

실증을 이념으로 주어진 사실만을 받아들이겠다는 자들은 전문가든 아니든 엄밀하고 가차 없으며 성실할망정 전체를 보지 못하는 근시안적인 인간들이다. 거기에다 전문 분야가 극도로 나누어지면서 그 시야는 한층 좁아졌다. 오늘날 사람들은 세분화된 전문 지식에 갈기갈기 찢겨 있다. 그뿐만이 아니어서 귀까지 얼어붙어 검증할 수 없는 이야기는 아예 들으려 하지도 않는다. 그런 귀에 대고 무슨 말을 하겠는가?

　그나마 저 거머리 두뇌를 연구해온 자에게는 고무적인 것이 있었다. 양심만은 지니고 있어 정직하며, 제힘으로 길을 찾아갈 만큼 자립적이라는 점이 그것이다. 그 점에서 낙타의 정신을 지닌 인간 말종 위에 있는 사자, '보다 지체 높은 인간'이라 하겠다. 그런 자에게는 목표만 보여주면 된다. 차라투스트라는 그래서 정신의 양심을 지닌 자에게 자신의 동굴로 나 있는 길을 가르쳐주었다. 밤에 그를 손님으로 맞고 싶었기 때문이다. 바로 그때 구조를 요청하는 외침이 또다시 들려왔다. 한층 마음이 급해진 차라투스트라는 그 사내와 헤어져 외쳐대는 소리가 나는 쪽으로 발걸음을 재촉했다.

마술사

1

차라투스트라가 바위 하나를 막 돌아섰을 때였다. 저 아래에서 늙은이 하나가 사지를 뒤틀더니 쓰러져 배를 까는 것이 아닌가. 틀림없이 저자가 소리를 질러댄 '보다 지체 높은 인간'일 거라는 생각에 그는 서둘러 그리로 달려갔다. 늙은이는 고독과 한기 속에서 떨고 있었다. 마술사였다. 온 세상으로부터 버림받은 듯한 애처로운 모습이었다. 많은 전율과 경련 끝에 늙은이는 탄식하기 시작했다.

구름 뒤에 알려지지 않은 어떤 신이 있어 자신을 잔인하리만큼 학대하고 있다는 것이다. 차라리 죽여주면 좋겠는데 고통을 겪는 모습을 즐기기 위해 목숨만은 살려둔 채 심장 속으로 파고들어 이것저것 남김없이 훔쳐내고 있다는 탄식이었다. 탄식은 이어져 몸값을 치르고라도 그의 손아귀에서 벗어나고 싶지만 그조차 허락하지 않는다는 것, 그토록 가혹한 신이지만 정작 신이 사라지기라도 하면 자신은 온 세상으로부터 버림받아 혼자가 되고, 끝내 고독을 견뎌내지 못해 다시 그 신을 찾게 된다는 것이다.

신을 잃은 그는 마침 고독 속에서 한기에 떨며 사라진 신에게 애원했다. 자기 심장의 마지막 불꽃이 신을 향해 타오르고 있으니 돌아와달라는, 어쩔 수 없다면 자신이 받은 고통과 누린 마지막 행복도 함께 돌아와달라는 애원이었다. "알려지지 않은 신"은 아테네 어느 제단에 새겨진 글이다. 정확하게는 "알려지지 않은 신에게"다. 마침 전도 여행차 그곳을 들른 사도 바울은 그 명문에서 실마리를 찾아 모여든 사람들에게 알려지지 않은 신이 누구인지 자신이 알려주겠다고 설교한 일이 있다.[14] 여기서는 물론 신 여호와를 가리킨다.

니체는 마술사의 탄식 어린 시에 〈디오니소스〉라는 짧은 시를 붙였다. 그리고 발병 직전에 완성한 작품인 《디오니소스 송가》에 '아리아드네의 탄식'이라는 제목으로 다시 수록했다. 행을 바꾸고 구두점을 다시 찍고, 낱말 한두 개를 빼는 등 손질을 조금 했을 뿐, 뒤에 붙인 부분을 빼면 구성과 내용에서 그대로다.

뒤에 붙인 부분은 다음과 같다:

번갯불과 함께 디오니소스가 아름다운 에메랄드빛 속에서 나타난다.

디오니소스

영리하라, 아리아드네! …

너는 작은 귀를 가졌으며, 너는 내 귀를 가졌으니:

그 안에 영리한 말 하나를 꽂아넣어라! ―

서로를 사랑해야 한다면, 먼저 서로를 미워해야 하지 않는가? ···

나는 너의 미로다. ···[15]

마술사의 이 시는 여러 해석 가능성을 남겼다. 구름 뒤의 신은 누구이며 마술사 자신은 누구인가에 따라 해석이 달라지는데, 여기에 〈디오니소스〉란 시가 추가되면서 그 가능성이 더욱 다양해졌다. 관건은 그의 시와 뒤에 나온 시 사이에 연속성이 있는가, 아니면 대부분이 반복되지만 연속성이 있다고 볼 수 없는가 하는 데 있다.

먼저, 연속성을 강조하는 학자들의 주장이다. 이 두 시가 별개의 것이라면 거기에 덧붙인 부분이 있더라도 니체가 이미 발표한 시를 반복해서 실을 이유가 없었을 거라는 주장이다. 이 견해의 학자들은 덧붙인 부분에 시 전체를 이해하는 열쇠가 있다고 믿어 거기서 출발한다. 그리되면 번갯불과 함께 나타난 디오니소스는 구름 뒤에 있던 신이자 니체 자신이 된다. 그리고 아리아드네는 그가 존경했던, 바그너의 부인 코지마 바그너가 된다.

다음은, 두 시 사이에 연속성이 없다고 보는 학자들의 주장이다. 겉보기에 같은 연장에서 이야기될 시들이지만, 함축하는 의미가 매우 달라 서로 연속적인 관계가 있다고 볼 수 없다는 것이다. 니체가 같은 시를 다른 관점에서 반복함으로써 의미를 달리했다는 주장인데, 이 학자들은 마술사의 시를 해석하면서 훗날 추가된 부분은 고려하지 않는다. 여기에도 두 견해가 있다. 하나는, 구름 뒤에 숨어 인간을 모질게 학대해온 신은 그리스도교 신을, 마술사는 현란하게 사람들을 속여온 예술가를 가리킨다는 견해다. 이때 예술가는 한때 누구보다도 그리스도교 신에 등을 돌렸다가 끝에 가서 그 신에 귀의

한 바그너를 가리킨다는 것이다. 실권한 왕, 좌절한 전문 학자 등 '보다 지체 높은 인간'들을 이야기하는 자리이고, 차라투스트라가 이미 학자와 시인들의 위선을 비판한 터에 예술가, 곧 바그너를 문제 삼는 것은 전혀 이상한 일이 아니라는 것이다.

니체는 일찍이 그리스도교 전통에 맞서 디오니소스적 정신의 부활을 꿈꾸었다. 구체적으로 디오니소스 예술의 부활을 통해 원초적 생명력을 잃고 빈사 상태에 빠진 유럽 문화를 구할 길을 모색했는데, 이때 그에게 구세주 곧 디오니소스 예술의 화신인 아이스킬로스로 등장한 것이 바그너였다. 니체는 바그너에게 열광했다. 신앙에 가까운 열광이었지만, 오래가지 않았다. 바그너가 오페라 〈파르치팔〉에서 퇴폐적 종교인 그리스도교를 다시 끌어들인 것이 계기가 되었다. 니체는 반그리스도교적 영웅이 어떻게 십자가 앞에 무릎을 꿇는가를 참담한 심정으로 지켜보면서 바그너 마술에서 풀려나고 말았다.[16]

그다음은, 구름 뒤의 신을 영원회귀 사상으로 보아야 한다는 주장이다. 시 앞부분에서 구름 뒤의 신이 사냥꾼, 그리고 상념(사상)으로 묘사되었다. 이 무렵에 쓴 니체의 유고에는 "창조의 고뇌"와 함께 "노상강도와 같은 사상"이라는 표현이 있다.[17] 영원회귀 사상은 그리스도교 세계관에 안주하던 사람들을 사냥하듯 추적해 삶의 내용을 모두 빼앗을 만큼 엄청난 파괴력을 갖고 있다. 그 중압감 또한 말로 형용할 수 없을 만큼 큰 사상이다. 그 사상에 눈을 뜨는 순간, 그것은 차라투스트라에게도 충격으로 다가왔다. 그는 그 사상을 선뜻 받아들일 수가 없었다. 외면하고 거부하고 저항도 해보았지만, 소용이 없었다. 힘들기만 할 뿐이었다. 그럴 때마다 그는 세계 해석의 실마리를 잃고 한기 속에서 방황했다. 방황 끝에 그는 그 사상을 다시 찾았고, 그것을 세상에 알리는 일을 자신의 역사적 소명으로 받아들였다. 그런 차라투스트라에게서 우리는 마술사의 여정을 볼 수 있다는 주장이다.[18]

2

늙은이의 탄식을 듣고만 있을 수 없었던 차라투스트라는 지팡이로 그를 내리치고는 연극은 그만하라고 꾸짖듯이 말했다. 그러자 정체가 드러났다고 생각한 늙은이는 다만 정신의 속죄자 역을 한번 해보았을 뿐이라고 변명하듯 너스레를 떨었다. 자신의 정신으로 하여금 자신에게 대항하도록 하는 시인과 마술사, 자신의 사악한 지식과 양심 탓에 얼어붙은 자, 변화한 자의 역할을 한번 해보았을 뿐이라는 것이다. 정신의 속죄자란 차라투스트라가 2부 〈고매하다는 자들에 대하여〉에서 등장시킨 인물로서, 정신의 양심을 지녔다는 자를 떠오르게 하는 인간 유형이다. 마술사는 끝내 자신의 연기가 속임수였으며, 그 속임수에 자신이 무너지고 있다고 속내를 털어놓았다. 평생을 거짓으로 살아온 그였지만, 그것을 털어놓는 순간만은 그래도 진실했다. 그 점에서 그는 어느 정도 정신의 속죄자라 할 것이다. 차라투스트라가 그의 실토에 경의를 표한 것은 그 때문이다. 마술사에게는 자신을 속일 그 어떤 간계도 더 이상 남아 있지 않았다. 자신의 마술에서 풀려난 것이다. 마술사를 바그너로 보는 견해에 힘이 실리는 것은 이 부분에서다. 다른 점이 있다면 마술사로 삶을 마친 바그너와 달리 여기 이 마술사는 자신의 마술에서 풀려났다는 점이다. 마술사의 특징은 자신이 정말 위대하다고 믿는 데 있다. 공작孔雀 중의 공작, 허영의 바다, 위폐범. 실망한 니체에게 비친 바그너의 참모습이 그랬다.

이쯤에서 차라투스트라가 마술사에게 예서 무엇을 찾고 있었는지 물었다. 이 물음에 자신의 마술에서 풀려난 마술사는 진실한 자, 의로운 자, 단순한 자, 명백한 자, 아주 정직한 자, 지혜의 그릇, 깨달음의 성자, 곧 차라투스트라를 찾고 있었다고 대답했다. 그 대답에 위안을 얻은 차라투스트라는 자신이 마술사가 찾는 그 사람이라고 말해주는 대신, 저 위 동굴로 난 길을 가리키며 그곳에서 차라투스트라를 만날 수 있을 거라고 일러주었다. 생각해보니, 마술을 부려 사람들을 속여온 자가 정신의 속죄자가 되어 깨달음의 성자를 찾아 나서다니, 얼마나 가상한 일인가. 천민의 세상에서 바보가 아니고서야 누가 깨달음의 성자를 찾아 나서겠는가. 세상에는 위인이라도 되듯 여전히 배를 부풀린 채 의기양양해하는 자들이 얼마나 많은가. 《이솝 우화》에 황소를 보고 지지 않겠다고 배를 부풀리다 터져 죽은 개구리 이야기가 있지 않은가! 한층 가벼워진 마음으로 차라투스트라는 가던 길을 재촉했다.

실직

이번에는 웬 검은 옷에 키가 훤칠한 사내 하나가 눈에 들어왔다. 얼굴은 수척하고 창백했다. 기름 부음을 받은 사제가 분명했다. 신을 내세워 세상을 저주하고 축복하는 등 온갖 요술로 사람들을 홀려온 또 다른 마술사였다. 그 행색에 몹시 비위가 상한 차라투스트라는 그 사내가 눈치채기 전에 조용히 그 곁을 지나가려 했다. 그러나 뜻대로 되지 않았다. 그자가 먼저 차라투스트라를 보고 달려든 것이다. 그러고는 길을 잃고 헤매고 있으니 도와달라고 매달리는 것이 아닌가. 물론 차라투스트라를 알아보고 간청한 것은 아니었다. 가까이 가보니 더 이상 신을 믿지 않게 되면서 권좌에서 물러난 교황이었다. 모실 신을 잃자 그는 허탈했다. 추구해야 할 이상과 삶의 의미를 한꺼번에 잃고 만 것이다.

지친 심신을 달랠 생각으로, 그리고 죽은 신을 애도함으로써 마지막 사제의 도리를 다할 생각으로 그는 저 숲속 성자를 찾아갔었다. 가보니 성자는 이미 죽어 그곳에 없었다. 낙심천만이었다. 그렇다면 일찍이 신의 죽음을 선언하고 신이 없는 세계에서 자유롭고 경건하게 창조자의 삶을 사는 차라투스트라나 찾아보자는 생각에서 산을 오르다가 그만 길을 잃고 만 것이다. 숲속 성자는 차라투스트라가 첫 하산 길에서 만난 그 성자다.

이 산속에서 교황을 만나다니! 반가운 나머지 차라투스트라는 교황의 손을 잡고 자신이 바로 누구보다도 신을 믿지 않는 차라투스트라라고 말해주었다. 그토록 철저하게 신을 믿지 않는다는 이야기였지만, 그가 교황이 겪고 있는 상실감을 알기나 할까? 이에 교황은, 신을 가장 많이 사랑하고 신앙의 대상으로 '소유해온 자'가 그의 죽음으로써 가장 많이 잃은 셈이라고 말했다. 처음부터 신을 믿지 않은 차라투스트라가 잃은 것은 아무것도 없다. 그러나 평생 신을 모셔왔고 신을 모시는 일에 생의 의미를 부여해온 교황이니 그 신의 죽음으로 모든 것을 잃은 셈이었다.

차라투스트라는 궁금했다. 신이 죽었다면 어떻게 죽었을까? 그래서 교황에게, 신이 십자가에 못 박혀 죽은 자신의 독생자를 보며 느낀 연민의 정과 인간에 대한 사랑에 질식해 죽을 수밖에 없었다고들 하는데, 그게 사실인지 물었다. 이에 교황은 대답은 하지 않고 울적하니 눈길을 돌렸다.

신에 관해서라면 누구보다 잘 알고 있을 교황이었다. 교황은 이내 기분이 풀렸다. 그래서 다시 입을 열었다. 저 동방의 신은 비밀에 싸인 신으로서, 정혼한 남자가 있는 여인을 수태시켜 독생자 예수를 낳았다는 것이다. 신이 그 여인에게 샛길로, 뒷문으로 접근했다는 이야기다. 교황은 이어 젊은 시절 신은 냉혹한 데다 복수심까지 강했다고 말하고는 마음에 드는 자들을 즐겁게 하려고 지옥까지 만들었다고 했다. 그런 신이 무슨 사랑의 신인가. 이야기는 이어져, 신은 거기에다 모든 일에 불명료한 데다 서툴기까지 해서 실수를 많이 하고도 그 화풀이를 그가 창조한 창조물에 해왔다고 했다. 그런 신도 어쩔 수 없이 늙어 기력을 잃으면서 세상과 인간을 측은해하는 마음을 갖고, 끝내 너무나도 큰 연민의 감정에 빠져 그만 질식하고 말았다는 것이다.

이에 차라투스트라는 신이 사람에 따라 다양한 얼굴을 갖고 있는 만큼 그 죽음의 방식 또한 다양하기 마련이라고 대꾸했다. 신이 '하나'가 아닐뿐더러, 사람에 따라 신을 믿게 된 경위와 끝에 가서 그 믿음을 버리게 된 경위가 다르다고 본 것이다. 신은 불명료했다는 교황의 말에 차라투스트라가 거들고 나섰다. 신은 처음부터 그랬다는 것이다. 말을 모호하게 하고는 그것을 제대로 알아듣지 못했다며 사람들에게 분풀이해왔다는 것이다. 그것이 귀 탓이라면 그런 귀를 인간에게 만들어준 것은 누구인가? 서툰 옹기장이가 자신이 만든 볼품없는 옹기를 나무라는 격으로서, 취향치고는 고약한 취향이다. 그런 신이라면 사라져도 아쉬울 게 없다는 것이었다.

차라투스트라의 말에 교황은 신을 믿지 않는 차라투스트라야말로 차라투스트라 자신이 생각하는 것보다 더 경건하다고 말하고는, 그의 내면에 어떤 신다운 신이 있어 거짓 신의 존재를 받아들이지 않도록 했으리라 덧붙였다. 이때 '어떤 신'은 그리스도교의 거짓 신에 맞서 생명의 희열을 노래하고 영원한 생성과 파괴를 예찬하는 신 디오니소스를 가리킨다.

이쯤에서 교황은 차라투스트라에게 하룻밤이라도 좋으니 자신을 손님으로 받아달라고 부탁했고, 차라투스트라도 그리하자고 했다.

뒤늦게나마 신의 죽음을 받아들인 교황이 맘에 들었던 것이다. 바로 그때 또다시 절박하게 부르짖는 소리가 들려왔다. 차라투스트라는 교황에게 자신의 동굴에 이르는 길을 가르쳐주고는 서둘러 부르짖는 소리가 나는 쪽을 향해 발길을 재촉했다. 길을 떠나면서 차라투스트라는 교황에게 다시 확인이라도 해주듯 누군가가, 그리고 언젠가 그대의 죽은 신을 다시 깨우려 하겠지만 신은 철저히 죽어 없다고 말해주었다. 실제로 이런 일이 이 책 끝부분에 나오는 〈되살아남〉에서 일어난다.

더없이 추악한 자

절박하게 부르짖는 사람을 찾아 길을 달리던 차라투스트라는 어느
덧 '뱀의 죽음'이라는 골짜기에 들어서고 말았다. 죽음을 앞에 둔 녹
색 뱀만이 찾아오는 죽음의 계곡이었다. 풀 한 포기 자라지 않고 새
소리 하나 들리지 않았다. 많은 상념이 차라투스트라를 짓눌렀다.
언젠가 한 번 와본 듯한 골짜기였다.[19] 그는 느릿느릿 걸었다. 그러다
가 끝내 멈춰 섰다. 그때 추악한 모습을 한 사내[20]가 길가에 앉아 있
는 것이 보였다. 보아하니, 신을 살해한 자였다. 신과 격한 싸움을 벌
인 뒤여서 몰골이 말이 아니었다. 승자의 의연함은 찾아볼 수가 없
었다. 신을 극복하는(죽이는) 데는 성공했지만, 그 살해 행위를 아직
극복하지 못한 탓이다. 신과의 싸움은 신을 신앙해온 자신과 벌이
는 싸움으로서 거기에는 많은 허탈감과 가책, 아쉬움이 뒤따르기 마
련이다. 그런 싸움을 해왔으니 그 행색을 알 만했다. 행색에서 1부에
나오는 '창백한 범죄자'를 떠오르게 하는 인물이다.

  신을 살해한 자 이야기는 니체의 또 다른 작품인 《즐거운 학문》

3부 125에도 나온다. 거기에는 미친 사나이로 나온다. 미친 사나이는 사람들에게 신의 죽음을 전하면서 바로 우리가 신을 죽였다고 했다. 우리의 칼에 아직 신의 피가 묻어 있다고도 했다. 이어 살인자 중의 살인자인 우리는 어디서 위안을 얻을까 묻고는, 신을 살해한 덕분에 이후 세대는 보다 높은 역사에 속하게 되었다고 했다. 그만큼 위대한 일을 해냈다는 것이다. 그러나 그것은 나중 일, 이 미친 사나이도 몰골이 말이 아니었다.

신을 살해한 자의 처연한 모습에 차라투스트라는 저도 모르게 수치심을 느꼈다. 보기에도 민망하고 안쓰러웠다. 누군가가 자신의 처연한 모습을 보고 있으니 신을 살해한 자 또한 수치심을 느꼈을 것이다. 차라투스트라는 마음이 무거웠다. 그래서 그는 더욱 얼굴을 붉힌 채 그 고약한 장소를 빠져나가려 했다. 그때 땅속에서 그르렁대는 소리가 났다. 그 소리는 이내 사람의 말이 되어 솟아오르더니 차라투스트라를 붙잡았다. 그를 불러 '완고한 호두까기'라고 하고는 수수께끼 하나를 내었다. 호두를 까듯 한번 풀어보라는 것이다. 수수께끼는, 자신을 감시하는 목격자에 대한 앙갚음은 무엇이며, 그런 앙갚음을 할 수밖에 없었던 자는 누구인가 하는 것이다.

그 순간 격한 연민의 정이 차라투스트라를 덮쳐왔다. 그와 함께 그는 이내 땅바닥에 쓰러지고 말았다. 그러나 그는 언제 그랬냐는 듯 벌떡 일어났다. 그 짧은 시간에 연민의 정을 딛고 일어선 것이다. 일어선 차라투스트라는 수수께끼를 낸 그자에게 응수하듯 되물었다. 앙갚음은 살인이고, 앙갚음을 할 수밖에 없었던 자는 하늘에서 판관의 눈초리로 인간의 더없이 더러운 구석과 속내, 그리고 은폐된 치욕과 추함을 놓치지 않고 지켜보고 있는 목격자를 두고는 살 수 없었던 자, 그리하여 '너, 아니면 나'의 심정으로 힘겨운 싸움을 벌인 끝에 그 목격자를 죽여 없앤 자가 아니겠냐고 했다. 어려운 수수께 끼는 아니었다.

수수께끼를 풀었으니 차라투스트라로서는 더 이상 그곳에 지체할 이유가 없었다. 그래서 떠나려 하자 저 더없이 추악한 자가 놓아주지 않았다. 사람들이 연민의 정으로 그를 뒤쫓고 있으니, 저들의 추적에서 벗어나도록 도와달라는 것이다. 피난처가 되어달라는 부탁이었다. 연민의 정의 대상이 되다니, 얼마나 자존심 상하는 일인가? 차라리 증오로 추적을 받는다면 명예가 될 것이다. 예수는 말할것 없고 소크라테스도 적대적 민중의 추적을 받지 않았던가.[21]

연민의 정에서 돕겠다고 달려드는 것보다 돕기를 거부하는 행위가 더 고결하다. 차라투스트라가 저들과 달랐던 것은 신을 살해한 자의 참담한 모습에 얼굴을 붉히고는 그 자리를 뜨려 했다는 점이다. 수치심에서였다. 수치심은 자존심의 표현이다. 더없이 추악한 자는 얼굴을 붉히는 것을 보고 그가 차라투스트라임을 알아보았노라고 했다. 다른 사람이었다면 연민의 정에서 적선을 했을 텐데 차라투스트라였기에 수치심을 느꼈다는 것이다. 덧붙여 그는 수치심을 보임으로써 차라투스트라가 자신을 영예롭게 했다고까지 말했다.

신이 독생자 예수를 십자가의 제물로 바친 것도 죄의 짐을 지고 힘겹게 살고 있는 인간에 대한 연민의 정 때문이었다. 예수를 인간 세계로 내려보내 인간이 지은 죄를 대신 짊어지도록 한 것인데, 신이 몰랐던 것이 그럴 때 인간이 느낄 수치심이었다. 알았다면 인간에게 더 마음을 썼을 것이다. 그러니까 보란 듯이 자기 아들을 희생시켜가며 인간을 한층 수치스럽게 만들지는 않았을 것이다. 그러는 대

432

신 인간에게서 눈을 돌렸을 것이다. 그러니까 그토록 집요하게 눈을 부릅뜨고 인간의 부끄러운 구석 하나하나를 감시하지는 않았을 것이다. 그 점에서 신은 주제넘었다. 그런 신과 비교할 때, 수치심에서 얼굴을 붉힌 차라투스트라가 얼마나 인간적인가. 그런 차라투스트라가 아니라면 누구에게 몸을 의탁하겠는가? 누가 저 더없이 추악한 자에게 피난처가 되어주겠는가.

더없이 추악한 자는 이야기를 이어갔다. 이번에는 소인배들이 지배하게 된 세태에 대한 개탄이었다. 소인배들에게 선한 것이 결국 선이 되고 말았다는 것이다. 그리고 저들은 같은 출신이면서 저들을 대변해온 자, 곧 "내가 곧 진리"라고 한 성자 예수의 말을 진리로 받아들였고, 예수는 예수대로 연민의 정을 덕으로 떠받드는 저들의 권리를 옹호함으로써 저들의 볏을 부풀어 오르게 해왔다는 이야기다. 하나같이 수치심을 모르는 사람들이다.

그런 소인배의 세상에서 차라투스트라를 만났으니 더없이 추악한 자에게는 행운이 아닐 수 없었다. 그래서 반색했지만, 마음에 걸리는 것이 있었다. 잠깐이기는 했지만, 차라투스트라가 그에게 보인 연민의 정이 걱정되었던 것이다. 연민의 정을 경고하면서도 차라투스트라 자신은 정작 그 정을 온전히 딛고 일어서지 못한 것처럼 보였기 때문이다. 앞으로 고난 속에서 길을 잃고 구조를 요청하는 사람들이 줄을 지어 올라올 텐데, 어쩔 것인가? 여기서 더없이 추악한 자는 차라투스트라에게 도끼가 되어 그를 넘어뜨릴 수도 있는[22] 그 자신의 연민의 정부터 철저하게 경계해야 한다고 충고 아닌 충고를 했다. 연민의 정이 차라투스트라를 넘어뜨릴 도끼가 될 수도 있다는 경고였다. 차라투스트라는 이 경고의 의미를 잘 알고 있었다. 구조를 요청하며 절규하는 사람들에게 달려가게 한 것은 저들에게 느낀 연민의 정이 아니었던가? 그런 일은 절박하게 부르짖는 소리가 들리는 한 반복되겠지만, 차라투스트라도 이미 이때의 정을 예언자의 입을 통해 그가 범할 마지막 죄과로 부름으로써 앞으로는 그런 일이 없을 것임을 암시한 바 있다. 4부 〈절박한 부르짖음〉에서였다.

그사이에 차라투스트라에게 한기가 들었다. 그래서 그곳을 떠날 생각이었다. 저 더없이 추악한 자도 만류하지 않았다. 차라투스트라는 그곳을 떠나면서 그에게 자신의 동굴로 올라가 지친 심신을 달래도록 권했다. 이 더없이 추악한 자야말로 자신을 경멸하듯 사랑하는 자, 그것도 크게 사랑하는 자이자 크게 경멸하는 자라고 생각한 차라투스트라는 그렇다면 그가 바로 절박하게 외쳐댄 '보다 지체 높은 인간'이 아닐까 자문해보았다.

자신을 사랑하지 않는 자는 자신을 경멸할 줄 모른다. 현실에 만족하는 사람도 자신의 현실을 경멸할 줄 모른다. 자신을 사랑하고 보다 높은 이상을 지닌 사람만이 할 수 있는 것이 자신과 자신의 현실에 대한 경멸이다. 여기서 자신에 대한 경멸은 위대한 경멸이 되며, 위대한 사랑의 표현이 된다. 차라투스트라가 늘 해왔던 말이다. 더없이 추악한 자는 자신의 추악한 몰골을 경멸해왔다. 그것만으로도 좋은 일이다. 다만 자신에 대한 경멸 하나만으로는 안 된다. 그 경멸조차 이겨내야 한다. 그것을 뛰어넘어 높이 솟아오르는 순간 아무리 추악한 자라도 웃음을 되찾을 것이며, 그 몰골 또한 더없이 아름답게 거듭날 것이다.

제 발로 거렁뱅이가 된 자

더없이 추악한 자를 동굴로 올려 보낸 차라투스트라는 서둘러 길을 떠났다. 추웠다. 외롭기까지 했다. 그렇게 길을 오르락내리락하던 중 그는 돌연 온기를 느꼈다. 웬일인가 싶어 주변을 둘러보니 언덕 위에 암소들이 모여 있었다. 저들의 따뜻한 숨결에서 온기를 느낀 것이다. 암소는 순진하며 온화한 동물, 묵묵히 말씀을 되새기며 주인을 따를 뿐인 그리스도교 신자들이 그런 암소다. 차라투스트라가 언덕 가까이 가자 저들 틈에서 사람 목소리가 들렸다. 누군가가 암소들에 둘러싸여 봉변을 당하고 있을지 모른다는 생각이 들어 차라투스트라는 서둘러 언덕으로 뛰어 올라갔다. 올라가보니 암소 무리 속에서 어떤 사나이가 뭔가 말을 하고 있었다. 가난한 사람들과 삶을 함께 하려고 부유한 집을 뛰쳐나와 제 발로 거렁뱅이가 된 산상 설교자였다. 아시시의 성자 프란체스코를 떠오르게 하는 자였다.

그는 부유한 사람들의 사치와 허영, 그리고 탐심에 역겨움을 느껴 집을 뛰쳐나오고 말았다. 제 것, 남의 것 가리지 않고 게걸스럽게 먹어 치워 배를 채우고는 하늘을 향해 악취를 내뿜는 잡것들에 대한 역겨움이었다. 그런 저들이야말로 요란하게 겉칠을 한 속물, 그러니까 천민이 아닐 수 없다. 역겨움에서 저들을 등지고 가난한 사람들을 찾아 나섰지만 정작 그를 기다린 것은 또 다른 천민이었다. 이번에는 있는 자에 대한 분노와 복수심 따위를 불태우는 노예근성의 천민 노예들이었다. 있는 자의 것을 빼앗아 제 것으로 만드는 행위를 사회적 정의이자 권리로 포장해 내놓은 뻔뻔스러운 자들이었다. 오늘날은 모두가 평등한 민주의 시대, 부자도 있을 수 없고 가난한 자도 있을 수 없다. 방자해질 대로 방자해진 저 천민 노예들은 가진 자의 시혜를 자신들이 구현하는 사회정의와 권리를 모독하는 것으로 받아들여 분노하기까지 한다. 감히 누가 누구에게 베풀겠다는 것인가. 때는 반역의 시대, 곳곳에서 복수심에 불타는 천민 노예들이 폭도가 되어 날뛰고 있었다.

위에도 천민, 아래도 천민! 온통 천민의 세상이다. 그런 천민에 대한 역겨움에서 어떻게 벗어날 것인가. 어디로 갈 것인가. 푸른 풀밭에서 평화롭게 풀을 뜯는 가난하고 온화한 암소들이라면 그 같은 역겨움을 일으키지 않을 것이다. 단맛이 날 때까지 되새김질하는 것이 암소들 아닌가. 산상 설교자는 암소들을 찾아 상처 난 마음을 달래면서 지상에서 누릴 행복을 잠시라도 누릴 수 있지 않을까 하는 생각으로 여기 언덕을 오른 것이다. 그는 마침 암소들에게 되새김질하는 법을 배우고 있었다. 독일 말로 되새김Wiederkäuen에는 '곱씹어 곰곰이 생각한다'는 의미가 있다. 천민에 대한 격분, 증오, 격앙, 역겨움 따위는 말할 것도 없고 묵직한 생각 또한 지금까지 채식을 해온 산상 설교자가 그냥 삼키기에는 너무 부담스러운 것들이다. 그는 그런 것들을 소화해낼 능력이 없었다.

산상 설교자는 그런 격분과 역겨움 따위를 멀리하고 숨결을 깨끗이 하는 곡물을 즐겨 먹어왔다. 곡물은 소화해내는 데 한층 수월하다. 그러나 그것도 잘게 씹어 삼켰을 때 이야기다. 되새김을 할 수 있으면 더 바랄 것이 없다. 그렇게 먹은 것을 완전히 소화해냄으로써 위장을 가볍게 해 역겨움이라는 삶의 비애에서 벗어날 수 있기 때문이다. 세상을 다 얻고도 되새김질 하나를 배우지 못했다면 무슨 소용인가![23] 그러나 쉬운 일이 아니다. 태생이 되새김하게 되어 있는 암소라면 문제가 없을 것이다. 그런 암소가 아니라면 누구에게 되새김하는 법을 배우겠는가? 마침 암소들 곁에 와 있으니 산상 설교자로서는 절호의 기회였다. 예수는 '산상수훈'에서 마음이 가난한 자에게 복이 있나니 천국이 저희 것이라고 했지만[24], 이는 더 이상 진리가 아니다. 천국은 암소에게 있다. 암소가 되어야 한다.[25]

차라투스트라는 암소들 틈에서 뭔가를 말하고 있던 산상 설교자에게 눈길이 갔고, 산상 설교자 또한 느닷없이 나타난 차라투스트라에게 눈길을 주었다. 그는 곧 차라투스트라임을 알아보고는 횡재라도 한 듯 감격의 눈물을 흘리며 달려와 그의 손에 입을 맞추었다. 마침내 역겨움을 모두 극복한 구세주를 만난 것이다. 그런 그에게 차라투스트라는 주는 것이 받는 것보다 얼마나 더 어려운 일인지를 터득했겠다고 말했다.[26] 아무리 열심히 설교해도 묵묵부답인 암소들을 두고 한 이야기다. 차라투스트라는 산상 설교자에게 이쯤에서 저들 온순한 암소와 작별하고 그의 동굴로 올라가 육식의 즐거움을 아는 그의 독수리와 뱀을 만나보는 것이 좋겠다고 말해주었다. 독수리와 뱀이야말로 온유와 평화, 그리고 인내심과는 거리가 먼, 현실에 대한 분노와 증오, 격앙, 그리고 역겨움 속에서 자신을 주장할 담력과 지혜를 가진 짐승들이다. 담력과 지혜야말로 다가올 시련과 고뇌, 전통 가치를 전도시키고 거친 자연 속에서 살아가야 할 인간이 갖추어야 할 덕목들이 아닌가. 독수리와 뱀은 채식이 아니라 육식을 즐긴다.[27] 영원회귀와 같은 묵직한 사상을 소화하려면 곡물을 되새김질하는 정도로는 되지 않는다. 채식의 즐거움은 그 정도로 하고 육식으로 소화력을 키워가야 한다.

차라투스트라는 산상 설교자에게 동굴에는 새로 채취한 꿀도 있다고 일러주었다. 그 말이 마음에 들었던지, 산상 설교자는 차라투스트라에게 그가 암소들보다 더 좋다고 입바른 말을 했다. 사탕발림이었다. 그 같은 아첨에 화가 치밀어 오른 차라투스트라는 지팡이로 산상 설교자를 내리쳤다. 그러자 눈 깜짝할 사이에 산상 설교자는 도망을 치고 말았다.

그림자

차라투스트라는 다시 혼자가 되었다. 그런데 이게 뭐지? 뭔가 뒤에서 붙잡는 것이 있었다. 그의 그림자였다. 조용했던 산이 사람들로 붐비는 데다 그림자까지 따라붙자 짜증이 났지만, 어찌하겠는가! 평생 그의 발꿈치를 쫓아다닌 녀석인 것을.

그림자는 빛의 동반자다. 빛이 없으면 그림자도 없다. 차라투스트라는 지금까지 인식의 빛을 향해 한 걸음 한 걸음 앞으로 나아갔다. 그런 그로서도 어쩔 수 없었던 것이 그가 뒤에 남긴 그림자다. 인식의 이면으로서 그가 거부하고 극복해온 것들이 남긴 어두운 자취였다. 차라투스트라가 무엇을 하든 그 그림자는 항상 그의 뒤에 있었다. 그와 온갖 모험과 고난을 같이해왔으며 신과 더불어 최고 가치를 잃으면서 느꼈던 상실감 또한 함께해왔다. 그러나 그림자는 뿌리가 없어 자기 존재의 근원이 되지 못한다. 그래서 허구한 날 정처 없이 따라다닐 뿐이다. 그런 그에게는 갈 목표도 돌아갈 고향도 없다. 영원한 뜨내기일 뿐이다.[28]

여기서 그림자가 차라투스트라를 맹목적으로 추종하는 제자를 가리킨다고 보는 해석도 있다. 차라투스트라가 경계했던, 단지 따라할 뿐 주체적 판단이나 행동이 없는 추종자를 가리킨다는 것이다.[29] 그럴 때 그림자는 거북스럽고 귀찮은 동반자가 된다. 그럴 수 있으나 그 의미가 너무 한정적인 데다 보다 지체 높은 인간을 다루는 앞뒤 이야기로 보거나 그림자에 대한 니체의 다른 글과 비교해볼 때 다분히 돌출적이라는 느낌이 든다. 아무튼 해의 위치에 따라 달라지겠지만, 그림자는 차라투스트라가 베푼 가르침의 자취를 길게 늘여 세상에 남겨놓을 수 있다. 이럴 때 그림자는 차라투스트라의 가르침이 남길 길고 어두운 울림이나 여운을 가리킨다 하겠다. 차라투스트라로서는 우려할 만한 일이다.

니체는 이미 《인간적인 너무나 인간적인 II》에서 '나그네와 그의 그림자'라는 표제로 두 차례 그림자 문제를 다룬 일이 있다. 나그네와 그림자의 대화로 되어 있는데, 앞의 대화에서 나그네는 얼굴의 아름다움, 말의 명료함, 그리고 성격의 선량함과 건실함이 존재하려면 그림자도 빛만큼이나 필요하다고 말한다. 빛만 있으면 우리는 대상을 알아보지 못한다. 대상의 윤곽과 깊이를 드러내주는 것은 그늘인 그림자다. 우리가 얼굴의 아름다움을 알아보는 것도 요소요소에 명암이 있어 입체적으로 그 모습을 드러내주기 때문이다. 여기서 그림자는 불만을 토로한다. 나그네야 그를 친구 또는 사랑하는 어릿광대로 불러 반기지만, 사람들이 정작 듣는 것은 나그네의 의견일 뿐, 그의 생각은 해주지 않는다는 것이다. 이에 나그네는 사람들은 오히려 그의 의견 속에서 자신보다 그림자를 더 많이 알아본다고 대꾸한다. 정작 언짢아할 사람은 자신이라는 것이다. 이 대화에서 그림자는 나그네의 친구로 나온다.

뒤의 대화에서는 그림자가 말을 걸자 나그네는 목소리가 작기는 하지만 그 말이 자신이 하는 것으로 들린다고 말한다. 그림자는, 사람들이 그를 두고 뻔뻔스럽다느니 뭐니 해가며 헐뜯고, 너무 자주 인간을 따라다닌다고 하지만 노예로서 따라다니는 것은 결코 아니라고 항변한다. 인간이 빛을 피하면 자신은 그런 인간을 피하게 된다는 것, 그 정도의 자유는 누리고 있다는 것이다. 그러면서도 완전한 인간의 지식을 얻기 위해서라면 노예라도 되고 싶다고 말한다. 빛을 드러내는 일이라면 기꺼이 나서주겠다는 것이다.[30] 여기서는 그림자가 나그네의 협조자로 나온다.

나그네 이야기는 《차라투스트라》 3부 〈나그네〉에 이미 나왔다. 거기서는 차라투스트라가 나그네이자 산을 오르는 자로 나온다. 그러나 여기서는 나그네가 그의 그림자, 차라투스트라와 동고동락을 해온 만큼 할 말이 많다. 그림자는 표면이란 표면은 다 앉아봤다. 어디에 앉든 자기 존재의 뿌리를 갖고 있지 않으니 그림자에게는 모든 것이 표면일 수밖에 없다. 내용이 없는 허깨비라도 되듯 유령처럼 인식의 차디찬 세계도 누벼보았으며, 경계석을 옮기고 우상을 파괴하는 등, 해도 될 일과 안 될 일을 가리지 않고 다 해보았다. 그렇게 정처 없이 떠돈 그에게 이 대지는 너무나도 둥글었다. 어디든 편히 앉아 쉴 곳이 없었다. 둥근 대지는 영원회귀를 암시하기도 한다. 차라투스트라를 따라다닌 긴 세월, 마침내 그림자는 자신에게 "그 어느 것도 참되지 않다. 모든 것이 허용된다"[31]라고 말할 수 있게 되었다. 그림자다운 넋두리였다.

차라투스트라가 진리를 찾아 어디를 가든 그림자도 함께 갔다.

따라다닌 것인데, 너무 바짝 따라다닌 탓에 종종 그의 발에 차이기까지 했다. 영국에 "진리를 너무 가까이서 좇는 사람에게는 목을 날릴 위험이 있다"는 속담이 있다.[32] 물론 그림자라고 해서 아무 생각 없이 따라다니기만 한 것은 아니다. 때때로 거짓을 말하기도 했다. 그가 참을 찾아낸 것은 그럴 때였다. 참은 거짓을 통해, 진리는 비진리를 통해 자신의 모습을 드러낸다. 따라서 거짓을 모르는 사람은 참을 알 수 없다.《차라투스트라》와 같은 시기에 니체가 남긴 유고에 다음과 같은 글이 있다. "나는 많은 진리가 승리하는 것을 보았다. 그럴 때마다 친절하게도 그 승리를 뒷받침해준 것은 백 개나 되는 오류들이었다."[33]

아무튼 그렇게 평생을 따라다닌 그림자, 이제 탈진하여 쓰러질 지경이 되었다. 거기에다 남은 것이라고는 고작 갈피를 잡지 못하는 의지와 푸드덕거리는 날개, 그리고 부러진 척추 정도다. 몸은 야월 대로 야윈 데다 타율적 삶을 살아왔을 뿐 내용이 없으니, 얇고 속이 텅 비어 있을 수밖에 없었다. 차라투스트라는 그런 그림자가 측은했다. 생각해보면, 자신의 또 다른 모습이 아닌가? 그래서 그를 자유로운 정신이라 부르고는, 자신의 동굴을 가리키며 올라가 휴식을 취하도록 권했다.

본문에 "내 그림자가 나를 부르는 것인가? 하지만 나와 무슨 상관이람! 뒤쫓고 싶다면 그렇게 하라지! 나 계속해서 달아나고 말 것을"이라는 말이 있다. 차라투스트라의 이 말은 본래의 뜻과 상관없이 이후 일단의 예술가들을 고무했다. 시대의 그림자, 이를테면 고전주의 형식에서 벗어나는 한편 순간의 인상을 중요하게 생각한 인상주의를 넘어 내면의 강렬한 느낌을 표출하려 했던 20세기 표현주의자들이 그런 예술가들이다. 그들은 차라투스트라의 이 말을 투쟁 표어로 삼기까지 했다.

정오에

차라투스트라는 달리고 또 달렸다. 인적은 끊겨 있었다. 달리면서 그는 고독을 음미해가며 좋았던 지난 일들을 떠올려보았다. 때는 시간조차 멎은 정오[34], 마침 길가에 포도덩굴로 휘감긴 고목 하나가 있었다. 덩굴에는 탐스러운 포도송이가 주렁주렁 달려 있었다. 목이 말랐다. 차라투스트라는 갈증을 잠재우려는 욕심에 포도송이를 향해 팔을 뻗었다. 순간 더 큰 욕심이 생겼다. 한잠 자고 싶어진 것이다. 그래서 그는 고목 곁에 누웠다. 눕자마자 잠에 빠져들었지만 눈만은 뜨고 있었다. 고목과 탐스러운 포도덩굴이 그의 시선을 놓아주지 않았던 것이다. 실로 오랜만에 찾아온 휴식이었다. 그는 마냥 행복했다. 행복에 겨운 그의 영혼 또한 길게 늘어졌다. 일을 모두 마치고 쉴 일곱 번째 날, 그것도 저녁이 찾아오기라도 한 걸까?

지금은 낮잠을 즐기는 목신 판을 깨우지 않으려 목동조차 피리를 불지 않는 은밀한 정오다. 정오에 이르러 세계는 둥글고 원숙한reif 황금 고리Reife(영원회귀)처럼 완전해졌다. "무엇을 더 바라겠는가? 행복해지는 데는 그토록 적은 것으로도 족한 것을!" 차라투스트라는 그렇게 말하고는 자신이 영리하다고 생각했다. 바보가 말은 더 잘하는 법이지.[35] 그러나 그것은 불경한 생각이었다. 그토록 적은 것이라고 했지만 그 정도도 필요 없으니 말이다. 더없이 적은 것, 더없이 조용한 것, 숨결 하나가 최상의 행복을 만들어내지 않는가.

지금은 은밀한 시간, 무슨 일이라도 일어난 걸까? 과거와 미래가 영원 속에 소멸해 사라져버린 것일까? 차라투스트라는 지금 영원의 우물 속으로 떨어지고 있는 것이 아닐까? 바로 그때 그의 심장을 찔러대는 것이 있었다. 행복이었다. 행복을 맛보았으니 심장이 터진들 문제가 되겠는가. 이쯤에서 그는 기지개를 켰고 늘어져 있는 그의 영혼을 다그쳐 일어나도록 했다. 갈 길이 멀지 않은가. 그러나 소용없는 일이었다. 그 자신이 다시 잠에 빠졌고, 그의 영혼은 영원의 우물 속으로 떨어지고 있는 듯했다. 그러나 그것도 잠시, 그는 기겁을 하고 잠에서 깨어나고 말았다. 햇살이 그의 얼굴로 쏟아져 내렸던 것이다. 깨어난 그는 머리 위에 펼쳐진 하늘을 향해, 그리고 영원의 우물과 정오의 심연을 향해 언제쯤 그의 영혼을 다시 거두어들일지 물었다. 영원한 회귀에서는 영혼 또한 거듭 회귀하게 되어 있어 묻는 말이었다. 그는 이내 자리를 털고 일어났다. 해가 아직 그의 머리 위에 떠 있는 것을 보니 그리 오래 자지는 않은 모양이다.

환영인사

사방이 조용했다. 절박한 부르짖음도 더 이상 들리지 않았다. 이상한 느낌이 들었다. 헛걸음을 한 걸까? 기다려보았지만 아무 기척이 없었다. 언제까지 그러고 있을 텐가. 차라투스트라는 하는 수 없이 자신의 동굴로 발길을 돌렸다. 그런데 이게 웬일이지? 동굴이 가까워지자 새삼 절박하게 부르짖는 소리가 동굴에서 들려오는 것이 아닌가. 서둘러 올라가보니 두 명의 왕, 늙은 마술사, 교황과 함께 그가 그날 스쳐 가듯 만났던 사람들이 그곳에 모여 있었다. 그가 하나하나 올려보낸 자들이니 당연한 일이었지만, 저들이 바로 절망에 빠져 절박하게 소리를 질러댄 '보다 지체 높은 인간'들이었다니 놀랄 일이었다. 차라투스트라의 독수리는 음울한 데다 어수선하기까지 한 손님들을 맞이하느라 분주하게 오갔다. 뱀은 독수리의 목을 휘감고 있었다.

차라투스트라는 놀란 마음을 가다듬고 나서 손님들을 반겼다. 그러나 분위기는 서먹서먹했다. 언짢기까지 했다. 차라투스트라를 빼고는 모두가 초면인 데다, 살아온 삶이 그랬으니 이상할 것도 없었다. 그렇다고 계속 서먹하게 있을 수만은 없는 일이었다. 마음씨 좋고 쾌활한 광대라도 나타나 분위기를 바꾸어야 했다. 차라투스트라가 나섰다. 그 자신이 어릿광대가 되어야 했으니. 그는 절망에 빠진 손님들을 위로해 편히 쉴 수 있는 피난처를 제공하겠으니 안심해도 좋다고 말해주었다. 그러고 나서 손가락 하나를 내놓을 테니 그것을 잡은 다음 손 전체와 마음을 잡도록 하라고 일러주었다. 그렇게 차라투스트라가 제공하는 안전을 받아들여 더 이상 길을 잃고 헤매는 일이 없도록 하라는 뜻이다.

오른쪽 왕이 저들 손님을 대신해서 입을 열었다. 그는 화답이라도 하듯 차라투스트라의 환영에 여기 모인 사람들 모두가 생기를 얻었고, 그와 함께 저 절박한 부르짖음 모두가 온데간데없이 사라졌다고 말해주었다. 그는 그토록 숭고하며 강인한, 거기에다 명령을 내릴 줄 아는 차라투스트라를 보기 위해 이 산에 오르지 않을 자가 있겠는지 묻기까지 했다. 덧붙여 많은 사람이 차라투스트라의 산을 오를 거라는 이야기도 해주었다. 그리되면 저들 인간 물결이 점점 높이 차오르면서 산정에 있는 차라투스트라의 조각배 또한 그 물결을 타지 않을 수 없을 거라고 했다. 이미 예언자가 차라투스트라에게 했던 말이다.

차라투스트라는 '보다 지체 높은 인간'들이 반가웠지만 아쉬운 것도 있었다. 저들에게 아직 경멸의 눈길과 함께 역겨움이 서려 있기 때문이다. 중력의 정령인 고약한 난쟁이를 온전히 떨쳐버리지 못한 탓이다. 전사가 되어 차라투스트라와 함께 위대한 과업을 수행하기에는 모두가 부족했다. 이에 그는 저들에게 "독일식으로 분명하게 deutlich" 말하거니와, 그가 이 산에서 기다린 것은 저들이 아니었다고 했다. "독일식으로 분명하게"라는 말은 바그너가 1878년 2월《바이로이트 신문》에서 "무엇이 독일식이지?"라고 자문하고는 "우리에게 분명한 것이 독일식"이라고 스스로 대답했던 것이다.[36] 그러자 왼쪽 왕이 동방에서 온 탓에 차라투스트라가 무엇이 독일식인지 잘 몰라 그리 말했겠지만, 도이틀리히deutlich라는 말을 다른 의미로 쓰려 했을 거라고 중얼댔다. 다른 의미는 바로 '조야하게', '투박하게', '고지식하게'다. 그러니까 차라투스트라가 아마 "독일식으로 투박하게"라고 말하려 했을 거라는 이야기다. 그리고 '동방'은 역사 속 차라투스트라의 고향과 활동 무대를 두고 한 말이다.

저들 모두 '보다 지체 높은 인간'일 수는 있겠으나, 정작 차라투스트라가 산속에서 기다린 것은 경멸의 눈길과 역겨움을 모두 뛰어넘은 인간, 그 자신의 꿈과 이상을 계승할 아이들이었다. 그는 아이들이 오기 전에 그 조짐으로 웃는 사자가 먼저 나타난다는 것을 알고 있었다. '보다 지체 높은 인간'들도 그 나름으로 사자이기는 하다. 그러나 목표를 잃은 채 갈피를 잡지 못해 아직 웃음의 경지에 이르지는 못했다. 다만 교량으로서 저들보다 한층 위대한 인간, 곧 웃는 사자가 오고 있다는 것을 말해주는 징표는 된다. 그 하나만으로도 차라투스트라는 크게 고무되었다. 그래서 저들에게 혹 그의 아이들에 대해 아는 것이 있으면 방문 선물로 이야기해달라고 당부했다. 무엇보다 지금 어디쯤 와 있는지가 몹시 궁금했다. 그러나 그것도 잠시, 그는 갑자기 말을 멈추었다. 아이들에 대한 애틋한 마음이 밀려왔기 때문이다.

최후의 만찬

역사상 최후의 만찬은 예수가 십자가에 못 박혀 죽기 전에 열두 제자와 벌인 만찬을 가리킨다. 이 만찬에서 예수는 빵을 떼어주면서 "나의 몸"이라고 했고, 포도주를 돌리면서 "나의 피"라고 했다.[37] 예수는 그렇게 신의 뜻을 이루기 위해 자신을 제물로 바칠 것임을 천명하고, 그의 희생으로 인류가 죄에서 구원받기를 희망했다. 차라투스트라에게도 그럴 시간이 왔다. 그는 지금까지 영원회귀와 위버멘쉬로 되어 있는 새로운 복음을 펴왔다. 힘든 일이었지만, 전망은 밝다. '보다 지체 높은 인간'들은 이미 와 있고, 웃는 사자를 거느린 아이들이 오고 있다는 조짐도 보이니 할 일을 다한 셈이다. 이제 지는 해처럼 몰락할 때가 되었다. 남은 일은 저 '보다 지체 높은 인간'들과 이쯤에서 작별하는 일 하나였다.

차라투스트라를 찾아 힘겹게 산을 오른 사람들은 하나같이 지쳐 있었다. 예언자는 허기에 갈증까지 겹쳐 애를 먹고 있었다. 그가 나섰다. 손님을 모셔놓고 말 몇 마디로 끝낼 생각이 아니라면 그가 겪는 곤경을 좀 생각해달라는 것이었다. 그 말에 차라투스트라는 거기 모인 사람들에게 서둘러 만찬을 준비하도록 했다. 마지막이 될 만찬이었다. 환영인사를 언제 했다고 벌써 최후의 만찬인가. 그러나 때가 되었으니 어찌하겠는가. 만찬에 왕은 갖고 있던 포도주를 내놓았다. 마침 차라투스트라에게는 두 마리의 어린 양이 있었다. 이렇게 하여 어린 양고기에 포도주를 곁들인 성찬이 준비되었다. 빵이 없었을 뿐이다. 이에 차라투스트라는 사람이 빵으로만 사는 것이 아니라 질 좋은 어린 양고기로도 산다고 말해주었다. "기록되어 있듯이 사람이 빵만으로 사는 것이 아니다. 신의 말씀 하나하나로 사는 것이다." 이는 《신약》〈마태오의 복음서〉 4장 4절에서 예수가 했던 말이다.

홀륭한 만찬이었다. 모두가 행복했다. 제 발로 거렁뱅이가 된 저 산상 설교자만이 양고기와 포도주를 달가워하지 않았을 뿐이다. 차라투스트라는 그런 그에게 양고기 대신에 곡물을 씹고, 포도주 대신에 물을 마시면 될 거라고 일러주었다. 덧붙여 자신은 자신과 같은 자들을 위한 계율일 뿐, 만인을 위한 계율은 아니라고 말해주었다. 강요는 하지 않겠다는 뜻이다. 이날 만찬 내내 이야기된 것은 '보다 지체 높은 인간'에 관한 것이었다.

차라투스트라는 기회가 있을 때마다 '보다 지체 높은 인간' 이야기를 해왔다. 요점은 자기극복을 통해 위버멘쉬에 한 걸음 다가선 사람이 '보다 지체 높은 인간'이라는 것이다. 인간 말종과 위버멘쉬 사이에 있는 존재로, 지체가 높다는 것은 인간 말종과 비교해서 그렇다는 이야기다. 영원회귀와의 관계에서는 새로운 관점에서 '보다 지체 높은 인간'의 의미가 규정된다. 니체는 이와 연관해서 유고에 다음과 같은 글을 남겼다. "위대한 사상을 홀로 감당하는 것은 견딜 수 없는 일이다. 계획. 나는 이 사상을 함께 나눌 수 있는, 그 사상에 의해 파멸되지 않을 사람들을 찾고 부른다. 보다 지체 높은 인간이라는 개념: 자기 자신뿐만 아니라 인간 문제로 고통스러워하는… 인간이다."[38] 이때 위대한 **사상**은 니체 사상의 핵심인 영원회귀 사상을 가리킨다.

보다 지체 높은 인간에 대하여

1

차라투스트라는 그가 산에서 내려와 인간세계에서 저지른 실수 이야기로 다시 말문을 열었다. 인간 모두에게 가르침을 펴겠다는 각오로 시장터로 갔던 일, 끝내 그곳 천민 대중에게 외면받았던 일을 두고 한 이야기였다. 저들 천민 대중은 인간은 지금까지의 자신을 극복해 위버멘쉬가 되어야 한다는 차라투스트라의 호소를 비웃었다. 저들의 주장은 신은 완전한 절대자로서 한 분뿐이고 그 모상模像에 따라 완성된 상태에서 창조된 것이 인간인 만큼 거기에는 보탤 것도 뺄 것도 없다는 것이었다. 거기에다 완전한 신의 모상이 하나인 만큼 인간 또한 모두가 같다, 곧 평등하다는 것이었다. 그런 인간을 극복 대상으로 삼는 것은 인간에게는 개선의 여지가 있고 신이 그만큼 불완전하다는 것을 의미하는데, 그런 망발이야말로 신에 대한 모독이자 도전이 아닐 수 없다고 했다.

멍청한 나귀처럼 긴 귀를 가진 천민 대중에게 평등 이상으로 소중한 것은 없다. 평등한 세계는 모두가 함께 나누고 함께 누리는 평화로운 세계이기 때문이다. 힘이 지배하는 세계에서 자력으로 살아남을 수 없는 천민 대중에게는 평등에 살길이 있다. 그래서 평등을 지키기 위해 사력을 다한다. 그런 저들은 평등을 깨고 위버멘쉬라는 높은 이상을 향해 상승을 꾀하는 사람들을 증오한다. 그런 사람들을 공적으로 몰아 독파리처럼 마구 찔러 주저앉히거나 그것도 마음대로 되지 않으면 아예 없애버리기까지 한다. 위험의 싹을 아예 잘라버리는 것이다. 차라투스트라는 그 같은 천민 대중에게 절망했다. 그렇다고 소득이 전혀 없었던 것은 아니다. 소득은, 저들처럼 길을 함께해서는 안 될 사람들이라면 거리를 두거나 모른 체하는 것이 상책이라는 지혜를 터득한 점이다.

2

신이니 뭐니 하지만 지금까지 인간에게 신 이상으로 위험한 것은 없었다. 누구든 자기 자신을 부인하고 십자가를 지지 않고는 다가갈 수 없는 것이 신이기 때문이다.[39] 인간에게 자기 부인은 죽음을 의미한다. 이는 신이 존재하려면 인간이 죽어 인간이기를 거부해야 한다는 것이 아닌가. 그러나 누가 뭐라 하든 신은 죽었고 그와 함께 신을 신앙해온 인간도 모두 죽어 무덤에 들지 않았는가. 부활은 무덤이 있는 곳에 있기 마련이니, 이제 신을 신앙해온 사람들에게도 부활할 일만 남았다. 재가 된 옛 신앙에서 불사조처럼 새로운 생명이 태어나는 일만 남은 것이다. 이제야 인간이 본연의 모습을 되찾아 주체적으로 자신의 삶을 살 길이 열린 것이다. 그렇게 인간은 신의 그늘에서 벗어나 위대한 정오를 맞이했다. 그리고 그와 함께 위버멘쉬의 시대가 열렸다. 인류 미래를 위한 산통은 이미 시작되었다.

3

저 아래 천민 잡동사니에게는 어떻게든 살아남는 일이 전부다. 그런 저들에게는 건강과 장수 이상으로 소중한 것이 없다. 거기에다 삶이 안일해 만족스럽다면 더 바랄 것이 없다. 그리고 되도록 많은 사람이 그런 삶을 누린다면 세상은 그만큼 낙원이 될 것이다. '절대다수의 행복', 이것이 저들이 즐겨 노래하는 공리주의 이념이다. 그런 세계를 지배하는 것은 고작 생존을 향한 의지다. 저들은 그 이상의 가치를 보지 못한다.

저들과 달리 차라투스트라의 으뜸 관심사는 "어떻게 하면 살아남을까?"가 아니라 "어떻게 하면 사람이 극복될까?" 하는 것이다. 그는 단순한 생존을 넘어 위버멘쉬를 목표로 창조적 삶을 살아왔다. 그런 삶을 지배하는 것은 힘에의 의지다. 생존에의 의지란 약자의 세계에나 있는 것으로, 힘을 향한 의지의 치명적인 오해다. 생명체인 인간 또한 진화도 하고 퇴화도 한다. 이때 진화와 퇴화를 일으키는 것이 끝없이 힘을 확보해 자신을 주장하려는 의지 사이의 싸움, 곧 힘에의 의지다.

오늘날은 천민의 세상이다. 비록 하찮은 자들이지만, 위버멘쉬에게는 천민 이상으로 위협적인 것이 없다. 아무리 강인한 자라 하더라도 저들의 독침과 소란을 견뎌내는 것이 그만큼 어려운 일이기 때문이다. 그런 세상은 역겹다. 그런 세상에 역겨움을 느낀다는 것은, 거듭 말하지만 그 자체로 바람직한 일이다. 역겨움 그 자체가 '보다 지체 높은 인간'의 징표이기 때문이다.[40] 역겨움은 자신의 현실을 내려다볼 수 있는 사람만이 갖는 자기성찰의 소산으로서, 힘의 구현에서 출발점이 되기도 한다.

여기 '보다 지체 높은 인간'들도 자신과 힘겨운 싸움을 해왔다. 현실에 대한 경멸에서다. 그렇게 자신들과 싸워가며 차라투스트라를 찾아 산을 오르다가 끝내 길을 잃고 헤매기도 했다. 용케 차라투스트라를 만나 구제는 되었지만, 지친 데다 어찌할지를 몰라 혼란스럽기만 했다. 그렇기는 하나 최선의 길에 들어섰으니 그 하나만으로도 얼마나 다행인가!

4

용기가 있어야 한다. 보는 사람, 곧 목격자나 감시자 앞에서 과시하듯 보이는 용기가 아니라 온갖 두려움을 혼자서 이겨낼 은둔자의 용기 말이다. 거기에다 담대해야 한다. 의연하게 두려움을 제어해야 하며, 긍지를 갖고 저 아래 까마득한 심연을 내려다볼 만큼 담대해야 한다. 심연을 응시하고 발톱으로 그 심연을 움켜잡는 독수리와 같은 자가 진정 용기 있는 자다.

5

세상과 타협해서는 안 되며, 세상의 평판에 연연해서도 안 된다. 사람은 악하다고 말하는 자들이 있다. 더없이 지혜롭다는 자들이 하는 개탄이다. 그 말이 진실이기를 바란다. 저들이 악으로 몰아 배척해온 것들, 이를테면 불평등, 불의, 적의, 폭력, 착취, 탐욕 따위야말로 생을 일으켜 세우는 최상의 힘이기 때문이다. 차라투스트라는 3부 〈악 셋에 대하여〉에서 세상에서 악으로 매도되어온 것들을 저울질해본 일이 있다. 결과는, 삶 자체는 도덕 이전의 자연이고, 악으로 여기는 것들 또한 자연적 성향에 기인하는 만큼 도덕의 규정을 받지 않는다는 것이었다.

사람들이 아직 악하다니 얼마나 다행인가. 그만큼 자연에 따른 삶을 살고 있다는 것이 아닌가. 그러나 그 정도로는 부족하다. 더 철저하게 악해질 필요가 있다. 저들이 최악이라 부르는 것이야말로 위버멘쉬의 출현을 위해서는 최선이 되니 말이다. 죄라는 것도 마찬가지다. 신에 대한 불순종이 죄라면, 신을 극복한 인간에게는 그런 불순종이 크나큰 자부심이자 위안이 될 것이다. 나귀처럼 우둔한 자들으로 이 말을 하는 것은 아니다. 온순한 양의 발톱으로는 포착할 수 없는 지혜가 그 속에 담겨 있다.

6

차라투스트라는 자신을 찾아 힘겹게 산을 오른 손님들에게 잠시 휴식하도록 자리를 마련해줄 뿐, 저들이 그르쳐온 일들을 바로잡아주고 갈 길을 평탄하게 해줄 생각은 아니라고 말해주었다. 저들이 지고 힘들어하는 짐을 덜어줄 생각이 없다는 것이다. 오히려 새로운 가르침으로 짐을 보태 더욱 힘들게 하겠다는 것이다. 모진 시련과 연단, 담금질을 이겨내며 더욱 단단하게 성장해야 할 자들이기 때문이다.[41] 저들은 번개를 맞을 만큼 하늘 높이 자라야 한다. 번개에 맞아 파멸하지 않고는 불사조처럼 홀연히 되살아나 비상할 수 없다.

물론 저 '보다 지체 높은 인간'들도 나름대로 고뇌해왔다. 아쉬운 것은 저들이 자신의 문제로 고뇌해왔을 뿐, 인류의 문제로 고뇌하지는 않았다는 점이다. 저들에게 그럴 여력이 아직 없기 때문인데, 탓할 일만은 아니다. 이제라도 늦지 않았으니 인류의 미래를 내다볼 경지에 오르기만 하면 된다.

7

차라투스트라의 지혜는 번개를 잉태한 먹구름처럼 겹겹이 쌓여왔다. 그 지혜는 점점 조용해지고 어두워지고 있다. 전압이 서서히 오르는 것이다. 머지않아 번개가 내리치고 사람들은 혼비백산할 것이다. 번개를 용케 모면하고는 살았다고 안도하는 사람들이 있을 것이다. 번개를 맞을 가치가 없는, 부활에 대한 꿈과 능력이 없는 자들이다. 차라투스트라는 그런 인간에게까지 번갯불이 되어줄 생각이 없다. 빛이 되어줄 생각이 없는 것이다. 빛이라 불리기조차 싫다. 그 대신 그는 지혜의 섬광으로 그런 자들의 눈을 후벼내어 아무것도 보지 못하도록 할 참이다. 구제가 가능하지 않은 자는 가차 없이 버리겠다는 뜻이다. 3부 〈낡은 서판들과 새로운 서판들에 대하여〉 17에서 그는 이미 "치유가 가능하지 않은 환자를 위해 의사가 되고자 해서는 안 될 것"이라고 말한 일이 있다.

8

힘에 부치는 일은 바라지도 마라. 자신의 능력 이상을 바라는 사람들은 자신을 과장하고 그만큼 거짓말을 하게 된다. 위폐범과 연기자들에게서 볼 수 있는 일이다. 저들은 사람들을 속여가며 위대한 자라도 되는 양 요란을 떨지만, 그런 과시는 사람들이 오히려 위대한 것을 불신하도록 만들 뿐이다. 그리고 현란한 자기과시로 자신들을 속일 뿐이다. 그런 자들은 끝내 '회칠한 무덤'이 되고 주변 눈치나 보는 사팔뜨기가 되고 만다. 정직해야 한다. 위대하며 올곧고 정직한 것에 대한 감각을 잃어버린 천민의 세상에서 정직 이상으로 소중한 것은 없다.

9

턱없이 믿으려 하지 말 일이다. 비판적일 필요가 있다. 모든 일에 한 번쯤은 불신해보는 것이다. 그런 불신이 건전한 불신이다. 그와 함께 자신의 근거를 함부로 드러내지 말 일이다. 근거 없는 저들의 맹목적

믿음을 무슨 근거로 뒤집어엎겠는가. 무슨 주장을 하든 근거를 대면 오히려 저들은 그 주장을 믿지 못할 것이다. 저들에게는 근거를 대신하는 것이 몸짓이다. 시장터에 가보면 알 수 있다. 고상한 거동으로 사람들을 설득해온 자들이 얼마나 많은가? 바그너처럼 말이다.[42] 시장터에서도 진리가 승리할 때가 있긴 있다. 그럴 때 얼마나 많은 오류가 그 대가를 치렀는지 다시 한번 생각해볼 일이다.

학자들도 경계할 일이다. 즐겨 근거를 댄다는 점에서 천민과 다르지만, 저들이 내놓는 근거들을 보면 한심하다. 남의 업적을 제 것인 양 떠벌려가며 내놓는 것이 고작이지 않는가. 그런 저들에게는 참된 근거를 기대할 수 없다. 그런 학자들은 멀리하는 게 좋다. 차갑고 건조한 눈을 가진 저들 손에 걸리기만 하면 누구든 털이 모두 뜯긴 새 꼴이 되고 말기 때문이다. 탐색과 약탈의 대상이 되어 난도질을 당하고 마는 것이다. 뿌리가 없는 데다 스스로 지식을 산출할 능력도 없는 자들이어서 그렇다.

그런데도 저들은 진리를 위해 헌신하고 있다고 뽐낸다. 오류를 일으키는 온갖 격정에서 자유로우며, 그만큼 정직해 거짓말 따위는 하지 않는다는 것이다. 그렇다고 치자. 거짓을 모르는 자가 어떻게 참을 알겠는가? 거짓말을 하지 못하는 무기력이 곧 진리에 대한 사랑은 아니다. 격정에서 자유롭다는 것도 그렇다. 그처럼 얼어붙은 정신으로 무엇을 하겠다는 것인가. 차라투스트라는 2부 〈학자들에 대하여〉와 〈때 묻지 않은 깨달음이란 것에 대하여〉에서 학자들의 불임 상태를 꼬집은 바 있다.

10

이쯤에서 차라투스트라는 손님들에게 충고 삼아 한마디 했다. 산을 오를 때 실려 오르는 일은 없어야 한다는 것이다. 다른 사람의 도움 (등)이나 권위(머리)에 의지해서가 아니라 자신의 힘으로 오르도록 하라는 것이다. 이는 일찍이 그가 제자들에게 한 당부이기도 하다.[43]

11

누구든 자기 자신의 아이만을 잉태할 뿐이다. 사상도 마찬가지여서 그 누구도 다른 사람을 대신해서 사상을 잉태해줄 수는 없다. 이는 그 누구도 다른 사람을 대신해서 창조의 길을 갈 수 없다는 것을 의미한다. 그러니 처음부터 다른 사람들에게 기대하지 말아야 한다. '이웃을 위해'라는 말이 있지만 현혹되지 말아야 한다. '때문에', '왜냐하면'이란 말도 마찬가지다. 구차한 이야기들이다. 창조하는 일에 무슨 구실이 있으며 이유가 있겠는가.

창조자에게 요구되는 덕목은 확신과 그에 따른 헌신이다. 그리고 건강하며 건전한 이기심이다. 3부 〈악 셋에 대하여〉에 나오는 이기심 말이다. 여기서는 아이를 건강하게 낳아 헌신적 사랑으로 감싸려는 욕심이 그런 이기심이다. 이웃 사랑도 나쁠 것이 없다. 문제는 누가 이웃인가 하는 것이다. 1부 〈이웃 사랑에 대하여〉에서 제기된 물음이다. 주어진 과업과 그것을 해내겠다는 의지가 이웃이 될 때 이웃 사랑은 가치가 있다.

12

해산에는 산통이 따른다. 그리고 태아와 더불어 정결치 못한 것이 세상에 나온다. 새로운 사상을 낳을 창조자도 마찬가지다. 낡은 것을 부수고 새것을 만들어가는 과정에는 균열과 갈등에 상처가 있기 마련이고, 어두운 그림자가 뒤따르기 마련이다. 산모가 아이를 낳은 뒤 몸을 깨끗이 씻듯 창조하는 자도 창조를 마치고는 자신의 얼룩진 영혼을 정화해야 한다. 모세의 율법에 따르면 산후 40일이 지나야 산모와 태아는 깨끗해질 수 있다.[44] 그럴 때 하는 것이 산모를 정결케 하는 정결례 의식이다.

13

앞에서 차라투스트라는 힘에 부치는 일, 곧 능력 이상을 바라지 말라고 충고했다. 이번에는 능력 이상으로 도덕적이고자 하는 사람들 이야기다. 도덕 자체가 허구인 터에 분에 넘치게 도덕적이고자 하는 것은 황당무계한 일이다. 오히려 자연 속에서 그에 합당한 삶을 산 조상들을 따를 일이다. 여색과 포도주와 멧돼지 고기로 세월을 보낸 조상들 말이다. 그런 조상이야말로 도덕의 허울을 벗어던지고 삶을 정직하게 살아온 건강한 사람들이 아닌가. 그런 자랑스러운 조상을 둔 자가 인제 와서 자신에게 도덕적 순결을 요구해가며 성인이 되고자 한다면 말이 되겠는가? 그런 자가 거기에다 수도원까지 세운다면 결국 자신을 위해 피난처와 감옥을 세운 것이 된다.

고독 속에는 사람들이 외로움에서 끌어들인 것과 원래부터 있던 내면의 가축이 자란다. 시간이 흐르면서 외로움과 함께 온갖 번민이 싹트며, 두려워 떨게 만드는 내면의 가축 또한 고개를 든다. 고독을 단념케 하는 것들이다. 내면의 가축 이야기는 뒤에 〈과학에 대하여〉에 다시 나온다. 은자들이 조심할 것들이다. 광야에서 고독한 삶을 사는 성자들을 보면 알 수 있다. 인간세계에서 멀리 떨어져 있다고 하지만, 외로움과 싸워가며, 그리고 마귀와 돼지 틈에서 얼마나 거칠고 정결치 못한 삶을 살고 있는가!

14

도약은 일종의 모험이다. 주사위 놀이와 같아 실패할 수도 있다. 그러나 실패했다고 해서 부끄러워할 것은 없다. 방법을 제대로 익히지 못해 일어난 일이기 때문이다. 실패했다고 해서 바로 인류가 끝나는 것도 아니다. 다시 시작하면 된다.

15

높은 종種에 속할수록 실패할 가능성이 크다. 조직이 복잡하고 그 기능이 다양해 그만큼 섬세하고 예민하기 때문이다. 낮은 종에 속한 생명체는 조직과 기능에서 보다 단순하다. 그래서 주어진 삶의 방식에 따라 단순한 삶을 산다. 그러니 실패할 가능성이 그만큼 적을 수밖에 없다. 인간세계에서도 그렇다. 같은 인간이지만 위로 오를수록 실패할 가능성도 커진다. 스스로 판단하고 결단해야 할 것이 많아져서 그렇다. 여기 '보다 지체 높은 인간'들이 그렇다. 그렇다고 낙담할 일은 아니다. 아직도 저들에게는 많은 가능성이 남아 있으니.

미완의 존재인 인간 자체가 하나의 가능성이다. 인간에게는 인간이라는 것 말고는 정해진 것이 없다. 일찍이 철학자 피코 델라 미란돌라도 이 점을 강조해 인간은 앞으로 소유하게 될 것을 모두 한꺼번에 갖고 태어나는 짐승과 달리 무엇이든 될 수 있는 가능성이라고 했다. 즉 열매가 아니라 씨앗(가능성)이라는 것이다. 그는 인간은 어떤 선택을 하느냐에 따라 높이 오를 수도 있고 나락으로 떨어질 수도 있다고 했다. 천상의 존재로 격상될 수도 있고 금수 같은 존재로 격하될 수도 있다는 것이다.[45]

가능성이라는 관점에서 볼 때 '보다 지체 높은 인간'들은 완전히 성공한 것도 완전히 실패한 것도 아니다. 인간 말종에 비하면 성공한 것이지만, 위버멘쉬에 비하면 아직 성공하지 못한 존재다. 반쯤은 성공하고 반쯤은 실패한 셈이다. 차라투스트라는 그런 인간을 '반쯤 파멸한 자'라고 불렀다. 반쯤의 성공, 그것만으로도 대단한 일이다. 얼마나 많은 것을 이미 성취했는가! 힘을 낼 일이다. 무르익어 금빛을 띠고 있는, 주변의 작고 훌륭하며 완전한 것들이 힘이 되어줄 것이다.

16

아담이 신 여호와의 명을 거역해 지식의 열매인 선악과에 손을 댄 이후 그 죄를 대물림하게 된 인간이 평생을 두고 해야 할 일은 눈물 속에서 참회의 삶을 사는 것이다. 그런 인간에게 무슨 웃음이 있겠는가. 그런데도 웃는다면 그것은 아담의 거역으로 진노한 신 여호와에 대한 조롱이 될 것이다.

예수는 "애통하는 자는 복이 있나니 신이 그를 위로할 것"이라고 했다.[46] 쇼펜하우어는 이 저주받은 세계를 한숨의 골짜기로 보았다. 보상이 뒤따르든, 그것으로 끝이든 애통과 한숨은 생의 희열을 맛보지 못한 사람들이나 할 수 있는 이야기다. 그러니까 생을 사랑해보지 못한 자들, 사랑 자체를 제대로 해보지 못한 사람들이나 할 수 있는 이야기다. 좋다. 그러면 사랑하지 않는다고 해서 곧바로 저주해야 하는가? 그처럼 묵직한 발과 후텁지근한 심장에 사악한 눈매를 가진 막무가내들을 멀리해야 한다. 애통과 한숨이야말로 즐거움의 샘인 생에게는 조롱이 되고 모독이 된다.

17

좋은 것들은 여유롭다. 조급하지 않다. 갈팡질팡 서두르는 일이 없다. 그 대신 고양이처럼 몸을 구부린 채krumm 두 손을 모으고 행복해하며 조심스레 목표로 다가간다.[47] 그러다가 목표가 가까워지면 가벼워진 발길로 웃기까지 한다. 걸음걸이로 알 수 있다. 걷고 있는 자가 자기 목표를 얼마만큼 앞에 두고 있는지를. 중력의 정령에게서 벗어나 발길이 가벼운 차라투스트라도 날렵한 질주를 좋아하고 춤추기를 좋아한다. 돌기둥처럼 꼼짝하지 않고 서 있는 입상이 되어본 일이 없는 그였다.

지금 '보다 지체 높은 인간'들은 목표를 가까이에 두고 있다. 이에 차라투스트라는 저들에게 춤출 채비를 하도록 당부한다. 그러면서 춤도 좋지만 더 좋은 것은 물구나무서는 일이라고 일러준다. 이제까지의 최고 가치를 전도시켜 세상을 거꾸로 놓고 보라는 것이다. 늪과 비애가 깔린 대지를 가로질러 위버멘쉬를 향해 춤추듯 나아갈 준비를 하라는 당부이자 부정을 긍정으로, 울음을 웃음으로 전환하라는 당부다.

18

여기 웃는 자를 위해 준비한 왕관이 있다. 예수의 가시로 된 고난의 관이 아니라 장미를 엮어 만든 승리의 관이다. 차라투스트라 말고 웃음을 성인의 반열에 올려놓은 사람이 일찍이 있었던가? 누가 감히 그런 그에게 왕관을 씌워 영예를 높여줄 것인가? 그럴 만한 사람은 없다. 그러니 왕조를 연 제왕들이 그리해왔듯이 그 자신이 자기 머리에 장미 왕관을 씌울 수밖에 없다.

19

낙타처럼 무거운 짐을 지고 뒤뚱뒤뚱 걷는 자들이 있다. 신앙과 도덕 따위로 행복해하면서도 그것들 때문에 몸이 무거운 탓이다. 그런 몸으로 물구나무를 서보겠다고 애를 쓰지만 보기 민망할 정도로 서툴다. 멍청한 일이다. 그러나 불행을 탓하며 멍청하게 있는 것보다는 그렇게 하면서라도 행복해하는 게 낫다. 마찬가지로 서툴게 걷는 것보다는 볼품이 없더라도 춤을 추는 게 낫다. 아무리 고약한 자라 하더라도 춤출 두 다리는 있지 않은가. 춤을 추려면 반듯이 서 있는 법부터 배워야 한다. 그러고 나서 춤을 추어라. 춤을 춤으로써 비애와 한숨, 그리고 천민의 슬픔을 모두 날려버려야 한다.

20

산 위 동굴에서 춤추듯 요란하게 불어닥치는 바람처럼 행동하라. 그렇게 나귀들에게 날개를 달아주고 암사자들의 젖을 짜며, 폭풍처럼 다가가 시들어버린 잎과 잡초를 쓸어버리도록 하라. 그리고 천민과 음울한 자의 눈에 먼지를 불어넣어 앞을 보지 못하도록 하라. 요란하게 웃음을 터트리는 폭풍, 더없이 자유로운 정신은 찬양받을지어다.

여기 '보다 지체 높은 인간'들도 그 나름으로 춤을 출 줄 알지만 아직은 서툴다. 기회가 별로 없었던 데다 제대로 배우지 못했기 때문이다. 자신을 뛰어넘어 저쪽을 향해 춤추며 오르는 법을 배우지 못한 것이다. 그래서 어떻다는 것인가? 배우면 될 것을. 제대로 웃는 법도 함께 배워야 한다. 이제 차라투스트라 곁에 와 있으니 절호의 기회가 아닐 수 없다. 환한 웃음 속에서 자신의 머리에 장미 왕관을 얹은 차라투스트라는 그 왕관을 저 '보다 지체 높은 인간'들에게 던져준다. 그럴 때가 왔다고 믿은 것이다. 그러면서 그의 예를 따라 웃음을 신성한 것의 반열에 올려놓도록 하라고 부탁한다. 그 부탁과 함께 그는 긴 이야기를 마쳤다.

우수의 노래

1

손님들로 북적이자 동굴 안도 후텁지근해졌다. 쾨쾨한 냄새까지 났다. 차라투스트라는 슬며시 동굴 밖으로 빠져나왔다. 맑고 상쾌한 공기가 그를 맞았다. 사방이 고요했다. 그는 자신의 짐승들도 불러냈다. 그러고는 함께 맑고 상쾌한 대기를 마음껏 맛보았다.

2

차라투스트라가 밖으로 빠져나가고 없는 사이에 우수의 악마가 저 늙은 마술사를 덮쳤다. 기만의 정령과 마술의 정령이 덮쳐온 것이다. 그 순간 마술사는 동굴에 모인 사람들 앞에서 지난날의 재주를 다시 한번 부려보고 싶었다. 웃음과 춤을 가르쳐온 차라투스트라에게 맞서 우수의 그물로 그곳에 있는 사람들을 잡아 올려 우수에 휩싸이게 함으로써 만만치 않은 자신의 능력을 과시하고 싶었던 것이다. 본색을 드러낸 것이다.

마술사의 사악한 정령과 마술의 악마는 누구보다도 반쯤 성공하고 반쯤 실패한 자들, 그러니까 자신들이야말로 자유롭고 진실하며 정신생활에서 속죄의 삶을 살고 있다고 믿지만 역겨움만은 아직 떨쳐버리지 못한 자들과, 신의 죽음을 받아들이면서도 그 신을 대신할 어떤 것도 아직 찾아내지 못해 갈팡질팡하는 자들을 좋아한다. 반쯤이지만 성공한 자들이니 그런 자를 마술의 제물로 삼는 것이 그만큼 보람 있는 일이고, 반쯤이지만 실패한 자들이니 마술에 걸릴 허점을 그만큼 갖고 있기 때문이다. 완전히 성공해 온전한 정신을 가진 자는 마술에 걸리지 않는다. 그리고 완전히 실패해 정신을 차리지 못하는 사람은 너무 쉽게 마술에 걸려 재미가 없다.

마술사는 차라투스트라가 때때로 성자의 가면으로 보이며, 주변에서 일어나는 모든 일 또한 그의 우수의 악마가 좋아할 새롭고 놀라운 가면무도회처럼 보인다고 털어놓았다. 그러니 그 또한 차라투스트라를 좋아하지 않을 수 없게 되었다는 것이다. 눈속임으로 평생을 살아온 자니 그런 현란한 무도회를 좋아하는 것은 당연한 일이다. 그 악마는 맨몸으로 나다니는 것을 좋아하지만, 그가 남자인지 여자인지는 알 수 없다. 그 악마가 그를 덮쳐왔다는 사실 하나만은 분명했다. 마술사는 이내 하프를 집어 들고 노래하기 시작했다. 차라투스트라를 조롱하는 노래였다.

3

이런 노래였다. 진리를 추구하느라 뜨겁게 달아오른 심장, 너 얼마나 목말라했으며, 얼마나 천상의 눈물과 이슬방울을 동경했던가! 그런 네가, 진리를 향한 열정을 끝내 견뎌내지 못하고 그 열기를 식힐 청량한 기운을 찾아 나선 네가 진정 진리를 사모해 추구하는 진리의 구혼자라는 말인가. 아니다. 너야말로 순진한 사람들의 것을 훔쳐내어 제 것으로 만들어가며 이것저것 먹이를 찾아 잠행이나 하는, 다채로운 탈을 쓰고 위버멘쉬니 뭐니 해가며 말장난이나 하는 교활한 어릿광대이자 거짓말이나 늘어놓는 시인일 뿐이다. 너 지금까지 뜬구름 같은 말만 해오지 않았는가.

진리라면 영원불멸한 것으로서 신상神像처럼 조금도 흔들림이 없어야 하는 법이거늘. 거기에다 논리 정연하고 냉철하며, 그 기반 또한 견고해야 하거늘. 너 되레 그런 것들에 적의를 품고 있지 않은가. 그래서 신전 앞에 굳건히 서 있기보다는 자유분방하게, 당치도 않게 건강한 모습으로[48] 황야로 달려가면서 복에 겨워하는 네가, 먹이를 향해 돌진하는 맹금류(표범과 독수리)처럼, 천 개의 가면으로 몸을 감추고 제물을 향해 사납게 돌진하는 네가 진리를 사모해 추구하는 자라는 말인가?

시인들의 동경은 독수리 같고 표범 같다. 사납고 무자비하다. 먹이는 인간 내면의 어린 양처럼 여린 영혼들이다. 거기에다 인간 안에는 한때 인간이 신처럼 모신 인간 우상들이 있다. 너 순진한 어린 양에게 달려들어 배를 채우고, 네 내면의 우상들을 잔인하게 난도질했겠다. 그러고는 희희낙락했겠다. 그런 너야말로 어릿광대이자 시인일 뿐이다. 여기서 너, 곧 차라투스트라가 잔인하게 난도질한 내면의 우상은 그가 한때 추종한 리츨과 쇼펜하우어, 그리고 바그너를 지칭한 것으로 해석된다.

마술사의 노래는 계속되었다. 낫 모양의 달이 밤 속 저 아래로 창백하게 내려앉듯 자신도 진리에 대한 망상과 대낮에 대한 동경에서 벗어나, 대낮에 지치고 빛에 시력을 잃어 병든 몸으로 저 아래 그늘을 향해 가라앉았으며, 진리를 향한 열기를 견뎌내지 못해 시원한 그늘을 찾게 되었다는 것이다. 진리니 뭐니 요란을 떨어보았지만 너 또한 그렇게 진리에게 내쫓긴 몸이 되지 않았느냐는 비아냥이었다.

이 노래와 비슷한 것이 2부 〈이름 높은 현자들에 대하여〉 열네 번째 단락에 나온다. 거기에는 "노란 모래밭에서 햇볕에 그을린 채, 그런 자는 생물들이 나무 그늘에서 쉬고 있을, 샘이 풍족한 섬을 향해 목말라하며 곁눈질하리라"라고 되어 있다. 반대로, "천국의 시원한 그늘의 축복에서 벗어나 이글거리는 햇살 속으로"라는 속담도 있다. 셰익스피어의 《리어왕》 2막 2장 끝에 나오는 속담이다.

과학에 대하여

마술사의 노래로 동굴 안에 있던 '보다 지체 높은 인간'들은 저들도 모르게 우수 어린 환락으로 빠져들었다. 모두가 몽상가(시인)가 되고 어릿광대가 된 느낌이었다. 그러나 과학적 양심을 최고 덕목으로 삼아온 저 정신의 양심을 지닌 자만은 예외였다. 검증이 가능한 실증적 사실을 우선해온 그였기에 저 마술사의 요술에 걸려들지 않았다. 과학의 시대에 마술이라니, 말이 되는가? 그가 나서서 마술사를 사기꾼으로 몰아 꾸짖고는 차라투스트라를 어서 모셔오라고 소리쳤다. 분위기부터 바꿔야 한다는 것이다. 그런다고 잠자코 있을 마술사는 아니었다. 그는 되레 훌륭한 노래는 훌륭히 메아리치기를 바라기 마련이니 조용히 하라고 정신의 양심을 지닌 자를 막았다. 그러고는 그에게 마술과 기만의 정령이 별로 깃들어 있지 않아 그의 노래를 제대로 이해하지 못하나보다고 투덜댔다. 정신의 양심을 지닌 자도 잠자코 있지 않았다. 그는 그곳에 모여 있는 사람들에게 마술사에 현혹되지 말라고 경고하고는 모두가 '지체 높은 인간'이기는 하지만 하나가 아님을 알 수 있겠다고 내뱉었다. 그 자신처럼 더 많은 안전을 찾아온 자가 있는가 하면, 오히려 전율과 위험, 그리고 지진과 같은 더 많은 불안전을 찾아온 자들도 있다는 것이다.

전율과 위험, 그리고 지진 따위는 과학 이전의 이야기다. 여기서 저 정신의 양심을 지닌 자는 과학이 어떻게 등장했는지 돌아보았다. 전율을 일으키는 것과 위험한 것, 그리고 지진 따위는 공포의 대상이었다. 공포는 친숙하지 못한 데다 적대적이기까지 한 환경에서 살아가는 인간에게는 어쩔 수 없는 것이다. 그런 의미에서 그것은 인간에게 타고난 감정이자 근본적 감정이라 하겠다. 인간은 일찍부터 다양한 위험에 노출되어왔다. 화산 폭발이나 가뭄 같은 자연재해뿐만 아니라 호랑이와 사자 같은 맹수, 그리고 질병 따위로부터 위협을 받아왔다. 그뿐만이 아니어서 인간이 내면에 감추고 있는 무서운 짐승들과도 끝없이 싸워야 했다. 이 무서운 짐승이 차라투스트라가 말하는 '내면의 가축'이다.

공포 속에서 떨며 살 수는 없는 일, 인간은 어떤 식으로든 그런 감정에서 벗어나야 했다. 먼저 공포의 실체부터 밝혀내어 그에 대처해야 했다. 그래서 인간은 일찍부터 공포를 일으키는 것들의 정체를 파헤쳐 그 허실을 드러내는 일에 심혈을 기울여왔다. 합리적 설명을 모색하는 한편 그 대비책을 마련해왔는데, 그 결과 공포를 상당 수준 완화하거나 관리할 수 있었다. 미지의 자연과 인간 자신에 대한 탐색은 이렇게 시작되었다. 그리고 인간은 그 성과를 축적해갔다. 공포는 이렇게 다듬어지고 신성시되고 정신화되었다. 그렇게 구축된 지식체계가 바로 과학이란 것이다.

이렇듯 전율과 위험, 그리고 지진 따위에서 과학은 시작되었다. 목표는 그 같은 공포의 대상을 지배 아래에 두어 관리함으로써 인간의 안전을 확보하는 데 있었다. 그 같은 과학 덕분에 인간의 삶은 눈에 띄게 안전해졌다. 자연재해 따위를 어느 정도 예측하고 통제할 수 있게 되면서 세계는 인간에게 보다 친숙하며 우호적인 것이 되었다. 거기에다 다양한 자기방어 기제를 통해 맹수 따위의 위협에서 벗어나는 한편, 질병을 예방할 수 있는 길도 상당 수준 마련되었다. 인간 자신의 존재에 대해서도 많은 것이 밝혀졌다. 만약 인간의 삶이 처음부터 안전해서 공포를 느끼지 못했다면 과학적 탐색이 필요하지 않았을 것이다. 에덴동산의 아담과 하와에게 과학(지혜)이 필요하지 않았던 것도 그 때문이다. 이렇듯 공포에서 과학의 유래를 찾은 저 정신의 양심을 지닌 자는 이른바 타고난 죄(원죄)와 타고난 덕(원덕)까지 그 유래에 포함시켰다. 그런 것들까지 공포의 산물로 본 것이다. 이때 과학은 자연과 인간, 그리고 사회 전 영역을 포괄하는 개념으로, 학문이라는 말에 가깝다. 과학에 해당하는 독일어는 비쎈Wissen(앎, 지식)을 어간으로 하는 비쎈샤프트Wissenschaft다. 정신의 양심을 지닌 자의 설명이 끝나갈 때쯤 차라투스트라는 동굴로 돌아왔다. 설명의 끝부분을 들은 차라투스트라는 그에게 장미꽃을 던져주었다. 그러면서 그런 것이 아니라고 말해주었다. 가상할망정 설명이 잘못되었다는 것이다.

차라투스트라는 먼저 과학의 출현을 설명할 수 있는 타고난 근본 감정은 공포가 아니라고 말해주었다. 그에 따르면 공포란 타고난 것이 아닌, 그때그때 느끼는 예외적인 감정일 뿐이다. 지금까지 인류 역사를 추동해온 것은 공포가 아니라 용기다. 두려움을 자아내는 미지의 세계를 향한 도전적 용기, 그와 함께 모험심, 감히 엄두도 낼 수 없었던 것을 향한 의욕이다. 용기 있는 사람은 공포에 아랑곳하지 않고 모험과 도전을 즐긴다. 독수리의 날개에 뱀의 지혜를 갖춘 사람들이 그 용기를 다듬고 신성시하고 정신화하면서 오늘날 과학이 출현하게 되었다. 과학은 공포가 아니라 용기에 뿌리를 두고 있다는 이야기다. 우리가 사는 이 세계의 본질은 힘에의 의지이며, 우리에게 필요한 것은 그 의지를 우리 자신의 존재 방식으로 받아들여 구현할 줄 아는 용기다. 공포가 아니다.

차라투스트라의 말에 동굴 분위기가 삽시간에 바뀌었다. 용기라는 말에 독기 어린 후텁지근한 공기와 우수의 연무가 홀연히 걷혔다. 이내 웃음이 터져 나왔다. 모두가 마술사의 기만의 정령에서 풀려난 것이다. 상황이 이쯤 되자 마술사는 뻔뻔스럽게도 그가 앞서[49] 그의 정령을 거짓말쟁이 그리고 기만의 정령이라고 부름으로써 그 해악을 일깨워주지 않았냐며 입바른 변명으로 자신에게 공치사를 하고는, 차라투스트라가 벗들에게는 몹시 가혹하지만 적들에게는 관대하지 않냐면서 눈치를 보며 너스레를 떨었다. 전쟁을 예찬하고 적을 동반자로 환영해온 차라투스트라를 염두에 두고 한 말이었다. 차라투스트라도 모질게 나오지 않았다. 그는 거기 있는 어정쩡한 손님들에게 악의 반, 사랑 반으로 손을 내밀었다. 그러나 마음은 이미 밖의 상쾌하고 깨끗한 대기와 그의 짐승들에게 가 있었다. 그래서 그는 다시 동굴을 빠져나갈 참이었다.

사막의 딸들 틈에서

1

차라투스트라가 동굴을 빠져나가려 하자 그의 그림자, 곧 나그네가 그를 잡았다. 지난날의 숨 막히는 비애가 언제 또 덮쳐올지 모르니 남아달라는 것이다. 마침 모두가 차라투스트라에게 사나이를 위한 힘찬 음식과 옹골찬 격언을 대접받은 터이기에, 그런 저들에게 후식 이랍시고 저 고약한 정령이 덮쳐오는 일이 없도록 해달라는 간청이 었다. 차라투스트라 말고 주변 대기를 그토록 힘차고 맑게 할 수 있는 사람이 또 있던가. 일찍이 그 같은 대기를 맛본 일이 있었던가? 나그네 그림자는 생각해보았다. 생각해보니, 딱 한 번 있었다. 그가 동방에서 사막의 딸들과 함께 있을 때였다. 그곳의 대기도 여기처럼 힘차고 맑았다. 하늘은 구름 한 점 없이 파랬다. 그때 그는 그곳 소녀 들을 위해 시 한 편을 지었다. 그때를 떠올리며 그는 그 시를 읊었다.

2

이런 시였다. 불모의 사막처럼 황폐한 영혼을 지닌 자에게 화가 있을 것이다. 사막은 자라 점점 커지기 마련이니. 오늘날 유럽인들의 영혼이 그렇다. 우울한 데다 늙어 기력까지 잃었다. 그렇게 생기 없는 유럽에서 온 나그네 그림자는 아프리카 대륙을 앞에 두고 그 장엄함에 경의를 느낀다.

허구한 날 사자와 포효 원숭이처럼 소리 높여 도덕을 부르짖어온 유럽인에게는 한번 소리를 높여보기에 부족함이 없는 대륙의 장엄함이었다. 그는 지금 사막 한가운데, 푸른 나무가 울창하게 우거지고 맑고 시원한 물이 솟아오르는 오아시스에서 상쾌한 공기를 들이마시고 있다. 마침 젊음이 넘치는 소녀들이 있어 그는 그 발치에 앉았다. 요나를 삼켜버린 고래처럼 생명이 약동하는 활기찬 오아시스가 그를 삼켜버린 것이다. 진정 저 고래의 배가 영원하기를, 그리하여 그 속에서 영원히 행복해 있기를 바라지만, 확신이 서지 않는다. 의심 속에서 살아온 유럽인이어서 그렇다. 사막과 오아시스는 각각 의심과 확신을, 그리고 도덕과 생명을 상징한다.

그는 지금 시원한 그늘에 앉아 있다. 그러고는 황금빛으로 무르익어 타는 듯한 대추야자 열매가 그리하듯 얼음장처럼 차고 흰 소녀들의 이(齒牙)를 애타게 동경하고 있다. 작고 어리숙하며 심술궂은 소망과 착상들이 나불나불 희롱하며 떠돌아다니는 가운데, 스핑크스처럼 은밀하고 꿈 많은 소녀 고양이 두두와 줄라이카에 둘러싸여 더없이 밝고 경쾌한 낙원의 대기를 즐기면서. 이 밝고 경쾌한 대기는 어디서 왔을까? 다른 세계에서, 달에서 내려왔을 것이다. 우연히, 아니면 분방함에서? 알 수가 없다.

　마침 그의 머리 위에서 야자나무가 외다리를 한 채 춤추는 여인처럼 몸을 흔들어대고 있다. 다른 쪽 다리는 사라져버린 것이다. 짝을 잃어버린 것이다. 사자와 같은 괴물에게 뜯어 먹혔을 것이다. 짝을 잃고 슬퍼하는 두두와 줄라이카를 달래보지만 피곤할 뿐 소용이 없다. 기력을 잃은 유럽인으로서는 짝이 되어줄 수도 없으니. 그래서 고작 한다는 말이 울지 말고 사내들처럼 용기를 내라는 것이었다. 이럴 때는 마음을 단단하게 하는 어떤 것이 있어야 하지 않나? 어찌하겠는가? 할 수 있는 일이 있다면 유럽인이 그토록 매달려온 덕의 위엄을 내세워보는 일이리라. 그러나 그것은 생기발랄한 생명 앞에서 그 활력을 고갈시켜 피곤하게 만드는 일일 터이니, 죽음을 노래하는 꼴이 아닌가. 가당치 않은 일이지만, 그것 말고는 할 수 있는 일이 없으니 어찌하겠는가. 도덕적인 품격을 지닌 사자로서 사막의 딸들 앞에서 소리 높여 포효라도 해보자는 것이 아닌가.

　난감한 일이다. 그래서 나그네 그림자는 "나 이미 여기 서 있으니… 달리 도리가 없으니, 신이시여 도와주옵소서! 아멘!"이라는 말로 노래를 끝냈다. 이단으로 몰려 보름스의회에 소환된 루터가 의회 건물 앞에서 한 것으로 전해오는 말이다. 실제 루터가 그런 말을 했는지는 알 수가 없다. 그리고 앞에 나오는 셀라Selah는《구약》〈시편〉에 나오는 주악상奏樂像의 지시어로서 소절의 종지이고, 아멘은 기도의 끝말이다. 두두와 줄라이카는 이국적으로 들리는 이름이다. 특별한 뜻은 없어 보인다. 〈줄라이카〉라는 괴테의 시에도 나온다.

되살아남

1

나그네 그림자의 노래가 끝나자 동굴 안은 다시 떠드는 소리와 웃어대는 소리로 시끄러웠다. 차라투스트라는 조용히 동굴을 빠져나왔다. 밖에서 들으니, 동굴 안이 몹시 소란스럽기는 했지만 절박한 부르짖음만은 더 이상 들리지 않았다. 저들의 몸이 한층 가벼워지고 마음 또한 밝아지는 것이 분명했다. 그 모습에 중력의 정령은 도망치듯 달아날 수밖에 없었을 것이다. 차라투스트라가 내놓은 사나이를 위한 음식과 옹골찬 격언이 약발을 받고 있었다. 역겨움도 저들에게서 깨끗이 가신 듯했다. 그렇게 저들은 건강을 되찾아가고 있나 보다. 승리의 하루였다. 끝내 저 불구대천의 적인 중력의 정령을 물리친 것이다. 차라투스트라는 마냥 행복했다.

2

그런데 이게 웬일이지? 그 시끄럽던 동굴 안이 갑자기 죽은 듯이 조용하니. 거기에다 솔방울 타는 냄새까지 나고 있지 않은가. 무슨 일인가 싶어 차라투스트라는 살며시 동굴로 다가가 안을 들여다보았다. 아니, 이 무슨 해괴한 일이란 말인가? 실로 기겁할 노릇이었다. 그때까지 웃고 떠들어대던 자들이 나귀를 신으로 모셔놓고 그 앞에서 경건하게 무릎을 꿇고 기도를 드리는 것이 아닌가. 거기에다 분향까지 하고 있었다. 고대 로마 사람들 눈에 비친 초기 그리스도교도의 모습대로다. 당시 그리스도교도는 나귀 숭배자로 묘사되곤 했다. 아무튼 차라투스트라가 자리를 비운 그 짧은 시간에 옛 병이 도진 것이다. 꺼져가던 옛 신앙의 불길이 되살아난 것이다. 아직 확신이 서지 않아 누군가를 신앙하지 않고서는 살 수 없는 자들이니 어찌하겠는가. 평생을 그렇게 살아온 자들이 아닌가.

저들은 열심히 나귀를 우러러보며 찬양했고 그럴 때마다 나귀는 '이—아I-A' 하고 화답을 했다. 찬양과 화답으로 된 저들의 연도連禱가 길게 이어졌다. 찬양은, 신이 그리했듯이 나귀가 하인의 모습을 한 채 인간이 져야 할 죄의 짐을 대신 지고 가며 무던히 참고 참아주신다는 것이다. 거기에다 영리하셔서, 세상을 이 모양 이 꼴로 만들어놓고도 행여 말꼬리를 잡히지 않을까 하는 염려에서 입을 다문 신처럼 '그렇다'고 말할 뿐 까탈을 부리지 않는다는 것이다. 경배 중에 나귀는 그때그때 '이—아' 하고 화답했는데, 빨리 읽으면 '야Ja(그렇다)'로 들린다. 거기에다 긴 귀를 갖고 있어 기도와 찬양은 잘 들으면서 뭔가 말해주는 것이 없다고 했다. 그러니 책잡힐 일이 그만큼

480

적을 수밖에. 신을 닮아 지혜롭기까지 한 것이다.

그러나 나귀에게는 신과 다른 것이 있기는 하다. 순진무구함이 무엇인지 모를 만큼 순진무구하다는 것이다. 거기에다 나귀는 신과 달라 쉬운 길, 어려운 길을 가리지 않고 자신의 길을 가며 그 누구도 뿌리치지 않는다. 게다가 식성 또한 까다롭지 않아 아무거나 먹는다. 특히 암탕나귀와 무화과 열매를 좋아한다. 그렇다 하더라도, 나귀가 신을 닮은 것만은 어쩔 도리 없는 일이다. 이제 신이 죽어 없다. 너무 허전하다. 그래서 무언가를 신앙하지 않을 수 없다면, 신을 닮은 나귀 이상으로 새로운 숭배 대상이 있겠는가?

나귀의 축제[50]

1

나귀를 경배하던 '보다 지체 높은 인간'들을 보고 기겁을 한 차라투스트라는 저들 한가운데로 뛰어들어가 한 사람 한 사람 바닥에서 낚아채듯 일으켜 세우고는 꾸짖었다. 신의 죽음을 받아들이고 이제 신이 없는 세상에서 자유로운 삶을 살게 된 자들이 어쩌다 다시 신에게 돌아가 그 앞에 무릎을 꿇고 있느냐는 꾸지람이었다. 그러자 변명이 구구했다. 교황은 자신의 관록을 내세워 신에 대해서라면 자신이 차라투스트라보다 더 많이 알고 있다고 말하고는, 신은 형상이 없는 정신적 존재라고 말한 사람이 있는데, 눈에 보이지 않는 그런 존재를 어떻게 믿겠는가? 그런 말을 한 사람이야말로 결국 신의 존재를 받아들일 수 없게 만듦으로써 오히려 무신론(불신앙)의 문을 연 자가 아니겠냐고 대꾸했다. 그러니 유령에 매달리듯 눈에 보이지 않는 허상에 매달리는 것보다 눈에 보이는 나귀를 신으로 경배하는 것이 더 낫지 않을까, 아직 세상에 경배할 대상이 있으니 얼마나 좋은 일이냐는 항변이었다. 몸에 밴 것이 그것이니 어찌하겠는가.

다음으로 차라투스트라는 나그네인 그림자에게 자유로운 정신을 자처해온 자가 인제 와서 웬 우상숭배냐며 다그쳤다. 그러자 자기 존재조차 책임을 지지 못하는 그는 저 더없이 추악한 자에게 책임을 돌려 그가 죽은 신을 되살려냈다고 말했다. 그러면서 신이 죽었다고들 하지만 신들에게 죽음이란 속단일 뿐이라고 했다. 때가 되면 죽도록 되어 있는 신이 무슨 신이냐는 것이다.

마술사 차례가 되자 그는 그대로 비록 어리석은 짓이기는 했지만, 그것을 연출해내는 일이 무척 어려웠다고 너스레를 떨었다. 정신의 양심을 지닌 자도 비록 연극이기는 했지만, 거기에는 그를 즐겁게 해주는 무엇인가가 있었다고 고백했다. 양심, 곧 과학적 양심 하나만으로는 살아갈 수 없었던 것이다. 신이 없는 세계에서 빠지게 되는 공허감을 견뎌낼 길이 없었기 때문이다. 그래서 그는 신이 존재해야 한다면 형상을 가지지 않은 신보다는 나귀처럼 형상을 가진 신에 더 믿음이 간다고 속내를 털어놓았다. 그러고는 너무 많은 정신을 소유한 자는 내심 그런 어리석은 짓거리에 현혹되기를 바란다고 덧붙였다. 실증을 최고 가치로 삼아 눈에 보이는 것만 받아들이면서 마음을 즐겁게 해주는 꿈이나 이상 따위를 잃고 살아온 전문학자다운 대답이었다. 그는 오히려 차라투스트라 자신이 나귀가 되어 경배의 대상이 될 수도 있다는 경고 아닌 경고까지 했다.

끝으로 차라투스트라는 신을 살해한 저 더없이 추악한 자에게 어찌하다 길을 돌려 과거로 돌아가고 말았는지, 사투 끝에 신을 죽여놓고 나서 어찌하여 신을 되살려냈는지 질책했다. 그러자 그는 차라투스트라에게 신이 죽어 없다는 것을 누구보다 잘 알면서 웬 까탈이냐고 되물었다. 신을 자신의 손으로 살해했으니 신이 죽어 없다는 것을 누구보다 잘 알고 있던 그였다. 그는 되레 차라투스트라에게 철저하게 살해하고자 하는 사람은 웃게 마련이라고 가르치지 않았냐며 되묻기까지 했다. 그렇다. 사람은 노여움이나 증오가 아니라 웃음으로써 제대로 된, 더 철저한 살해를 한다. 차라투스트라가 1부 〈읽기와 쓰기에 대하여〉에서 했던 말이다. 웃음은 승자의 몫으로서 노여움이나 증오보다 한층 강력한 무기다. 무신론자나 반신론자들은 신을 제거하려고 힘겨운 싸움을 해왔다. 싸움에서 승리는 했으나 상처투성이고 죽은 신이 남긴 그림자도 길어 여전히 실랑이 중이다. 아직 신을 온전히 극복하지 못한 탓이다. 진정한 승자는 신의 존재를 웃어넘길 줄 아는 사람, 그 존재를 뛰어넘은 사람이다. 그렇게 사람이 웃음으로써 한층 철저하게 살해를 한다면, 나귀를 모시고 경배하는 것이 우스꽝스러운 일이라 해서 문제가 되겠는가? 한번 웃어보자고 벌인 일, 웃음으로써 신의 죽음을 보다 철저하게 해두고자 한 일인데, 너무하는 것 아니냐는 푸념이었다.

2

차라투스트라는 크게 실망했다. 모든 노고가 허사가 되고 말았다. 저들 모두가 어린애Kindlein가 되고 말았으니. 이때의 어린애는 정신의 세 변화 마지막 단계에 나오는 아이Kind가 아니다. 여기서는 철부지라는 의미로 미숙한 단계를 뜻한다. 《신약》〈마르코의 복음서〉

10장 15절에 아이처럼 되지 않고는 천국에 들어갈 수 없다는 말이 있다. 예수의 말인데, 차라투스트라의 구분에 따르면 이때의 아이는 어린애에 가깝다. 그러나 깨달은 자, 성숙해 어른이 된 자는 그런 아이들이 들어간다는 천국에 갈 생각이 없다. 성숙한 자는 하늘의 나라가 아니라 지상의 나라를 원하기 때문이다.

3

실망은 컸지만, 차라투스트라는 그 나름으로 웃음을 되찾은 저들에게서 일말의 희망을 보았다. 웃음을 가져온다면 나귀 축제라고 해서 안 될 것이 없다. 생각해보면, 건강을 되찾은 자만이 그 같은 축제를 생각해낼 수 있다. 그러나 자신의 과거를 이겨낸 자의 격에 맞는 축제는 그런 축제가 아니다. 웃으려면 제대로 웃어야 한다. 떠들썩하며 어설픈 억지웃음이 아니라 경쾌하고 티 없는 웃음이어야 한다. 그러려면 지금과는 전혀 다른 축제를 준비해야 한다. 거센 바람이 되어 저들의 영혼에 그림자를 드리운 어둡고 음습한 구름부터 모두 날려 보내야 한다. 그러니까 먼저 저들의 영혼을 정화해야 한다. 이에 차라투스트라는 '보다 지체 높은 인간'들에게 또다시 나귀의 축제를 벌일 생각이라면 자신들과 차라투스트라를 위해, 그리고 그에 대한 기억을 위해 벌여달라고 당부했다. 모든 것을 이겨낸 승자의 격에 맞는 새로운 축제를 벌이라는 당부였다.

몽중 보행자의 노래

1

축제를 뒤로하고 차라투스트라와 그의 손님들은 깊은 생각에 잠긴 듯한 차가운 밤 속으로 걸어 나갔다. 하나같이 늙은 자들이었지만 마음만은 의연하고 행복했다. 차라투스트라가 보기에도 그랬다. 함께 축제를 벌일 만큼 성숙해 있으니 얼마나 대견한 자들인가. 바로 그때, 기다렸다는 듯이 저 더없이 추악한 자가 말문을 열었다. 이 하루 덕분에 난생처음 살아온 생에 만족하게 되었으며, 차라투스트라 곁에서 벌인 축제가 그를 일깨워 이 땅과 지금 사는 이 삶을 사랑하도록 했다는 것이다. 더불어 영원회귀를 우주 운행의 원리로 받아들이면서 죽음을 향해 "그것이 삶이었던가? 좋다! 그렇다면 한 번 더!"라고 말하게 되었다는 감동적인 고백이었다.

더없이 추악한 자의 고백을 듣는 순간 그곳에 있던 자들 모두가 거듭나 새사람이 되었다는 것을 깨달았다. 그것이 차라투스트라의 가르침 덕분이라고 생각한 저들은 감사한 마음에 그에게 달려가 손에 입을 맞추어가며 야단을 떨었다. 감격해 웃는 자도 있었고, 우는 자도 있었다. 이렇게 차라투스트라는 사람 잡는 어부가 되어 저 인간 고기들을 제대로 낚아 올렸고, 저들은 저들대로 곤궁에서 벗어나 자유로운 몸이 되어 영원회귀에 눈을 뜸으로써 위버멘쉬라는 목표에 한 발 더 다가가게 되었으니, 모두에게 승리의 하루이자 축복의 하루였다.

2

이 모든 일이 벌어지는 동안 차라투스트라는 취한 사람처럼 빛 가신 눈을 한 채 몸을 가누지 못하고 멍하니 서 있었다. 몸은 그랬지만 그의 정신은 그때 두 바다 사이에 있는 높은 산마루로 가 과거와 미래 사이를 떠돌고 있었음이 분명했다. '보다 지체 높은 인간'들이 그를 부축했다. 잠시 후 그는 제정신으로 돌아왔다. 그때였다. 무슨 소리가 들려왔다. 저 아래서 천천히 올라오는 종소리였다. 차라투스트라는 손가락을 입에 대고 말했다. "오라!" 자정이 가까워지면서 사방이 조용하고 은밀해졌다. 그는 다시 손가락을 입에 대고 말했다. "오라! 오라! 자정이 가까이 오고 있구나!" 그러자 사방이 더욱 조용해지고 은밀해졌다. 모두가 종소리에 귀를 기울였다. 그는 세 번째로 손가락을 입가에 대고 말했다. "오라! 오라! 오라! 함께 거닐자! 때가 되었으니! 밤 속으로 함께 거닐어 들어가자!"

3

시간조차 멎어 있을 깊은 자정을 앞에 둔 차라투스트라에게 저 아래서 종소리가 올라와 뭔가를 은밀하게, 그러면서도 섬뜩하게 말해주었다. 그 어떤 인간보다 많은 것을 경험해온 송이었다. 때는 영원의 숨결을 느낄 수 있는 깊디깊은 밤, 만물이 잠에 빠지면서 밤의 영혼이 부스스 깨어난다. 그러면서 낮 동안 숨을 죽여야 했던 것들이 모두 입을 연다. 지성 따위의 의식의 장막에 가려진 우주의 비밀들이 별들처럼 서서히 그 모습을 드러냈다. 자정은 어찌 그리 한숨짓고 있으며, 꿈속에서 웃고 있던가. 그런 자정이 감추고 있던 우주 운행의 이치를 들려주고 있으니, 깨어 있는 밤의 영혼은 귀담아들을 일이다. 오, 사람들이여, 주의를 기울여라![51]

4

자정에 이르면 모든 것은 멈춘다. 시간조차 멎는다. 그러면서 영원에 이르는 문이 열린다. 달은 빛나고 개는 짖고 있다. 차라투스트라가 영원회귀 사상과 실랑이를 벌이던 그때도 그랬다. 깊디깊은 자정에 이르면 그의 마음을 요동치게 하는 것이 있었다. 그를 두려움에 떨게 만든 우주의 비밀인 영원회귀가 바로 그것이다. 그는 그것을 발설할 수가 없었다. 천기를 누설할 담력과 용기가 없었다. 그래서 그는 그것을 입 밖에 내느니 차라리 죽겠다고 말하기까지 했었다. 그는 그렇게 죽은 몸이 되었다. 그런 그에게 때가 가까이 오고 있었다.

추위에 떨고 얼어붙은 채 "누가 이 대지의 주인이 되지?" 하고 묻게 될 때가 곧 올 것이다. 누가 주인이 되어 이 대지를 지배해야 하지? 주의를 기울이도록 하라! 깊은 자정이 무슨 말을 하고 있는 것이지?

5

죽은 몸이 된 차라투스트라는 실려가고, 그의 영혼은 춤을 춘다. 다시 묻거니와 누가 이 대지의 주인이 되어야 하지? 춤을 추고들 있구나. 그러나 아직 날개가 솟지 않아 높이 날아오르지는 못하고들 있구나.

모든 즐거움은 사라졌다. 무덤들은 밤이 왜 이리 기냐고 투덜댄다. '보다 지체 높은 인간'들이여, 무덤을 구제하고 송장들을 깨워 일으켜라. 종은 윙윙 울리고 있다. 아! 세계는 깊다.

6

늙은 종이 두꺼비 소리처럼 취기 어린 듯 감미롭게 울려왔다. 예로부터 인간과 고통을 함께해온, 그 어떤 인간보다 많은 것을 경험해온 바로 그 종이다. 종은 그 고통을 이겨내고 황금빛 가을과 오후처럼, 그리고 은자의 마음처럼 성숙해 있었다. 종은 말해주었다. 세계는 성숙해 있고 포도송이는 무르익어 수확을 기다린다고. 무엇을 더 기다리겠는가. 행복에 겨워 죽기를 바랄 뿐이다. 벌써 황금 포도주에서 영원의 향기가 나지 않는가. 자정의 향기는 말해주고 있었다. 세계는 낮이 생각한 것보다, 그러니까 의식의 표면에 주어진 것보다 더 깊다고.

7

밤은 깊고 은밀하며 깨끗하다. 그러나 희미하며 우둔한 데다 멍청하기까지 한 낮이 다가오면 그것도 끝이다. 그래서 자정은 낮에게 다가오지 말라고 손사래를 친다. 자정이 한층 더 밝지 않은가. 자정의 영혼들, 더없이 깨끗한 자, 더없이 드러나지 않은 자, 더없이 강한 자, 낮보다 더 밝고 깊은 영혼들이 이 대지를 지배해야 한다.

깊고 은밀하며 깨끗한 자정에 이르면 영혼은 부스스 깨어난다. 그와 함께 모든 것이 티 없이 밝게 다가온다. 그런 밤의 축복을 낮은 부러워한다. 그래서 자정이 누리는 행복을 찾아 손으로 더듬는다. 세계 또한 그런 자정을 갈망한다. 그러나 손길이 너무나도 거칠고 서툴다. 자정은 저들의 그런 손을 뿌리친다. 그러고는 지금까지 해온 대로 심원한 행복과 불행을 향해, 누구라도 좋으니 신을 향해 손을 뻗으라고 일러준다. 저들에게는 신이 있으니. 차라투스트라는 그러면서 자신의 행복과 불행 또한 심원한 것이지만, 자신은 신도 신의 지옥도 아니라고 덧붙인다. 차라투스트라는 말한다. 세계가 느끼는 아픔은 깊다고.

8

신의 아픔은 더욱 깊다. 이에 차라투스트라는 세계에 손을 뻗치려면 자신이 아니라 신의 아픔에게 뻗치라고 일러준다. 그러면서 자신은 귀담아 들어줄 사람이 없는데도 '노래'하지 않을 수 없는, 자정의 취기 어린 감미로운 리라일 뿐이라고 했다. 지금까지 차라투스트라의 감미로운 복음을 귀담아 들어준 사람은 없었다. '보다 지체 높은 인간'들도 그 점에서는 다를 바가 없다. 그런데도 복음을 펴야 했던 그가 정오와 오후를 뒤로하고 자정을 맞이한 것이다. 바람은 세차게 불었고, 자정은 한숨짓고 있었다. 웃고도 있었다. 자정은 취기 어린 여인이자, 맑은 정신을 잃지 않은 시인이기도 하다. 그런 늙고 심오한 자정이 꿈속에서 자신의 아픔을, 그와 함께 자신의 기쁨을 되새김하고 있는 것이다. 가슴을 에는 고뇌라고 하더라도 자정에 경험하는 즐거움, 우주 질서와 하나가 되는 데서 오는 환희에는 미치지 못한다. 즐거움은 가슴을 에는 고뇌보다 더 깊다.

9

차라투스트라는 무르익은 포도송이를 따듯 무르익을 대로 익은 영원회귀 사상의 열매를 거두어들였다. 그런 그를 그의 사상은 찬양한다. 무르익어 누군가가 자신을 거두어들였으면 하는 소망으로 자신의 가지를 자를 가위와 그 가위의 무자비함을 갈망하던 사상이었다. 이와 달리 설익은 포도송이, 곧 아직 미숙한 자들은 그 같은 가위의 무자비함에 저항하며 끝까지 버틴다. 어떻게든 살아남아 완숙의 즐거움을 맛보았으면 해서다. 그리고 그 즐거움이 자신에서 끝나지 않았으면, 그렇게 대물림할 자를 두었으면 해서다.

그러나 즐거움은 대물림할 자를 원하지 않는다. 그 대신에 자신을 원하고 영원한 회귀를 원하며 모든 것이 영원하기를 원한다. 그런 자는 무르익은 포도송이가 무자비하게 잘려나갈 때 피를 흘리면서 느낄 아픔을 동경한다. 아픔은 고통을 향해 저 높은 곳으로 날아가라고 말한다. 아픔은 말한다. "사라져라."

10

차라투스트라의 세계는 이제 막 완성되었다. 저 은밀한 자정이 위대한 정오가 되는 순간, 마침내 삶의 고통과 즐거움, 저주와 축복, 그리고 캄캄한 밤과 대낮의 태양은 하나가 되었다. 모든 것은 이렇듯 사슬로 연결되고 사랑으로 이어져 있다. 따라서 즐거움을 향해 좋다고 말하는 것은 고통에 대해서도 좋다고 말하는 것이며, 어떤 순간이 다시 오기를 바라는 것은 모든 순간이 다시 오기를, 곧 만물이 영원히 회귀하기를 바라는 것이다. 그와 함께 그 같은 사슬과 사랑으로 묶여 있는 이 세계를 사랑하는 것이다. 이 경지에 오른 사람은 세계를 사랑하며, 아픔을 향해서도 "사라져라. 그러나 때가 되면 돌아오라"고 말한다. 모든 즐거움이 아픔과 함께 영원하기를 바라기 때문이다. 따라서 영원히 회귀하는 세계를 사랑하는 것은 영원히 회귀하도록 되어 있는 자신의 운명을 사랑하는 것이 된다. 운명에 대한 사랑,

이것이 니체가 가르쳐온 운명애다. 모든 즐거움은 영원을 소망하기 때문이다.

11

즐거움은 모든 사물이 영원하기를 원한다. 즐거움이 원하지 않는 것이 어디 있는가? 즐거움은 그 어떤 아픔보다 목말라 있으며 은밀해 있다. 그것은 자신을 원하며 자신의 영원한 회귀(둥근 고리)를 원한다. 회귀에 대한 꿈에서 사랑과 증오, 아픔과 지옥, 미움과 비방에 불구상태까지 원한다. 즐거움은 그만큼 경지가 넓고 깊으며 넉넉하다. 그런 즐거움은 뜻을 이루지 못한 자와 그런 자의 아픔까지도 동경한다. 그렇게 자기 자신을 원하며 가슴을 에는 고뇌까지도 동경한다. 완전의 경지에 아직 이르지 못한 지체 높은 인간들은 명심해야 한다. 즐거움은 좋고 나쁜 모든 것의 영원을, 깊디깊은 영원을 소망한다는 것을.

이 경지에서 삶과 죽음은 서로의 존재를 설명해줄 동반자가 되어 화해를 한다. 절대적 죽음은 더 이상 존재하지 않는다. 삶과 죽음의 끝없는 반복이 있을 뿐이다.

12

지금까지의 노래를 정리하면, '다시 한번'이라는 제목에 "모든 영원

속으로"를 내용으로 하는, 영원을 찬양하는 한 편의 돌림노래가 된다. 모든 즐거움은 깊디깊은 영원을 소망한다는 말로 끝나는 노래다. 차라투스트라는 '보다 지체 높은 인간'들에게 그 노래를 한번 불러보라고 일렀다.

조짐

그렇게 밤이 지나고 새날이 밝아왔다. 차라투스트라에게 어제 하루는 길을 잃고 어쩔 줄 몰라 하던 사람들을 찾아 산속을 헤맨 피곤한 하루였다. 그는 잠자리에서 일어나 밖으로 나왔다. 먼저 깨어난 독수리는 벌써 하늘을 날고 있었다. 그러나 손님들은 아직 잠에 빠져 있었다. 그런 저들을 산에서 기다렸던가? 어떻게 그런 자들과 밝아오는 새날을 맞이할 것인가. 차라투스트라는 한심한 생각이 들었다.

바로 그때였다. 무수히 많은 새가 날개를 푸드덕거리며 떼를 지어 그의 머리 위로 몰려왔다. 비둘기 떼였다. 차라투스트라는 손을 휘둘러가며 새들을 막았다. 그러는 사이 그는 저도 모르게 어떤 갈기 속으로 손을 넣고 말았다. 그러자 부드럽고 긴 포효가 울려 퍼졌다. 고대하던 사자였다. 사자는 비둘기들의 소란에 웃고 있었다. 3부 〈낡은 서판들과 새로운 서판들에 대하여〉 1에서 차라투스트라에게 때가 되었음을 알리는 조짐으로 나온 바로 그 비둘기 떼와 웃고 있는 사자였다. 그가 그토록 기다려온 그의 아이들도 가까이 와 있다는 좋은 조짐이었다. 차라투스트라의 마음은 풀렸고 눈에서는 눈물이 흘러내렸다.

시간이 지나자 손님들도 잠에서 깨어났다. 차라투스트라가 곁에 없자 저들은 그가 밖에 있을 거라는 생각으로 동굴에서 나와 나란히 섰다. 인사를 할 참이었다. 그러나 그것도 잠시, 다가오는 발소리에 놀란 사자가 저들에게 돌진하자, 저들은 그만 혼비백산해 동굴 속으로 사라지고 말았다.

차라투스트라는 혼란스러웠다. 어떻게 된 일이지? 이내 기억이 되살아났다. 어제와 오늘 사이에 무슨 일이 있었는지가 분명해졌다. 예언자가 찾아왔던 일과 그때 저 아래서 절박하게 부르짖는 소리가 들려왔던 일이 떠올랐다. 그 예언자가 차라투스트라를 그의 마지막 죄과로 꾀어내어 저 곤경에 빠진 사람들을 구해내도록 했던 일도 생각났다. 무엇이 그의 마지막 죄과였지? 연민의 정이었다. 그랬다. 그는 저들에게 연민의 정을 느꼈고, 그 정으로 저들을 구하겠다고 산을 헤맸다. 연민의 정을 경계해온 그에게 마지막 허물로 남아 있던 것이었지만, 그 정을 발휘해 '보다 지체 높은 인간'들에게 안식처를 제공할 수 있었으니, 나쁠 것이 없었다. 그러나 연민의 정은 그것으로 됐다. 그에게는 엄중하며 가혹한 과업이 있었을 뿐이다. 그런 그에게 웃고 있는 사자는 이미 와 있지 않은가. 머지않아 그가 고대해온 아이들의 세상이 열리면서 인류 미래에 새날이 밝아올 것이다. 무엇을 더 바라겠는가? 차라투스트라는 마침내 모든 것을 이룬 것이다. "자, 솟아올라라. 솟아올라라. 너, 위대한 정오여!" 차라투스트라는 이렇게 말하고는 그의 동굴을 떠났다. 태양처럼 불타는 모습으로 늠름하게.

주

| 작품 |

1   C. P. Janz, *Nietzsche Biographie*, Band 2, Deutscher Taschenbuch Verlag, München, 1981, S. 223.

2   P. Pütz, 'Nachwort', *Also sprach Zarathustra*, Goldmann Verlag, München, 1984, S. 270. 니체의 유고에는 Iti vuttakam(Also sprach der Heilige)으로 되어 있다. *Nietzsche Werke, Kritische Gesamtausgabe*(이하 KGW) VIII 1, S. 60, 1(245), hrsg. von G. Colli und M. Montinari, Walter de Gruyter, Berlin, 1967~2003; 니체전집 19, 79쪽, 1(245), 책세상, 2000~2005.

3   *The Upanishads*, trans. J. Mascaró, Penguin Books, London, 1981, p. 126, 143.

4   정동호, 〈니체: '차라투스트라는 이렇게 말했다'〉, 《인문학지》 제42집, 충북대학교 인문학연구소, 2011, 191~206쪽.

5   니체는 3부를 끝으로 《차라투스트라》를 마치려 했다. 그 집필 과정에 관한 이야기는 〈작품〉 10에 자세하게 나온다.

6   KGW VII 1, S. 151, 4〔120〕; 니체전집 16, 194쪽, 4〔120〕.

7   *Ebd.*, S. 75, 3〔1〕 191; 같은 책, 96쪽, 3〔1〕 191.

8   H. Weichelt, *Friedrich Nietzsche: Also sprach Zarathustra*, Verlag Dürr'schen Buchhandlung, Leipzig, 1910, S. 280 ff.

9   정동호, 〈니체의 삶과 사상〉, 《오늘 우리는 왜 니체를 읽는가》, 책세상, 2006, 75~134쪽.

10 Hinterwelt. 배후hinter와 세계Welt의 합성어로서 물리적 세계physica 뒤편 meta의 세계, 곧 형이상학적metaphysical 세계를 독일어로 직역한 니체의 조어.

11 이것은 인간의 자연화自然化에 대한 촉구로서 자연의 탈脫인간화와 함께 니체가 자신에게 주어진 과업으로 삼은 것이다. KGW V 2, S. 423, 11〔211〕; 니체전집 12, 525~526쪽, 11〔211〕.

12 힘이 완전한 균형에 이르면 운동은 정지한다. 그런 일은 지금까지 영원한 회귀운동에서 한 번도 일어나지 않았다. 반복된 회귀운동에서 그러니 앞으로도 그럴 것이다. 일어날 수 있는 일이라면 벌써 일어났다. KGW VII 3, S. 258, 35〔54〕; 니체전집 18, 338쪽, 35〔54〕.

13 이 냉엄한 우주의 운동 앞에서는 그것을 저주해 물리치거나 받아들이는 길 밖에 없다. 물론 물리친다고 해서 물리쳐지는 것도 아니다. 어떤 경우든 결과는 하나, 모든 것이 영원히 회귀한다는 것이다. "어느 날 낮, 혹은 어느 날 밤, 악령이… '너는 지금 살고 있고 살아온 삶을 다시 한번, 그리고 무수히 반복해서 살아야 한다. 새로운 것이란 있을 수 없고…'라고 말한다면, 너 땅에 몸을 던지고 그렇게 말하는 악령을 이를 갈며 저주하지 않겠는가?" *Die fröhliche Wissenschaft*, 341, KGW V 2, S. 250; 《즐거운 학문》 4부 341, 니체전집 12, 314~315쪽에 나오는 이야기다.

14 도덕적 의미를 부여해 '선'이니 '악'이니 하지만, 그런 것들은 자연적 감정인 쾌Lust와 불쾌Unlust의 표현에 불과하다. 즉 자연적인 감정을 도덕화한 것일 뿐이다. KGW VII 1, S. 24, 1〔70〕; 니체전집 16, 32쪽, 1〔70〕.

15   Der letzte Mensch. 영어로는 the last man이다. 레츠트Letzt(last)에는 '마지막'
이란 의미와 함께 '더없이 형편없는', '더없이 비천한'이란 의미가 있다. 여기서는
후자에 해당한다. 니체가 이상적 인간으로 위버멘쉬를 제시하면서 그 대립물
로 선정한 인간 유형이다. *Ebd.*, S. 164, 4[171]; 같은 책, 209쪽, 4[171].

16   Der höhere Mensch. 영어로는 the higher man이다. 보다 (지체가) 높은 인
간이 되겠는데, 니체는 본문에서 따옴표를 치지 않았다. 하나의 개념으로 보았
기 때문이다. 이 개념을 우리말로 옮기면서 특정 인간을 '보다 지체가 높은'으
로 수식하다 보니 앞뒤 문장 속에서 글이 풀어져 단일 개념으로 받아들이는
데 어려움이 있었다. 니체도 같은 말을 쓰면서 따옴표를 친 일이 있다.《안티크
리스트》〈서문〉 27(KGW VI 3, S. 196; 니체전집 15, 250쪽)에서다. 필자 또한
따옴표를 쳐 der höhere Mensch를 '보다 지체 높은 인간'으로 하고자 한다.

17   'Also sprach Zarathustra' 1, *Ecce homo*, KGW VI 3, S. 333; 〈차라투스트라는
이렇게 말했다〉 1,《이 사람을 보라》, 니체전집 15, 419쪽.

18   *Ebd.*; 같은 곳.

19   예: *The Teaching of Zoroaster and the Philosophy of the Parsi Religion*
(London, 1912)의 저자인 S. A. Kapadia.

20   메리 보이스 지음, 공원국 옮김,《조로아스터교의 역사》, 민음사, 2020, 29~
32, 247쪽.

21   이것은 차라투스트라교에서 이설로 간주되고 있는 주르반주의의 해석이다. 원
래 선과 생명의 근원이기도 한 아후라 마즈다는 선한 영인 스펜타 마이뉴와 동
일시되어왔다. 그런 그로서도 어쩔 수 없었던 것이 악과 죽음의 영인 앙그라 마
이뉴의 존재였다. 여기서 선과 악은 빛가 그림자가 그렇듯이 서로의 존재를 설
명해주는 짝이 된다. 문제가 되었던 것은 유일신 아후라 마즈다와 스펜타 마이
뉴, 그리고 앙그라 마이뉴 사이의 계보였다. 이에 주르반주의가 등장, 스펜타 마
이뉴와 앙그라 마이뉴를 아후라 마즈다를 아버지로 한 쌍둥이 형제로 해석했
다. 이 해석은 니체 당시 유럽 사회에 차라투스트라교의 요체로 알려진 것으로
서, 선과 악 이전의 상태에 주목한 점에 미루어 니체의 차라투스트라 이해의

기반이 된 것으로 보인다. 참고: 메리 보이스 지음, 공원국 옮김,《조로아스터교의 역사》, 민음사, 2020, 252쪽.

22 참고: A. Schopenhauer, *Parerga und Paralipomena*, Kapitel 15, 179.

23 《신약》〈마르코의 복음서〉 2장 18~23절.

24 M. Eliade, *A History of Religious Ideas*, Vol. 1, trans. from the French by Willard R. Trask, The University of Chicago Press, Chicago, 1978, pp. 321~322.

25 B. H. F. Taureck, *Nietzsche-ABC*, Reclam Verlag, Leipzig, 1999, S. 247.

26 원본은 남아 있지 않다. 5세기쯤에 편찬된 것으로 보이는 책이 남아 있을 뿐이다. 기도문〈야스나Yasna〉와 찬가〈야스트Yasts〉가 그 안에 들어 있다. 야스나의 한 부분이 앞서 언급한 〈가타〉다.

27 P. Kriwaczek, *In Search of Zarathustra*, Vintage Books, New York, 2002, pp. 39~49.

28 M. Eliade, *a.a.O.*, p. 317.

29 민족적 근친성도 한몫했을 것이다. 차라투스트라교의 이란인과 힌두교의 인도인은 기원전 15세기경 중앙아시아에서 남하한 아리아인들로서 같은 문화적 뿌리에서 성장한 배경을 갖고 있다. 그 뿌리를 우리는 어디에서보다《아베스타》와《베다》에서 확인하게 된다. 이를테면《아베스타》에서 최고신으로 나오는 아후라 마즈다가《베다》에서는 아수라로 나온다. 미트라, 만트라, 가타 따위는 두 경전 모두에서 핵심 개념으로 나온다.

30 P. Kriwaczek, *a.a.O.*, p. 49.

31 C. P. Janz, *a.a.O.*, S. 222.

32 KGW V 2, S. 486, 12(68); 니체전집 12, 605쪽, 12(68).

33 Gushtasp. 차라투스트라교를 나라 곳곳에 전파해 믿도록 함으로써 처음으로 국교 개념을 확립한 왕으로 알려졌다.

34 니체는 강의록 등 발표하지 않은 유고를 여럿 남겼다. 잠언이나 메모 형태의 짧은 유고도 많다. 단편이 되겠는데, 앞으로 인용될 유고는 특별한 단서가 없는

한 그런 조각글 유고를 가리킨다.

35   KGW III 3, S. 110, 5(54); 니체전집 4, 140쪽, 5(54).

36   KGW V 2, S. 417, 11(195); 니체전집 12, 519쪽, 11(195).《쳰트-아베스타》는
     용어 해석과 주석이 첨부된《아베스타》.

37   *Ebd.*, S. 333; 같은 책, 414~415쪽.

38   KGW VII 2, S. 49, 25(148); 니체전집 17, 67쪽, 25(148).

39   Dritter Theil, 'Der Genesende' 2, *Also sprach Zarathustra*, KGW VI 1, S.
     271; 3부 〈건강을 되찾고 있는 자〉 2,《차라투스트라는 이렇게 말했다》, 니체
     전집 13, 364쪽. 이하 니체전집 13의 출처는 부와 장 제목만 제시했다.

40   KGW VII 2, S. 6, 25(7); 니체전집 17, 11쪽, 25(7).

41   예: 니체가 하인리히 폰 슈타인에게 보낸 1884년 5월 22일 자 편지.

42   KGW VII 2, S. 79, 25(277); 니체전집 17, 107쪽, 25(277).

43   KGW VII 1, S. 188, 4(280); 니체전집 16, 241~242쪽, 4(280).

44   비교: *Über Wahrheit und Lüge im aussermoralischen Sinne* 1, KGW III 2,
     S. 373;《비도덕적 의미에서의 진리와 거짓에 관하여》1, 니체전집 3, 448쪽.

45   참고: *Ebd.*, S. 372; 같은 책, 446쪽.

46   KGW VII 1, S. 452, 13(1); 니체전집 16, 567쪽, 13(1). "창조하는 자 모두가
     찾고 있는 것은 무엇이지? 그들 모두는 새로운 언어를 찾고 있지. 하나같이 낡
     은 혀에 지쳐 있으니…."

47   Zweiter Abtheilung, 'Der Wanderer und sein Schatten' 88, *Menschliches,
     Allzumenschliches II*, KGW IV 3, S. 231; 2장 〈나그네와 그의 그림자〉 88,《인
     간적인 너무나 인간적인 II》, 니체전집 8, 287쪽.

48   참고: *Ebd.*, 131, S. 248; 같은 장 131, 309쪽.

49   *Ebd.*, 90, S. 231 f.; 같은 장 90, 288쪽.

50   *Ebd.*, 92, S. 232; 같은 장 92, 289쪽.

51   *Jenseits von Gut und Böse*, 247, KGW VI 2, S. 198;《선악의 저편》8장 247,
     니체전집 14, 248~250쪽.

52 Zweiter Abtheilung, 'Der Wanderer und Sein Schatten' 95, *Menschliches, Allzumenschliches II*, KGW IV 3, S. 233; 2장 〈나그네와 그의 그림자〉 95, 《인간적인 너무나 인간적인 II》, 니체전집 8, 290쪽.

53 *Ebd.*, 94, S. 289 f.; 같은 장 94, 289~290쪽.

54 KGW VIII 2, S. 114, 9(188); 니체전집 20, 137~138쪽, 9(188).

55 *Ebd.*, S. 115, 9(190); 같은 책, 138쪽, 9(190).

56 참고: Dritter Theil, 'Die Heimkehr'; 3부 〈귀향〉.

57 《신약》〈마태오의 복음서〉 13장 34절; 〈마르코의 복음서〉 4장 34절.

58 KGW V 2, S. 494, 12(112), S. 494; 니체전집 12, 616쪽, 12(112).

59 Zweiter Abtheilung, 'Der Wanderer und sein Schatten' 133, *Menschliches, Allzumenschlches II*, KGW IV 3, S. 248; 2장 〈나그네와 그의 그림자〉 133, 《인간적인 너무나 인간적인 II》, 니체전집 8, 310쪽.

60 KGW(니체전집)는 니체의 저작, 강의록, 유고 등으로 되어 있다. 그 가운데 제목 없이 전집 번호가 붙어 있는 것이 유고집이다.

61 Deutsche Bibelgesellschaft, *Gute Nachricht, Bibel*, Stuttgart, 1997. 독일, 오스트리아, 스위스 천주교와 개신교가 함께 번역 출판한 성서다.

| 작품 해설 |

1부

1 M. Eliade, *a.a.O.*, p. 323.

2 참고: 《신약》〈고린도인들에게 보낸 첫째 편지〉 1장 27절과 〈고린도인들에게 보낸 둘째 편지〉 8장 9절. 거기에 각각 "신께서 세상에서 어리석은 자들을 택하사 지혜 있는 자들을 부끄럽게 하시며", "그는 부유했으나 너희를 위해 가난해졌으니 이는 그가 그의 가난함으로 너희를 부유케 하려 했음"이라는 글

이 나온다.

3 상승하는 해와 하강하는 해는 삶과 죽음을 상징하는 것으로서 미트라 상징으로도 나온다.

4 여기서 상반된 길을 가고 있는 두 인간, 인간을 등지고 신에 귀의한 노인과 반대로 신을 등지고 인간에 귀의하려는 차라투스트라가 마주친다.

5 비교: KGW VII 1, S. 163, 4〔167〕; 니체전집 16, 208~209쪽, 4〔167〕.

6 *Ebd.*; 같은 곳.

7 KGW III 3, S. 111, 5〔57〕; 니체전집 4, 141쪽, 5〔57〕.

8 *Ebd.*, S. 129, 5〔115〕; 같은 책, 163쪽, 5〔115〕.

9 넓게 보아 다윈의 진화론이지만, 니체가 1870년 전후로 진화론을 받아들이면서 더욱 관심을 보였던 것은 라마르크의 진화론이었다. 그렇기는 하나 그가 진화론에 관심을 기울인 계기는 다윈의 진화론이었고, 진화론을 비판하면서 그 표적으로 삼은 것도 다윈의 진화론이었다.

10 KGW VII 1, S. 391, 10〔44〕; 니체전집 16, 489쪽, 10〔44〕.

11 초기의 예: T. Baker, 'What is the superman?' (1908). *International Nietzsche Bibliography*, compiled and edited by H. W. Reichert and K. Schlechta, The University of North Carolina Press, Chapel Hill, 1968, p. 6.

12 초기의 예: C. Zueblin, 'Democracy and the overman' (1910). *Ebd.*, p. 25.

13 초기의 예: H. Goebel and E. Antrim, 'Friedrich Nietzsches Uebermensch' (1898). *Ebd.*, p. 12.

14 P. Pütz, *a.a.O.*, S. 273.

15 A. Pieper, 'Zarathustra als Verkünder des Übermenschen und als Fürsprecher des Kreises', *Friedrich Nietzsche, Also sprach Zarathustra*, hrsg. V. Gerhardt, Akad. Verl., Berlin, 2000, S. 93 f.

16 참고: 〈작품〉 3.

17 KGW VII 1, S. 181, 4〔242〕; 니체전집 16, 233쪽, 4〔242〕.

18 *Ebd.*, S. 150, 4〔116〕; 같은 책, 192쪽, 4〔116〕.

19 *Jenseits von Gut und Böse*, 225, KGW VI 2, S. 167;《선악의 저편》7장 225, 니체전집 14, 210쪽.

20 KGW VII 1, S. 121, 4〔38〕; 니체전집 16, 155쪽, 4〔38〕.

21 Der letzte Mensch. 영어로는 the last man. The Last Man은 니체 이전인 1826 년에 나온 메리 셸리의 소설 제목이기도 하다. 21세기 말 세기적 역병으로 인 한 인류 멸종 위기에서 살아남은 마지막 인간 이야기다. 카뮈의 유작에 *Le Premier Homme*란 것도 있다.

22 *Ebd.*, S. 557, 16〔88〕; 같은 책, 702쪽, 16〔88〕.

23 사람 낚는 어부. 예수가 제자들에게 한 말이다. "나를 따르라. 내가 너희로 하여 금 사람을 낚는 어부가 되게 하리라."《신약》〈마태오의 복음서〉 4장 19절.

24 *Ebd.*, S. 63, 3〔1〕 83; 같은 책, 80쪽, 3〔1〕 83.

25 예수의 가르침에도 뱀은 영리한 동물로 나온다(《신약》〈마태오의 복음서〉 10장 16절). 이와 달리 역사 속 차라투스트라의 가르침에서는 뱀이 어둠의 상 징으로서 혐오의 대상이다. 선과 빛의 상징은 독수리, 여기서 뱀과 독수리는 함 께할 수 없는 적이 된다. 이를 뒤집어 니체의 차라투스트라는 이들을 친구 사 이로 받아들여 자신의 동반 동물들로 삼았다. 차라투스트라교도들이 개미 따 위와 함께 뱀을 혐오했다는 이야기는 헤로도토스의《역사》 1권 140에 나온다.

26 *Ebd.*, S. 43, 2〔7〕; 같은 책, 56쪽, 2〔7〕.

27 KGW V 2, S. 417, 11〔196〕; 니체전집 12, 519쪽, 11〔196〕.

28 C. P. Janz, *a.a.O.*, S. 228 f.

29 KGW VII 1, S. 141, 4〔85〕; 니체전집 16, 180쪽, 4〔85〕.

30 Vierter und letzter Theil, 'Der freiwillige Bettler'; 4부 및 최종부 〈제 발로 거 렁뱅이가 된 자〉.

31 Vierter und letzter Theil, 'Das Abendmahl'; 4부 및 최종부 〈최후의 만찬〉.

32 KGW VII 1, S. 151, 4〔117〕; 니체전집 16, 193쪽, 4〔117〕.

33 KGW VI 4, S. 868. 팔리어로는 캄마주다맘이다.

34 열악한 생존 조건 아래 힘겨운 삶을 사는 사람들에게 종교는 아편이다. 마음

의 상처를 잊게 하는 등 위안이 되어주기 때문이다. 이 점에서 니체는 마르크스와 생각을 같이한다. "화주(브랜디)와 그리스도교는 유럽적 나르코틴이다." 니체의 유고에 나오는 말이다. *Die fröhliche Wissenschaft*, 147, KGW V 2, S. 170; 《즐거운 학문》 3부 147, 니체전집 12, 214쪽. 참고: 안상헌, 〈마르크스의 종교비판〉, 《인문학지》 제31집, 충북대학교 인문학연구소, 2005, 220쪽. "(마르크스가) 종교를 '아편'에 비유한 까닭은 종교가 현실적 고통을 근원적으로 치유해주는 치료제가 아니라, 현실적 고통을 잠시 잊게 해주는 일종의 진통제, 혹은 마취제, 혹은 환각제라고 생각했기 때문이다."

35 마음의 갈등을 일으키는 것에 거짓 증언과 간음이 있다. 거짓 증언과 간음은 모세의 십계명에 들어 있는 금지 계명이다.

36 바울이 〈로마인들에게 보낸 편지〉에 위의 권세에 복종하라는 당부가 있다. 이 때 권세는 국가권력과 그것을 집행하는 관헌들의 권위와 세력을 말하는데, 신 여호와에게서 유래한다고 되어 있다. 따라서 왕을 정수리로 한 국가 권세에 반항하는 것은 신에 대한 반항이 된다. 왕권신수설의 근거로서, 《신약》 〈로마인들에게 보낸 편지〉 13장에 나온다.

37 "어떻게 하든 부자가 되려고 안간힘을 쓰는 사람은 온갖 근심과 걱정으로 잠을 제대로 잘 수가 없다. 그리하여 병든 자처럼 몸이 마른다." 《구약》 〈집회서〉 31장 1절과 2절에 나오는 구절이다.

38 《신약》 〈고린도인들에게 보낸 첫째 편지〉 15장 33절에 "나쁜 교제는 양손을 더럽힌다"는 말이 있다.

39 《신약》 〈마태오의 복음서〉 5~9장.

40 《신약》 복음서에는 예수가 그런 목자로 나온다.

41 KGW VIII 3, S. 149, 14〔171〕; 니체전집 21, 188~189쪽, 14〔171〕.

42 KGW VII 1, S. 420, 12〔13〕; 니체전집 16, 529쪽, 12〔13〕.

43 이 유령은 1부 〈차라투스트라의 머리말〉 3에 나오는, 아직 현실화하지 않은 이상으로서의 유령(위버멘쉬)이 아니라 실체가 없는 허깨비로서의 유령을 가리킨다.

44 L. Feuerbach, *Das Wesen des Christentums*, Werke in sechs Bänden, Band 5, Suhrkamp Verlag, Frankfurt am Main, 1976, S. 21.

45 예수는 최후의 만찬에서 제자들에게 빵 다음에 포도주를 나누어주며 그것이 자신의 언약, 곧 구원의 피라고 말했다. 《신약》〈마태오의 복음서〉 26장 27~28절.

46 영혼의 자립성을 강조한 플라톤에 맞서 영혼을 생명현상의 하나로 받아들이고, 앎과 사유 따위를 신체의 구조적 작용 또는 기능으로 본 것은 아리스토텔레스였다.

47 KGW IV 1, S. 113 f., 3〔76〕; 니체전집 6, 145쪽, 3〔76〕.

48 *Ebd.*; 같은 곳.

49 Platon, *Phaidon* 118a, Rowohlt, Hamburg, 1973, S. 66.

50 KGW VII 1, S. 229, 5〔31〕; 니체전집 16, 295쪽, 5〔31〕.

51 참고: 〈작품〉 3.

52 KGW VII 1, S. 458, 13〔1〕; 니체전집 16, 574쪽, 13〔1〕.

53 'Translator's preface', *Thus Spoke Zarathustra*, trans. W. Kaufmann, The Modern Library, New York, 1995, p. 5.

54 KGW VII 1, S. 175, 4〔219〕; 니체전집 16, 224쪽, 4〔219〕.

55 *Ebd.*, S. 64, 3〔1〕 96; 같은 책, 81쪽, 3〔1〕 96.

56 《신약》〈고린도인들에게 보낸 둘째 편지〉 3장 3절에 유사한 글이 있다. "이 편지는 먹물로가 아니라 살아 계신 신의 넋(정신)으로 쓰였다. 그것도 석판이 아니라 인간의 심장에."

57 KGW VII 1, S. 72, 3〔1〕 162; 니체전집 16, 91쪽, 3〔1〕 162.

58 춤은 웃음과 함께 인식의 정상에서나 생각할 수 있는 최고 경지다. 그것에는 종교 철학적 이념 등 생에 적대적 질환에서 인간을 치유하는 힘이 있다. 차라투스트라 자신이 춤추는 자, 자신의 산에서 춤추듯 내려오던 그였다(Erster Theil, 'Zarathustra's Vorrede' 2; 1부 〈차라투스트라의 머리말〉 2). 이 춤에 웃음을 보태면 차라투스트라가 출현을 고대하던 '웃는 사자'가 된다(Dritter Theil, 'Von alten und neuen Tafeln' 1; 3부 〈낡은 서판들과 새로운 서판들에 대하여〉 1).

59 　카우프만은 그의 저서《니체Nietzsche》(4판)의 323쪽 주에서 차라투스트라의 춤추는 신과 연관해서 시바를 소개한다.

60 　물론 이것은 니체가 이해한, 주르반주의적 차라투스트라 이야기다.

61 　'Warum ich ein Schicksal bin' 9, Ecce homo, KGW VI 3, S. 372; 〈왜 나는 하나의 운명인지〉 9,《이 사람을 보라》, 니체전집 15, 468쪽.

62 　'Was ich den Alten verdanke' 5, Götzen-Dämmerung, KGW VI 3, S. 154; 〈내가 옛사람들의 덕을 보고 있는 것〉 5,《우상의 황혼》, 니체전집 15, 203쪽.

63 　이때의 관능적 쾌락은 3부 〈악 셋에 대하여〉에 나오는 순진무구한 쾌락이 아니라 돼지 같은 자들이 불태우는 음욕에 가까운 병적인 쾌락이다. 참고: 〈순결에 대하여〉.

64 　자연의 모든 것은 그 같은 싸움의 산물이다. 싸움이 없으면 생성과 소멸 자체가 있을 수 없다. 그 점에서 "전쟁(싸움)은 만물의 아버지이자 왕"이 된다. 이는 니체가 자신의 사상적 선구로 기려온 고대 그리스 철학자 헤라클레이토스가 남긴 말이다. H. Diels, 'Herakleitos aus Ephesos' Fr. 53, *Die Fragmente der Vorsokratiker*, Rowohlt, Hamburg, 1957, S. 27.

65 　일찍이 투키디데스도 전쟁을 도덕적 또는 사회적 명분이 아니라 인간의 본성, 곧 명예욕, 지배욕, 질투심, 복수심 따위에 그 뿌리를 두고 있다고 했다. 그가 《펠로폰네소스 전쟁》에서 일관되게 환기시키고 있는 것으로서, 니체에 따르면 하나같이 힘에의 의지로 환원될 것들이다.

66 　Ein-form. 동일한 형태를 의미하는 독일어로서, 라틴어에 뿌리를 둔 유니폼 Uniform과 의미가 같다.

67 　KGW VII 1, S. 105, 3〔1〕433; 니체전집 16, 134쪽, 3〔1〕433.

68 　《신약》〈마태오의 복음서〉 4장 9절.

69 　KGW VII 1, S. 186, 4〔272〕; 니체전집 16, 239쪽, 4〔272〕.

70 　Zweiter Theil, 'vom Gesindel'; 2부 〈잡것에 대하여〉에 나오는 말이다.

71 　니체는 유고에서 "감각을 죽이는 대신 신성시해야 한다. 곧 그 무죄함을 드러내주어야 할 것"이라고 했다. 같은 곳에서 "인간으로서 온전해지려면, 짐승

으로서도 온전해져야 한다"고 했다. KGW VII 1, S. 144, 4〔94〕; 니체전집 16, 185쪽, 4〔94〕.

72 *Ebd.*, S. 78, 3〔1〕 217; 같은 책, 99쪽, 3〔1〕 217.

73 *Ebd.*, S. 96, 3〔1〕 352; 같은 책, 122쪽, 3〔1〕 352.

74 *Ebd.*, S. 172, 4〔211〕; 같은 책, 221쪽, 4〔211〕.

75 참고: Erster Theil, 'Zarathustra's Vorrede' 8; 1부 〈차라투스트라의 머리말〉 8. "잠든 사람들이라면 가리지 않고 얼굴 들여다보기를 좋아하던 터였다."

76 바이헬트가 전해주는 나우만의 이야기다. 잠자는 자의 표정 이야기 뒤에는 니체가 바그너에게 들은 이야기가 있다는 것이다. 바로 바그너가 장인이자 음악가인 리스트의 잠자는 모습을 보고 그 섬뜩한 표정에 놀랐다는 이야기다. H. Weichelt, *a.a.O.*, S. 36.

77 비교: KGW VII 1, S. 172~173, 4〔211〕; 니체전집 16, 221쪽, 4〔211〕.

78 고양이는 새나 암소와 마찬가지로 여성을 폄훼하는 표현이 아니다. 니체는 특히 늑대와 함께 고양이를 모범으로 삼기도 했다. 고양이는 늑대가 그렇듯이 자신의 '자기'를 굳게 잡고 있을 만큼 자기에 대한 확신이 크다. *Ebd.*, S. 179, 4〔234〕; 같은 책, 230쪽, 4〔234〕.

79 *Ebd.*, S. 203, 5〔1〕 111; 같은 책, 261쪽, 5〔1〕 111.

80 Herodotos, *The Histories*, trans. A. D. Sélincourt, Penguin Books, London, 2003, p. 63.

81 KGW VII 1, S. 89, 3〔1〕 302; 니체전집 16, 113쪽, 3〔1〕 302.

82 "나는 너희가 벌이는 축제를 좋아하지 않는다. 너희가 벌이는 향연을 참고 볼 수가 없다." 이것은 《구약》〈아모스〉 5장 21절에 나오는 이야기다.

83 KGW VII 1, S. 164, 4〔174〕; 니체전집 16, 211쪽, 4〔174〕.

84 *Ebd.*, S. 66, 3〔1〕 107; 같은 책, 83쪽, 3〔1〕 107.

85 *Die fröhliche Wissenschaft*, KGW V 2, S. 326; 《즐거운 학문》, 니체전집 12, 403쪽.

86 H. Weichelt, *a.a.O.*, S. 45.

87 이 연출 뒤에 니체의 독서체험(투르게네프의 《첫사랑》)과 문화체험(바그너의 오페라 〈발퀴레〉), 그리고 가족관계가 있다는 주장이 있다. 참고: S. Brömsel, Die Frau, *Nietzsche, Handbuch*, hrsg. von H. Ottmann, Verlag J. B. Metzler, Stuttgart·Weimar, 2000, S. 232 ff.

88 A. M. Ludovici, Notes on *Thus Spake Zarathusttra, Thus Spake Zarathustra*, trans. T. Common, Dover Publications, Inc., Minola, New York, 1999, p. 243.

89 KGW VII 1, S. 665, 22〔3〕; 니체전집 16, 842쪽, 22〔3〕.

90 R. J. Benders, S. Oettermann, *Friedrich Nietzsche, Chronik in Bildern und Texten*, Carl Hanser Verlag, München·Wien, 2000, S. 580 f.

91 《신약》〈마태오의 복음서〉 19장 6절.

92 죽음뿐만이 아니다. 생식 또한 축제, 그것도 최고의 축제가 되어야 한다. KGW VII 1, S. 206, 5〔1〕 137; 니체전집 16, 264쪽, 5〔1〕 137.

93 차라투스트라교의 텃밭이라 할 고대 이란 지역, 특히 바빌로니아에서는 손잡이 부분을 꽃이나 독수리 모양 따위로 장식한 지팡이를 사용했다고 한다. 참고: 헤로도토스, 《역사》 1권 195.

94 참고: Erster Theil, 'Zarathustra's Vorrede' 10; 1부 〈차라투스트라의 머리말〉 10.

95 KGW VII 1, S. 146, 4〔100〕; 니체전집 16, 187쪽, 4〔100〕. 1부 〈벗에 대하여〉에 나오는 고양이는 가치중립적이다. 그런가 하면 니체는 고양이와 늑대가 모범이 되어야 한다고도 했다. 고양이와 늑대의 또 다른 면이다.

96 예수는 반대로 "나를 따르라"고 했다. 《신약》〈마태오의 복음서〉 9장 9절. 그리고 같은 책 16장 24절에서 "누구든 나를 따르려면 자신과 자신의 소망을 버린 후 자기 십자가를 지고 나를 좇아야 할 것"이라고도 했다.

1 "내게 너희에게 할 말이 많이 남아 있으나…."《신약》〈요한의 복음서〉16장
   12절에서 예수가 제자들에게 한 말이다.

2 밀과 잡초, 곧 독보리(가라지)는《신약》〈마태오의 복음서〉13장 25절에 나
   오는 예수의 비유다.

3 예: T. Common, Appenddix Part II. Chapter XXIV 'In the happy Isles', *Thus
   Spake Zarathustra*, Dover Publications, New York, 1999, p. 245.

4 그런 의미에서 창조는 고뇌에서 해방됨을 의미한다. 고뇌는 창조의 조건이
   다. 그것은 자기변화로서, 그 안에는 생生과 사死가 있다. KGW VII 1, S. 217,
   5〔1〕226; 니체전집 16, 278~279쪽, 5〔1〕226.

5 《신약》〈요한의 복음서〉8장 32절.

6 《신약》〈갈라디아인들에게 보낸 편지〉5장 1절에 그리스도께서 우리를 노예의
   질곡(멍에)에서 해방시켜주셨다는 말이 나온다.

7 KGW VII 1, S. 5, 1〔2〕; 니체전집 16, 9쪽, 1〔2〕.

8 Erster Theil, 'Von der Keuschheit'; 1부 〈순결에 대하여〉.

9 "그의 심판은 참되고 정의롭다(gerecht). … 그는 그의 종들이 흘린 피의 복수
   를 했다(gerächt)."《신약》〈요한의 묵시록〉19장 2절.

10 H. Diels, *a.a.O.*, S. 27. "사람의 일생은 말을 이리저리 옮겨가며 체스 놀이를
   하는 아이와 같다. 아이들의 지배!"

11 《구약》〈열왕기 상〉17장 6절에서는 신의 명에 따라 동쪽으로 가 몸을 숨긴
   엘리야에게 까마귀들이 부리로 먹을거리를 날라주었다고 한다.

12 괴테에 따르면 위대한 행위를 하도록 날개를 달아주는 것은 경멸이 아니라 욕
   망과 사랑이다(*Iphigenie auf Taurus*).

13 그리스 신화에 나오는 노상강도. 지나가는 나그네를 잡아 자신의 침대에 누
   이고는 침대보다 키가 큰 사나이는 다리를 그만큼 잘라 침대에 맞추고, 작은
   사나이는 다리를 그만큼 늘여 침대에 맞추었다고 한다.

14 보니것Vonnegut의 소설. 평등주의를 이념으로 한 국가에서 어떻게 천재적 개

인이 평균을 깨는 위협적 존재로 몰려 감옥에 갇히는지, 탈출에 실패한 개인을 당국이 어떻게 사살하는지 그 과정을 그려낸 작품.

15 니체에 앞서 토크빌은 평등주의를 비판, 그것이 하향평준화를 초래, 끝내 민주 독재로 이어져 개인의 자유를 억압하게 될 것이라고 경고했다.

16 근대 대중혁명이었던 프랑스혁명에 모두가 환호했던 것은 아니다. 혁명 당시 반혁명 물결 또한 거세게 일었으며, 이후 프랑스혁명의 성과에 대한 비판과 우려가 연이어 나왔다. 그 가운데 솔제니친이 한 비판이 주목을 받았다. 프랑스혁명에 반대해 일어난 프랑스 농민반란 200주년을 맞아 1993년 9월에 솔제니친은 "프랑스혁명은 실패로 끝났다. 혁명은 야만적 본능을 분출하는 한편, 탐욕과 증오의 극대화를 가져올 뿐"이라고 비판했다.

17 KGW VII 1, S. 485, 13〔17〕, 니체전집 16, 610쪽, 13〔17〕.

18 *Ebd.*, S. 490, 13〔25〕; 같은 책, 617쪽, 13〔25〕.

19 *Jenseits von Gut und Böse*, 46, KGW VI 2, S. 65;《선악의 저편》3장 46, 니체전집 14, 84쪽.

20 이 같은 반성은 일찍부터 있었다. 러시아혁명을 경험한 솔제니친은 평등과 자유는 양립할 수 없는 두 개의 가치라고 했다. 평등해지려면 자유를 제한해야 하고, 자유로워지려면 평등해야 한다는 압박에서 벗어나야 한다는 것이다. 선택의 문제로서, 둘 중 하나는 포기해야 함을 말한다. 프랑스혁명이 성공할 수 없었던 것도 그러지 못했기 때문이다. 평등주의와 연관해서 주목을 끄는 것이 2011년 2월 16일 자 중국공산당 기관지《인민일보》의 기사다. 외신에 따르면, 개개 인간의 차이를 부정하고, 모든 인간이 모든 것을 균등하게 누리자는 평균주의는 인간의 창조적 적극성을 억압하고 사회 발전의 활력을 고갈시켜 오히려 공정 실현을 더 어렵게 할 수도 있다는 내용의 경고성 기사였다.

21 H. Weichelt, *a.a.O.*, S. 75.

22 노발리스의《밤의 찬가》를 연상케 하는 노래다. 노발리스에게 있어 밤은 죽음이 아니라 다가올 새날을 예고하는 빛의 원천. 삶에 지친 사람들에게는 동경의 대상이 된다.

23 《신약》〈사도행전〉 20장 35절.

24 일찍이 아침마다 태양의 빛을 받고 고마워했던 차라투스트라였다. 물론 열도 받았다. 그러나 여기서 말하는 태양은 공간을 떠돌면서 태양이라도 되듯 진리랍시고 변변치 못한 빛을 내는 종교와 철학의 가르침들을 가리킨다.

25 차라투스트라의 태양은 시샘을 모른다. 그것 이상의 존재가 없기 때문이다.

26 헤시오도스의 《신통기Theogonia》 서두에 검푸른 샘 주변에서 원무를 추고 있는 무사 여신들 이야기가 나온다.

27 정신의 참회자. 4부 및 최종부의 〈마술사〉에 다시 나온다. 거기서는 자신의 마술에서 풀린 마술사가 정신의 참회자로 나온다. 자신의 거짓과 위선, 그리고 무능함에 눈뜬 사람들이 가책을 느끼며 하는 참회를 가리킨다.

28 KGW VII 1, S. 419, 12〔9〕; 니체전집 16, 528쪽, 12〔9〕.

29 Ebd.; 같은 곳.

30 비교: Ebd., S. 453, 13〔1〕; 같은 책, 569쪽, 13〔1〕.

31 원래 중세 경건주의자들이 인간 개조, 곧 원죄를 타고난 죄인 인간을 원죄 이전 상태로 되돌려놓겠다는 뜻으로 썼던 말. 근대에 들어 그 의미가 세속화되어 "형성하다", "계발하다", "모양을 이루다" 등등의 의미로 쓰이게 되었다.

32 전자에는 W. 카우프만이 있고, 후자에는 R. J. 홀링데일, T. 커먼이 있다.

33 "우리가 쓰고 있는 최고의 가면은 우리 자신의 얼굴이다." 니체의 유고에 나오는 글이다. KGW VII 1, S. 468, 13〔3〕; 니체전집 16, 587쪽, 13〔3〕.

34 신체와 정신에 대해 참고: Erster Theil, 'Von den Verächtern des Leibes'; 1부 〈신체를 경멸하는 자들에 대하여〉.

35 Ebd.; 같은 곳.

36 1888년 니체는 다시 《비극의 탄생》 문제로 돌아와 그 작품의 기본 성격을 확인했다. 그는 이 작품을 돋보이게 하는 성격, 곧 업적으로서 생의 위대한 자극제인 예술과 염세주의자에 대한 강자의 새로운 이해, 그리고 그리스적 심리학의 새로운 제기를 꼽았다. KGW VIII 3, S. 21~22, 14〔25〕, 〔26〕; 니체전집 21, 30~31쪽, 14〔25〕, 〔26〕. 문헌학 연구 영역 밖의 철학적 주제들로서, 당시 문헌학자

들은 그 같은 성격과 업적에 관심을 두지 않았다. 둘 이유도 없었다.

37   KGW VII 1, S. 74, 3〔193〕; 니체전집 16, 96쪽, 3〔193〕.

38   *Ebd.,* S. 384, 10〔17〕; 같은 책, 480쪽, 10〔17〕.

39   이 비판은 시인에게 신과 인간을 중재할 거룩한 사명이 있다고 한 횔덜린을 염두에 둔 것으로 보인다.

40   《신약》〈마태오의 복음서〉7장 9절.

41   공작새와 시인 이야기는 에라스뮈스의《우신예찬》에도 나온다. 시인을 매수해 공작처럼 치장하고 뽐내는 거짓 현자와 유력자들 이야기다. Erasmus, *Das Lob der Torheit*, trans. Uwe Schultz, Insel, Frankfurt am Main, 1979, S. 15.

42   *Kritische Gesamtausgabe 14*, de Gruyter, München·Berlin·New York, 1980, S. 305.

43   KGW VII 1, S. 387, 10〔28〕, 〔29〕; 니체전집 16, 483쪽, 10〔28〕, 〔29〕.

44   H. Weichelt, *a.a.O.*, S. 96 ff.

45   'Schopenhauer als Erzieher' 4, *Unzeitgemässe Betrachtungen III*, KGW III 1, S. 365; 〈교육자로서의 쇼펜하우어〉 4,《반시대적 고찰 III》, 니체전집 2, 428쪽.

46   《신약》〈마태오의 복음서〉 14장 25~27절에 유령 이야기가 나온다. 물 위를 걸어 다가온 예수를 보고 배에 있던 제자들이 "유령이다"라고 소리치자 예수가 "나다"라고 말해 안심시켰다는 이야기다.《차라투스트라》본문에는 하늘을 나는 자가 나온다. 거기에서 차라투스트라는 놀란 제자들에게 "내가 유령이라도 된다는 말인가?" 하고 물었다.

47   바다는 인간을 상징한다. 인간세계를 가리킨다고도 볼 수 있다. 참고: KGW VII 1, S. 81, 3〔234〕; 니체전집 16, 102쪽, 3〔234〕. 다른 유고(니체전집 17)에는 "나의 우물", "나의 바다"로 되어 있다.

48   Erster Theil, 'Zarathustra's Vorrede' 2; 1부 〈차라투스트라의 머리말〉 2.

49   Zweiter Theil, 'Das Nachtlied'; 2부 〈밤의 노래〉.

50   죽음(죽은 자)의 관을 지키는 파수꾼 이야기는 볼프람 폰 에셴바흐의《파르치

팔의 모험》에도 나온다.

51 KGW VII 1, S. 471, 13(3); 니체전집 16, 592쪽, 13(3).

52 *Ebd.*, S. 382, 10(8); 같은 책, 477쪽, 10(108).

53 에픽테토스의 《엥케이리디온》 8장에 나오는 말이다. *Epictetus, Enchiridion, Discourses and Selected Writings*, trans. R. Dobbin, Penguin Books, London, 2008, p. 224.

54 KGW VII 1, S. 574, 17(21); 니체전집 16, 724쪽, 17(21).

55 참고: Zweiter Theil, 'Von grossen Ereignissen'; 2부 〈크나큰 사건들에 대하여〉.

56 "나는 말솜씨가 좋지 않은 데다 혀가 둔하니… 주여, 다른 사람을 보내소서." 신이 모세에게 이집트에 노예로 잡혀 있는 이스라엘 백성을 탈출시키라고 명하자, 모세는 자신에게는 힘에 부치는 일이니 명을 거두어달라고 간청하면서 이렇게 말했다. 자신에게는 이집트 백성에게 명을 내릴 우렁찬 음성이 없다는 것이다. 《구약》 〈출애굽기〉 4장 10~13절.

3부

1 《구약》 〈출애굽기〉 3장 8절.

2 영원히 회귀하는 세계에는 끝없는 반복이 있을 뿐 절대적 의미의 상승도 하강도 있을 수 없다. 그런 세계에 상승의 목표로서 위버멘쉬가 있을 수 있을까? 여기서 영원회귀가 위버멘쉬와 모순이 되지 않는가 하는 문제가 제기된다. 그러나 이것은 지평의 문제다. 영원회귀는 우주 운행 방식으로서 존재론적 지평에서의 이야기다. 반면에 위버멘쉬는 영원한 회귀를 자신의 삶의 방식으로 받아들이고 사랑하는, 곧 인식론적 지평에서의 이야기다. 달리 말해 영원한 회귀를 긍정함으로써 우주적 질서에 귀의할 만큼 성장한, 상승한 사람이 위버멘쉬다.

3 2부 〈때 묻지 않은 깨달음이란 것에 대하여〉에 나오는 달을 가리킨다.

4 "뜻에 반하는wider Willen"이란 말은 괴테의 《시와 진실》 XVI에 나온다. 여기

서는 '뜻과 달리', '때 이른', '기대하지 않는'을 의미한다.

5 차라투스트라에게 '우연'은 또 다른 의미가 있다. '존재할 이유와 가치가 없는' 또는 '어쩌다 존재하게 된'이라는 의미로서, 그는 잡것 따위를 그렇게 불렀다. 참고: 1부 〈베푸는 덕에 대하여〉, 2부 〈구제에 대하여〉, 3부 〈나그네〉.

6 오네게페어Ohnegefähr는 운게페어Ungefähr와 같은 말로 '대략' 또는 '대강'을 뜻하지만, '우연'과 '운명' 따위를 의미하기도 한다. 특히 폰 운게페어von Ungefähr는 '우연히'라는 의미다.

7 KGW VII 1, S. 573, 17〔16〕; 니체전집 16, 722쪽, 17〔16〕.

8 *Ebd.*, S. 575, 17〔25〕; 같은 책, 726쪽, 17〔25〕.

9 이는 자신을 으뜸가는 국가의 종으로 부른 프리드리히 대왕을 염두에 둔 말이다.

10 KGW VII 1, S. 572, 17〔16〕; 니체전집 16, 722쪽, 17〔16〕.

11 여기서도 니체, 곧 차라투스트라는 대중매체에 호된 매를 든다. 그는 유고에서 저널리스트를 시신을 강탈하거나 빈사 상태 또는 죽어 있는 자들에게 뭔가를 빼앗는 자라고 부르기도 했다. *Ebd.*, S. 388, 17〔72〕; 같은 책, 743쪽, 17〔72〕.

12 *Ebd.*, S. 564 f., 17〔11〕; 같은 책, 712쪽, 17〔11〕.

13 *Ebd.*, S. 293, 27〔75〕; 같은 책, 390쪽, 27〔75〕.

14 Dritte Abhandlung: 'Was bedeutet asketische Ideale?' 14, *Zur Genealogie der Moral*, KGW VI 2, S. 388; 〈제3논문: 금욕주의적 이상이란 무엇을 의미하는가?〉 14, 《도덕의 계보》, 니체전집 14, 489쪽.

15 지금까지 차라투스트라는 도덕군자, 고매하다는 자, 현명하다는 자들이 보이는 허세와 오만을, 저들이 어리석다고 간주해온 것들을 무기로 비판해왔다. 그러니까 바보를 예찬함으로써 저 지혜롭다는 자들을 욕되게 해왔다.

16 예루살렘을 바라보며 눈물을 흘린 예수를 빗댄 이야기다. 《신약》 〈루가의 복음서〉 19장 41절.

17 Erster Theil, 'Zarathustra's Vorrede' 9; 1부 〈차라투스트라의 머리말〉 9.

18 KGW VII 1, S. 54, 3〔1〕 7; 니체전집 16, 68쪽, 3〔1〕 7.

19 *Ebd.*, S. 469, 13〔3〕; 같은 책, 590쪽, 13〔3〕.

20 참고: Zweiter Theil, 'Das Nachtlied'; 2부 〈밤의 노래〉.

21 《신약》〈로마인들에게 보낸 편지〉 8장 13절에 따르면, '자연'에 따라 사는 '자연적 삶'은 죽음에 이르는 길이다. 즉 타고난 성품에 따라 살면 육신의 죄를 짓게 되어 사망에 이른다. 반대로 니체에게 자연은 생명에 이르는 길이다. 자연, 곧 "살과 피로 되어 있는 인간은 신의 새로운 나라에 들어갈 수 없다". 《신약》〈고린도인들에게 보낸 첫째 편지〉 15장 50절에 나오는 말이다.

22 도덕은 생명을 파괴한다. 도덕과 생명은 양립할 수 없는 선택의 문제다. 참고: KGW VIII 1, S. 282, 7〔6〕; 니체전집 19, 336쪽, 7〔6〕. 생명은 자연의 하나, 도덕은 자연까지도 파괴한다. 참고: *Jeseits von Gut und Böse*, 188, KGW VI 2, S. 110; 《선악의 저편》 5장 188, 니체전집 14, 141~142쪽.

23 Erster Theil, 'Von der Keuschheit'; 1부 〈순결에 대하여〉에 나오는 음욕이 된 관능적 쾌락이 이 같은 쾌락이다.

24 이기심과 이타심에 대해 참고: 정동호, 《니체》, 책세상, 2014, 207~208쪽.

25 에라스뮈스의 《우신예찬》에 나오는 우신 모리아를 떠오르게 하는 바보 현자.

26 KGW VII 1, S. 604, 18〔30〕; 니체전집 16, 764쪽, 18〔30〕.

27 그 점에서 '웃고 있는' 사자다. 적극적 자유를 되찾은 인간을 가리킨다. 참고: Erster Theil, 'Von den drei Verwandlungen'; 1부 〈세 변화에 대하여〉.

28 참고: Erster Theil, 'Von den Lehrstühlen der Tugend'; 1부 〈덕의 강좌들에 대하여〉.

29 니체의 말로 하면 "좋은 것"과 "나쁜 것".

30 《신약》〈고린도인들에게 보낸 첫째 편지〉 15장 47절.

31 참고: Dritter Theil, 'Von Sonnen-Aufgang'; 3부 〈해돋이에 앞서〉.

32 목적론에서 말하는 목표가 아니다. 여기서는 지향하는 것, 갈 길이라는 의미에서의 목표다.

33 《신약》〈루가의 복음서〉 2장 23절.

34 《구약》〈출애굽기〉 13장 2절.

35 《구약》〈창세기〉에 나오는 이야기다. 신은 동생, 곧 둘째 아벨을 죽였다는 이유

로 맏이인 카인을 낙원에서 추방했으며, 아브라함은 정부인에게서 낳은 둘째 이삭을 위해 맏이 이스마엘을 사막으로 내쫓았다. 그리고 이삭은 맏이인 에서를 외면하고 대신 둘째 야곱을 축복했다.

36 이전의 아톤신 18계명과 함무라비법전에도 들어 있는 것들이다.

37 Zweiter Theil, 'Vom Gesindel'; 2부 〈잡것들에 대하여〉.

38 KGW VIII 3, S. 107 f., 14〔133〕; 니체전집 21, 136~138쪽, 14〔133〕.

39 H. Diels, a.a.O., Fr. 49, S. 26. "최상의 자라면 내게는 그자야말로 일당 만萬이다."

40 Die fröhliche Wissenschaft, 95, KGW V 2, S. 126;《즐거운 학문》2부 95, 니체전집 12, 162쪽. 여기에 웃음 하나 동반하지 않은 날과 프랑스 작가 샹포르 Chamfort의 이야기가 나온다.

41 《구약》〈창세기〉19장 26절.

42 참고: 〈작품〉 11.

43 본문에는 크룸krumm으로 되어 있다. 직선에 반대되는 말로 굽어 있다는 뜻이다. 앞의 〈건강을 되찾고 있는 자〉 2에서 영원회귀를 설명하면서 "영원이라는 오솔길은 굽어 있다"고 했는데, 이 굽어 있는 상태가 크룸으로서 둥근 고리를 상징한다. 이 말에는 '반듯하지 않은', '의심스러운', '솔직하지 못한', '감추어진', '알 수 없는'이라는 뜻도 있다. 여기서 '굽은 눈길'이란 '의미심장한 시선' 정도의 의미가 될 것이다.

44 1부 〈차라투스트라의 머리말〉 10에서 영리함과 긍지를, 2부 〈춤에 부친 노래〉에서 지혜와 생명을 동행의 관계 속에서 설명한 바 있다.

45 《신약》〈고린도인들에게 보낸 첫째 편지〉 13장 2절. "내게 예언하는 능력이 있어…".

46 정동호,《니체》, 책세상, 2014, 477~478쪽.

4부 및 최종부

1 고대 이집트에서 사람들은 다산에 대한 소망에서 창조신 민Min에게 꿀을 봉
납했다고 한다. 그런가 하면 미트라교 또한 신에게 꿀을 봉납했다고 한다.

2 KGW VII 3, S. 86, 31〔34〕; 니체전집 18, 114~115쪽, 31〔34〕.

3 *Ebd.*, S. 550, 28〔36〕; 같은 책, 32쪽, 28〔36〕.

4 "Werde, der du bist." 우리말로 옮기면 "지금의 네가 되도록 하라" 또는 "지금
그대로의 네가 되어라"이다. 1882년 8월 말에 니체는 편지에서 루 살로메에게
"지금 그대로의 당신이 되십시오"라는 당부를 했다. 그런가 하면 니체는 이 문
장을 "어떻게 사람은 지금의 사람이 되는가Wie man wird, was man ist"로 바
꾸어 《이 사람을 보라》의 부제로 삼기도 했다. 《즐거운 학문》 3부 270에는 "너
의 양심은 무슨 말을 하고 있지?—'지금 그대로의 네가 되어야 한다는 것'이리
라"는 글도 있다.

5 H. Weichelt, *a.a.O.*, S. 249 f.

6 KGW VII 1, S. 468, 13〔3〕; 니체전집 16, 588쪽, 13〔3〕.

7 Zweiter Theil, 'Das Kund mit dem Spiegel'; 2부 〈거울을 들고 있는 아이〉.

8 Erster Theil, 'Von den Fliegen des Marktes'; 1부 〈시장터의 파리들에 대하여〉
에 나오는 양심이다.

9 KGW VII 3, S. 76, 31〔10〕 3; 니체전집 18, 101쪽, 31〔10〕 3.

10 《구약》〈출애굽기〉 3장 14절.

11 참고: KGW VIII 2, S. 23, 9〔47〕; 니체전집 20, 32쪽, 9〔47〕.

12 *Jenseits von Gut und Böse*, 10, KGW VI 2, S. 17; 《선악의 저편》 10, 니체전
집 14, 26쪽.

13 *Ebd.*, 204, S. 135; 같은 책 204, 171쪽.

14 《신약》〈사도행전〉 17장 23절.

15 KGW VI 3, S. 399; 니체전집 15, 502쪽.

16 참고: Erster Theil, 'Zarathustra's Vorrede' 2; 1부 〈차라투스트라의 머리말〉 2.

17 KGW VII 3, S. 11, 28〔12〕 1; 니체전집 18, 17쪽, 28〔12〕 1.

18 다양한 해석 가능성에 대해: W. Kaufmann, 'Translator's Notes', *a.a.O.*, p. 233; T. Common, 'Appoendix', *a.a.O.*, p. 265; H. Weichelt, *a.a.O.*, pp. 163~164.

19 Dritter Theil, 'Von Gesicht und Räthsel'; 3부 〈곡두와 수수께끼에 대하여〉 2.

20 니체는 1884년 초 유고에서 "세계 부정적인 사유 방식의 이상으로서 '더없이 추악한 자'··· 인간의 절대적 추악함을 포착하기, 신 없는 현존재, 이성 등등— 순수 불교. 추악할수록 좋다"(KGW VII 2, S. 32, 25〔101〕; 니체전집 17, 46쪽, 25〔101〕)라고 했다. 1884년 겨울 유고에서는 "신도, 선도, 정신도 없는 존재, 우리는 그렇게 저 더없이 추악한 자를 생각해냈다"(KGW VII 3, S. 96, 31〔49〕; 니체전집 18, 129~130쪽, 31〔49〕)라고 했다.

21 "추적을 받는 자는 기뻐할지니, 신의 뜻을 행하고 있음이라."《신약》〈마태오의 복음서〉 5장 10절에 나오는 예수의 말이다.

22 소포클레스의 《엘렉트라》 앞부분에 나무꾼과 도끼 이야기가 나온다. 어머니가 정부情夫와 공모해 트로이전쟁에서 돌아온 아버지 아가멤논왕을 도끼로 쳐 죽인 일을 두고 딸 엘렉트라가 절규하듯 외친다. "··· 마치 나무꾼이 나무를 쓰러뜨리듯, 살인 도끼로 머리를 내리쳐 쓰러뜨렸다." Sophokles, *Elektra*, übersetzt von K. W. F. Solger, Deutscher Taschenbuch Verlag, München, 1977, S. 185.

23 《신약》〈마태오의 복음서〉 16장 26절. "사람이 온 세상을 얻고도 제 목숨을 잃으면 무슨 소용이겠느냐?"

24 《신약》〈마태오의 복음서〉 5장 3절.

25 이 말은 《신약》〈마태오의 복음서〉 18장 4절에 나오는, "너희가 다시 어린아이가 되지 않고서는 결코 하늘나라에 들어가지 못할 것"이란 예수의 말을 흉내낸 것이다.

26 참고: 3부 〈귀향〉, 334쪽.

27 차라투스트라교는 육식을 신성시했다. 신도를 육식으로 환대하는 사람은 누구든 천국에 들게 될 것이라는 아후라 마즈다 신의 명에 따라서다.

28 본문에 "영원히 떠도는 유대인"이란 말이 나온다. "영원한 유대인"을 의역한 것

으로서 "방랑자 유대인"이라고도 한다. 십자가를 지고 죽음의 언덕에 오르던 예수에게 돌을 던진 사내를 향해 그가 했다는, 곧 "내가 다시 세상에 올 때까지 너는 정처 없이 세상을 떠돌게 될 것"이라는 말에 유래를 두고 있는 것으로서 조국 없이 유령처럼 떠도는 유대인을 가리킨다. 훗날 반유대주의자들이 즐겨 입에 올린 말이기도 하다. 이를 주제로 글이나 곡을 남긴 작가들도 여럿 있다. 누구보다도 괴테와 바그너가 있다.

29   H. Weichelt, *a.a.O.*, S. 172.

30   Zweiter Abtheilung, 'Der Wanderer und sein Schatten', *Menschliches, Allzumenschliches II*, KGW IV 3, S. 175~177; 2장 〈나그네와 그의 그림자〉, 《인간적인 너무나 인간적인 II》, 니체전집 8, 217~220쪽.

31   같은 말이 도스토옙스키의 《카라마조프가의 형제들》에 나온다. 둘째 아들 이반 표도로비치가 반복해서 내뱉는 넋두리다. 그런가 하면 《신약》 〈고린도인들에게 보낸 첫째 편지〉 1장 23절에는 모든 것이 허용된다고 해서 좋은 것은 아니라는 경고가 나온다. 참고: Dritter Theil, 'Von alten und neuen Tafeln' 9; 3부 〈낡은 서판들과 새로운 서판들에 대하여〉 9.

32   KGW VII 2, S. 6, 25〔6〕; 니체전집 17, 10쪽, 25〔5〕.

33   KGW VII 1, S. 86, 3〔1〕273; 니체전집 16, 108쪽, 3〔1〕273.

34   《즐거운 학문》의 부록 〈새로운 바다로〉에는 "정오가 공간과 시간 위에서 잠을 자고 있다"는 글이 있다. 'Nach neuen Meer', *Die fröhliche Wissenschaft*, KGW V 2, S. 333; 《즐거운 학문》, 니체전집 12, 414쪽.

35   에라스뮈스의 《우신예찬》에 "어리석은 사람도 때때로 현명한 말을 한다"는 그리스 속담이 나온다. Erasmus, *a.a.O.*, S. 154.

36   KSA(KGW의 학습판) 14, S. 340, Die Begrüssung.

37   《신약》 〈마태오의 복음서〉 26장 26~28절.

38   KGW VII 3, S. 48, 29〔8〕; 니체전집 18, 64쪽, 29〔8〕.

39   《신약》 〈마태오의 복음서〉 16장 24절.

40   KGW VII 3, S. 58, 29〔52〕; 니체전집 18, 78쪽, 29〔52〕.

41   《신약》〈루가의 복음서〉 12장 51절에 나오는 "내가 이 세상에 평화를 가져온
      줄로 생각하느냐? 아니다. 평화가 아니라 불화를 가져왔노라"는 예수의 말을
      패러디한 것이다.

42   KGW VII 1, S. 396, 11〔6〕; 니체전집 16, 496쪽, 11〔6〕.

43   Erster Theil, 'Von der schenkenden Tugend' 3; 1부 〈베푸는 덕에 대하여〉 3.

44   《신약》〈루가의 복음서〉 2장 22절.

45   Pico della Mirandola, *Über dir Würde des Menschen*, übersetzt von Gerd
      von der Gönna, Stuttgart, 2005, S. 9; 피코 델라 미란돌라의 인간관에 대해
      서는 정동호,《니체》, 책세상, 2014, 581~583쪽을 참고.

46   《신약》〈마태오의 복음서〉 5장 4절.

47   "시간은 곡선으로 흐르고 있다"고 할 때의 크룸krumm이지만, 여기서는 '굽은'
      의 뜻이다. 니체는 유고에서 임산부의 조심스러움과 같은 덕을 존경하며, 위대
      한 것들과 위대한 인간, 그리고 강물은 굽이굽이, 그러니까 돌고 돌아서 하나
      의 목표를 향해 간다고 했다. 서둘러 곧바로 목표로 돌진하지 않는다는 것이다.
      KGW VII 1, S. 671, 22〔6〕; 니체전집 16, 851쪽, 22〔6〕.

48   Sündlich-gesund로 되어 있는데, 니체가 남긴 유고에는 sinnlich-gesund(감
      각적으로-건강하게)로 나온다. KGW VII 3, S. 44, 29〔1〕; 니체전집 18, 29
      〔1〕, 58쪽.

49   Vierter und letzter Theil, 'Das Lied der Schwermut' 2; 4부 및 최종부 〈우수
      의 노래〉 2.

50   Asinaria festa. 중세 말 독일을 중심으로 한 중부 유럽에서 유행한 축제. 니체는
      나귀 축제의 발상을 영국 작가 레키Lecky 저작의 독일어 번역본, *Geschichte
      des Ursprungs und Einflusses der Aufklärung in Europa*(2. Aufl., Leipzig,
      1873)에서 얻은 것으로 보인다. 이 책에 나귀 축제 이야기가 나오는데, 그 가장
      자리에 니체가 메모를 남겼다. 이 책은 현재 니체도서관Nietzsches Bibliothek
      에 소장되어 있다.

51   Gieb Acht. 참고: 《신약》〈요한의 묵시록〉 22장 6절, 12절.

찾아보기

니체: 《차라투스트라는 이렇게 말했다》 해설서

초판 1쇄 발행   2021년 9월 15일
초판 3쇄 발행   2023년 3월 27일

지은이   정동호

펴낸이   김현태
펴낸곳   책세상
등록   1975년 5월 21일 제2017-000226호
주소   서울시 마포구 잔다리로 62-1, 3층(04031)
전화   02-704-1251
팩스   02-719-1258
이메일   editor@chaeksesang.com
광고·제휴 문의   creator@chaeksesang.com
홈페이지   chaeksesang.com
페이스북   /chaeksesang   트위터 @chaeksesang
인스타그램   @chaeksesang   네이버포스트 bkworldpub

ISBN 979-11-5931-686-9 03160